Madeleine Chapsal

Französische Schriftsteller intim

Ins Deutsche übertragen
von Sabine Gruber

Matthes & Seitz Verlag
München

Das Gespräch mit Céline hat Cornelia Langendorf übersetzt; das Gespräch mit Bataille übertrug Bernd Mattheus ins Deutsche.

 Titel der Originalausgabe »Envoyez la petite musique«, 1984, Éditions Grasset & Fasquelle, Paris. Umschlaggestaltung: Willem Weijers, München, unter Verwendung eines Fotos von Madeleine Chapsal im Gespräch mit Georges Bataille, Bild: L'Express. Herstellung: Bettina Best, München. Satz: Fertigsatz GmbH, München. Druck und Bindung: Kösel, Kempten. ISBN 3-88221-758-8

INHALT

in chronologischer Folge der Gespräche

FRANÇOIS MAURIAC

»Veröffentlichen Sie das nicht, was ich Ihnen da gesagt habe«, bat Mauriac inständig, »Sie werden mir einen Feind mehr schaffen!«

François Mauriac wurde am 11. Oktober 1885 in Bordeaux als Sohn eines Weingutbesitzers (Château-Malagar) geboren; als er 20 Monate alt war, starb sein Vater.

Nach seinem Studium an der philosophischen Fakultät der Universität in Bordeaux macht er die Aufnahmeprüfung für die Pariser École des Chartes. Er besteht die Prüfung, gibt das Studium jedoch bald auf.

1909 veröffentlicht er sein erstes Buch, den Gedichtband *Les mains jointes*, der durch einen viel beachteten Artikel von Maurice Barrès Anerkennung findet. Sein erster Roman, *L'Enfant chargé de chaînes*, erscheint 1913, im Jahr darauf erscheint *La robe prétexte*[1].

Er wird als Sanitätshelfer zum Kriegsdienst eingezogen.

1922 veröffentlicht er *Le baiser au lépreux*. 1925 erhält er den Grand Prix de l'Académie française für *Le Désert de l'amour*[2].

François Mauriac erobert sich schnell einen festen Platz im literarischen Leben: 1932 wird er Präsident der Société des Gens de Lettres, 1933 Mitglied der Académie française.

1934 gibt er den ersten Teil des *Journal*[3] heraus. Sein erstes Theaterstück, *Asmodée* wird 1937 in der Comédie-Française gespielt. Für sein Gesamtwerk erhält er 1952 den Nobelpreis.

Zu seinen bekanntesten Werken zählen: *Thérèse Desqueyroux*[4], 1927; *Le Nœud de vipères*[5], 1932; *Le Mystère Frontenac*[6], 1933; *Passage du Malin*, Theaterstück in 3 Akten, 1948; *Le Sagouin*[7], 1951; *L'Agneau*[8], 1954. Der erste Band der *Bloc-Notes* – eine Sammlung seiner Zeitungsartikel – erscheint 1958, der erste Band der *Mémoires intérieurs*[9], 1965, *Un adolescent d'autrefois* 1969.

François Mauriac starb im Alter von 85 Jahren am 1. September 1970 in Paris. Das Interview fand am 8. März 1957 in seiner Wohnung in der Avenue Théophile-Gautier statt.

1. Das Gewand des Jünglings. Heidelberg 1953.
2. Die Einöde der Liebe. Wiesbaden 1953.
3. Von Tag und Ewigkeit. Heidelberg 1955.
4. Thérèse Desqueyroux. Frankfurt a. M. 1963.
5. Natterngezücht. Freiburg i. Br. 1953.
6. Das Geheimnis Frontenac. Wien, München, Basel 1961.
7. Denn du kannst weinen. Heidelberg 1953.
8. Das Lamm. Heidelberg 1955.
9. Bild meines Ichs. Wien, München, Basel 1959.

Beim *Express,* am 15.11.1956: mit François Mauriac beim Frühstück in der Redaktion *(Foto: L'Express)*

Ich war zwanzig Jahre alt und brauchte jemanden, der mit mir sprach. Jemanden, der mit mir über das sprach, was mich, wie jeden, der sehr jung ist, wirklich bewegte: über das Leben, den Tod, die Kunst und die Liebe. Wer sonst kann darüber sprechen, wenn nicht die Dichter? Also suchte ich diese Dichter auf.

Der erste, der mich empfing, war François Mauriac. Er war ein typischer Vertreter der Schriftsteller jener Zeit: bewundert, gehaßt und hofiert.

Er hatte soeben eine zweite Karriere als politischer Journalist beim *Express* gestartet, wo er in der Rubrik *Bloc-Notes* mit geradezu kindlichem Vergnügen gegen alle Welt ätzte.

Ich war ihm hin und wieder in den Gängen der Redaktion begegnet: Er war meist in grauen Flanell gekleidet, hager und dünn; er machte liebend gerne Späße und flüsterte hinter vorgehaltener Hand seinem Gesprächspartner irgend etwas ins Ohr. Worauf sich das Gesicht des Auserwählten mit zartem Rot überzog und schließlich von einem verständnisinnigen Lächeln erhellt wurde. Was mochten sie nur zueinander sagen?

Manchmal erschien Mauriac zum gemeinsamen Mittagessen, bei dem wir alle um den großen Redaktionstisch saßen, der – unser Team war noch relativ klein – zu diesem Zweck kurzfristig von Papier und Schreibmaschinen befreit wurde. Diese frugalen Mahlzeiten wurden auf Plastiktellern serviert, wie sie seit kurzem von der Air France auf Langstreckenflügen verwendet wurden. Mauriac amüsierte sich darüber, er sprühte nur so vor Geist und Witz! Doch nie sprach er mich an, auch nicht, wenn er neben mir saß. Er war selbst allzu weiblich; deshalb hatte er wohl den Frauen nichts zu sagen.

Trotzdem war er es, den ich als ersten Interviewpartner für meine Literaturgespräche auserkor. Er verabredete sich mit mir in seiner Wohnung am 8. März 1957. *L'Express*, für den ich von der ersten Nummer an geschrieben hatte, wurde gerade vier Jahre alt.

In seinen Romanen hielt sich der Schriftsteller am liebsten an Frauengestalten, wie er sie während seiner Jugend in der Gegend von Bordeaux kennengelernt hatte. Sittsame, unberührte Mädchen, gequälte Mütter, verbitterte alte Jungfern: durchwegs Opfer.

Er hatte sie zu den Heldinnen seiner Romane gemacht, wie zum Beispiel Thérèse Desqueyroux. Doch nun waren diese Frauen aus der Mode gekommen, und seine Bücher mit ihnen. Beauvoir, Sagan und Duras: Sie waren nicht länger Figuren in den Romanen der Männer, sie wurden selbst erfolgreiche Autorinnen.

Er erkannte das intuitiv: In seiner Rubrik *Bloc-Notes* begrüßte er das Debut von Françoise Sagan und prophezeite ihr eine große Zukunft... Doch von einem normalen Umgang mit diesen weiblichen Teufeln konnte deshalb noch lange keine Rede sein! (Was hätte er wohl gesagt, hätte er voraussehen können, daß Régine Deforges – die hübsche »Päpstin« auflagenstarker erotischer Literatur – seinen Enkelsohn heiraten und an seinem eigenen Schreibtisch in Malagar seine Schriften bearbeiten würde?)

François Mauriacs Pariser Wohnung befand sich in einem der Nobel-Viertel, in Auteuil, in der Avenue Théophile-Gautier. Ich klopfte mit einer gewissen Furcht an seine Tür: Wie würde er mich empfangen, er, der mich von einem Mal zum anderen nicht zu kennen schien?

Ich wurde in einen kleinen Salon geführt. Mir fiel sofort die gedämpfte, kleinstädtische Atmosphäre auf. François Mauriac stammte aus Bordeaux und war in einer ähnlichen Umgebung aufgewachsen. Konnte es sein, daß er diese Umgebung im Grunde nie verlassen hatte?

Er selbst behauptete, sich mitsamt seinen Wurzeln nach Paris verpflanzt zu haben. Mir kam kurz der Gedanke, seine scheinbare Härte könne vielleicht auch nur die versteckte Sehnsucht des Mannes aus der Provinz sein, der gegenüber diesen Parisern, zu denen er nie ganz gehören würde, ein Unbehagen fühlte...

Als mir der große Mann gegenübertrat, war er so, wie er zu mir noch nie gewesen war: liebenswürdig und fröhlich. Er hieß mich im schönsten Fauteuil Platz nehmen, rückte den seinen näher heran, schlug seine Storchenbeine übereinander, faltete seine Künstlerhände und stellte sich freundlich all meinen Fragen... Ich hatte tausend Fragen, und welch ein Gesprächspartner! Er konnte endlos lang über den Roman sprechen: wie man ihn sich ausdenkt, wie man ihn schreibt, aber auch wie man einen Roman liest, denn der Leser – das hatte er an sich selbst festgestellt – entwickelt sich, wenn er älter wird...

Da er ein vortrefflicher, gefürchteter Porträtist war, verstand er es auch, von Menschen zu sprechen... Sartre, Camus, Malraux, die großen Persönlichkeiten der Epoche, waren dem Scharfblick seines zornigen Auges nicht entgangen... Ganz zu schweigen von Simone de Beauvoir, der Frau Blaustrumpf, über die er sich lustig machte wie die Katze über die Maus... Er kannte auch jene Leute, die noch völlig unbekannt waren: Barthes, Blanchot. Mauriac wußte einfach alles über die Akteure und auch über die Statisten, mit denen er die literarische Szene teilte.

Fürchtete er um seine Vormachtstellung? Tief im Inneren wußte er wahrscheinlich, daß die Konkurrenten im Vormarsch waren und ihn allmählich an Popularität übertrafen, zumindest bei der Jugend. Welche Bedeutung hatte schließlich ein »bürgerlicher« Roman wie *Denn du kannst weinen* neben diesen herrlichen Maschinen, aus denen am Ende die ganze Welt neu durchdacht, neu geschrieben, neu erfühlt herauskommt: *Der Fremde* von Camus, *Die Wege der Freiheit* von Sartre, und sogar *Sie kam und blieb* von jener Simone de Beauvoir, über die er sich so sehr mokierte?

Ich sah ihn sich nach allen Richtungen winden, um das Interesse der Jugend wieder mehr auf sich zu lenken: Er paßte seinen Katholizismus dem Zeitgeschmack an, garnierte das ganze – wie er selbst sagte – mit »kleinen Vögeln aus Malagar« und versuchte, seine Rivalen, die großen Neuen, die die Gesellschaft aus den Angeln heben wollten, an Unerbittlichkeit, an Komik zu übertreffen. Doch es war nichts zu machen, Mauriac blieb hoffnungslos zurück... Daß er auf der letzten Seite im *Express* schrieb, machte ihn noch lange nicht zum letzten Schrei.

Viele seiner Kollegen an der Académie Française hatten mit zunehmendem Alter darauf verzichtet, das Tempo durchzuhalten. Nicht so Mauriac! Sein brennender Wunsch, nicht von der Nouvelle Vague überrollt zu werden, sondern auf ihren Schaumkronen leicht dahinzuschweben, ließen seine Feder noch spitzer und seine Konversation noch schärfer werden.

Welch idealer Literaturprofessor er doch hätte sein können! Wie man sie am liebsten hat: ganz und gar parteiisch. Um jeden auf das Maß zurechtzustutzen, das dem Rang, dem Platz entsprach, den er, Mauriac, ihm zugedacht hatte, fand er höchst einprägsame Formulierungen. Es war köstlich, wie er sich zu mir beugte und mir bitterböse Schlechtes über andere Leute zuraunte! »Das, nicht wahr, das ist nur für Sie bestimmt, das werden Sie nicht veröffentlichen! Sonst schaffen Sie mir einen Feind mehr!« Er hatte genau den Ton getroffen, um mich zu verführen: Er gab mir das unbeschreibliche Gefühl, daß wir alte Kumpel seien.

Rührte diese Fähigkeit zur Vertraulichkeit von seinen langjährigen Besuchen im Beichtstuhl? Oder von seiner Stimme – »Meine arme, kranke Stimme«, sagte er immer. Seine kaputten Stimmbänder ließen nur diesen vertraulichen Ton zu, den er meisterhaft beherrschte.

Ich ging in Hochstimmung von ihm weg: François Mauriac hatte meine Verdienste schließlich doch anerkannt, er behandelte mich wie seinesgleichen. Mehr noch: wie eine Freundin! Nachdem das Interview in unserem Wochenmagazin erschienen war, traf ich ihn wieder in den Gängen der Redaktion. Ich stürzte auf ihn zu, stellte mir schon die nette kleine Plauderei vor, die wir haben würden: Ich fühlte mich ebensogut wie er in der Lage, über alle anderen großzügig Schlechtes zu erzählen!...

Doch nein, er reichte mir die Hand und blickte dabei in eine andere Richtung. Die Zeit der Vertraulichkeit war vorbei.

Oder vielmehr, ich repräsentierte für ihn nicht mehr das Magazin, und darüber hinaus das neue Leserpublikum, das es zu erobern galt.

Es war sein Publikum, das er in meiner Person zärtlich umarmt hatte, der alte Fuchs!

WIE sind Sie auf die Idee gekommen, *Bild meines Ichs* zu schreiben?

François Mauriac. Ich habe bemerkt, daß Artikelserien, auch wenn es »gute Artikel« sind, an denen man viel gearbeitet hat, beim Publikum nicht ankommen. Deshalb wollte ich, daß die Artikel im *Figaro littéraire* durch etwas miteinander verbunden würden und die Kapitel eine Geschichte bildeten. Nun, ich habe sie gefunden, diese Verbindung: Ich selbst war es, mein Leben war es!...

Von diesem Moment an ist mir der Faden, der diese Reflexionen über meine Lektüre zusammenhielt, nicht mehr aus dem Kopf gegangen.

ES ist ein Buch, das sehr viel Erfolg gehabt hat.

F. M. Aus den Briefen, die ich bekommen habe, konnte ich ersehen, daß ich ein ziemlich großes Publikum berührte, und daß ich das Herz dieses Publikums berührte. Es ist ein Buch, daß sicherlich viele Menschen erreicht hat, die keine ausgesprochenen Intellektuellen sind.

WISSEN Sie, wer die Leser sind?

F. M. Es ist nicht so, daß es den Schriftstellern und Intellektuellen nicht gefallen hätte. Ich glaube nicht, daß ich jemals zuvor eine so einstimmige Pressekritik bekommen habe... Doch was mich bewegt, ist, daß das fragliche Buch, in dem über Benjamin Constant, über Racine, über Gide gesprochen wird, von Durchschnittslesern gelesen wird, vor allem von Frauen. Und die Briefe, die mir diese Frauen schreiben, sind erstaunlich... Das sind Gelegenheiten, bei denen man als Schriftsteller das Gefühl hat – ich möchte keine allzu großen Worte gebrauchen – helfend und aufklärend zu wirken. Ich halte das heutzutage für sehr wertvoll. Trotz der Ernsthaftigkeit des Themas hat dieses Buch einen Ton, der bewirkt, daß es verstanden wird, daß es begriffen wird. Und das ist um so erstaunlicher, als die Autoren, von denen ich spreche, nicht gerade gängige Autoren sind: Benjamin Constant, Emily Brontë oder Newman...

Zum ersten Mal in meinem Leben fühlte ich, daß ich mit einem Buch, das kein Roman war, sehr viele Menschen erreichte.

SIE selbst, lesen Sie viele Romane?

F. M. Ich lese sehr wenige. Das Alter, ich stelle das Tag für Tag fest, erstickt in mir die Romanfiguren. Ich war ein leidenschaftlicher, man kann sagen ein unersättlicher Leser, aber jetzt... Als ich jung war, schuf meine eigene Zukunft, wie ich sie mir erträumte, die Atmosphäre, die Madame Bovary, Anna Karenina, Balzacs Romanfiguren für mich zu lebendigen Wesen machte. Sie zeichneten mir alles vor, wovon ich träumte, durch ihr Schicksal bekam ich einen Vorgeschmack auf mein eigenes Schicksal. Dann, je länger ich lebte, umgaben sie mich wie Rivalen. Eine Art Wettkampf zwang mich dazu, mich an ihnen zu messen, besonders an den Figuren Balzacs; jetzt sind sie ein Teil dessen, was vorbei ist.

Hingegen kann ich einen Roman von Bernanos oder selbst von Huysmans nochmals lesen, weil sie eine metaphysische Fortsetzung haben. Bei den Romanen meiner jüngeren Kollegen interessiert mich vor allem die Technik.

Romane haben keinen Einfluß mehr auf mich, deshalb bin ich viel mehr der Geschichte preisgegeben, der Geschichte wie sie gerade abläuft...

GLAUBEN Sie, daß sich der Roman in einer Krise befindet? Und glauben Sie, daß der Druck der Ereignisse, zum Beispiel der Algerien-Krieg, mit Schuld daran ist?

F. M. Alle Epochen waren mehr oder weniger tragisch. Die Ereignisse, die wir erleben, sind keine ausreichende Erklärung für das, was man vereinfachend die Krise des Romans nennt, die im übrigen keine Krise des Publikums ist, des Publikumsbedürfnisses nach Romanen, denn die Auflagen sind weitaus höher als in meiner Jugend.

Nein, die Krise des Romans ist meiner Ansicht nach eine metaphysische, sie ist durch eine bestimmte Konzeption des Menschen bedingt. Die gehässige Ablehnung des psychologischen Romans kommt im wesentlichen von dem Bild, das die heutige Generation vom Menschen hat, und das ist völlig negativ. Diese Veränderung der Romanfigur hat schon vor langer Zeit eingesetzt. Das Werk Marcel Prousts ist typisch für diese Entwicklung. Von *In Swanns Welt*, einem perfekten Roman, bis *Die wiedergefundene Zeit* sehen wir, wie sich die menschliche Gestalt nach und nach auflöst. In dem Maß, in dem der Roman fortschreitet, zerfallen seine Figuren.

Heute, zur selben Zeit wie die Malerei ohne Gegenstand, ist der Roman ohne Personen entstanden – zumindest ohne Personen, die auch nur ein Merkmal besäßen, das sie charakterisieren könnte.

Ich glaube, daß die Krise des Romans, wenn es sie gibt, dieser Natur ist: Es geht sicherlich um die Technik des Romanschreibens!

Der Roman hat seinen Gegenstand verloren, das ist das schlimmste. Davon muß man ausgehen.

Unsere jüngeren Kollegen glauben, nach Joyce und nach Proust, entdeckt zu haben, daß der »Gegenstand« des alten Romans vorfabriziert sei, und nichts mit der Wirklichkeit zu tun habe...

WENN Sie von einer Auflösung der Romanfiguren sprechen, heißt das nicht, sich allzusehr auf die experimentellen Romane festlegen, auf Blanchot, auf Robbe-Grillet? Bei Proust, bei Kafka gibt es doch immerhin noch Figuren. Sie sind sicherlich anders im Vergleich zu Balzacs Figuren, doch man erinnert sich an sie, man kennt sie bei ihren Namen, sie sind für den Leser existent...

F. M. Sie werden gleich von mir entsetzt sein: Ich kenne Kafkas Romane nur sehr wenig, und gleichzeitig kenne ich sie sehr gut, denn er selbst, er fasziniert mich. Ich habe sein Tagebuch gelesen, seine Briefe, alles, was mit ihm zu tun hat. Seine Romane selbst – ich kann sie nicht lesen...

Bei Proust ist die langsame Auflösung der Personen, wie gesagt, augenfällig. Von der *Gefangenen* an wird der Roman zu einer langen Betrachtung über die Eifersucht: Albertine hat keine körperliche Realität mehr, und die Personen, die zu Beginn eine solche gehabt haben, wie Charlus, verschmelzen schließlich mit dem Laster, das sie vernichtet hat.

Die Krise des Romans ist metaphysischer Natur. Die Generation vor uns war zwar nicht mehr christlich, doch sie glaubte an den Menschen, das bedeutet soviel wie an die Seele glauben. Das, was jeder einzelne von uns hinter dem Begriff »Seele« sieht, ist sehr unterschiedlich, doch letztlich war das der Fixpunkt, um den herum man die Romanfigur aufgebaut hat.

Für viele war zwar der Glaube an Gott verloren, nicht aber an die Werte, die dieser Glaube postuliert. Man glaubte an das Gute und an das Böse. Das Gute war nicht das Böse, und das Böse war nicht das Gute. Der Zusammenbruch der Romanwelt ist auf die Zerstörung dieses wichtigen Fundaments zurückzuführen: der Kenntnis von Gut und Böse. Die Sprache selbst wird entwertet und gleichsam sinnentleert, durch diesen Anschlag auf das Gewissen.

Merken Sie sich: Für einen Romancier, der christlich geblieben ist, so wie ich es bin, ist ein Mensch immer jemand, der im Werden oder im Vergehen begriffen, und nicht ein bewegungsloses Wesen, fixiert, erstarrt in seinem ein für alle Mal vorgezeichneten Charakter... Genau dadurch unterscheidet sich der traditionelle psychologische Roman sehr stark von dem, was ich gemacht habe, oder zu machen glaubte.

Der Mensch, wie ich ihn in meinen Romanen verstehe, ist ein in das Heilsgeschehen verwickeltes Wesen, selbst wenn er es nicht weiß. Das Leben, das ganze Leben hat eine Richtung, ein Ziel, von dem es sich unendlich weit entfernen kann.

Dieser »Raster« eignet sich so gut wie ein anderer für eine Betrachtung des Menschen, scheint mir. Ich werfe meinen jüngeren Kollegen nicht *ihre* Technik vor, sondern daß sie glauben, es existiere nur eine Technik, nämlich die ihre, die von Joyce oder Faulkner kommt und die alle anderen Techniken verurteilt. Denn für mich schafft jeder Romancier, so er diesen Namen verdient, seinen eigenen Stil, der nur für ihn Gültigkeit hat, erfindet seine eigenen Mittel, derer sich nach ihm niemand mehr bedienen darf. Ein und dieselbe Technik darf nur einmal angewendet werden.

Andererseits sehe ich bei den neuen Romanciers mit Bewunderung eine »Suche nach dem Absoluten«, einen Haß gegen Falschheit und Schein. Sie lassen mich an das denken, was Alain und Simone Weil über die reinigende Wirkung des Atheismus zu sagen pflegten... Doch lassen wir das... Ich bin kein Philosoph.

WARUM sich dagegen verwahren?

F. M. Wann immer das literarische Potential kleiner wird, siegen die Philosophen. Ich sage das nicht gegen sie, aber sie haben nach und nach den ganzen Platz vereinnahmt.

Es hat immerhin sehr große Bedeutung, daß der Meister, der diese Zeit literarisch geprägt hat, Philosoph ist! Jean-Paul Sartre hat darüber hinaus auch sehr viel Talent, sonst hätte er nicht die Stellung erreicht, die er jetzt einnimmt. Vergleichen Sie nur seinen Einfluß mit Bergson, dessen Einfluß auf den intellektuellen Bereich beschränkt blieb und der nur indirekt auf die Literatur einwirkte, durch seinen Einfluß auf die Literaten.

Malraux, Camus sind Schriftsteller, die ein Denkmodell haben. Den reinen Literaten gibt es nicht mehr – zumindest nicht unter denen, die zählen. Manche unserer Kritiker, Blanchot, Barthes, sind schwierige Autoren. Wie Victor Hugo sagte:

»Um sie zu verstehen, muß man studiert haben.«

Diese Generation ist furchtbar intelligent.

Früher konnte man Talent haben und ein bißchen dumm sein; heute, nein!

Soweit sie Philosophen sind, brauchen sie wahrscheinlich weitaus weniger Fiktion als wir. So gesehen existiert bei meinen jüngeren Kollegen ein außerordentlich starker Wunsch nach Objektivität. Ich will damit sagen, sie haben schreckliche Angst, nichts von dem zu sagen, was nicht ist. Diesen Anspruch finde ich recht erfreulich. Doch daraus werden keine Dichter...

DARAUS werden zumindest Kritiker...

F. M. Das Ärgerliche an den Kritiker-Philosophen ist, daß ihnen zunächst die Schwächen eines Autors wie meinesgleichen auffallen, sie irritieren, während sie völlig unsensibel gegenüber dem sind, was den Wert dieses Autors ausmacht. Ein Autor meines Alters hat eine bestimmte Vorstellung von dem, was ihm auf der ganzen Welt einen engen, treuen Leserkreis garantiert... Es sind nicht nur Menschen, es ist eine Atmosphäre, in der zumindest die Personen eins sind mit einer duftenden, brennenden Welt. Nichts von alldem zählt natürlich für unsere Herrn Philosophen, die den literarischen Kampfplatz erobert haben und dort als Sieger thronen!

Haben Sie *La Gartempe* von Jean Blanzat gelesen? Es ist eine Geschichte über Männer und Frauen, verbunden mit einer Geschichte über die Jahreszeiten, in einer Gegend in Frankreich, die von der Gartempe bewässert wird. Ich las über dieses wunderbare Buch einen sehr gehässigen Artikel eines Kritikers, der wahrscheinlich nicht dumm und ein sehr gebildeter Mann ist. Doch offensichtlich findet er keinen Zugang zu einer ganzen Welt sinnlicher Wahrnehmungen... Seine ätzende Kritik über *La Gartempe*, das ist der Blinde, der versucht, mit seinem weißen Stock das unsichtbare Wunder zu durchbohren...

Hier liegt das Mißverständnis mit unseren Kritikern. Da sind unsere »Mängel«, die sie anprangern, und die ihren, die sie nicht sehen, die wir jedoch sehen. Derselbe Kritiker rühmte sich im selben Artikel, mit gekreuzten Zügeln über Balzacs Schilderungen hinweggeprescht zu sein, ohne zu merken, daß ein solches Bekenntnis einen Kritiker einordnet und auf seinen Platz verweist...

In Blanzats Buch, wie auch in meinem, handelt es sich, glaube ich, nicht um einen Hintergrund, den wir hineinpflanzen: Das menschliche Wesen ist darin mitsamt seiner Scholle eingefangen, es gibt nichts Willkürliches darin, es ist real, ganz real. Doch abstrakt denkende Naturen verabscheuen das. Sie sind unempfänglich für die Dinge in einem Werk, welche die, die es lieben, wenn sie tiefer eindringen, zu der Aussage bringen: »Man fühlt sich wie neu geboren!...«

TROTZDEM. Glauben Sie, daß es ein Zufall war, der die Literatur den Philosophen ausgeliefert hat?

F. M. Zunächst gibt es einen historischen Grund. Es hat in Frankreich dramatische Ereignisse gegeben. Sartre hat die Verzweiflung dieser Generation zum Ausdruck gebracht. Er hat diese Verzweiflung nicht erzeugt, er hat ihr Rechtfertigung und Stil gegeben.

SIE sagten, Sie interessieren sich mehr für den Menschen Kafka als für sein Werk. Anderswo, im *Figaro littéraire*, haben Sie geschrieben, daß es durch *Die Sturmhöhe* hindurch die Person Emily Brontës ist, die Sie fesselt. Kurz gesagt, wenn die Romanfigur schon verschwunden ist, tritt für Sie der Autor in den Vordergrund, erobert nach und nach die ganze Bühne.

F. M. Fast alle Werke sterben, und die Menschen bleiben... Von Rousseau lesen wir kaum mehr etwas, nur seine *Bekenntnisse*, von Chateaubriand nur die *Denkwürdigkeiten nach dem Tod*. Nur sie interessieren uns. Ich bin und bleibe ein großer Bewunderer von Gide. Doch schon jetzt zeigt sich, daß nur sein Tagebuch und die Geschichte seiner Jugend, *Stirb und werde*, Chancen haben, die Zeit zu überdauern. Was in der Literatur am seltensten ist, der einzige wirkliche Erfolg, das ist, wenn der Autor stirbt und sein Werk bleibt. Man weiß nicht mehr, wer Shakespeare war, oder Homer. Racine? Man müht sich damit ab, sein Leben zu beschreiben, ohne daß es etwas hergibt. Er verblaßt neben der strahlenden Wirkung seiner Figuren. Wie selten das ist!

Doch Urheber, die vor ihrem Werk verschwinden, die gibt es kaum; meist passiert das Gegenteil; selbst die großen Romanfiguren, die überlebt haben, sie erstarren in Lehrbüchern und Literaturgeschichten wie in einem Museum. Als lebendige Wesen nutzen sie sich ab, werden schwächer... Es passiert sogar, daß wir ihren Tod miterleben. Mir scheint, Madame Bovary ist nicht mehr so frisch wie früher...

GLAUBEN Sie?

F. M. Ja, und auch Anna Karenina! Sogar die Brüder Karamasow. Und zwar zunächst deshalb, weil sie eben Leser brauchen um zu leben, und die nächsten Generationen sind immer weniger fähig, ihnen Luft zum Atmen zu geben. Es sei denn, die Leinwand ermöglicht ihnen ein zweites Leben. Mich reizt das nicht besonders. Man beschäftigt sich in Hollywood ein wenig mit *Thérèse Desqueyroux*, diese Neuigkeit wirft mich nicht um...

Flaubert hat Glück, daß es seine *Briefe* gibt.

IN Ihrer kleinen Studie, die bei Corréa erschienen ist, *Le Romancier et ses personnages*...

F. M. Es ist lange her, daß sie erschienen ist, ein Viertel Jahrhundert mindestens! Das war, bevor Kafka bekannt wurde, und Joyce...

ES gibt eine Passage, in der Sie vom Roman als Literaturgattung par excellence sprechen, als Königsdisziplin unter den Künsten...

F. M. Ich lobte meine Ware... Es gibt keine Königsdisziplin im Verhältnis zu einer anderen Kunst. Der Künstler zählt. Es sind Tolstoij oder Dickens oder Balzac, die großartig sind, nicht die Gattung, die sie berühmt gemacht haben.

DOCH wenn ein Roman einmal fertig ist, fühlen Sie sich mit Ihren Figuren dann immer noch verbunden? Haben Sie noch eine Beziehung zu ihnen?

F. M. Meine Figuren existieren für mich nur, weil man mit mir über sie spricht, weil man Artikel über sie schreibt; das einmal geschriebene, aus mir herausgetretene Werk existiert nur für die anderen. Auf die übliche Frage: »Welches Ihrer Bücher mögen Sie am liebsten?« oder »Welche Ihrer Figuren interessiert Sie am meisten?«, nenne ich irgendeinen Titel, irgendeinen Namen: Man muß ja schließlich antworten! Doch ganz ehrlich gestanden habe ich keine Lieblingsfigur. Eigentlich war jeder meiner Romane der Versuch, einer Sache näherzukommen, die ich zu erreichen hoffte und die sich mir entzog; und ich habe wieder von vorne begonnen.

Das ist mit ein Grund, warum es mich niemals gereizt hat, einen Roman-Zyklus zu schreiben, denn ich wäre verzweifelt, hätte ich nicht jedesmal bei Null anfangen können und mir gesagt: »Ha! Diesmal werde ich *mein Buch* schreiben!«

Ich kann sagen, daß es in allen meinen Romanen ein paar Seiten gibt, die ich gern habe, wo ich dem, was ich suchte, näher gekommen bin, und daß mich alle in gewisser Weise enttäuschen.

Manche Figuren leben außerhalb von uns, das ist eine Tatsache. Trotzdem haben wir nichts mehr mit ihnen zu tun. Wenn *Thérèse Desqueyroux* etwas von mir ausdrückt, dann von einem Ich, das schon seit Jahren überholt ist.

Ich habe kürzlich abends im Radio eine Bearbeitung von *Die Einöde der Liebe* gehört. Auch wenn die Geschichte stark verändert war, erkannte ich doch den Doktor Courrèges wieder, seinen Sohn Raymond, jene ausgehaltene Frau, Maria Cross: Diese kleine Welt sprach zu mir, litt vor mir, diese Welt, die mich vor dreißig Jahren verlassen hatte, ich erkannte sie wieder, ein wenig verzerrt durch den Spiegel, in dem ich sie sah... Doch schließlich war ich der Schöpfer dieser Wesen. Wesen? Nein! Ich hätte das Leid beschreiben können, oder die einzelnen Aspekte meines Leids in jener Zeit, die die Figuren jeweils verkörperten. Es war für mich nicht anzuhören – denn in meinem Alter ist aus altem Leid längst fernes Glück geworden...

In manche Romane, die vielleicht nicht die besten sind, habe ich viel mehr von mir selbst gelegt. Zum Beispiel *Das Geheimnis Frontenac:* In diesem Buch habe ich versucht, meine Jugend festzuhalten und meine Mutter und den Bruder meines Vaters, der unser Vormund war, lebendig werden zu lassen. Dieses Buch hat für mich einen einzigartigen, erschütternden Ton, unabhängig von den Qualitäten oder Mängeln, die es vielleicht hat. Eigentlich lese ich es nicht öfter als die anderen: Ich lese meine Bücher nur dann, wenn ich muß, bei der Korrektur. Die Herausgabe meines Gesamtwerkes hat mich dazu verurteilt: Es fällt mir fast ebenso schwer wie das Durchlesen alter Briefe. Denn dabei tritt der Tod aus seiner Abstraktheit, wir berühren ihn wie einen Gegenstand: eine Hand voll Asche, voll Staub....

DIE Art, wie *Das Lamm* aufgenommen wurde, war sie so, wie Sie gehofft hatten?

F. M. Man wird so wenig begriffen, so wenig verstanden. *Das Lamm*, wohlgemerkt, hat eine ziemlich hohe Auflage gehabt (70 000), aber wie sehr hatte ich doch das Gefühl, nur für sehr wenige Menschen zu sprechen! Trotzdem habe ich das bekommen, was man gute Kritiken nennt. Vor allem ehrerbietige, respektvolle – einfühlsame Kritiken, auch von meinen Gegnern – nur ein einziger Artikel mißbrauchte in niederträchtiger Weise die Möglichkeiten zur Verzerrung, zur Entstellung, zur Beschmutzung, die ein Buch wie dieses bietet... – lassen wir das. Es ist die Einsamkeit des Christen in der heutigen Welt, die einen zu Boden drückt – doch nein! Ich habe unrecht! Der Christ ist niemals einsam, er ist es gegenüber den anderen...

IHR politisches Engagement, hat es nicht in gewisser Weise diese Einsamkeit durchbrochen?

F. M. Hat es sie nicht eher vergrößert?

HABEN sich nicht neue Kontakte ergeben?

F. M. Ja, sicherlich ist ein gewisses Gefühl der Zusammengehörigkeit entstanden, ein kleiner Kern von Christen, die gewissermaßen meine Familie bilden, Sie haben recht, mich daran zu erinnern...

UND über diese Christen hinaus, haben Sie nicht den Eindruck, daß Sie ein Publikum erreicht haben?

F. M. Ja, das stimmt! Ich beklage mich zu unrecht, ja, man hat mich gehört... Wir sind sehr wenige, man darf sich keine Illusionen machen, denn letzten Endes gibt es diesen geistigen Kern; er ist äußerst effizient, ich bin undankbar, wenn ich mich über meine Einsamkeit beklage.

HEUTE haben Ihre Stellungnahmen für Leute Gültigkeit, die Ihre Bücher nie gelesen haben. François Mauriac, das ist nicht mehr nur ein Schriftsteller, das ist eine Persönlichkeit...

F. M. Das heißt, daß das heutige Publikum, wie jede Öffentlichkeit zu jeder Zeit, von den Menschen, die schreiben, Nahrung verlangt: Eine Welt, die so arm an geistiger Nahrung ist, wie die heutige Welt, achtet auf jedes Wort, das von einer Hoffnung getragen ist.

In diesem Sinne kann ich sagen, daß ich dem, was ich schreibe, allem, was ich schreibe, große Bedeutung beimesse: einem Artikel im *Figaro Littéraire* wie einer Seite der »Bloc-Notes«. Eine Seite in einem Roman ist in meinen Augen nicht wichtiger als ein Zeitungsartikel. Alle Ausdrucksmittel sind gleich viel wert, oder besser gesagt: Das, was sie aussagen sollen, ist etwas, was ich sagen muß, egal in welcher Form. Ich habe nie meine Kollegen verstanden, die ihre schlechtesten Produkte den Zeitungen vorbehalten. Jedes geschriebene Wort ist ein Pinselstrich, an dem der ganze Meister zu erkennen ist. Es gibt nicht den Journalisten, es gibt nicht den Dichter, es gibt einen Menschen, jemanden, der sich ausdrückt oder sich verstellt, der sich direkt äußert oder ungewollt, das heißt der sich verrät oder der sich ausliefert, weil er existiert und »sein Wort zu sagen« hat.

WAS hat Ihnen Ihr neuer Beruf als Fernsehzuseher und Fernsehkritiker gebracht? Und wie haben Sie überhaupt Zeit dafür gefunden?

F. M. Weil das Alter Leere bedeutet.

SIE sind doch überall!

F. M. Ich mache nichts mehr – oder fast nichts – man hat Zeit, wenn man alt ist... Das Fernsehen – man kann davon halten, was man will – hat eine enorme Bedeutung. Es wird alles verschlingen. Dieser Tage einmal habe ich, anstatt ins T.N.P. zu gehen, lieber meine Hausschuhe anbehalten und mir *Die Spiele der Liebe und des Zufalls* angesehen.

In drei oder vier Jahren – die Franzosen hinken etwas nach – wird jeder seinen Fernsehapparat haben. Es gibt sehr gute Filme, alte Filme zwar, aber da ich nie ins Kino gehe, können die Filme zehn Jahre alt sein, mir macht das nichts aus. Es gibt auch Theater, und oft viel besseres als im Theater selbst, weil die ganze Sache mit Pappmaché und Dekoration unsichtbar wird. Das macht die Stücke besser. Wenn man noch ein wenig mehr Musik bringen wollte – man hört leider sehr wenig – das wäre wunderbar. Natürlich habe ich für Chansons wenig übrig. Aber ich bin glücklich, Gilbert Bécaud dank des Fernsehens gehört zu haben. Ja, es wird alles verschlingen. Es ist also sehr wichtig mitzuhelfen, daß ein gewisses Niveau gehalten wird. Man unternimmt Anstrengungen in dieser Hinsicht. Sie verdienen es, unterstützt zu werden.

GLAUBEN Sie, daß sich die Generation, die fernsieht, von der vorigen unterscheiden wird?

F. M. Es gibt von einer Generation zur anderen immer ein Unverständnis, das von einer Veränderung des allgemeinen Klimas herrührt. Doch es gab zwischen uns und der Generation vor uns keinen spürbaren Unterschied, es gab keinen Einschnitt; es war im wesentlichen dieselbe Welt, die weiter existierte. Dagegen gibt es zwischen uns und denen, die nach uns gekommen sind, vor allem nach dem Zweiten Weltkrieg, mehr als nur einen Unterschied, es gibt einen Bruch. Nehmen Sie zum Beispiel das Verschwinden des jungen Mädchens, das Verschwinden von dem, was wir ein junges Mädchen nannten. Es existiert nicht mehr. Ich sage nicht, daß das schlecht ist; aber das Bild der Frau hat sich verändert, die Frauen haben sich verändert: Die heutige Frau ist eine andere. Das ist keine Kritik. In vielen Punkten ist sie dem Mann gleichgestellt worden. Aber es ist eine andere Welt.

Und es hat auch die technische Revolution gegeben. Auch sie hat das Leben verändert.

SIE sprachen von den jungen Mädchen?

F. M. Sie wissen nicht, was ein junges Mädchen war. Das waren Wesen, Geschöpfe, die – zugegebenermaßen – ganz und gar künstlich waren. Sehr behütet, sehr streng überwacht, sie lasen nicht, sahen gewisse Dinge nicht, gingen nie allein aus... Gingen nicht einmal allein tanzen... Die Mutter war immer dabei. Sie trafen niemals ohne Aufsicht junge Männer... Lebten nur in der Umgebung ihrer Eltern und waren in keiner Hinsicht emanzipiert. Dieses Phänomen war ein ausschließlich bürgerliches. Es verschwand, als auch die junge Bürgerliche Arbeiterin wurde, oder Studentin, wenn nicht Angestellte. Nun ja, ich, ich habe diese jungen Mädchen noch gekannt, und ich bin ihrem Charme erlegen! Die jungen Männer schufen rund um sie eine Art magischen Ring. Man findet es bei Francis Jammes wieder, diese Poesie der Jungfräulichkeit. Ich sage nicht, daß das nicht mitunter zu Katastrophen geführt hat. Und daß es nicht, in Frankreich wie auch in England, Generationen von alten Jungfern erzeugt hat. Aber so war es eben.

UND die alten Jungfern?

F. M. Man war von alten Jungfern umgeben, die nicht geheiratet hatten, weil sie kein Geld hatten oder weil sie nicht hübsch waren und weil sie ihre alte Mutter pflegen mußten. Nein, um die Wahrheit zu sagen, auch wenn sie häßlich waren: Wenn sie eine Mitgift hatten, heirateten sie trotzdem. Aber ohne Geld konnten sie nicht heiraten. Ich selbst habe viele alte Jungfern in meinem Bekanntenkreis gehabt.

WAREN sie unglücklich?

F. M. Die Frauen sind immer unglücklich gewesen. Doch sie sind es zu verschiedenen Zeiten auf verschiedene Art und Weise. Wahrscheinlich leiden sie am liebsten so, wie sie es jetzt tun.

ARBEITEN Sie an einem zweiten Band von *Bild meines Ichs*?

F. M. Eigentlich sollte ich... Mein Verleger will es von mir. Doch ich habe Angst, mich zu wiederholen. Ich werde mir Zeit lassen. Ich mache Studien. Ich möchte, außer über meine Lektüre, gleichzeitig auch von Menschen sprechen, die ich gekannt habe. Und weil ich nicht über Leute sprechen möchte, die noch leben oder von denen Kinder da sind, würde ich eben gern von diesen alten Jungfern erzählen, von denen, die ich gekannt habe und die nicht die geringste Spur hinterlassen haben, die völlig vergessen sind. Und von denen manche bemerkenswerte Mädchen waren. Wenn die Frau vom Mann getrennt ist, ist sie in gewisser Weise furchtbar, doch sie kann erstaunliche Dinge tun. Die Frau ist gleichzeitig kleiner und viel größer als der Mann. Wenn sie groß ist, überflügelt sie ihn. Es gibt Frauen, die den Eindruck von Ausgestoßenen machen, gesellschaftlich gesehen, und wenn man sie kennt... Natürlich suchen viele Zuflucht bei Gott.

SCHREIBEN Sie Memoiren, führen Sie Hefte, in die Sie intimere, persönlichere Dinge schreiben, die Sie nicht veröffentlichen?

F. M. Ich schreibe welche, aber ich habe immer Bücher, die nach und nach die Dinge auffressen, die ich notiere. Entweder frißt das Tagebuch das literarische Werk auf oder das Werk frißt das Tagebuch auf... Jedesmal, wenn ich Dinge notiere, finden sie sich schließlich in einem Roman wieder. Wenn ich wirklich ein Tagebuch geschrieben hätte, dann hätte ich meine Romane nicht geschrieben.

WENN Sie an sich denken, passiert es da, daß Sie das, was Sie tatsächlich geworden sind, mit Ihren Kindheitsträumen vergleichen?

F. M. Ob wir es wollen oder nicht, wenn wir am Ende unseres Lebens angelangt sind, sehen wir es wie ein Gemälde, bei dem noch der letzte Pinselstrich fehlt. Ein Porträt existiert bereits: das Bild, das wir selbst von uns geben werden. In welchem Maß ist diese Person das Ergebnis eines Willens, eines frühen Plans? Der Mann, den man heute sieht und der meinen Namen trägt, ist er, durch einen inneren Zwang getrieben, nach und nach entstanden? Ist er das Ergebnis von Berechnung und Politik? Ich bin sicher, daß diese Frage in den Köpfen jener auftaucht, die mich beobachten, insbesondere bei den jungen Kollegen, die mir am wenigsten wohlgesinnt sind; im Grunde bin ich für sie jemand, der sehr geschickt ist und der durch seine kalkulierten Kühnheiten von der Welt schließlich alles bekommen haben wird, indem er vorgibt, alles zu riskieren, in einem Alter, wo er nichts mehr zu verlieren hat.

Es kommt vor, daß ich mir diese Frage selbst stelle. Alles, was man darüber sagen kann, ist falsch und richtig zugleich: Denn die Motive und Ursachen bilden ein unentwirrbares Durcheinander; doch was ich zu wissen glaube ist, daß das religiöse Bewußtsein in mir mein Handeln motiviert und nährt, soweit ich ein solches Bewußtsein besitze.

Nach Bernanos, nach Claudel bin ich, an meinem armseligen Platz, der Zeuge eines Glaubens, einer Hoffnung – jenes Glaubens, jener Hoffnung, die die Menschen verloren zu haben glauben, doch die sie im Grunde ihres Herzens bewahren. Deshalb gibt es mich noch, deshalb werde ich noch angehört.

Ich war überrascht, welche Bedeutung ein Leserpublikum wie das des *Express* dem Problem beimißt, das in den »Handschriften der toten Mutter« aufgeworfen wird. Obwohl viele, wenn nicht alle, den christlichen Glauben verloren oder niemals besessen haben, bewirkt der Gedanke, es könne dabei etwas Neues geben, daß sie plötzlich auf Christus schauen. Ein Dokument, das beweisen könnte, daß

Christus wirklich tot ist, daß er nicht auferstanden ist, daß alles ein Betrug war, daß es wirklich zu Ende ist... Oder das Gegenteil, plötzlich etwas, was weiß ich, ein Dokument, das die Auferstehung amtlich bestätigen könnte...

Sie sehen, wieviel Bedeutung das ganze trotz allem selbst für Leute hat, die zu dieser Botschaft keinerlei Verbindung mehr haben. Wie elend wir auch sein mögen, wenn wir Christen sind und eine Feder in Händen halten, wird alles, was wir schreiben, von einem Licht berührt, das nicht aus uns kommt. Die Menschen warten, sie erwarten etwas anderes als das tägliche Grauen. Sie langweilen sich, was soll man mit diesem Leben anfangen? Die Mittelmäßigkeit des Vergnügens!

ES kommt noch immer vor, daß Sie an den »Vergnügungen dieser Welt« teilhaben. Kürzlich waren Sie bei einer großen Abendgesellschaft...

F. M. Wenn ich dort bin, sehe ich das ganze wie von einem anderen Ufer aus. Wie die Menschen sich doch mit wenig zufrieden geben! Sich über nichts und wieder nichts amüsieren! Sogar menschlich gesehen erscheint die Messe bei meinen Nachbarn, den Benediktinern in der Rue de la Source, im Vergleich dazu unsagbar schön...

Und außerdem bewirkt die politische und militärische Geschichte, daß alles andere langweilig wird. Sie reißt mich von der Fiktion los.

WANN haben Sie aufgehört, die Fiktion als Ihre wesentliche Aufgabe zu betrachten?

F. M. Ich habe begonnen, mich von der Dichtung zu lösen, als der Spanien-Krieg begann, beispielsweise. Bis dahin lebte ich in einer Art Traum, in einer fiktiven Welt, und der Spanien-Krieg hat den unbeirrbaren Jungen aufgeweckt, der ich mit zwanzig Jahren war... Ich habe gekämpft, und dann kam die Okkupation, die Befreiung. In der Zwischenzeit habe ich mich, sooft es ging, in meine Phantasie geflüchtet; nichtsdestoweniger kann ich mich seit dem Spanien-Krieg nicht mehr dem menschlichen Schicksal verschließen, wie es Menschen von anderen Menschen aufgezwungen wird. Joubert sagte, daß »die Revolution seinen Geist aus der realen Welt vertrieben hatte, indem sie sie für ihn allzu schrecklich machte«. Für mich ist es das Gegenteil: Der Schrecken der realen Welt hat mich aus der Welt der Dichtung vertrieben.

In den »Bloc-Notes« wollte ich über alles sprechen: Es war die Grundidee der »Bloc-Notes«, über Madame XY ebenso zu sprechen wie über das, was in Algerien vor sich ging. Also! Doch nein: Natürlich geht man schließlich der Politik auf den Leim wie so eine arme Fliege.

INMITTEN einer unerträglichen Situation kann man auch ganz

anders reagieren: das Bedürfnis haben, sich zu distanzieren. Zum Roman zurückzukehren, zum Irrealen.

F. M. Ja, aber das ist, weil Sie, wenn Sie – was ich nicht weiß – gerne Romane lesen, vielleicht noch jung genug sind, um den Figuren in Ihrem Inneren die Atmosphäre zu geben, die sie brauchen, um Ihr Leben zu leben.

Ich hingegen, weil ich ihnen nichts mehr von dieser inneren Zeit zu geben vermag, weil ich schon die Ewigkeit vor Augen habe, wenn ich so sagen darf, weil meine Zukunft nur mehr in Gott liegt, ich kann dem, was ich sehe, was ich berühre, nichts mehr entgegenhalten, ich bin hypnotisiert von dem, was ist, ich flüchte nicht mehr. Ich bin gleichsam in einem Wartesaal, wo ich nur mehr die Zeitung lesen kann, denn das, worauf ich warte, ist der Tod.

Nicht mehr zu sehen, was vorgeht, in der Politik, das ist hart, wissen Sie. Manchmal bin ich Péguy, Bernanos böse, weil sie uns in einer bestimmten Vorstellung von unserem Land, von unserem Volk gewiegt haben, die zwar noch immer dem Bild entspricht, das andere Völker sich von uns machen, doch die nichts mit den Gesten Frankreichs gemeinsam hat, die ich seit zehn Jahren beobachte. Die Diskrepanz zwischen diesem künstlichen Gebilde und der Realität: Wir kompensieren sie, so gut wir können, doch das ist anstrengend.

Das Frankreich eines Péguy, eines Bernanos, dieses Frankreich, für das so viele Franzosen gestorben sind, alle meine Freunde von 1914, dieses Frankreich existierte, da sie doch alle dafür gestorben sind, doch ist es nicht mit ihnen gestorben?

Inwiefern hat es sie überlebt? Ist es schlecht, sich diese Frage zu stellen? Ist ihr Frankreich noch unser Frankreich? Was ist von meinem Glauben an dieses Land geblieben, nachdem ich gesehen habe, was ich gesehen habe? Was denke ich im Grunde über das, was aus meinem Volk, aus meiner Nation geworden ist?

WAS ist es?

F. M. Unser Drama ist der Kontrast zwischen dem ewigen Frankreich und dem wirklichen, dem Land, das sich im Parlament, in der Presse, in den Parteien widerspiegelt. Diese furchtbare Ungereimtheit, dieser furchtbare Gegensatz...

Ich will hier nicht von dem sprechen, was uns allen im Geiste noch gegenwärtig ist. Ich nehme an, daß jene Herren von der Untersuchungskommission über Folterungen nicht durch Gewissensbisse in ihrem Schlaf gestört werden...

Verstehen Sie mich richtig: Wenn beispielsweise die katholische Kirche plötzlich Verbrechen beginge, dann wäre das für die Christen bedrückend. Nun, als Franzose habe ich eben zur Zeit den Eindruck, in Sünde zu leben, und zwar in einer Sünde, die Frankreich in seinem Sein trifft, in seinem eigentlichen Wesen.

Die Frage, die ich mir stelle, ist folgende: Ist das, was ich liebe, mein Land, wie es wirklich ist, oder ist es ein Mythos, der von den Meistern meiner Jugend aufrecht erhalten wird? Was hat das Frankreich des 19. Jahrhunderts doch verbrochen!

Oh, es handelt sich hier nur um eine Krise, die man überstehen und überwinden muß; sofern wir eine bestimmte Idee von Frankreich zu verteidigen glauben, ist es an uns, sie wiederherzustellen, ihr zum Durchbruch zu verhelfen – und in jedem Fall in unserem Inneren zu bewahren, unversehrt. Wenn sie in uns existiert, so ist sie schon kein Mythos mehr. Ich bin mutlos, nicht verzweifelt. Was bedeuten schon die Gefühle eines alten Literaten, der sich beim Sprechen zuhört und beim Schreiben zusieht?

Ich denke an die jungen Leute, die ich kenne, an die vielen jungen Priester – an das, was noch an Uneigennützigkeit übrig ist, in dieser Welt der Tüchtigkeit, des Gewinns, der Technik; ich denke an das, was von der Liebe bleibt, von dieser aktiven Reinheit, die einer fürchterlichen, von Sex und Verbrechen geprägten, durch den Film verstärkten Atmosphäre standhält, die das Kind einatmet, sobald sein Gewissen erwacht... Und doch gibt es die reinen Herzen noch, die zarten Seelen. Christus lebt.

HAT dieser intensiv gelebte christliche Glaube Ihnen als Romancier Probleme bereitet?

F. M. Ja, immer! Es erscheint den jungen Leuten von heute natürlich komisch, aber ich, ich galt in katholischen Kreisen fast als pornographischer Schriftsteller... Das hat mich gezügelt.

Wenn man mir die Frage stellte: »Glauben Sie, daß Ihr christlicher Glaube Sie als Romancier behindert oder bereichert hat?« würde ich auf beides mit ja antworten. Mein christlicher Glaube hat mich bereichert, er hat mich auch behindert. So manches meiner Bücher war nicht so, wie es gewesen wäre, wenn ich mich hätte gehen lassen. Am Anfang war das sehr dramatisch. Solange ich jung war, habe ich in dieser Widersprüchlichkeit gelebt.

HABEN Sie nicht darunter gelitten?

F. M. Ah! Doch, es hat mich immer sehr beunruhigt. Aber heute bin ich in dieser Hinsicht nicht mehr beunruhigt. Wir legen das Unendliche in das, was wir schreiben, aber ich weiß jetzt, daß Gott das, was wir schreiben, nicht für wichtig hält. Er benutzt es.

Ich finde mein Werk nicht mehr so wichtig.

WÜRDEN Sie es verändern, wenn Sie nochmals von vorne beginnen könnten?

F. M. Nicht mehr, als ich den Ausdruck meines Gesichtes zu verändern suchen würde. Ich müßte mein Leben nochmals von vorne beginnen; dann wäre auch mein Werk anders.

Worüber wir Macht haben, ist unser Leben, und darin unterscheidet sich der Christ am meisten von denen, die nicht Christen sind. Es ist die Tatsache, glaube ich, daß wir uns selbst formen können. Nietzsche sagte: »Die Verbesserung ist möglich.« Ich glaube, man braucht sich nicht zu schämen, ein anderer werden zu wollen, als man geworden wäre, wenn man sich seinem eigenen Willen überlassen hätte.

Dieses Werden geschieht nicht nur durch das, was wir hinzufügen und das, was wir wegnehmen, sondern durch das, was aus uns kommt. Denn das Schlechteste in uns (das ist das Geheimnis der Gnade) kann zu dem werden, was uns am meisten bereichert.

SIE haben geschrieben: »Man kann sein Werk nur so weit beherrschen, als man sein Leben beherrscht hat.«

F. M. Wer hat das gesagt?

SIE.

F. M. Ich! Nun, das stimmt. Folglich will ich nicht mein Werk neu beginnen, sondern mein Leben. Unglücklicherweise kann man sein Leben nicht neu beginnen, deshalb darf man es nicht verpatzen, wenn man mitten drin ist.

DENKEN Sie noch daran, Romane zu schreiben?

F. M. Wozu sollte ich? Und für wen? Ich brauche (als Romancier, nicht als Journalist) Sympathie, Liebe sogar. In dieser Atmosphäre habe ich gearbeitet. Damit ist jetzt Schluß. Doch wenn kein materieller Zwang da ist – ein Zwang, von dem man niemals spricht, der aber existiert, denn Schreiben ist unser Beruf – und auch ich habe Kinder aufgezogen! – wenn also dieser materielle Druck nicht da ist, dann muß man von einem Willen der Erneuerung besessen sein. Ansonsten, noch einen Mauriac schreiben, Sie werden verstehen, daß mir das nicht besonders dringlich erscheint! Doch ich kann morgen früh damit beginnen...

Sie müssen wissen, manchmal reizt es mich, etwas ganz anderes zu schreiben... Ja, und ich könnte es. Nur habe ich da eine Sperre: Denn was mich reizen würde, wäre eine Satire auf die heutige Welt. Und hier beuge ich mich geistigen Überlegungen. Immerhin bin ich ein Christ, ich möchte mein Leben weder in Gewalt noch in Zorn beschließen, sondern in Frieden. Ich liebe das Gebet, das die heilige Gertrude, als sie schon sehr alt war, an »die Liebe ihres Lebensabends« richtete. Sie sagte: »Mach, daß ich in Dir ruhig einschlafe.«

Also, wenn ich etwas Neues schaffen würde, so wäre es in einem Anfall von Wut, die mich manchmal packt, die jedoch schnell wieder verraucht.

Ich habe in meinen politischen Artikeln gewisse Qualitäten entdeckt, von denen ich einen Roman profitieren lassen könnte. Ich habe das im Sinn, und Sie werden mir sagen, daß ich damit ein gutes Werk tun würde und daß ich es als Christ sehr wohl als meine Pflicht ansehen könnte, es zu schreiben. Doch ich muß zu meiner Rechtfertigung sagen: Ich mache mir niemals Illusionen über die Motive meiner Handlungen. Ich weiß sehr gut, welchen Zorn ich los würde, schriebe ich dieses Buch... Doch darauf zu verzichten, es zu schreiben, bedeutet für mich kein Opfer. Denn ich sage es noch einmal: Die größte Versuchung des Lebensabends ist für einen Christen der Rückzug, die Stille – sogar meiner Lieblingsmusik ziehe ich heute die Stille vor, weil es in Gott keine Stille gibt.

Meine Feinde glauben, daß ich mich um jeden Preis in Szene setzen will, daß ich mich der Politik bediene, um weiterzuleben. Sie wären überrascht, wenn Sie wüßten, daß ich zufrieden bin, allein auf meiner Terrasse zu sitzen – wie ich es in drei Tagen tun werde – während ich zu erraten versuche, aus welcher Richtung der Wind bläst, aufgrund des Geruchs, den er mit sich bringt. Was ich fürchte, ist nicht, nach meinem Tod vergessen zu werden, sondern nicht genug vergessen zu werden – denn wie wir vorhin gesagt haben: Nicht die Bücher bleiben, unser armseliges Leben wird zum Stoff für die Geschichtsschreiber.

Man hört nicht auf, weil man nicht aufhören kann – weil die Truppe einen noch braucht, weil man Schulter an Schulter mit den anderen auf die Bühne gedrängt worden ist, weil man seine Rolle weiterspielen muß, ob man sie nun gut oder schlecht spielt, wie die Zweitbesetzung, die man vielleicht wirklich ist. Gewiß, Bernanos war ein anderer Mensch! Doch schließlich ist er nicht mehr da. Claudel ist auch tot. Maritain lebt in den USA, Gilson in Kanada. Alles in allem bleibt man, weil man nicht weggehen kann und nicht aus einem Verlangen, sich zur Schau zu stellen, das hat man nicht mehr, auch nicht deshalb, weil man sich seiner Unzulänglichkeit und seines Elends nicht bewußt wäre, auch nicht aus einem Bedürfnis nach Zerstreuung, denn der einzige Vorteil des Alters ist jetzt, wo ich es erlebe (ein immenser Vorteil!), die Liebe zur Einsamkeit und die Unfähigkeit, mich zu langweilen – während in meiner Jugend Langeweile und Einsamkeit zwei Feinde waren, die mich immer zur gleichen Zeit attackierten und von denen ich ständig belästigt wurde.

Im großen und ganzen ist das, was ich heute schreibe, eins mit meinem Tun, mit meinem Kampf. Und genauso ist es auch, wenn es um den religiösen Kampf geht. Je älter ein Schriftsteller wird, desto weniger sollte sich sein Werk von seinem Leben unterscheiden.

JACQUES LACAN

Lacan trug eine rote Perücke, als er mich zum Tanzen aufforderte.

Jacques Lacan wurde am 13. April 1901 in Paris geboren.

Nach seinem Medizinstudium wendet er sich der Psychiatrie zu. Die ersten Entwürfe seiner Theorie gehen auf seine 1932 veröffentlichte Dissertation zurück: *La psychose paranoïaque dans ses rapports avec la personnalité.* 1936 hält er in Marienbad seinen berühmten Vortrag über die Entstehung des Ich: *Le Stade du miroir.*

Von 1934 bis 1953 ist Lacan Mitglied der Société psychiatrique de Paris. 1953 gründet er die Société française de psychanalyse; in der Folge kommt es zum Bruch mit der von Freud gegründeten Internationalen Vereinigung für Psychoanalyse. Die neue Vereinigung besteht von 1964 bis 1980 unter dem Namen École freudienne de Paris.

Bekanntgemacht und gelehrt hat Jacques Lacan seine Theorien teils im Hôpital Sainte-Anne, teils in der École des hautes études und an der École normale supérieure.

Ab 1966 erklärte er sich bereit, den von ihm durchgesehenen und korrigierten Text seiner Seminare[1] zu veröffentlichen. Dieses Werk umfaßt eine große Anzahl von Bänden, von denen einige posthum erscheinen.

Einige der zu seinen Lebzeiten veröffentlichten Werke sind: *Écrits*[2], 1966; *Les quatre Concepts fondamentaux de la psychanalyse*[3], 1973; *Les Écrits techniques de Freud*[4], 1975; *Encore*[5]; *De la psychose paranoïaque dans ses rapports avec la personnalité*, 1975; *Le Moi dans la théorie de Freud et dans la technique de la psychanalyse*[6], 1978.

Das Gespräch fand im Mai 1957 in seiner Wohnung in der Rue de Lille statt. Jacques Lacan starb 1981 in Paris.

Er war achtzig Jahre alt.

1. Das Seminar von Jacques Lacan. Olten u. Freiburg 1978.
2. Schriften I, Frankfurt 1975.
   Schriften II, Olten u. Freiburg 1975.
   Schriften III, Olten u. Freiburg 1980.
3. Die vier Grundbegriffe der Psychoanalyse. Olten 1978.
4. Freuds technische Schriften. Olten 1978.
5. Encore. Das Seminar Buch XX. Weinheim 1986.
6. Das Ich in der Theorie Freuds und in der Psychoanalyse. Olten 1980.

Mit Jacques Lacan und Sylvia Bataille bei einem Cocktail des *Express*
(Foto: L'Express)

Als ich Jacques Lacan zum ersten Mal sah, trug er eine rote, struppige Perücke. Er forderte mich zum Tanzen auf. Das war bei einem Tanzabend, der unter dem Motto »verkleidete Köpfe« stand und von der Zeitschrift *Les Temps modernes* veranstaltet wurde. Ich selbst hatte mich geweigert, meinen Kopf zu verkleiden; der Kopf des Psychoanalytikers jedoch bot ein Bild, das sich mir für immer einprägte: Er war ein Original.

In der Folge hatte ich häufigen und intensiven Kontakt mit ihm. Ich besuchte zwar seine Seminare nicht, aber ich gehörte zum Kreis der Personen, die er gerne um sich hatte, wenn er gerade keine Sitzungen hatte.

Er lud mich auch manchmal spätabends zu einem Essen zu zweit ins Restaurant ein, erschöpft von einem langen Tag hinter der Couch.

Doch war Jacques Lacan überhaupt jemals erschöpft? Er tat jedenfalls sein möglichstes, sich diesen Anschein zu geben, wenn er auf dem Gehsteig dahinschlurfte und von Zeit zu Zeit stehenblieb, um einen tiefen Seufzer auszustoßen. Dann ging er weiter und murmelte: »Meine Liebe, ich bin tot! Sie töten mich! Sie verstehen rein *gar nichts* von dem, was ich sage!« »Sie«, das waren seine Studenten, zu denen ich in diesem Fall glücklicherweise nicht gehörte...

Jacques Lacan suchte am liebsten Orte auf, an denen man Leute traf. Er schleppte mich einige Male ins Berkeley in der Avenue Matignon, das um die Mittagszeit von Pressemagnaten wie Lazareff und Pierre Brisson besucht wurde. Dort entdeckte ich durch ihn auch Delikatessen. An jenem Tag bestellte er während der ganzen Mahlzeit immer wieder welche, und wir aßen nichts anderes, zur großen Erheiterung der Kellner und des Maître d'hôtel.

Jacques Lacans Benehmen in Restaurants hatte immer Show-Charakter. Seine üppige schwarz-weiß melierte Haarpracht – stets perfekt geschnitten, wie ein französischer Garten – setzte sich in einer flachen, leicht zerfurchten Stirn fort, was den Eindruck fast brutaler Starrsinnigkeit verstärkte, der von ihm ausging. Er trug kurze Sakkos aus Kaschmir mit Fliegen und Seidenhemden, alles in ungewöhnlichen Farben, die an seine einstige Verbindung zu den Surrealisten erinnerten. Seine verbogene Zigarette behielt er auch dann im Mund, wenn sie nicht brannte; sie verlieh ihm das Aussehen eines südamerikanischen Guerilleros. Manchmal benutzte er sie wie ein Stück Kreide und malte damit ungewöhnliche Figuren in die Luft.

Diese Allüren sicherten ihm stets einen perfekten Auftritt. Er stahl damit seiner Begleiterin – oft war es eine bekannte junge Schauspielerin – regelmäßig die Show; ich war nur eine von vielen, die mit ihm ausgingen. Man stand dann hinter ihm und war ein Requisit für seine Nummer.

Kaum hatte Lacan die Schwelle eines Restaurants überschritten, rührte er sich nicht mehr von der Stelle, legte ostentativ seinen Umhang oder seinen Twill-Mantel ab und reichte ihn irgend jemandem, der zufällig vorbeikam, auch wenn es ein Gast war... Dann wartete er, mit einer zutiefst gelangweilten, bekümmerten Miene, die er immer aufsetzte, wenn man sich nicht auf der Stelle um ihn bemühte, bis der Maître d'hôtel oder der Direktor persönlich herbeigeeilt kamen.

In diesem Moment stützte er sich mit einer nachlässigen Bewegung – so als könne er keine Minute länger stehen – aufs Geratewohl auf eine Schulter und sagte milde: »Welchen Platz haben Sie für mich vorgesehen, mein Lieber?...« Und das Personal, das wahrscheinlich auf seine großzügigen Trinkgelder aus war, führte ihn diensteifrig zu »seinem« Tisch: Das war immer und überall der beste.

Sobald er sich gesetzt hatte, beugte er sich zu mir, legte den Arm um die Lehne meines Stuhls, wandte den Kopf und donnerte in den Saal: »Sitzen Sie auch gut, meine Liebe? Sonst gehen wir wieder!...« Alle Blicke richteten sich auf uns: Wir waren die Stars.

Es war unglaublich, wie laut er sprechen konnte, doch ebenso konnte er mit kaum vernehmbarer Stimme vor sich hin murmeln, so daß man nichts hörte, selbst wenn man direkt neben ihm saß und die Ohren spitzte. Da er es verabscheute, wenn man ihn etwas wiederholen ließ, kam es vor, daß ich ihm auf gut Glück irgendetwas antwortete, weil ich nichts verstanden hatte. »Wirklich«, sagte er, sah mich über seine Brille hinweg an und tätschelte meine Hand, »lustig, was sie da sagt! Ist sie nicht witzig!«

Darin lag für mich der Reiz meiner Beziehung zu ihm: Er fand in allem, was ich sagte, einen Sinn.

Ich traf ihn auch in Megève, wo er seinen Skilehrer zur Verzweiflung brachte, weil er beim Skifahren immer an etwas anderes dachte, was bei diesem Sport, der Konzentration und Sorgfalt erfordert, nicht ungestraft blieb: Er stürzte oft. Er brach sich das Bein, als er oben am Mont d'Arbois ankam. Während er es mir erzählte, vertraute er mir an, daß ihm genau in jenem Augenblick ein genialer Gedanke gekommen war. Ich verstand kaum etwas von seinen

Erklärungen, die etwas mit einem »Knoten« zu tun hatten. Ob es sich um seine berühmten borromäischen Knoten handelte? Er schien von seiner Glanzleistung entzückt: Er hatte, indem er sich das Bein brach, bewiesen, daß sein Denken soeben einen »Bruch« bewirkt hatte...

Ich habe mich gefragt, wieso ich mich damals so wenig für die Gedankenwelt Jacques Lacans interessierte. War es, weil mich sein Denken ganz durchdrungen, meine Art zu sehen und zu hören verändert hatte, ohne daß es mir überhaupt bewußt wurde? Oder war es die nonchalante Art, in der er mir von dem zu erzählen pflegte, was er tat? Ich finde hin und wieder einen seiner kurzen Briefe: »Ich glaube, daß ich heute ein ganz gutes Seminar gehalten habe... Obwohl, um halb zehn Uhr hatte ich noch nichts gefunden, was mich dabei unterstützen hätte können. Ich habe das nächste Seminar ausgemacht, für den 14. März; Sie sind dazu herzlich eingeladen, falls die Idee, die Ihnen durch den Kopf gegangen ist, dort zu ›erscheinen‹, Ihnen noch ›sinnvoll‹ erscheint.«

Da er sich doch selbst so wenig für seinen Unterricht interessierte, warum sollte ich mich dann dafür interessieren? Später habe ich erkannt, daß sich hinter seiner scheinbaren Gleichgültigkeit ein ungeheurer Stolz auf ein Werk verbarg, das den Anspruch erhob, totalitär zu sein, das ihn und uns alle umfaßte...

Ich ging trotzdem einmal zu seinem Seminar – war es der 14. März? – um zu sehen, wie er zurechtkam... Es war noch an der École normale, wo ihm die Direktion gnadenhalber einen Saal zur Verfügung gestellt hatte, den man ihm später wieder wegnahm, was einen unvorstellbar heftigen Sturm der Entrüstung auslöste. Ähnlich wie bei der Vertreibung Jesu aus dem Tempel durch die Kaufleute!

Man mußte damals ein oder zwei Stunden früher zu Lacans Seminaren erscheinen, nicht, um einen Sitzplatz zu ergattern, sondern um überhaupt eine Chance zu haben, in den Saal zu kommen. Lacan erwies mir die besondere Gunst, in der ersten Reihe einen Sessel für mich reservieren zu lassen und gebot mir, über die Bühne zu kommen, denn es war unmöglich, die dicke Mauer aus begeisterten Zuhörern zu durchbrechen. Während ich mich vorsichtig hinsetzte, spürte ich in meinem Rücken den Druck, die Ungeduld derer, die seit Stunden auf das Lacan'sche Manna warteten. Die *Schriften* gab es noch nicht. Lacan verbot, seinen Vortrag zu drucken. Er machte persönlich Jagd auf Mitschriften... Es gab sie trotzdem, sie wurden vervielfältigt und unter der Hand ziemlich teuer verkauft. Er verleugnete sie: Fälschungen! Er hatte seine Schüler gebeten, die Fülle seiner Entwürfe nicht preiszugeben; sie sollten, wie die Pläne zum Bau der Atombombe, möglichst lange das Geheimnis einiger weniger bleiben. Was Tonbandgeräte betraf, hatte man mich gewarnt:

Der bloße Anblick eines solchen Gerätes brachte Lacan in Rage. Er stürzte los, riß es dem unglücklichen Besitzer aus der Hand und zertrampelte es: wie ein Star, der sich an den Kameras indiskreter Photojäger rächt. Sein Argument: Was er sagte, sei ganz provisorisch, ein Produkt des Augenblicks, und er würde es am nächsten Tag nicht mehr als sein eigenes erkennen.

Ich glaube, daß er einen sicheren Instinkt für Publicity besaß. Hatte er diesen Instinkt Dalí zu verdanken, den er bewundert hatte und der in dem jungen Psychiater einen würdigen Nacheiferer erkannt hatte? Lacan verstand es, das, was er sagte, zu einem intellektuellen Objekt der Begierde zu machen, indem er es – das war auch seiner jesuitischen Seite zuzuschreiben – in eine »verbotene Frucht« verwandelte.

Schließlich kam er dann, ein wenig verspätet. In zarte Farben gekleidet, wirkte er bekümmerter denn je und schlurfte einher, so als wäre er rein zufällig hereingekommen und hätte noch nicht bemerkt, daß er sich auf einem Podium befand, vor versammeltem Publikum... Es waren Studenten mit hohem Niveau anwesend, Dozenten für Geisteswissenschaften, praktizierende Psychoanalytiker, Ärzte: Sie alle hatten ihre Termine abgesagt, um ihm zuzuhören. Manche, die helle Sakkos und Fliegen trugen, ähnelten ihm... Lacan kam niemals allein. Er wurde von einigen seiner Adlati eskortiert, deren Aufgabe es war, über ihn zu wachen und ihm dienstbar zu sein. Auf ein Zeichen oder ein Brummen hin gab man ihm zu trinken, öffnete oder schloß ein Fenster, packte seine Unterlagen aus oder ein. Einer von ihnen hatte sich darum zu kümmern, daß Lacans Reden auf Tonband aufgenommen wurden. Lacan und nur Lacan durfte ein Tonbandgerät haben! Aus diesen Aufnahmen entstanden später seine *Schriften*.

Es war schon spät geworden, in Lacans Leben, und wenn er für die Nachwelt lebendig bleiben wollte, mußte er »Eindruck machen«. Und zwar nicht auf irgendwen, sondern auf das kritischste intellektuelle Publikum seiner Zeit. Gerade dabei hat ihm seine Begegnung mit Dalí, der wie er selbst vom Surrealismus gekommen war, am meisten geholfen. Auch Lacan hat sich der berühmten paranoisch-kritischen Methode – das ist der willentliche und methodische Einsatz des Deliriums als Mittel der Erkenntnis – des Meisters aus Cadaquès bedient.

Er blieb einen Augenblick stehen, wobei er sich auf seine Fingerspitzen stützte, setzte sich dann, seufzte, senkte seine Brille, schien den Saal erstmals wahrzunehmen... Er machte freundliche, kraftlose Handbewegungen in Richtung einiger Gesichter, unter denen sich auch meines befand. Man wartete gespannt.

Der Lokalmatador murmelte etwas vor sich hin, stellte jemandem aus seinem Gefolge leise irgendeine Frage, schlug seine Unterlagen auf, ordnete seine Notizen, wurde unruhig... Es herrschte Totenstille, die Spannung war unbeschreiblich. Schließlich begann er. Mit ersterbender Stimme. Und hätte ich ihn nicht gekannt, wäre ich überzeugt gewesen, sein letztes Stündlein habe geschlagen... Ich hielt den Atem an. Der übrige Saal ebenso. Was sich da vor uns entwickelte, war ein langer, sehr langer, unendlich langer Satz – ohne Einschnitt, ohne Punkt –, von dem ich nichts verstand.

Lacan fuhr fort, spielte auf Dinge an, die im vorhergehenden Seminar passiert waren, erinnerte an einen Vorfall, der angeblich anderswo stattgefunden hatte und Personen betraf, die nicht da waren... Er sprach – immer noch im selben Einleitungssatz – von der Schwierigkeit, ein bestimmtes Buch zu bekommen, das man ihm besorgen hätte sollen, was jedoch nicht geschehen sei, oder zumindest zu spät, weswegen er die ganze Nacht habe arbeiten müssen, daher seine Verfassung. Würde er sein Seminar halten können? Vielleicht täte er besser daran, sich schlafen zu legen, um nicht das Risiko einzugehen, jemanden zu enttäuschen!

Kein großer Schauspieler, kein großer Star hat jemals besser die Kunst beherrscht, sein Publikum zu frustrieren, um es dann um so mehr an sich zu fesseln. Marilyn Monroe hätte von Lacan noch einiges lernen können! Plötzlich klatschte er drei Worte hin, eine doppelsinnige Bemerkung, findig, witzig, die nur so nach allen Seiten spritzte. Es war der Titel des Seminartages und die Ankündigung seines Themas. Ich spitzte meine »Lauscher«, um eines der umgangssprachlichen Wörter zu benützen, die er gerne wie ein unechtes Stück Schmuck unter die Fachausdrücke mischte, die er aus sämtlichen Wissenschaften übernahm, aus der Psychoanalyse ebenso wie aus der Linguistik, der Logik, der Mathematik... Er war ein Meister im Spiel mit doppelsinnigen Wörtern – Leckerbissen, für die das Unbewußte eine besondere Vorliebe hat.

Doch wie sehr ich auch mein Hirn anstrengte, ich erfaßte nur einige Fetzen seines Vortrags. Das war nur der »Saft« – auch ein Wort, das er gern verwendete – doch der Rest entging mir völlig.

Hatten die anderen »mehr Wind« von der Sache als ich? Plötzlich hörte ich ein Lachen. Worüber lachten sie? Lacan schien es zu wissen, denn er entspannte sich zusehends. Ich für meinen Teil kapierte nichts, aber ich war in Alarmstimmung.

Mir kam der Gedanke, daß es diese Konzentration, dieses intensive Zuhören war, was all die gutgekleideten Herren Professoren und Ärzte hier zu finden hofften. Jemand hob die Hand. Lacan, der alles beobachtete – hatte er etwa ein wachsames Auge auf eventuelle Tonbandgeräte? – bemerkte es sofort. Mit einer Formulierung, deren Unverschämtheit sich nur schlecht hinter einem scheinbaren Interesse für die Meinung des anderen verbarg, erteilte er dem Betreffenden das Wort.

Der Unvorsichtige hatte kaum seinen Einwand in eine Frage gekleidet, als der Meister explodierte. Vor Wut! Ausrufe, Gebrüll. Es gäbe also nichts als Idioten hier! Er quäle sich also ganz vergeblich ab... Dann legte sich der Sturm, wie er gekommen war, schlagartig.

Schwer atmend erhob sich Lacan von seinem Stuhl und ging zur Tafel. Und dort zeichnete er mit einer Lebhaftigkeit und einer Überschwenglichkeit, die ganz im Gegensatz zu seiner noch eine Minute zuvor gezeigten Schwerfälligkeit standen, eine Reihe von Schemen, Gleichungen, mit Pfeilen und Kreisen von einer Figur zur anderen, die mir keinerlei Klarheit verschafften... An diesem Punkt entschied ich, daß die Sache für mich gelaufen war: Dieses eine Mal war ich zu Lacans Seminar gekommen, gut, aber ich würde nicht wiederkommen.

Ich fühlte mich außerstande, alle vierzehn Tage Verständnis für etwas zu heucheln, was ich nicht verstand. Und das Gehörte weckte in mir nicht den Wunsch, so ernsthaft zu arbeiten, daß ich erfassen würde, worum es ging.

Verstanden die anderen mehr als ich? Ich drehte mich ein- oder zweimal um, ich blickte in Gesichter, über die eine Querfalte lief ... Gut, gut. Vielleicht... Stammgäste.

Am Ende – Applaus. Lacan gab vor, ihn nicht zu hören. Er stieg sofort vom Podium und erwies mir die Ehre, auf meine Schulter gestützt den Saal zu verlassen. »Meine Liebe, Sie waren also da!« sagte er, den Überraschten spielend. »Ich glaube, ich war nicht schlecht... Was meinen Sie?... Obwohl, ich habe nicht geschlafen, ich bin tot... Ich merke überhaupt nichts mehr...« Das war seine Art, mir Komplimente zu entlocken. Ich machte sie ihm. Wie? Ich erinnerte mich, was man zu Malern sagt, die einen gemeinerweise mit ihren abstrakten Bildern konfrontieren... Man kann nichts anderes tun, als eine Reihe zusammenhangloser Wörter herunterzubeten, dafür aber mit dem Brustton der Überzeugung und mit vor Ergriffenheit zugeschnürter Kehle... »Stark, verblüffend, unheimlich neu«, sagte ich. Und dann gingen wir essen.

Zu behaupten, ich hätte nichts aus meinem einmaligen Seminar-Erlebnis gelernt, wäre falsch. Jacques Lacan hatte mir geholfen – so wie er vielen geholfen hat –, mich von einer Fessel zu befreien, die uns alle lähmt: vom Respekt für das Wissen, egal woher es kommt. Durch Lacan lernte man – schon beim ersten Mal – daß es neben unserem bescheidenen Verstand noch eine andere Instanz gibt: das Unterbewußtsein.

Wie ein Zauberkünstler, der einen weißen Hasen aus seinem Hut zieht, ließ Lacan das Unterbewußtsein kurz aufblitzen, auf ganz unerwartete Weise, durch einen Satz, ein Wort, eine Geste... Die, die ihm im Sainte-Anne-Spital bei der Vorführung von Kranken assistiert hatten, schwärmten davon, wie Lacan es fertigbrachte, daß ein Geisteskranker nach nur einer Sitzung klare Angaben zu seiner Krankheit machen konnte... Er war natürlich nicht geheilt, aber die angehenden Therapeuten hatten Einblick in das Geheimnis jeder Geisteskrankheit bekommen: ihre innere Logik.

Lange Zeit trieb Lacan das Versteckspiel mit seiner Lehre. Dann gab er seine *Schriften* heraus. War es, weil er es meisterhaft verstanden hatte, das kollektive Verlangen zu steuern? Der Publikumserfolg jedenfalls stellte sich sofort ein und war größer, als der Verleger gehofft hatte. Über die Köpfe seiner Schüler und der Intellektuellen hinweg hatte er die Neugier des breiten Publikums geweckt.

In diesem Zusammenhang erinnere ich mich an die Bewunderung, die er selbst für Daniel Cohn-Bendit, den Rädelsführer der Studentenbewegung im Mai 1968, empfand. Lacan reiste ihm nach, um ihn zu hören. In diesem respektlosen jungen Mann, der rationale Bindungen und erstarrte Begriffe sprengte, hatte Lacan, glaube ich, sein Alter Ego erkannt. Noch dazu war bei ihm die »rote Mähne« echt!... In diese Seite Lacans war ich am meisten vernarrt: sein Hang zum Schauspieler und zum mondänen Leben, zu dieser permanenten Verkleidung...

In einem Brief vom 28. Februar 1956 schreibt er mir: »Ach! Wenn Sie mir sofort sagen können, als was ich mich auf dem Ball bei Marie-Laure verkleiden könnte, der ganz schlimm zu werden verspricht, wäre ich Ihnen sehr dankbar dafür, denn ich habe zur Zeit nicht den Schimmer einer Idee. Wenn Sie eine haben, sagen Sie sie mir telephonisch und sprechen Sie nicht darüber.« Schließlich kam er als Eule verkleidet zu den Noailles. Wie hätte ich diesen Vogel ernst nehmen sollen?

In Guitrancourt, in der Nähe von Meulan, wo er ein reizendes Landhaus besaß, in dem er fast alle Wochenenden gemeinsam mit seiner Frau Sylvia, seiner Tochter Judith und seiner Hündin Justine verbrachte, war Lacan am meisten er selbst. Er wollte, daß wir sonntags zahlreich erschienen, manche waren nur am Nachmittag eingeladen. Wir bildeten eine lebhafte Runde um Sylvia und um den Tee, der in einer Ecke der großen Wohn-Bibliothek serviert wurde. Lacan saß nicht weit davon an einem kleinen Tisch und arbeitete an seinem Seminar für den folgenden Tag.

Während er schrieb und von Zeit zu Zeit aufstand, um Lexika, historische und mythologische Werke zu konsultieren, denen er Belege zur Illustration seiner Thesen entnahm, war er immer mit einem Ohr bei uns. Wir tratschten, und Stoff hatten wir mehr als genug: Unter den intimen Freunden der Familie Lacan waren viele große Intellektuelle, Merleau-Ponty, Claude Lévi-Strauss, Georges Bataille, der Sylvias erster Mann gewesen war, Michel Leiris und außerdem viele hübsche Frauen.

Wir alle kannten auch den Kreis um Sartre und Simone de Beauvoir, wo »Geschichten«, wie man damals Liebesverhältnisse nannte, gang und gäbe waren. Und was mich anging, ich traf täglich die großen Journalisten, die rund um Pierre Mendès France den *Express* machten.

In regelmäßigen Abständen wurden wir von einem Geräusch unterbrochen, das wie das Gekrächze eines Raben klang: »Waas! Waas! Waas!«

Es kam von Lacan, der in unserem Geplauder etwas besonders Pikantes gehört hatte und verlangte, daß wir es wiederholen. Er hörte für sein Leben gern Anekdoten und Gerüchte über die Liebschaften und den Lebenswandel von diesen und jenen.

Jedesmal, wenn ich ihn besuchte, bemühte ich mich, mir die neuesten Tratschgeschichten in Erinnerung zu rufen, denn ich wußte, daß keine Näscherei ihm mehr Freude bereiten konnte... Gleichzeitig erstaunte mich seine Neugier für das Tun und Treiben dieser kleinen Welt. Bekam er als Psychoanalytiker in seiner Ordination nicht genug »Tratsch« zu hören? Und trotzdem war er immer noch neugierig wie ein altes Waschweib. Er selbst verriet im allgemeinen über niemanden etwas. Er liebte seinen Garten und führte mich jedesmal zu den Gemüsebeeten, wo er das Wachstum seiner Pflanzen bestaunte. Besonders entzückte ihn, wie die Spargel jäh und spitz in die Höhe schossen. Er ging auch sehr gern zu Fuß, obwohl er seit seinem Skiunfall leicht hinkte, und er nahm mich oft auf Spaziergänge mit, auf der Straßen Wege. Um die Waldgebiete der Region zu erreichen, mußte man das Auto nehmen. Eines Tages hielt Lacan das Auto in der Nähe eines Waldes an, den er nicht kannte und der ihm wegen des schattigen Waldrandes gefiel.

Ich achtete nicht auf den Weg, den wir nahmen. Denn sobald ich mit ihm beisammen war, interessierte mich nur mehr das Gespräch mit ihm, das dichter war und mehr Überraschungen versprach als irgendein Wald. Eine Viertelstunde später hatten wir uns verirrt. Mit der rührenden Ernsthaftigkeit eines Pfadfinders erklärte mir Lacan, daß es nur eine Möglichkeit gab: solange schnurgeradeaus zu gehen, bis man draußen war... Doch der Mann war viel zu ungeduldig, um sich an eine so ermüdende Vorschrift zu halten, und, zunehmend nervös geworden, führte er mich ganz im Gegenteil zickzack durch den Wald. Ich fühlte ein unbändiges Lachen in mir aufsteigen: Mich in einem kleinen Wald der Île-de-France zu verirren, mit Jacques Lacan, dem Meister des Labyrinths, welche Anekdote für ihn, der Anekdoten so liebte!

Doch sein Humor war ihm vergangen. Er stieß sogar mehrere Flüche aus. Seine Arbeit für den nächsten Tag war noch nicht sehr weit gediehen und bereitete ihm Sorgen.

Schließlich, durch Zufall und nicht durch systematisches Suchen, erspähten wir ein Dach. Es war ein Bauernhaus am Rande des Waldes. Lacan drang entschlossenen Schrittes in den Hof des Gebäudes ein; so zornig, daß die Hunde, die uns empfangen hatten, zurückwichen. Mit einem Satz nahm er die wenigen Stufen zur Eingangstür und stürmte ins Haus.

»Ich bin Jacques Lacan«, erklärte er den durch das Erscheinen dieses Verrückten völlig verdutzten Bauern. »Ich habe mich verirrt, ich weiß nicht mehr, wo mein Auto steht. Sie werden mich jetzt nach Hause bringen!«

Was auch geschah. Sylvia und ich bekamen den Auftrag, das zurückgelassene Auto wiederzufinden...

Doch ebenso wie Jacques Lacan es verstand zu befehlen, zu fordern und sich bedienen zu lassen, verstand er es auch zu danken. Ein Blumenstrauß oder ein besonderes Buch, dazu ein kurzer Brief, rätselhaft und schmeichelnd. Ein leichter Druck mit der Hand auf den Arm oder die Schulter. Ein liebevoller Blick über seine Brille hinweg. Ich kann nicht sagen, daß sein Blick kindlich war. Ich habe nie jemanden gesehen, der so wenig Kindlichkeit an den Tag legte wie Jacques Lacan. Übrigens auch niemanden, der so wenig Bravheit zeigte. Ich kann nicht einmal sagen, daß er ein Verführer war. Zumindest nicht für mich. Er war ein ganz besonderer Mensch. Ja, ich hatte ihn schon am ersten Tag richtig eingeschätzt: Er war ein Original.

Als ich ihm ein Gespräch im *Express* vorschlug, willigte er sofort ein. Und ich war so gut mit ihm bekannt, daß ich zu ihm sagen konnte: »Und übrigens, man muß Sie verstehen können, also, sehen Sie zu, daß Sie das so hinkriegen! Sonst werden wir es nicht bringen!«

Neben vielen anderen Fähigkeiten besaß Jacques Lacan die Gabe zu erkennen, was der andere wollte. So wie er sich auf wirkungsvolle Auftritte in der Öffentlichkeit verstand, so verstand er es auch, seinen Auftritt in der Presse vorzubereiten. Mit geradezu rührender Liebenswürdigkeit und Aufmerksamkeit, beseelt von dem Wunsch, es gut zu machen und gut verstanden zu werden, hörte er sich meine Fragen über Freud und die Psychoanalyse an, – manche davon waren absichtlich sehr elementar, denn auch mir lag daran, daß *L'Express* unser Gespräch brachte –, und er antwortete mit bemerkenswerter Klarheit, indem er den Stoff meisterhaft auf klassische Art aufbereitete. Wenn Lacan wollte, konnte er ebenso glasklar sein, wie er in seinem normalen Unterricht undurchsichtig und verschroben war.

Das Gespräch wurde am 31. Mai 1957 im *Express* veröffentlicht, mit Lacans Photo auf der Titelseite.

Es dauerte dreiundzwanzig Jahre, das heißt bis zu seinem Tod, ehe Jacques Lacan neuerlich auf der Titelseite einer Zeitung prangte. Sein Ruhm, den er so sehr liebte, ließ lange auf sich warten. Doch er kam.

EIN Psychoanalytiker hat etwas ganz Beängstigendes an sich. Man hat das Gefühl, als könne er uns nach seinem Gutdünken manipulieren ... als wisse er über die Motive unseres Handelns mehr als wir selbst.

Jacques Lacan. Sie sollten das nicht überschätzen. Und außerdem, glauben Sie, daß dieser Effekt eine Besonderheit der Psychoanalyse ist? Ein Wirtschaftsexperte ist für viele ganz genauso mysteriös wie ein Analytiker. Heutzutage ist es die Person des Experten, die Furcht einflößt.

Die Bühne der Psychologie – obgleich die Psychologie eine Wissenschaft war – glaubte jeder über sein Inneres zu betreten.

Nun, durch die Psychoanalyse haben Sie das Gefühl, dieses Vorrecht zu verlieren, der Psychoanalytiker sei in der Lage, etwas Geheimes in dem zu entdecken, was für Sie völlig klar ist. Sie stehen also nackt da, einem sachkundigen Auge ausgeliefert, ohne recht zu wissen, was Sie ihm eigentlich zeigen.

ES gibt da eine Art Terror, man fühlt sich gewaltsam sich selbst entrissen.

J. L. Die Psychoanalyse hat in der Tat auf der menschlichen Ebene all jene Merkmale von Subversion und Skandal, die die kopernikanische Wende auf kosmischer Ebene hatte: Die Erde, Wohnstätte des Menschen, ist nicht mehr Mittelpunkt der Welt!

Nun, die Psychoanalyse erklärt Ihnen, daß sie nicht mehr Mittelpunkt Ihrer selbst sind, weil es in Ihnen nämlich ein anderes Subjekt gibt: das Unbewußte.

Das ist eine Entdeckung, die vorerst nicht recht akzeptiert wurde. Dieser angebliche Irrationalismus, den man Freud anhängen wollte! Wahr ist vielmehr das genaue Gegenteil: Freud hat nicht nur etwas rationalisiert, was sich bis dahin jeglicher Rationalisierung entzogen hatte, sondern er hat außerdem eine als solche vernünftige Vernunft in Aktion gezeigt, ich meine damit eine Vernunft, die im Begriff ist, vernünftig zu reagieren, gleichsam logisch zu funktionieren, ohne daß der Patient es weiß – und das in einem Bereich, der traditionell der Unvernunft vorbehalten ist, sagen wir, im Bereich der Leidenschaft.

Genau das hat man ihm nicht verziehen. Man hätte noch zugelassen, daß er den Begriff sexueller Kräfte eingeführt hätte, die sich plötzlich einer Person bemächtigen, ohne Vorwarnung und außerhalb jeder Logik; doch daß die Sexualität eine Sprache hat, daß die Neurose eine Krankheit ist, die sich artikuliert, das ist eine sonderbare Sache, und selbst Freud-Anhänger ziehen es vor, daß man von etwas anderem spricht.

Man darf im Analytiker nicht einen »Seeleningenieur« sehen; er ist kein Physiker, er geht nicht so vor, daß er Beziehungen zwischen Ursache und Wirkung herstellt: Seine Wissenschaft besteht in einem *Lesen*, einem *Lesen des Sinns*.

Wahrscheinlich ist das der Grund, warum man – ohne recht zu wissen, was sich hinter den Türen seiner Ordination verbirgt – geneigt ist, ihn für einen Zauberer zu halten, sogar für einen noch schlimmeren als die anderen.

UND der schreckliche Geheimnisse entdeckt hat, die nach Schwefel riechen...

J. L. Man muß allerdings präzisieren, welcher Natur diese Geheimnisse sind. Es sind Geheimnisse einer anderen Art, die als Physik oder die Biologie sie zu entdecken vermochten. Wenn die Psychoanalyse die Phänomene der Sexualität beleuchtet, so erfaßt sie diese weder in der Realität noch im biologischen Experiment.

FREUD hat aber sehr wohl etwas entdeckt – so wie man einen unbekannten Kontinent entdeckt –, einen neuen Bereich der Psyche, das »Unbewußte«!

J. L. Um herauszufinden, daß es eine ganze Reihe psychischer Funktionen gibt, die für das Bewußtsein nicht erreichbar sind, dafür haben wir nicht erst auf Freud warten müssen! Wenn Sie einen Vergleich haben wollen, Freud ist eher ein Champollion. Freuds Experiment liegt nicht im Bereich der Organisation der Instinkte oder der Lebenskräfte. Freuds Experiment deckt diese Funktionen erst auf, indem es auf eine, wenn ich so sagen darf, zweite Kraft einwirkt.

Es ist nicht die primäre Kraft der Triebwirkungen, die Freud behandelt. Was analysierbar ist, ist es insofern, als es bereits in dem, was die Singularität der Geschichte eines Patienten ausmacht, artikuliert ist. Wenn der Patient in der Lage ist, sich darin wiederzuerkennen, dann in dem Maß, in dem die Psychoanalyse die »Übertragung« dieser Artikulierung möglich macht.

Anders ausgedrückt, wenn der Patient »verdrängt«, so bedeutet das nicht, daß er es ablehnt, sich etwas bewußt zu machen, was ein Trieb wäre – nehmen wir zum Beispiel den Sexualtrieb, der sich in Form von Homosexualität ausdrücken wollte – nein, der Patient verdrängt nicht seine Homosexualität, er verdrängt die Sprache, in der die Homosexualität eine Rolle als Signifikant spielt.

Sie sehen, es ist nicht etwas Nebuloses, Unklares, was verdrängt wird; es ist nicht eine Art Bedürfnis, eine Neigung, die artikuliert werden sollte (und die unartikuliert, weil verdrängt bliebe), es ist eine *bereits artikulierte, in einer Sprache formulierte* Rede. Das ist der springende Punkt.

WENN man sich von dunklen Kräften geleitet fühlt, so äußern sich diese eher in irrationalen Regungen, begleitet von Verwirrung, von Angst!

J. L. Symptome, wenn Sie welche zu erkennen glauben, erscheinen Ihnen nur deshalb irrational, weil Sie sie isoliert betrachten und weil Sie sie unmittelbar interpretieren wollen.

Nehmen Sie die ägyptischen Hieroglyphen: Solange man versuchte, die unmittelbare Bedeutung der Geier, der Hühner, der sitzenden, stehenden und sich bewegenden Männlein herauszufinden, war die Schrift nicht zu entziffern. Und zwar deshalb, weil das kleine Zeichen »Geier« für sich allein nichts bedeutet; es erhält seinen Bedeutungswert erst im Gesamtsystem, dem es angehört.

Nun, die Phänomene, mit denen wir es in der Psychoanalyse zu tun haben, sind von genau dieser Art, sie sind sprachlicher Natur.

Der Psychoanalytiker ist nicht ein Entdecker unbekannter Kontinente oder großer Tiefen, er ist Linguist: Er lernt, die Schrift zu entziffern, die da ist, vor seinen Augen, offen für die Blicke aller; die aber nicht zu entziffern ist, solange man ihre Gesetze nicht kennt, den Schlüssel.

WENN man psychisch krank ist, verschleiert man, verbirgt man einen Teil seiner selbst, man »verdrängt«.

Die Hieroglyphen waren aber nicht verdrängt. Ihr Vergleich ist also nicht ganz zutreffend.

J. L. Im Gegenteil, man muß ihn wörtlich nehmen: Das, was es in der Analyse der Psyche zu entziffern gilt, ist die ganze Zeit über da, ist von Anfang an präsent. Sie sprechen von »Verdrängung« und vergessen dabei eines, nämlich daß für Freud – und so hat er es formuliert – die Verdrängung untrennbar mit einem Phänomen verbunden war, das er »die Rückkehr des Verdrängten« nennt.

Dort, wo etwas verdrängt worden ist, läuft etwas weiter, spricht etwas weiter – auf Grund dessen kann man übrigens die Verdrängung und die Krankheit lokalisieren, man kann sagen »hier ist es«.

Diese Vorstellung ist schwer nachvollziehbar, denn wenn man von »Verdrängung« spricht, denkt man sofort an einen Druck – an einen Druck auf die Blase, beispielsweise – das heißt an eine vage, undefinierbare Masse, die mit ihrem ganzen Gewicht gegen eine Tür drückt, die zu öffnen man sich weigert.

Nun ist aber in der Psychoanalyse Verdrängung nicht Verdrängung einer Sache, sondern Verdrängung einer Wahrheit.

Was geschieht, wenn man eine Wahrheit verdrängen will? Die ganze Geschichte der Tyrannei gibt Ihnen die Antwort darauf: Die Wahrheit drückt sich anderswo aus, in einer verschlüsselten Sprache, in einer Geheimsprache.

Nun, genau das geschieht mit dem Bewußtsein: Die Wahrheit, auch wenn sie verdrängt worden ist, bleibt bestehen, jedoch in eine andere Sprache übertragen, in die Sprache der Neurose.

Abgesehen davon, daß man in diesem Augenblick nicht mehr in der Lage ist zu sagen, welches das Subjekt ist, das spricht, sondern nur sagen kann, daß »es« spricht, daß »es« fortfährt zu sprechen; und das, was geschieht, läßt sich vollständig entziffern, so wie sich eine vergessene Schrift entziffern läßt, das heißt nicht ohne Schwierigkeiten.

Die Wahrheit ist nicht vernichtet worden, sie ist nicht in einen Abgrund gestürzt, sie ist da, präsent, bietet sich dar, aber sie ist »unbewußt« geworden. Die Person, die die Wahrheit verdrängt hat, sitzt nicht mehr am Steuer, sie ist nicht mehr im Mittelpunkt ihrer Rede: Die Dinge laufen von allein weiter und die Rede artikuliert sich weiter, aber *außerhalb der Person*. Und dieser Raum, dieses »außerhalb« der Person, ist strenggenommen das, was man das Unbewußte nennt.

Sie sehen deutlich, daß man nicht die Wahrheit verloren hat, sondern den Schlüssel zu der neuen Sprache, in welcher sie sich fortan ausdrückt.

Hier greift der Psychoanalytiker ein.

IST das nicht vielleicht eher Ihre persönliche Interpretation, als die von Freud?

J. L. Lesen Sie *Die Traumdeutung*, lesen Sie *Zur Psychopathologie des Alltagslebens*, lesen Sie *Der Witz und seine Beziehung zum Unbewußten*; Sie brauchen diese Werke nur auf einer beliebigen Seite aufzuschlagen, und Sie finden im Klartext das, wovon ich Ihnen erzähle.

Der Ausdruck »Zensur« zum Beispiel, warum hat Freud ihn gleich gewählt, schon bei der Traumdeutung, um die Instanz der Unterdrückung zu bezeichnen, die Kraft, die eine Verdrängung bewirkt? Wir wissen, was die Zensur ist, nämlich ein Zwang, der mit einer Schere ausgeübt wird. Worauf? Nicht auf irgend etwas, was gerade daherkommt, sondern auf das, was gedruckt wird, auf eine Rede, eine Rede, die in einer Sprache ausgedrückt wird.

Und schließlich, in der Psychoanalyse verlangen Sie vom Kranken immer nur eines, eine einzige Sache: zu sprechen: Wenn es die Psychoanalyse gibt, wenn sie Wirkungen erzielt, so doch einzig und allein auf der Ebene des Bekenntnisses und der Sprache!

Nun, für Freud, für mich, taucht die Sprache beim Menschen nicht auf, wie etwa eine Quelle auftaucht.

Nehmen Sie den Erfahrungserwerb des Kindes, wie man es uns tagtäglich darstellt: Es legt seinen Finger auf den Herd, es verbrennt sich. Daraus, behauptet man, aus seiner Begegnung mit »heiß« und »kalt«, mit der Gefahr, braucht das Kind nur mehr die Gesamtheit der Zivilisation abzuleiten, aufzubauen...

Das ist absurd: Dadurch, daß es sich verbrennt, wird das Kind mit etwas konfrontiert, das viel wichtiger ist als die Entdeckung von heiß und kalt: Es erfährt, daß sich, wenn es sich verbrennt, immer jemand findet, der ihm darüber einen langen Vortrag hält.

Für das Kind ist es viel anstrengender, in dieses Gerede einzusteigen, mit dem man es überschwemmt, als sich daran zu gewöhnen, nicht auf den Herd zu greifen.

Mit anderen Worten: Der Mensch, der in seine Existenz hineingeboren wird, hat zunächst mit Sprache zu tun: Das ist eine Gegebenheit. Er ist sogar schon vor seiner Geburt darin gefangen, hat er nicht einen Familienstand?

Jawohl, das Kind, das zur Welt kommen soll, ist bereits von Anfang bis Ende in die Sprache eingebettet wie in eine Hängematte, die es auffängt und gleichzeitig einschließt.

WAS es so schwierig macht, die neurotischen Symptome, die Neurose mit einer perfekt artikulierten Sprache gleichzusetzen, ist, daß man nicht erkennt, an wen sie sich richtet.

Eine Sprache ist etwas, dessen man sich bedient. Und diese hier wird im Gegenteil erfahren. Nehmen Sie den Zwangsneurotiker, er würde gern seine fixe Idee vertreiben, aus dem Teufelskreis ausbrechen...

J. L. Das genau sind die Paradoxa, die Gegenstand der Entdekkung sind. Trotzdem, wenn diese Sprache sich nicht an den anderen richten würde, könnte sie in der Psychoanalyse nicht mit Hilfe eines anderen gehört werden. Was das übrige betrifft, so muß man zuerst das erkennen, was ist, und es zu diesem Zweck einem Fall zuordnen; dazu wäre eine ganze Reihe von Erläuterungen notwendig; sonst ist das ein unverständliches Durcheinander. Doch trotzdem kann sich hier das, wovon ich spreche, klar zeigen: wie die verdrängte Rede des Unbewußten sich im Register des Symptoms ausdrückt.

Und Sie werden sehen, wie präzis es ist.

Sie haben vom Zwangsneurotiker gesprochen. Nehmen Sie eine Beobachtung Freuds, die man in den *Fünf Psychoanalysen* findet, mit dem Titel »Der Rattenmensch«.

Der Rattenmensch war ein schwerer Zwangsneurotiker, ein jüngerer Mann mit Hochschulbildung, der Freud in Wien aufsuchte, um ihm zu sagen, daß er an Zwangsvorstellungen litt: Manchmal sind es heftige Sorgen um Personen, die ihm nahe stehen, manchmal der Wunsch, impulsiv zu handeln, zum Beispiel sich die Kehle durchzuschneiden, oder aber es tauchen in seinem Inneren Verbote auf, die unbedeutende Dinge betreffen...

UND im Bereich der Sexualität?

J. L. Das ist ein Begriffsfehler! Zwangsvorstellung bedeutet nicht automatisch sexuelle Zwangsvorstellung, auch nicht Zwangsvorstellung von diesem oder jenem im besonderen: Zwangsvorstellungen haben bedeutet, in einem Getriebe, in einem Räderwerk gefangen sein, das immer mehr fordert und nicht stillsteht.

Ob er nun einen Akt vollziehen oder eine Aufgabe erfüllen soll, eine charakteristische Angst hindert den Zwangsneurotiker daran: Wird er es schaffen? Sobald die Sache erledigt ist, hat er das quälende Bedürfnis nach Verifizierung, wagt es jedoch nicht, aus Angst, als verrückt zu gelten, weil er gleichzeitig sehr gut weiß, daß er sie erledigt hat... Er bewegt sich also in immer größeren Kreisläufen von Verifizierungen, Vorsichtsmaßnahmen, Rechtfertigungen. In einem inneren Wirbel gefangen, ist ihm ein Zustand von Beruhigung, von Befriedigung unmöglich geworden.

Selbst der schwere Zwangsneurotiker hat keine Spur von einem Wahn. Beim Zwangsneurotiker gibt es keine Überzeugung, sondern einzig und allein diese Art Notwendigkeit, die ganz zwiespältig ist und die ihn so unglücklich, so schmerzerfüllt, so fassungslos macht, die Notwendigkeit, einer Instanz nachzugeben, die in ihm selbst ist und die er sich nicht erklären kann.

Die Zwangsneurose ist weit verbreitet und kann unbemerkt bleiben, wenn man nicht speziell mit den kleinen Zeichen vertraut ist, durch die sie sich immer anzeigt. Diese Kranken halten ihre gesellschaftliche Stellung sogar sehr gut, während ihr Leben von ihrem Leiden und ihrer fortschreitenden Neurose untergraben und verwüstet wird.

Ich habe Leute gekannt, die wichtige Funktionen innehatten, nicht nur Ehrenämter, Direktionsämter; Leute, die so große und weitreichende Verantwortung hatten, wie Sie sich nur vorstellen können, und die ihre Funktionen vollauf erfüllten, doch die nichtsdestoweniger von früh bis spät Opfer ihrer Zwangsvorstellungen waren.

So war auch der Rattenmensch: von panischer Angst erfaßt, gefesselt in immer wiederkehrenden Symptomen, die ihn dazu veranlassen, Freud zu konsultieren, als er in der Nähe von Wien als Reserveoffizier an Großmanövern teilnimmt, und ihn in einer endlosen Geschichte, in der es um die Entschädigung der Post für die Übersendung einer Brille geht, um Rat zu fragen, wobei er den Faden verliert und schließlich nicht mehr weiß, was er sagen soll.

Wenn man das Szenario, welches das Symptom gegenüber vier Personen aufgebaut hat, bis zu seinen Zweifeln wörtlich verfolgt, so findet man Zug um Zug, in ein weitschweifiges Gehabe übertragen, ohne daß das Subjekt es ahnt, die Geschichten wieder, die zu der Ehe geführt haben, deren Frucht das Subjekt selbst ist.

WELCHE Geschichten?

J. L. Eine betrügerische Schuld seines Vaters, der, zu diesem Zeitpunkt noch dazu Offizier, wegen Amtsmißbrauch degradiert wird; ein Darlehen, mit dem er seine Schuld begleichen kann; die immer noch ungeklärte Frage der Rückzahlung des Darlehens an den Freund, der ihm ausgeholfen hat; schließlich eine verratene Liebe, um einer Heirat willen, die ihm wieder eine gesicherte Position verschafft hat.

Seine ganze Kindheit hindurch hat der Rattenmensch von diesen Geschichten reden gehört – von der einen in scherzhaften Worten, von der anderen in versteckten Andeutungen. Auffallend ist, daß es sich nicht um ein besonderes, ja traumatisches Ereignis handelt, das ein Wiederauftauchen des Verdrängten bewirkt hätte; es handelt sich um die dramatische Konstellation, die seiner Geburt vorausgegangen ist, um, wenn man so sagen darf, die Vorgeschichte des Individuums, die aus einer legendären Vergangenheit hervorgegangen ist. Diese Vorgeschichte taucht wieder auf, und zwar durch die Symptome, die sie in unkenntlicher Form transportiert haben, um sich schließlich zu einem erdachten Mythos zusammenzuschließen, dessen Bild das Subjekt reproduziert, ohne die geringste Ahnung davon zu haben.

Denn diese Vorgeschichte ist darin übertragen, wie eine Sprache oder eine Schrift in eine andere Sprache oder in andere Zeichen übertragen werden können; sie ist darin neu geschrieben, ohne daß die Verbindungen verändert worden wären; oder aber wie in der Geometrie eine Figur vom Raum in die Ebene transformiert wird, was natürlich nicht bedeutet, daß jede Figur in eine beliebige Figur transformiert wird.

UND wenn diese Geschichte einmal zu Tage getreten ist?

J. L. Verstehen Sie mich richtig: Ich habe nicht gesagt, daß die Heilung der Neurose allein dadurch zustande kommt, daß man all das sieht.

Sie können sich denken, daß es bei der Beobachtung des Rattenmenschen noch andere Dinge gibt, die ich hier nicht erörtern kann.

Also, machen Sie sich die Mühe, den »Rattenmenschen« zu lesen, mit dem Schlüssel, der ihn vollkommen durchdringt: Übertragung in eine andere, figurative und vom Subjekt völlig unbemerkte Sprache, von etwas, das nur in der normalen Rede verständlich wird.

WENN ein Kranker zu Ihnen kommt, so ist das nicht jemand, der nach seiner Wahrheit sucht. Es ist jemand, der furchtbar leidet und der von seinem Leiden befreit werden möchte.

J. L. Das heißt soviel wie »während Sie sich mit Wahrheit beschäftigen, ist da ein Mensch, der leidet...«.

Trotzdem, bevor man sich eines Instrumentes bedient, muß man wissen, was es ist und wie es erzeugt wird! Die Psychoanalyse ist ein ungemein effizientes Instrument; und weil es ein Instrument ist, das immer mehr Prestige gewinnt, kann man es für Dinge benutzen, für die es nicht bestimmt ist, und kann es, indem man das tut, im übrigen nur herabwürdigen.

Man muß also vom Wesentlichen ausgehen: Was ist diese Technik, wo wird sie angewendet, welcher Natur sind ihre Effekte, die Effekte, die durch ihre unverfälschte und einfache Anwendung hervorgerufen werden?

Nun, die Phänomene, um die es in der Psychoanalyse und im eigentlichen Bereich der Triebe geht, sind Effekte sprachlicher Natur: das gesprochene Anerkennen wichtiger Elemente der Geschichte des Subjekts – der Geschichte, die abgeschnitten, unterbrochen ist –, die außerhalb des sprachlichen Bewußtseins geraten sind.

Was die Effekte betrifft, die man als Effekte der Analyse definieren muß, die analytischen Wirkungen – wie man von mechanischen Effekten spricht oder von elektrischen – die analytischen Effekte sind Effekte im Zusammenhang mit dieser *Wiederkehr der verdrängten Rede*.

Und ich kann Ihnen sagen: Von dem Moment an, wo Sie den Patienten auf die Couch gelegt haben, und selbst wenn Sie ihm die Regeln der Analyse nur in ganz groben Zügen erklärt haben, ist er mit der Dimension der Suche nach seiner Wahrheit schon sehr vertraut.

Ja, allein durch die Tatsache, daß er sprechen muß und beginnt, es zu tun, vor einem anderen, empfindet er das Schweigen des anderen – ein Schweigen, das nicht von Zustimmung oder Ablehnung geprägt ist sondern von Aufmerksamkeit – als Warten, und fühlt, daß es das Warten auf die Wahrheit ist.

Außerdem fühlt er sich durch das Vorurteil, von dem wir vorhin gesprochen haben gedrängt: Durch den Glauben, daß der andere, der Experte, der Analytiker, das über Sie selbst weiß, was Sie nicht wissen, wird die Wahrheit noch präsenter, sie ist implizit vorhanden.

Der Kranke leidet, aber er merkt, daß der Weg, den er einschlagen muß, um schließlich seine Leiden zu überwinden, zu lindern, mit der Wahrheit zusammenhängt: mehr und besser darüber Bescheid zu wissen.

DEMNACH ist also der Mensch ein sprachliches Wesen. Ein Mensch, das ist jemand, der spricht?

J. L. Ist die Sprache das Wesen des Menschen? Diese Frage interessiert mich sehr wohl, und ich sehe es auch nicht ungern, wenn Leute, die sich für das interessieren, was ich sage, sich darüber hinaus auch noch dafür interessieren, aber es ist ein anderes Gebiet, oder, wie ich manchmal sage, es ist das Nebenzimmer…

Ich frage nicht »wer spricht«, ich versuche, die Frage anders zu stellen, auf eine formulierbarere Art, ich frage »woher es spricht«. Anders ausgedrückt, wenn ich versuche, etwas zu erarbeiten, so ist es nicht eine Metaphysik, sondern eine Theorie der Intersubjektivität. Seit Freud ist das Zentrum des Menschen nicht mehr dort, wo man es vermutet hatte, darauf muß man neu aufbauen.

KANN es nicht sein, daß man fürchtet, nach einer Psychoanalyse seine Persönlichkeit zu verlieren?

J. L. Zweifellos ist die Psychoanalyse, nachdem Freud sie erfunden hatte, noch lange Zeit eine skandalöse und subversive Wissenschaft geblieben. Es ging nicht darum, an sie zu glauben oder nicht, man stellte sich einfach vehement dagegen, unter dem Vorwand, daß Leute, die sich einer Psychoanalyse unterzogen hätten, entfesselt seien, sich all ihren Wünschen hingäben, sich allem und jedem auslieferten…

Heute hat die Psychoanalyse, ob man sie nun als Wissenschaft anerkennt oder nicht, Eingang in unsere gesellschaftlichen Normen gefunden, und die Positionen haben sich ins Gegenteil verkehrt: Man spricht dann davon, jemanden zum Psychoanalytiker zu schicken, wenn er sich nicht normal benimmt, wenn er auf eine Art handelt, die seine Umgebung als »skandalös« betrachtet!

All das gehört zu dem, was ich nicht mit dem allzu technischen Ausdruck »Analyse-Resistenz« bezeichnen will, sondern mit dem Ausdruck »massiver Einwand«.

Die Angst, seine Originalität zu verlieren, auf ein allgemeines Niveau reduziert zu werden, ist nicht weniger häufig. Es muß gesagt werden, daß rund um den Begriff der »Adaption« in letzter Zeit eine Doktrin entstanden ist, die Verwirrung stiftet und in der Folge Beunruhigung hervorruft.

Es wurde geschrieben, Ziel der Analyse sei es, den Patienten anzupassen, nicht so sehr an seine Umgebung – sagen wir an sein Leben, oder an seine echten Bedürfnisse; das heißt eindeutig, die Strafe einer Psychoanalyse bestehe darin, daß man ein perfekter Vater, ein vorbildlicher Gatte, ein idealer Staatsbürger geworden ist, kurz, jemand, der über nichts mehr diskutiert.

Was ganz und gar falsch ist, genauso falsch wie das erste Vorurteil, wonach die Psychoanalyse ein Mittel sei, sich von jeglichem Zwang zu befreien.

Diese Beunruhigung ist ganz und gar legitim, dort wo sie auftritt. Zu sagen, es gäbe nach einer Analyse keine Veränderung der Persönlichkeit, das wäre wirklich komisch! Es wäre schwierig, gleichzeitig zu behaupten, man könne durch die Analyse Ergebnisse erzielen und man könne keine erzielen, das heißt die Persönlichkeit bliebe immer unangetastet! Nur muß der Begriff der Persönlichkeit beleuchtet werden, ja neu interpretiert werden. Man heilt, was heilbar ist. Man wird nicht Farbenblindheit heilen oder Idiotie, obwohl man im Grunde genommen sagen kann, daß Farbenblindheit und Idiotie etwas mit dem »Psychischen« zu tun haben.

Kennen Sie Freuds Formulierung, »dort wo *Es* ist, muß *Ich* werden«? Der Patient muß wieder seinen Platz einnehmen, den Platz, an dem er nicht mehr war, den diese anonyme Sprache eingenommen hatte, die man *Es* nennt.

WÄRE es gut, alle Leute einer Psychoanalyse zu unterziehen?

J. L. Das Unbewußte zu besitzen ist nicht ein Vorrecht der Neurotiker. Es gibt Leute, die offensichtlich nicht übermäßig unter der Last dieses Parasiten leiden, die durch die Gegenwart des anderen Subjekts in ihrem Inneren nicht allzusehr belastet werden, die sich sogar ganz gut mit diesem anderen Subjekt abfinden – und die trotzdem nichts verlieren würden, wenn sie es kennenlernten.

Denn im Grunde handelt es sich bei der Psychoanalyse doch um nichts anderes als darum, seine eigene Geschichte kennenzulernen.

TRIFFT das auch für die Kreativen zu?

J. L. Es ist eine interessante Frage, ob es besser für sie wäre, schnell weiterzukommen oder aber über diese Sprache, die sie von außen attackiert, gewissermaßen einen Schleier zu breiten (es ist letzten Endes ein und dieselbe Sprache, die den Menschen in der Neurose und in der schöpferischen Inspiration überkommt).

Ist es besser, auf dem Weg der Psychoanalyse rasch zur Wahrheit der Geschichte des Individuums vorzudringen, oder, wie Goethe, ein Werk entstehen zu lassen, das nichts anderes ist, als eine endlose Psychoanalyse?

Denn bei Goethe ist es offensichtlich: Sein ganzes Werk ist die Offenbarung der Sprache des anderen Subjekts. Er hat die Sache so weit getrieben, wie man es tun kann, wenn man ein genialer Mensch ist.

Hätte er dasselbe Werk geschrieben, wenn man ihn einer Psychoanalyse unterzogen hätte? Meiner Ansicht nach wäre das Werk sicherlich anders gewesen, aber ich glaube nicht, daß man dabei verloren hätte.

UND alle Menschen, die zwar nicht schöpferisch tätig sind, die aber große Verantwortung zu tragen haben, die Beziehungen zur Macht haben: Glauben Sie, man sollte für sie eine Psychoanalyse zwingend vorschreiben?

J. L. Man sollte wirklich keine Sekunde daran zweifeln müssen, daß ein Mann, der Bundeskanzler ist, sich in einem normalen Alter, das heißt in seiner Jugend, einer Analyse unterzogen hat... Aber die Jugend zieht sich oft lange hin.

schaftlicher Ebene eine ganz präzise Bedeutung haben sollte: es soll ein Appell sein, eine vordringliche Forderung bezüglich der Ausbildung des Analytikers.

IST die Ausbildung nicht ohnehin schon sehr lang und sehr solide?

J. L. In der Ausbildung zum Psychoanalytiker, wie sie heute besteht – Medizinstudium und anschließend eine Psychoanalyse, eine sogenannte Lehranalyse, die von einem qualifizierten Analytiker durchgeführt wird –, fehlt ein wesentlicher Bestandteil; ich bestreite, daß man ohne ihn ein wirklich ausgebildeter Analytiker sein kann: das Studium der Linguistik und der Geschichte, Religionsgeschichte, etc. Um das, was er über diese Ausbildung denkt, zu umreißen, reaktiviert Freud einen alten Ausdruck, den ich gerne übernehme: *Universitas litterarum.*

Das Medizinstudium genügt ganz offensichtlich nicht, um verstehen zu können, was der zu Analysierende sagt, das heißt zum Beispiel, in seiner Rede die Bedeutung der Symbole zu erkennen, das Vorhandensein von Mythen, oder um einfach den Sinn von dem zu erfassen, was er sagt, wie man den Sinn eines Textes erfaßt oder eben nicht. Zur Zeit entwickelt sich die Psychoanalyse sicherlich zu einer immer weniger durchschaubaren Mythologie. Man kann einige Anzeichen anführen – schwindende Bedeutung des Ödipuskomplexes, Betonung der prä-ödipalen Mechanismen, der Frustration, Substituierung des Begriffs der Angst durch den Begriff Furcht. Das heißt nicht, daß die Lehre Freuds, der ursprüngliche Funke Freuds nicht allmählich überall Platz greift. Die Auswirkungen sind in sämtlichen Humanwissenschaften ganz deutlich zu beobachten.

Es ist höchst erstaunlich, ganz und gar faszinierend, daß es Sigmund Freud, einem einzelnen Mann, ganz allein gelungen ist, eine Anzahl von Phänomenen herauszuschälen, die nie zuvor für sich allein betrachtet worden waren, sie in ein Wirkungsgefüge einzubauen, und so gleichzeitig eine Wissenschaft und das Anwendungsgebiet dieser Wissenschaft zu erfinden.

Doch im Verhältnis zu diesem genialen Werk, das Freuds Werk gewesen ist, und das sich wie ein Lichtstrahl durch sein Jahrhundert zieht, ist die Arbeit im Rückstand. Ich sage das mit voller Überzeugung. Und man wird erst wieder vorankommen, wenn es genug ausgebildete Leute gibt, die das tun, was für jede wissenschaftliche, jede technische Arbeit, für jede Arbeit nötig ist: Das Genie zieht eine Furche in den Acker, doch dann braucht man ein Heer von Arbeitern, um die Ernte einzubringen.

SIMONE DE BEAUVOIR

Was steckte unter dem Turban von Simone de Beauvoir?

Simone de Beauvoir wurde am 9. Januar 1909 in Paris, Boulevard Raspail, geboren.

Nachdem sie an der Sorbonne ihr Philosophiestudium mit einer Licence beendet hat, macht sie 1929 die Agrégation für Philosophie; sie ist einundzwanzig Jahre alt. Sie ist Professorin in Marseille, Rouen und Paris, bevor sie 1943 die Universität verläßt, um sich nur mehr ihrer schriftstellerischen Arbeit zu widmen.

Ihr erster Roman, *L'Invitée*[1], erscheint 1943. Zu ihren bekanntesten Werken zählen: *Le Sang des autres*[2], 1945; *Les Bouches inutiles*, Theaterstück, 1945; *Tous les hommes sont mortels*[3], 1946; *Le Deuxième Sexe*[4], 1949; *Les Mandarins*[5], Prix Goncourt, 1953; *La Longue Marche*[6], 1957; *Les Mémoires d'une jeune fille rangée*[7], 1958; *La Force de l'âge*[8], 1960; *La Force des choses*[9], 1963; *Une Mort très douce*[10], 1964; *La Vieillesse*[11], 1970; *La Céremonie des adieux*[12], 1980.

Simone de Beauvoir starb am 14. 4. 1986 in Paris.

1. Sie kam und blieb. Hamburg 1953.
2. Das Blut der anderen. Reinbek 1982.
3. Alle Menschen sind sterblich. Reinbek 1984.
4. Das andere Geschlecht. Hamburg 1960.
5. Die Mandarins von Paris. Hamburg 1955.
6. China. Das weitgesteckte Ziel. Reinbek 1960.
7. Memoiren einer Tochter aus gutem Hause. Hamburg 1960.
8. In den besten Jahren. Reinbek 1961.
9. Der Lauf der Dinge. Reinbek 1978.
10. Ein sanfter Tod. Reinbek 1965.
11. Das Alter. Reinbek 1972.
12. Die Zeremonie des Abschieds und Gespräche mit Jean-Paul Sartre. Reinbek 1983.

Im Februar 1957, als ich beschloß, Simone de Beauvoir aufzusuchen, war *Das andere Geschlecht* für die Mädchen meiner Generation noch die Bibel. Auch ich hatte mich auf das Buch gestürzt, in dem sich ungeschminkte Beschreibungen unserer Physiologie ebenso fanden wie eine scharfe Verurteilung der Art und Weise, wie uns die Männer bis dahin gegängelt hatten. Mit unserem Einverständnis! Wie waren diese Despoten zu solch niederträchtigen Erfolgen gekommen? Simone de Beauvoir hatte eine Erklärung: Indem sie uns in der Unwissenheit über uns selbst beließen. Man hatte uns glauben gemacht, wir wären sanft, zerbrechlich und verletzbar, während wir brutal, energisch und robust waren. Und wir wuchsen zu jungen Frauen heran, ohne zu wissen, was unser Geschlecht war und wie es funktionierte, sowohl was die Fortpflanzung als auch was die Lust betraf.

Doch mit dem *anderen Geschlecht* hat uns Simone de Beauvoir alles verraten; über alles, inklusive Erotik. Deshalb war die führende Frau im französischen Existentialismus für die jungen Mädchen jener Zeit gleichzeitig auch die größte lebende Autorin pornographischer Literatur.

Ich war also ganz schön aufgeregt, als Simone de Beauvoir einwilligte, mich zu einem literarischen Gespräch zu empfangen.

Ich wußte, daß sie mit Sartre die freie Liebe praktizierte, daß die beiden aber nicht miteinander lebten. Diese entschlossene Frau zog es vor, allein zu wohnen. In einer Atelier-Wohnung, Rue Schoelcher, im Mezzanin, mit Blick auf den Friedhof von Montparnasse.

Sie öffnete mir selbst die Tür. Ich hatte erwartet, Simone de Beauvoir inmitten einer Schar aufmerksamer Verehrerinnen thronend vorzufinden; und weil die Frau, die mich einließ, schlank war und kerzengerade ging, hielt ich sie für eine Studentin. Doch es war Simone de Beauvoir selbst. Bei voller Beleuchtung erkannte ich sie an ihrem berühmten Turban und an ihrer verdrossenen Miene. Ob sie wohl all ihre Haare versteckte, um weniger weiblich zu wirken, oder um ihre schöne Denkerstirn besser zur Geltung zu bringen?

Mit einer fahrigen Handbewegung bedeutete sie mir, Platz zu nehmen und setzte sich selbst auf einen Stuhl mir gegenüber. Mit ihrer trockenen Stimme kam sie mir vor wie eine Professorin; ich konnte sie mir nicht vorstellen, wie sie die provozierenden Worte schrieb, die ich von ihr gelesen hatte... Sie wirkte auf mich vorsichtig und ihrer eigenen Umgebung irgendwie fremd. Selbst die Wohnung erschien mir ein wenig traurig. Sie war nordseitig gelegen, das Licht fiel durch eine riesige Glaswand und wirkte kalt. Die Möbel waren ohne besonderen Stil, trotz einiger Nippfiguren und folkloristischfarbiger Kissen. Ebenso die Bilder an den Wänden. Castor, wie sie von ihren Freunden genannt wurde, hatte dieses bunte Durcheinander wahrscheinlich von ihren großen Reisen mit Sartre heimgebracht. Hatte er ihr die langen marokkanischen Ohrgehänge geschenkt, die sie trug? Und die vielen zarten Armreifen, die an ihren Handgelenken klimperten?

Von der ersten Frage an behandelte ich sie als eine Frau mit dem Etikett »außergewöhnlich«. Um sie zu entwaffnen und um mich selbst daran zu erinnern, daß diese Person, die ganz normal aussah und ein wenig finster wirkte, identisch war mit der, die die Welt der Frauen von Grund auf verändert hatte. Sie hätte sich dagegen auflehnen können, doch sie billigte es.

Simone de Beauvoir sprach schnell. Ich hatte gerade begonnen, mich in dem regelmäßigen Auf und Ab ihrer Sätze ein wenig zu entspannen, als sie abrupt zu sprechen aufhörte: Sie war am Ende ihrer Ausführungen angelangt. Und danach kam nichts mehr... Hastig ordnete ich meine Gedanken, um fortsetzen zu können. Sie half mir nicht. Sie schien sich für das, was ich sagte, nicht zu interessieren. Sie war weit weg mit ihren Gedanken. Sie kratzte sich mechanisch am Unterarm, und als sie mir antwortete, tat sie es in einem Ton höflicher Zurückhaltung, so als wiederhole sie für eine neue Schülerin den Unterrichtsstoff, der sie bereits zu Tode langweilte. Und der auch mich zu Tode langweilte.

Die Kommunikation zwischen uns funktionierte schlecht. Diese Frau, die ich ganz normal gefunden hätte, wenn da nicht der starre, ein wenig beunruhigende Blick ihrer blauen Augen gewesen wäre, hatte für meine Person wahrscheinlich ebensowenig übrig wie ich für ihre.

Der Feminismus hatte sich noch nicht allgemein durchgesetzt, und ich trug meinen nicht zur Schau. Ich selbst wußte ja, was ich dachte, und das genügte mir. Doch hier, vor Simone de Beauvoir, fühlte ich mich etwa so feministisch wie eine verschleierte Orientalin. Ich schrieb zwar, doch ich hatte noch nichts veröffentlicht. Außerdem hätte ich es nie gewagt, über die Männer und über meine Umwelt derart kategorische Urteile abzugeben: Ich brauchte diese Frau, damit sie es an meiner Stelle tat. Fehlte es mir etwa an Mut?

Seither ist viel Zeit vergangen, und man kann sich nur mehr schwer vorstellen, in welchen seelischen Zwiespalt uns Simone de Beauvoir damals brachte.

Wie hatte sie es angestellt, alle Ketten zu sprengen? Was hatte sie dabei verloren? Was gewonnen? Kann eine Frau sich von den Männern befreien und trotzdem weiter von ihnen geliebt werden? Das waren die wesentlichen – heute noch immer aktuellen – Fragen, und ich war nicht fähig, sie ihr zu stellen.

Man muß allerdings sagen, daß sie starke Abwehrmechanismen hatte. Vielleicht verdankte sie es ihrem feministischen Engagement, ihrem Philosophiestudium, ihrer Suche nach einem absoluten und unfehlbaren System, ihrer Freundschaft mit den gescheitesten Männern ihrer Zeit – Sartre, Camus, Aron – geistig war sie jedenfalls bis zu den Zähnen bewaffnet.

Ihre Rede schien ein einziger logischer Faden zu sein, der sich um den Gesprächspartner wand, ihn einkreiste, umzingelte und würgte, ohne ihn zu Wort kommen zu lassen. Ich spürte kurz das Verlangen, sie zu kneifen, um sie »Au« schreien zu hören und auf ihrem unbewegten Gesicht endlich einen Ausdruck des Erstaunens feststellen zu können. Ich hätte sie nur zu fragen brauchen, ob sie nicht unter Sartres Liebesverhältnissen litt, von denen er ihr selbst die intimsten Details berichtete. Und wie sie mit zunehmendem Alter damit fertig wurde, keine Kinder gewollt zu haben...

Sie konnte brutal sein. Das hatte sie bewiesen, indem sie Menschen schonungslos attackierte. Für die führenden Köpfe des Existentialismus gab es die Barrieren der Intimität und des Privatlebens nicht mehr. Sie maßten sich das Recht an, über einen Menschen aufgrund der Summe seiner Handlungen, aufgrund seiner Biographie und der seiner Familie zu urteilen. Das war intellektueller Terror: Alle, die von der existentialistischen Norm abwichen, waren zwangsläufig »Dreckskerle«... Sie hatten es nicht – wie Sartre und Beauvoir – verstanden, ihrer bürgerlichen Herkunft, der Quelle aller Trugbilder und allen Betrugs, abzuschwören. Daher auch die berühmte »Unaufrichtigkeit«, gegen die die Existentialisten kämpften wie Don Quichotte gegen die Windmühlen. Und wenn jemand sich bemühte, seine »Aufrichtigkeit« gegenüber ihrem System zu beweisen, so war das für sie der sicherste Beweis seiner »Unaufrichtigkeit«.

Es gab also für mich Grund genug, eine Heidenangst zu haben. Und außerdem war Simone de Beauvoir ein Mythos. Wir Frauen brauchten die Persönlichkeit, die sie war, und sie mußte triumphieren. Aufgrund ihrer Theorien gerieten die Frauen auf der ganzen Welt in Bewegung, und ihre Getreuen verboten ihr jegliche Unentschlossenheit.

Das war die Geschichte mit dem »ich bin reingelegt worden«. Mit diesem Satz, dem der Geruch des Scheiterns anhaftete, beendete sie den dritten Band ihrer Memoiren, *Der Lauf der Dinge*. Sofort war die Hölle los. Simone de Beauvoir, die Galionsfigur der feministischen Bewegung, gab zu, sich getäuscht zu haben? Oder getäuscht worden zu sein? Über wen machte sie sich lustig?

Die Empörung war so groß, daß sie einen Rückzieher machen mußte: Sie erklärte, daß es keineswegs das war, was sie sagen wollte... Sie beklage sich nicht über ihr Leben, sie treffe lediglich eine metaphysische Feststellung, die mit der universellen Notwendigkeit des Sterbens zu tun habe...

In Wirklichkeit war es ein Schrei ihres Herzens, den laut zu artikulieren ihr die Feministinnen verboten. Und auch Sartre...

Sie war selbst ihr erstes »Groupie«. Und ihr erstes Versuchskaninchen. Vielleicht auch das einzige: Für sich selbst hatte sie ein Leben streng nach der »Moral der Freiheit« akzeptiert. Keine Eifersucht, keine Kinder, keine Lebensgemeinschaft. Sie hat es durchgezogen. Vorbehaltlos und mit dem Fanatismus, den man Liebe nennt.

In *Das andere Geschlecht* hatte sie selbst die Frauen gewarnt: Im Namen der Liebe, die sie von den Frauen fordern, als etwas, das ihnen zusteht, fangen die Männer sie ein und halten sie, wie Sklavinnen. Simone de Beauvoir selbst war ihnen erlegen, mehr als jede andere Frau. Denn ging sie mit ihrer Abhängigkeit nicht noch weiter als eine scheinbar unterworfene, innerlich revoltierende Ehefrau? Simone de Beauvoir glaubte an Sartre, als wäre er wirklich ein unfehlbarer »Papst«. Doch irgendwie litt sie darunter. Und verbarg es. Ich ahnte es, doch ich hatte keinerlei Beweise dafür.

Simone de Beauvoir hatte noch nicht *Ein sanfter Tod* geschrieben und nicht *Das Alter*, diese pathetischen Bücher über den Tod ihrer Mutter, über das Schicksal verlassener alter Menschen, in denen ihr eigener Schmerz durchklingt, ihre große Angst vor dem Tod...

Sartre lebte noch; und im übrigen erwähnte sie seinen Namen bei jeder sich bietenden Gelegenheit, wie eine verliebte Frau. Sie sagte »wir«, wenn sie von Reisen sprach, von Plänen, Denksystemen... Ich registrierte dieses »wir«, das aus ihrem Mund irgendwie seltsam klang. Gleichzeitig beruhigte es mich, brachte uns einander wieder näher: Auch Simone de Beauvoir lebte für den Mann, war erfüllt vom Mann. Also war alles in Ordnung. Sie hatte *Das andere Geschlecht* geschrieben, und alles ging weiter wie zuvor... Ich konnte beruhigt sein. Die anderen beruhigen. Wenn Simone de Beauvoir auch durch das, was sie schrieb, eine außergewöhnliche Frau war, in ihrem Leben war sie eine Artgenossin. Keine Mutantin. Sie war die Fortsetzung eines bemerkenswerten Mannes. Seine Ergänzung. Und – wie die meisten Gefährtinnen großer Männer – zögerte sie nicht, sich des Prestiges ihres Gefährten zu bedienen. Sartre war Herausgeber der *Temps modernes*, der Zeitschrift der existentialistischen Bewegung. Doch Sartre war kein Mann der Macht: Simone de Beauvoir übte sie an seiner Stelle aus.

Ich habe das Zittern erlebt, das manche Mitarbeiter der Zeitschrift am Vorabend der Redaktionssitzung befiel. Was würde die Beauvoir sagen? Wie würde sie reagieren? Ihre Wutanfälle waren sprichwörtlich. Sie terrorisierte alle, so sehr war sie davon überzeugt, die Wahrheit gepachtet zu haben. Camus, Merleau-Ponty und Jean Cau haben diese Erfahrung verschiedentlich gemacht. Die Gegner explodierten schließlich... Es kam vor, daß sie sagte: »Ich werde Sartre davon berichten.« Doch wer siegte wohl über wen, in ihrer »geschlossenen Gesellschaft«?

Plötzlich sah sie auf die Uhr an ihrem Handgelenk, eine kleine Erstkommunikanten-Uhr. Ich stand auf, und sie geleitete mich rasch zur Treppe, die auf die Straße führte. Sie sagte noch zwei, drei Worte zu mir, und ich begriff, daß sie glaubte, ich sei wie sie: daß ich es furchtbar eilig hätte, nach Hause zu kommen, um zu arbeiten. Das war schmeichelhaft. Und es war die erste Regung, mit der sie zum Ausdruck zu bringen schien, daß wir einander ähnlich waren...

Was ihr Geheimnis betraf, blieb die »außergewöhnliche Frau« verschlossen. Sie hatte sich bereiterklärt, mir auf meine Fragen zu antworten. Sie hatte es mit der ihr eigenen Scharfsinnigkeit, Bildung und Schlagfertigkeit getan. Doch es war ihr gelungen, mir nicht wirklich etwas über sich selbst zu erzählen. Sie war vor mir geflohen. Sie floh vor sich selbst.

Simone de Beauvoir war die einzige Frau unter den Schriftstellern, die ich damals interviewt habe (mit Ausnahme von Françoise Sagan, diesem Irrlicht...). Um vorwärts zu kommen, brauchte ich die Beauvoir. Die anderen nicht.

ES hat immer außergewöhnliche Frauen gegeben, doch im allgemeinen erwecken sie den Eindruck, sich auf die Seite der Männer geschlagen zu haben; Sie hingegen könnte man eher als Vertreterin einer Gesellschaft bezeichnen, die noch gar nicht existiert. Fühlen Sie sich nicht sehr allein unter Ihresgleichen?

Simone de Beauvoir. Nein, weil ich nicht so sehr an meinesgleichen denke, ich glaube nicht, daß ich eine typische Schriftstellerin bin und ich habe nicht das Bedürfnis, Schriftstellerinnen um mich zu haben. In meinem Leben hat es vor allem Freundschaften mit Männern gegeben, aber ich habe mich auch mit Frauen sehr verbunden gefühlt. Ich verstehe mich sehr gut mit Frauen.

WER sind die Leser von *Das andere Geschlecht*?

S. DE B. Frauen und auch junge Leute. Doch zur Zeit sind es vor allem Frauen; wenn ich ihre Briefe lese, habe ich den Eindruck, daß ihre Situation heute so ist, wie ich sie beschrieben habe, eine Art Hin- und Hergerissenheit. Es gibt Frauen, die arbeiten, versuchen, sich ein eigenes Leben aufzubauen, und denen es nicht gelingt, es mit ihrem Leben als Ehefrauen oder Hausfrauen zu vereinbaren, oder die gegen eine Umgebung ankämpfen, von der sie nicht verstanden werden.

WENN sie Ihr Buch gelesen und für gut befunden haben, wissen Sie, ob sie dann auch Schlüsse ziehen, handeln?

S. DE B. Ein Buch reicht niemals aus, um ein Leben zu ändern; die Umstände wiegen zu schwer. Ich glaube nicht, daß *Das andere Geschlecht* die Lebensbedingungen auch nur einer Frau geändert hat, doch es hat ihnen möglicherweise geholfen, sie besser zu verstehen, sich weniger einsam zu fühlen.

Ich bin bei ihnen auf ein starkes Echo gestoßen; das gilt auch für *Die Mandarins von Paris*. Wohlgemerkt, es sind nicht die unabhängigsten, die am ernsthaftesten aktiv Engagierten, die mir schreiben: im allgemeinen sind meine Briefschreiberinnen unsichere, unentschlossene Personen. Sehr viele Frauen befinden sich in dieser Situation.

ANTWORTEN Sie ihnen?

S. DE B. Ja, seit dem *Anderen Geschlecht* antworte ich. Ich antworte auf fast alle Briefe, außer wenn es sich um Autogramm-Wünsche handelt.

IST das so eine Art »Kummerkasten-Briefe«?

S. DE B. Ich habe sehr intelligente Briefpartnerinnen, und zwei oder drei erscheinen mir sogar bemerkenswert. Manche schicken mir Manuskripte. Wenn sie Qualität haben, versuche ich, sie zu publizieren. Ein paarmal ist es mir gelungen, und die Bücher hatten Erfolg. All das hat nichts mit einer »Kummerecke« zu tun.

Als *Das andere Geschlecht* erschien, habe ich meine Post Colette Audry gegeben, damit sie einen Artikel daraus macht: Das war wirklich ein Dokument zur Situation der Frau. Ich habe Ihnen gesagt, daß ich auch Briefe von jungen Leuten erhalte: Es sind sehr interessante darunter, wie zum Beispiel die, die mir ein junger Wiedereinberufener aus Algerien schickt. Natürlich habe ich in dem ganzen Haufen auch dumme oder schwülstige oder provozierende oder abartige Briefe bekommen; in diesem Fall lasse ich es bleiben zu antworten. Aber ich betone, daß die meisten echte Fragen stellen, echte Konflikte offenlegen.

HAT Sie das überrascht? Haben Sie nicht in *Das andere Geschlecht* gesagt, daß die meisten Frauen entweder nicht bewußt leben oder unaufrichtig sind?

S. DE B. Nein, ich hatte keine so schlechte Meinung von den Frauen, als ich *Das andere Geschlecht* schrieb. Was ich gesagt habe, ist, daß sie eingesperrt sind, so sind wie Ratten: Nun, natürlich treibt sie das zur Unaufrichtigkeit. Ich sage nicht, daß es bei meinen Briefpartnerinnen keine Unaufrichtigkeit gibt, aber oft ist da auch ein echtes Bemühen, klar zu sehen und damit fertig zu werden.

SEIT wann machen Sie sich schon Gedanken über die Situation der Frau? Dachten Sie daran, als Sie noch ganz jung waren? Haben Sie darunter gelitten?

S. DE B. Nein, in *Memoiren einer Tochter aus gutem Haus* habe ich erklärt, wie sehr ich in dieser Hinsicht in meiner Jugend privilegiert war. Als ich an der Sorbonne studierte, fand ich es praktisch und angenehm, eine Frau zu sein.

WARUM haben Sie diese *Memoiren* geschrieben?

S. DE B. Eine Intellektuelle zu werden, eine Schriftstellerin, das war für ein junges Mädchen meiner Generation ein anderes Problem als für ein junges Mädchen von heute, deshalb habe ich die *Memoiren einer Tochter aus gutem Haus* geschrieben; ich dachte, es könnte von Interesse sein, diese Geschichte zu erzählen.

WIE hat Ihre »Bewußtwerdung« begonnen?

S. DE B. Ich würde es nicht »Bewußtwerdung« nennen; ich glaube nicht, daß dieser Ausdruck richtig ist. Aber das ist nicht so wichtig. Tatsache ist, daß ich eines Tages merkte, daß ich nicht mehr an Gott glaubte. Seit langem fand ich es widersprüchlich, an Gott zu glauben und in meiner Zeit zu leben: Weil es die Unendlichkeit gab, das Ewige Leben, hätte man auf die Welt verzichten sollen.

Und dann, eines Tages, wurde mir klar, daß ich für Gott niemals die Welt opfern würde. Ich las heimlich Bücher, das war eine Sünde, ich wußte es, und ich fühlte mich sehr einsam, weil es in den Augen meiner Mutter, meiner Lehrerinnen, meiner Freundinnen etwas Schreckliches war, den Glauben zu verlieren. Man wurde so etwas wie ein schwarzes Schaf. Ich habe das Geheimnis gewahrt, aber ich habe zwei oder drei Jahre im Unbehagen gelebt; als hätte ich unrecht gehabt, recht zu haben.

WANN haben Sie zu schreiben begonnen?

S. DE B. Wie viele Kinder habe ich Belanglosigkeiten geschrieben, mit acht bis zehn Jahren; dann habe ich aufgehört, doch mit fünfzehn hatte ich nur einen Traum: Schriftstellerin zu werden. Und ich habe es vom Beginn meines Studiums an ernsthaft gewollt. Es war die einzige Lösung. In meinem Milieu hatte ich keinen festen Platz mehr, und weil ich es mit der ganzen Gesellschaft gleichsetzte, konnte ich nur zu so etwas wie dem Absoluten Zuflucht nehmen: Das war für viele junge Menschen meiner Generation die Literatur. Von meiner religiösen Erziehung hatte ich mir die Verachtung für Geld, für Berühmtheit, für alle Güter dieser Welt bewahrt; alles andere wünschte ich mir sehnlichst; Schreiben war – in meinen Augen – eine Berufung, es war ein Heil, es war ein Ersatz für Gott.

FÜHLEN Sie sich im Unrecht gegenüber der Gesellschaft, in der Sie keinen Platz einnehmen wollten?

S. DE B. Schuldig habe ich mich von vierzehn bis achtzehn gefühlt: Ich ging weiter zur Kommunion und glaubte nicht mehr. Und dann habe ich meiner Mutter die Wahrheit gesagt. Ich ging nicht mehr zur Kirche und hatte ein reines Gewissen.

Von diesem Augenblick an durfte ich auch alles lesen. Vorher wurde ich streng zensuriert; sogar in *Der junge Aar* strich mein Vater einige Passagen. Ich hatte heimlich seine ganze Bibliothek gelesen: Zola, Maupassant, Bourget usw. Doch die moderne Literatur kannte ich nicht, und ich wußte nicht einmal, wie ich an sie herankommen sollte. Zum Glück hatte ich einen Cousin – er war sechs Monate älter und Schüler von Stanislas – der oft in unser Haus kam, und der Mallarmé, Cocteau, Picasso liebte. Bis dahin hatte er mich von oben herab betrachtet, doch dann begann er, mit mir zu sprechen. Ich erklärte ihm, daß ich erstickte, daß ich dahinvegetierte. Er hat mir Bücher geborgt und mich auf sie aufmerksam gemacht. Es war eine Offenbarung. Ich habe Gide gelesen, Barrès, Montherlant, Claudel, Valéry, Proust, alles, was ich nicht kannte; ich las wie verrückt...

LASEN Sie keine Philosophen?

S. DE B. Nein, es waren vor allem Gide und Barrès. Ich wurde eine fanatische Anhängerin des »Ich-Kults«, und ich habe begonnen, ein Tagebuch zu führen, um mich im Kampf gegen die »Barbaren« zu bestärken.

Am Ende meines ersten Studienjahres habe ich beschlossen, Philosophie zu machen. Es hatte nicht sehr viel Substanz damals, das Philo-Studium an der Sorbonne. Man lehrte uns eine Art spiritualistischen Idealismus, sehr vage. Die Namen von Marx, Hegel wurden niemals ausgesprochen. Ich habe sie erst nach meiner Agregation kennengelernt. Ich habe begonnen, mit einigen Studenten zu plaudern, ich las, ich diskutierte. Ich las sehr gerne Bergson und zwar besonders seine Sprachkritik, aber ein kurzer Satz von Barrès zum selben Thema berührte mich mehr. Die Stimme der Philosophen schien mir zu unpersönlich.

HATTEN Sie ein Ziel?

S. DE B. Vor allem versuchte ich, mich gegen meine Umgebung zu verteidigen, mich zu rechtfertigen. Doch wenn ich mich fragte: »Was soll ich mit mir machen?«, wußte ich keine Antwort. Ich sagte mir, daß es sich nicht lohne zu leben, und doch lag mir viel daran zu leben. Ich sagte mir, daß kein Ziel irgendeine Anstrengung wert sei, und zur gleichen Zeit betrieb ich mein Vorhaben mit Feuereifer. Theoretisch war ich schon im voraus von allem enttäuscht. In Wirklichkeit arbeitete ich viel, ich wollte verstehen. Und immer mehr wollte ich schreiben. Es ist eine Notwendigkeit geworden.

WOLLTEN Sie Romane schreiben?

S. DE B. Ja, ich wollte Romane schreiben. Ich wollte die Leute persönlich ansprechen, so wie manche Schriftsteller mich angesprochen hatten.

TATSÄCHLICH drücken Sie sich in Ihren Werken und auf alle erdenklichen Arten aus, als wären Sie überzeugt davon, daß man alles erklären, einander immer verstehen kann; daß man mit Worten, mit gut artikulierten Gedanken, einander schließlich zwangsläufig versteht.

S. DE B. Auch mit zwanzig Jahren wußte ich sehr gut, daß man sich nicht mit allen auseinandersetzen kann. Aber ich dachte auch, daß es Leute gibt, die ganz und gar bereit sind, jemanden zu verstehen, der fähig ist, zu ihnen zu sprechen. Und ich nahm an, daß ich dazu fähig sein würde.

Ich machte mein Studium wie ein Mann. Ich fühlte mich ein wenig als etwas Besonderes. Im Jahr meiner Agregation lernte ich Sartre, Nizan, Aron, Politzer kennen, sie waren mir alle voraus, geistig, aber ich spürte kein Bedauern darüber, im Gegenteil: Die Welt erschien mir reicher als ich sie mir erhofft hatte. Besonders bei Sartre wurde mir bald klar, daß er – zumindest für mich – nicht zu übertreffen war, aber das war mir eher recht. Damit ein Mann mir ebenbürtig war, mußte er sich ein wenig überlegen zeigen, denn die Kaste der Frauen war als solche von vornherein im Nachteil.

WIE sind Sie auf den Gedanken gekommen, *Das andere Geschlecht* zu schreiben?

S. DE B. Der Gedanke ist mir sehr spät gekommen. Ob Männer oder Frauen, ich dachte, jeder kann irgendwie auf seine Rechnung kommen; mir war nicht klar, daß Frau sein eine Lebenssituation ist. Ich habe drei Romane, Essays geschrieben, ohne mir über meine Situation als Frau Gedanken zu machen. Eines Tages hatte ich den Wunsch, mich über mich selbst zu äußern. Ich habe begonnen nachzudenken, und mit einem gewissen Erstaunen habe ich bemerkt: Das erste, was ich zu sagen hatte, war: Ich bin eine Frau. Meine ganze gefühlsmäßige, geistige Bildung hat sich von der eines Mannes unterschieden. Ich habe darüber nachgedacht, und ich habe mir gesagt: Man muß in allgemeiner Form und detailliert untersuchen, was es bedeutet, eine Frau zu sein. Ich habe versucht, die Mythen zu berücksichtigen, und vor allem die Art und Weise zu beschreiben, wie die Gesellschaft ihre Frauen macht.

WIEVIELE Jahre haben Sie daran gearbeitet?

S. DE B. Ich hatte mich zuvor viel mit Psychologie, Psychoanalyse, Soziologie befaßt. Ich hatte ziemlich solide Grundlagen. Ich habe das Buch in zwei Jahren geschrieben.

Am Anfang hat man den Eindruck, man müsse hunderte von

Büchern lesen. Doch dann merkt man, daß es nur eine sehr kleine Anzahl gibt, aus denen man wirklich etwas lernt: die übrigen sind nur Plagiate, Wiederholungen, populärwissenschaftliche Versionen der Schlüsselwerke.

HATTEN Sie den Eindruck, in Neuland vorzustoßen?

S. DE B. Ja, in ziemlich vielen Punkten. In der Geschichte, zum Beispiel, haben mich bestimmte Untersuchungen auf den Gedanken gebracht, daß die Geschichte der Frau und die Geschichte des Erbes eins sind: Doch nirgends habe ich diesen Gedanken ausdrücklich erwähnt gefunden. Die meisten Synthesen, die ich aufgestellt habe, und die Gesamtperspektive sind meine persönlichen Erfindungen.

SIE haben niemandes Meinung eingeholt?

S. DE B. Ich diskutierte immer mit Sartre, er war es, der mich dazu gedrängt hat, ein so umfassendes Werk zu schreiben.

Julien Gracq hat geschrieben, ich hätte Mut bewiesen, mich der »Meute der Franzosen« zu stellen. Ich war tatsächlich sehr erstaunt über die heftigen Reaktionen, die *Das andere Geschlecht* ausgelöst hat. Die meisten Männer waren wütend, auch die Männer der Linken.

WAS sie schockiert, ist vielleicht, daß Sie niemals zögern, die Dinge beim Namen zu nennen?

S. DE B. Die These als solche schockiert sie. Der Faschist, der in vielen Männern der Linken schlummert, ist bei dieser Gelegenheit erwacht. Ich war auf eine solche Reaktion absolut nicht gefaßt. Meine Freunde sind frei von jeglichem »Männlichkeitskomplex«, sie empfinden für die Frauen ein Gefühl der Brüderlichkeit; ich glaube, daß die überwiegende Mehrheit der Leute aus dem linken Lager dieselbe Einstellung hatte. Ich täuschte mich gründlich. Wohlgemerkt, man hat gesagt, ich hätte ein »Werk der Rachsucht« geschrieben, während es eine ganz besonnene Studie war.

Ich hatte begonnen, über mich nachzudenken, und mir war klar geworden, daß es eine spezifische »Situation der Frau« gab. Ich hatte versucht, diesem Umstand Rechnung zu tragen. Das war alles.

HAT das Schreiben von *Das andere Geschlecht* Sie verändert?

S. DE B. Überhaupt nicht. Warum? Ich glaube nicht, daß man sich in diesem Alter noch verändern kann. Ich habe den Eindruck, daß alles schon sehr bald gelaufen ist: vielleicht mit zehn Jahren, vielleicht sogar mit zwei.

WAS waren die Reaktionen auf Ihre *Memoiren*?

S. DE B. Die hohe Auflage hat mich überrascht und ein wenig irritiert. Ich glaubte, daß das nur eine kleine Anzahl von Personen interessieren würde. Eigentlich schien mir dieser Erfolg kein echter Erfolg zu sein. Zuviele Frauen erkannten sich darin unter dem einfachsten Gesichtspunkt wieder, unter dem, der mich am wenigsten interessierte: bürgerliche Kindheit, »wie auf Schienen«... Manche haben mir geschrieben, um mich zum Essen einzuladen, und sie sagten: Das bin ich, mein Break, meine Gouvernante. (Ich selbst hatte keine Gouvernante, aber sie haben die Dinge ein wenig zurechtgerückt...) Nun, in Wirklichkeit beginnt die eigentliche Geschichte, sobald ich mein Milieu verlasse und nicht, während ich noch drinnen bin.

Andere Leserinnen sind hingegen Frauen in meinem Alter, die einen ähnlichen Kampf ausgefochten haben, um ein intellektuelles Leben führen zu können. Ich habe viele Briefe von Professorinnen erhalten.

Doch was mich am meisten berührt hat, sind die Zeugnisse junger Frauen, junger Mädchen von fünfundzwanzig bis dreißig, die mir geschrieben haben, daß sich für sie die Lebensbedingungen nicht viel geändert hatten: Hinter einer ein wenig größeren äußerlichen Freiheit findet man dieselben Zwänge, dieselben Kontrollen und größtenteils denselben Konflikt zwischen Arbeit und geordnetem Leben. Im Grunde ist das normal. Da sich die Welt in wirtschaftlicher und gesellschaftlicher Hinsicht nicht geändert hat, hat sich auch die Situation der Frau kaum weiterentwickelt. *Das andere Geschlecht* ist gar nicht so überholt.

Es hat vielleicht sogar einen Rückschritt gegeben. Wir waren wenige, wir waren voll Begeisterung, und wir wollten etwas tun, für uns selbst und für die Gesamtheit der Frauen, während es heute für die Frauen alltäglich ist zu arbeiten, also weniger erhebend.

UND wie haben die Katholiken den Bericht über Ihre religiöse Emanzipation aufgenommen?

S. DE B. Ich habe mit größtmöglicher Ehrlichkeit erzählt, wie ich meinen Glauben verloren habe, und ich denke, daß deshalb die Reaktionen aus religiösen Kreisen so lebhaft waren. Und auch so unterschiedlich. Doch insgesamt scheint mir, daß die Leute um so verständnisvoller gewesen sind, je tiefer sie im katholischen Glauben verankert waren. Ich habe eine gute Kritik in *Études* bekommen. Ich habe sympathische, ja sogar sympathisierende Briefe von manchen Priestern bekommen, unter anderem von einem, der auch Philosoph war und mit dem ich mich unterhalten habe, und viele interessierte und neugierige Briefe von Katholiken, die ehrlich versuchten, mich zu verstehen.

Ich habe auch feindselige Briefe erhalten. Doch in sehr geringer Zahl, – was nichts beweist: man schreibt weniger, wenn man tadeln will – ärgerliche Briefe, in denen man mich anklagte, meine Jugend verraten, meine Erzieherinnen verleugnet zu haben... Mehrere Absolventinnen der Mädchenschule Le Cours Désir haben mir geschrieben, um mir mitzuteilen, daß sie die Prüfungen für ihre Licence erfolgreich absolviert hatten ... was kein Beweis für die damalige Qualität jener Schule ist, nicht einmal für die heutige, denn eine Menge junger Mädchen studieren heutzutage bis zur Licence.

Es hat auch Briefe von jungen Leuten gegeben, die behaupteten, ihre Jugend in meiner wiederzuerkennen..., und sogar von ein oder zwei alten Herren... Ich spreche nicht von den nichtssagenden Briefen, den Autogrammwünschen etc. Dieses Buch hat die französischen Leserinnen zweifellos beeindruckt.

UND die Amerikanerinnen?

S. DE B. Weniger. Wahrscheinlich, weil es sich um Sitten handelt, die den Amerikanern fremd sind. Es hat sie belustigt, wie eine Kuriosität, doch das religiöse Problem, das im Mittelpunkt des Buches steht, entgeht ihnen völlig. Sie sind nicht auf diese Art gläubig, wie man es in Frankreich ist.

WERDEN Sie Ihre Memoiren fortsetzen?

S. DE B. Natürlich, ja! Ich dachte schon daran, während ich den ersten Band fertigstellte. Ich habe mir gesagt: Da war ich nun mit zwanzig Jahren ins Leben eingetreten, ich war frei, ich wollte schreiben, und was habe ich dann gemacht? Ich habe Bücher geschrieben, ja, aber warum gerade diese und nicht andere?

Ich habe mir gedacht, ich müßte von meinen ersten literarischen Versuchen erzählen.

Gleichzeitig habe ich mich gefragt, wie es um mein Verhältnis zu meiner Epoche stand. Um mich in die Atmosphäre meiner Jugend zurückzuversetzen, las ich alte Zeitschriften, *Vendredi, Marianne*, und die Bücher, die ich damals gelesen hatte. Ich konnte feststellen, wie sehr ich – und selbst Sartre, der immerhin sehr feste und sehr persönliche Meinungen zu gewissen Punkten hatte –, wie sehr wir von der Strömung der Zeit getragen wurden. Von der Strömung, der alle »linken« Intellektuellen folgten. Das Milieu hielt mich stärker gefangen, als ich dachte.

SIE sind also daran gegangen, Ihr ganzes Leben zu erzählen?

S. DE B. Bis auf – ich werde es in der Einleitung sagen – die Bereiche, von denen ich nicht sprechen werde. Es gibt ganz private Dinge, die ich einfach weggelassen habe. Man ist zu äußerster Diskretion verpflichtet, sobald jemand anderer in das verwickelt ist, was man tut. Dennoch sage ich das Wesentliche von dem, was für mich gezählt hat, so daß man das Buch als die Fortsetzung des ersten ansehen kann.

BIS wann wird es gehen?

S. DE B. Bis zum Ende des Krieges. Diese Grenze war für mich mehr eine Frage der Umstände als eine Frage des Alters. Ich werde die Vorkriegszeit schildern, die ich mit ziemlich geringem politischem Bewußtsein erlebt habe, dann werde ich den Krieg schildern und die Art, wie er mir meine Verbundenheit mit den Ereignissen bewußt gemacht hat. Diese Periode ist mit der Zeit meiner literarischen Anfänge zusammengefallen: Mein erstes Buch wurde 1943 veröffentlicht. Es war auch der Moment, wo ich viele linke Schriftsteller kennengelernt habe. Diese Erinnerungen hören mit der Befreiung von Paris auf: Dieser Moment hat für mich den Beginn einer neuen Periode markiert, die meines öffentlichen Lebens als Schriftstellerin, der Gründung von *Les temps modernes*, etc.

UM die *Memoiren einer Tochter aus gutem Haus* zu schreiben, konnten Sie einige Tagebücher zu Hilfe nehmen. Und für den zweiten Band, was haben Sie da?

S. DE B. Sehr wenige Dokumente. Ich habe ein Tagebuch, ein Kriegstagebuch, gefunden, das ich nahezu vollständig veröffentlichen werde. Ich habe es vom ersten September 1939 an geführt, es ist sehr objektiv, übrigens, es enthält fast nichts Subjektives, außer ein paar schmerzlichen Klagen.

Ich habe noch eines geführt, später: zum Zeitpunkt meiner Flucht und bei meiner Rückkehr nach Paris. Das sind kleine Stücke, die ich in meinen Bericht einflechte.

Ich hätte auch meine Korrespondenz mit Sartre haben können; unglücklicherweise habe ich alles auf der Flucht verloren. Ich hatte mir gesagt: Die Briefe sind das Wertvollste, was ich auf der Welt habe, ich lege sie in einen Koffer und nehme sonst nichts mit. Und ich habe sie verloren! Nur ein paar Briefe von Sartre sind übriggeblieben. Ich habe noch einige Kalender, in die ich meine Verabredungen einzutragen pflegte. Und dann habe ich ein sehr gutes Gedächtnis.

BEDAUERN Sie dieses Fehlen von Dokumenten, oder ist es Ihnen lieber, nicht allzusehr damit belastet zu sein?

S. DE B. Ich bedaure es, doch ich bin unfähig, Tagebücher zu führen, es sei denn, die Umstände sind außergewöhnlich. Dann bin ich zu aufgewühlt um zu schreiben, und da ich trotzdem das Bedürfnis habe, mich zu äußern, führe ich ein Tagebuch. Zum Beispiel habe ich um den 13. Mai herum eines geführt. Sonst kann ich es nicht, es ist eine wirkliche Arbeit.

Doch ich hätte gern eine ganz umfangreiche Dokumentation über mein Leben. Das fände ich aufregend. Ich habe all meine alten Entwürfe unveröffentlichter Romane wiedergefunden. Ich habe darin Gedanken entdeckt – besonders politische – von denen ich nicht glaubte, daß sie mich damals beschäftigt haben. Ich habe auch meine Freunde befragt. All das hat mir geholfen, Zeitungen, diverse Nachrichten, die mich interessierten...

WAS möchten Sie mit Ihren *Memoiren* genau zeigen? Haben Sie einen psychoanalytischen Standpunkt?

S. DE B. Nein. Natürlich wäre es notwendig gewesen, bei meiner

Kindheit anzufangen, um in die Dinge vom psychoanalytischen Standpunkt aus tiefer einzudringen. Danach, wenn ich mein Leben als Erwachsene erzähle, interessiert es mich kaum zu untersuchen, welche Wurzeln es in meiner Kindheit hat. Ich hätte im ersten Band darüber sprechen müssen, wenn es nötig wäre, darüber zu sprechen.

Wenn ich diese Erinnerungen fertig geschrieben habe, wird man mich vielleicht auf einer anderen Ebene darüber fragen müssen. Doch im Moment kümmere ich mich einzig und allein um mein bewußtes Leben und nicht um seine Fundamente. Ich weise auf die Implikationen hin, die mir unverständlich bleiben, ich versuche bei dieser Gelegenheit, sie zu erhellen. Doch darin liegt für mich nicht das Wesentliche.

TROTZDEM stellen Sie Ihre Situation als Frau in den Vordergrund, wenn Sie über Ihr Leben schreiben?

S. DE B. Ja, soweit sie eine Rolle gespielt hat. Doch wenn ich in den Felsbuchten von Marseille spazieren gehe, wenn ich auf Reisen bin, spielt sie keine Rolle.

HABEN Sie sich nie behindert gefühlt durch die Tatsache, daß Sie eine Frau sind? Haben Sie nichts von Ihrer Energie in dem zusätzlichen Kampf verloren, den diese Gesellschaft – Sie haben es gesagt – ihren Frauen auferlegt?

S. DE B. Ich hatte niemals zu kämpfen. Nein, alles war leicht. Es kam nicht in Frage, daß ich heiratete, ohne Geld. Das war das Gesetz meines Milieus. Also mußte ich arbeiten. Das paßte mir wunderbar, man ließ mir die Zeit zu studieren. Ich führte ein sehr einfaches und strenges Leben, doch das hat mir geholfen, meine Prüfungen möglichst rasch hinter mich zu bringen, mich zu befreien. Ich habe auf der Sorbonne Leute kennengelernt, die mir gefielen: Sartre, seine Freunde. Man half mir, unterstützte mich.

Natürlich habe ich auch einige Enttäuschungen erlebt. Man schreibt nicht so einfach ein Buch, wie man seine Agregation macht. Mein erstes – es war eine Sammlung von Novellen – wurde von Gallimard abgelehnt. Eine Niederlage, aber keine schwere. Man verweigerte mir mit fünfundzwanzig Jahren ein Buch? Gut, dann mußte ich eben ein besseres schreiben. Bei meinem Charakter erschütterte mich das nicht. Nein wirklich, ich habe nicht zu kämpfen gehabt.

UND innerlich sind Sie nie auf irgendwelche Widerstände gestoßen?

S. DE B. Nein, überhaupt nicht... Vielleicht... Es hat Fälle gegeben, wo ich Widerstände gespürt habe, die ich überwinden mußte: bei manchen Passagen von *Das andere Geschlecht* und auch in *Die Mandarins von Paris*. In der Tat, wenn ich über das nachdenke, was ich geschrieben habe, merke ich, daß ich gegen bestimmte Barrieren renne, doch ich merke es erst hinterher. Ich habe nicht direkt das Gefühl, auf mich eine Selbstzensur auszuüben.

Doch ich kann Ihnen kaum antworten, weil ich mir selbst kaum eine Antwort gegeben habe. Es wäre interessant, das genauer zu untersuchen. Kein Schriftsteller hat das getan: von welchen Zielvorstellungen man ausgeht, was an ihnen abstrakt ist, was realistisch ist, warum man nur das gemacht hat. Es ist merkwürdig, wenn man denkt, was man gemacht hat, wenn man sich an die wahnsinnig ehrgeizigen Pläne erinnert, die man mit zwanzig hatte! Die Diskrepanz ist irgendwie unglaublich: Man lebte in der Vorstellung, daß man der Welt eine endgültige, absolute Botschaft geben würde...

Ja, ich möchte gerne genau verstehen, warum ich geschrieben habe, was ich geschrieben habe, nicht mehr und nicht weniger. Das ist mit ein Grund, warum ich meine *Memoiren* fortsetze. Es ist traurig zu denken, daß mir Schreiben so viel bedeutete und daß es nur das war, was es eben war.

KÖNNEN Sie über Ihr Werk urteilen wie über etwas Fremdes?

S. DE B. Ich glaube, daß Maler diese distanzierte Haltung eher einnehmen können als Schriftsteller. Selbst jemand sehr Mittelmäßiger kann sich vor einem seiner Bilder aufpflanzen und sagen: »Dieses hier gefällt mir gut, was halten Sie davon?« Ich habe solche Gefühle niemals. Sobald das Buch gedruckt ist, lese ich es nicht mehr. Sie sind irgendwie abstoßend, diese Spuren, die man zurückläßt. Ich möchte nicht sagen, daß ich mich von meinen Büchern distanziere. Es ist etwas, das hinter mir liegt.

FÜHLEN Sie sich besser, weil Sie sie geschrieben haben? Fühlen Sie sich heute besser?

S. DE B. Aber nein, überhaupt nicht. Weil ich alt werde. Man fühlt sich weniger gut, wenn das Leben begrenzt wird.

BESITZT man nicht größere Klugheit?

S. DE B. Ich fühlte mich mit dreißig Jahren sehr klug.

WENN man jung ist, stößt man an so viele Mauern... Haben Sie heute nicht mehr Raum?

S. DE B. Aber nein, im Gegenteil. Als ich jung war, ging ich irgendwo hin. Nun bin ich hier, ich weiß nicht mehr so recht, wohin ich gehe, außer in den Tod. Ich habe immer noch den Wunsch, Bücher zu schreiben, aber die Literatur ist nicht mehr das Absolute, das Unendliche.

HABEN Sie nicht das Gefühl, daß Ihnen das Alter eine gewisse Leichtigkeit bei Ihrer Arbeit gegeben hat, eine größere Kraft zu schreiben, zu verstehen?

S. DE B. Ich habe mir einiges Wissen angeeignet, seit ich dreißig war. Aber dadurch sehe ich nur um so besser die Komplexität der Probleme und meine Grenzen. Man hat nicht den Eindruck, alles besser zu beherrschen, wenn man älter wird, im Gegenteil. Wenn man jung ist und abstrakt, dann hält man sich für wissend. Je konkreter man wird, desto mehr klebt man an der Realität, desto mehr merkt man, daß man nicht sehr viel weiß.

IN Ihren am stärksten autobiographischen Werken, besonders im ersten Band Ihrer *Memoiren*, erwecken Sie den Eindruck, ein Mensch zu sein, der auf dem Weg nach oben ist, zum Licht.

S. DE B. Ja, und im zweiten wird man das ganze Chaos sehen müssen, das in diesem Licht herrscht, ein Chaos, das niemals aufgehört hat, weil man immer im Chaos ist... Man wird sehen müssen, wie ich zurechtgekommen bin, in all diesen Jahren, und wie ich nur mühsam vorwärts gekommen bin...

ICH finde es besonders bewegend, wie Sie die Figur der Zaza zeichnen. Die Sympathie, die Liebe, die Sie ihr entgegenbringen, gerade weil sie dort gescheitert ist, wo Sie Erfolg hatten.

S. DE B. Sie ist nicht gescheitert, sie ist gestorben.

IST das nicht eine Art, den Kampf aufzugeben? Nun, Sie lieben den Kampf, und trotzdem können Sie vorbehaltlos von Zaza sprechen.

S. DE B. Aber Sterben ist die vollkommenste Lösung! Ich glaube überhaupt nicht an den Erfolg. Von Zaza als von jemandem zu sprechen, der gescheitert ist, das finde ich seltsam... Denn ich, man könnte sagen, daß ich gescheitert bin, insofern, als ich gelebt habe. Und daß sie Erfolg gehabt hat, insofern, als sie gestorben ist. Ob sie nun tot ist oder gelebt hat, das ändert nichts an den Qualitäten, die sie mit zwanzig Jahren hatte.

GLAUBEN Sie, daß man den Leuten helfen kann, ihre persönliche Wahrheit zu finden?

S. DE B. Ja, man kann – ich habe meiner Schwester geholfen, zum Beispiel. Eines Tages, sie war siebzehn Jahre alt und ich war achtzehn, habe ich zu ihr gesagt: »Du glaubst immer noch an diese Dummheiten?« Sie hat mir zur Antwort gegeben: »Also, eigentlich glaube ich nicht mehr sehr daran.« Ich habe ihr gesagt: »Glaub gar nicht mehr daran.« Sie war ziemlich erleichtert.

IST es vorgekommen, daß Sie Ihre Schüler in dieser Weise aufgeklärt haben, als Sie Philosophieprofessorin waren?

S. DE B. Ich war sehr vorsichtig, weil ich finde, daß man die Leute nicht vor den Kopf stoßen soll, oder wenn, dann muß ich sie gut kennen. Im Unterricht habe ich niemals die Religion angegriffen: Es liegt bei den Schülern zu sehen, ob sie die Religion mit der Philosophie vereinbaren können, die ich sie lehre. In der Ethik dagegen habe ich oft sehr lebhafte Stunden über soziale Probleme gehalten.

WIE sind derzeit Ihre Beziehungen zu der Gesellschaft, die Sie zutiefst ablehnen?

S. DE B. Mit zwanzig dachte ich, man müsse außerhalb von allem leben. Jetzt denke ich das Gegenteil. Ich war damals schon linksorientiert, theoretisch, aber praktisch hatte ich eine rechte Einstellung, ich glaubte, der Schriftsteller müsse unpolitisch bleiben. Der Krieg hat mir gezeigt, wie sehr ich von der übrigen Welt abhängig war und wie sehr ich mich mit ihr solidarisch fühlte.

HABEN Sie den Eindruck, daß Sie sich in einem politischen Kampf engagieren?

S. DE B. Ein Schriftsteller macht in seiner Eigenschaft als Schriftsteller niemals politische Arbeit. Aber als ich *Die Rechte und China. Das weitgesteckte Ziel* schrieb, war es, um gewisse Irrtümer auszuräumen und gewisse politische Ideen auszudrücken.

AN wen wenden Sie sich?

S. DE B. An die Intellektuellen, an die Studenten, an ein wenig aufgeklärte Studenten. Das Buch über China ist auch von Arbeitern gelesen worden, doch *Die Rechte* war vor allem für Spezialisten interessant.

BEREITS überzeugte?

S. DE B. Es gibt viele Leute, die bestimmte rechte Ideen akzeptieren, ohne über die näheren Umstände genau informiert zu sein. Man kann sie aufklären.

SIE drücken sich manchmal mit einer fast brutalen Deutlichkeit aus. Glauben Sie, daß sie eine effiziente Wirkung auf diejenigen hat, deren Meinung noch nicht gefestigt ist?

S. DE B. Man kann niemals bekehren, doch man kann Besorgnis erregen, das ist schon alles. Ja, es gibt einen polemischen Aspekt in *Das weitgesteckte Ziel*, ich war angewidert von der Falschheit einiger Journalisten, und ich habe es auch gesagt. *Das weitgesteckte Ziel* wird Guillain nicht überzeugen, doch vielleicht wird es manche seiner Leser dazu bringen, an Guillain zu zweifeln.

WARUM wählen Sie manchmal die Form des Essays, manchmal die des Romans, die von Memoiren? Hängt das vom Thema ab?

S. DE B. Weil ich mich sowohl für die Menschen und als auch für die Ideen interessiere. Wenn ich etwas denke, schreibe ich einen Essay. Sie finden vielleicht, daß ich meine Ideen in einem allzu entschiedenen Ton darlege, aber ein Essay muß den Leser provozieren, sonst ruft er keine Reaktion hervor. In einem Roman dagegen bemüht man sich, etwas zu zeigen. Man muß das Leben einfangen, die Leute in ihrer Vielschichtigkeit. Der Roman soll keine Schlüsse ziehen, er ist dazu da, um von den Unsicherheiten, den tastenden Versuchen zu erzählen…

WIE kommt Ihnen die Idee zu einem Roman?

S. DE B. Sie entsteht aufgrund innerer Erlebnisse, über die ich lange nachdenke, manchmal jahrelang.

Zum Beispiel *Sie kam und blieb*: Mit zwanzig glaubte ich mich mehr oder weniger im Mittelpunkt von allem, es schien mir, als ob alles in meiner Macht stünde. Und dann, nach und nach, habe ich entdeckt, daß die anderen sich unserem Einfluß entziehen. Es gibt Leute, die das mit fünf Jahren wissen. Ich habe es erst mit fünfundzwanzig erfahren. Ich habe drei Jahre gebraucht, um diesen ersten Roman zu schreiben, obwohl das nicht sehr lang ist.

UND *Die Mandarins von Paris*?

S. DE B. Ich habe 1950 damit begonnen. Aber schon 1945 hatte ich den Wunsch zu schildern, was wir gerade durchmachten, die Begeisterung, die Hoffnung. Ich fand es schmerzlich. Und als die ersten Anzeichen da waren, daß es nicht mehr funktionierte, dachte ich, es wäre an der Zeit, diese Geschichte zu erzählen. Ich habe zwei Jahre lang ernsthaft darüber nachgedacht, dann habe ich vier Jahre damit zugebracht, das Buch zu entwerfen und zu schreiben. Aber alle Themen waren schon vorher da, bestimmte Szenen, bestimmte Figuren.

ALS der Roman fertig war, entsprach er dem, was Sie geplant hatten?

S. DE B. Im Laufe von vier Jahren haben sich *Die Mandarins* natürlich entwickelt. Doch die Themen, die ich darin behandeln wollte – der Kontrapunkt zwischen einer positiven Weltsicht, verkörpert von Henri, und einer negativen Weltsicht, verkörpert von Anne – kamen ungefähr so heraus, wie ich es wollte (obwohl niemand diese Themen je herausgefiltert hat, zumindest soviel ich weiß). Und außerdem die Wiedererlangung der Hoffnung, ausgehend von der Überwindung allzu leicht gemachter Hoffnungen, ein schwieriger Optimismus, der zugleich ein umstrittener Optimismus ist: Das war es, was ich wollte.

HABEN Sie viel von sich selbst in die Figur der Anne hineingelegt?

S. DE B. Zwischen mir und Anne besteht ein gewaltiger Unterschied: Anne ist wirklich ein »relatives Geschöpf«, sie ist Gattin, Mutter, Zeugin, aber sie ist nicht in einer persönlichen Erfahrung engagiert, die ihr am Herzen liegt, sie liebt ihren Beruf nicht. Ich liebe den meinen, er bedeutet mir etwas, ich könnte ohne ihn nicht leben. Aber ich habe in Anne viel von meiner persönlichen Erfahrung gelegt, das, was ich mit vielen Frauen gemeinsam habe, nicht das, was mich von ihnen unterscheidet.

Nur haben die Kritiker die Leser in die Irre geführt, indem sie behaupteten, ich hätte einen Schlüsselroman geschrieben. Henri hatte keine Ähnlichkeit mit Camus, und Dubreuilh nicht mit Sartre, die Verbindung ist wirklich absurd.

UND heute, warum schreiben Sie Ihre Memoiren?

S. DE B. Ich habe einen lustigen und sympathischen Brief erhalten, von einer siebenundzwanzigjährigen Frau, die sagte: Welche Enttäuschung, daß Sie Ihre Memoiren schreiben! Wir möchten wissen, wie wir mit unserem Leben zurechtkommen sollen, mit unseren Ehemännern, unseren Kindern, unseren Wünschen nach Selbstverwirklichung, und Sie erzählen uns Ihre Erinnerungen, die nur Sie selbst betreffen!...

Trotzdem glaube ich – es ist nicht sehr originell, alle, die sich die Aufgabe gestellt haben, über sich zu sprechen, glauben das – daß man anderen hilft, ihre Wahrheit zu verstehen, wenn man mit Sorgfalt die Wahrheit über sich selbst erzählt. Über mich zu schreiben ist im Augenblick für mich die beste Art, zu anderen über deren eigenes Leben zu sprechen.

Ich stelle fest, daß mein Versuch mit dem vieler anderer übereinstimmt. Wir leben in einer Zeit der politischen Ohnmacht, und so ist man versucht, Bilanz zu ziehen; das haben Edgar Morin, Henri Lefebvre, Brice Parain getan... Als wäre es im Augenblick der einzig mögliche Weg. Aber ich habe trotzdem nicht den Eindruck, einer Mode zu folgen. Niemand folgt einer Mode: Man ist in einer bestimmten Situation gefangen.

Und dann sind viele Dinge, die ich geschrieben habe, mißverstanden worden; man hat *Das andere Geschlecht* als einen Akt weiblicher Rache erklärt. Wenn ich sage, wer ich bin, wird man mich weniger falsch einschätzen.

IST es Ihnen wichtig, als Person verstanden zu werden?

S. DE B. Weil ich Bücher geschrieben habe, ja. Ich möchte, daß man weiß, daß die Frau, die *Das andere Geschlecht* geschrieben hat, es nicht getan hat, um sich mit vierzig Jahren für ein Leben zu rächen, das völlig unglücklich gewesen wäre und sie verbittert hätte. Wenn man das Buch so deutet, bedeutet das soviel wie es zu negieren.

WANN wird der zweite Band der *Memoiren* erscheinen?

S. DE B. Er ist noch lange nicht fertig! Und dann bin ich mir noch nicht ganz sicher. Mit der Befreiung von Paris aufzuhören ist doch willkürlich, weil die Vorkriegszeit und der Krieg in die Nachkriegszeit münden... Ich weiß nicht, ob ich hier einen Schnitt machen werde oder lieber fortfahre.

BIS wohin?

S. DE B. Bis zu den *Mandarins*. Doch der dritte Band wird kaum etwas anderes behandeln als die Beziehungen zwischen Literatur und gesellschaftlichem Leben zu erörtern. Diese Untersuchung fasziniert mich, aber sie ist nicht leicht. Es ist sehr schwierig auseinanderzuhalten, was mir und Sartre die Welt, wie sie ist, und die bereits vorhandenen Ideologien gebracht haben; was wir daraus ausgewählt haben, welchen Anteil unsere neuen Ideen gehabt haben.

Zwangsläufig spreche ich viel von Sartre. Ich stehe zwar im Mittelpunkt des Buches, aber wir haben immer in einer vollkommenen Vertrautheit gelebt. Ich kann nicht von mir sprechen, ohne von ihm zu sprechen. Und sehr oft sage ich »wir« im Zusammenhang mit Reisen, oder mit Dingen, die uns gemeinsam betrafen.

ZIEHEN Sie Sartre zu Rate, bei dieser Arbeit?

S. DE B. Ja, sehr intensiv. Aber wir haben dieselben Erinnerungen.

MAURICE MERLEAU-PONTY

»Sieh mal einer an, der gute alte Merleau!« sagte jemand, als er Merleau-Ponty erblickte.

Maurice Merleau-Ponty wurde am 14. März 1908 in Rochefort in der Charente geboren.

Nach der Mittelschule besuchte er die École Normale und macht 1930, im Alter von zweiundzwanzig Jahren, das Staatsexamen in Philosophie. Während des Krieges kämpft er in der Résistance; 1948 wird er Professor an der Universität von Lyon. Zusammen mit Jean-Paul Sartre leitet er die Zeitschrift *Les Temps modernes* und hat gleichzeitig den Lehrstuhl für Kinderpsychologie und Pädagogik an der Sorbonne. 1952, im Alter von sechsundvierzig Jahren also, wird er Professor am Collège de France.

Zu seinen bekanntesten Werken zählen: *Structure du Comportement*[1], 1941; *Phénoménologie de la Perception*[2], 1945; *Humanisme et Terreur*[3], 1947; *Sens et Non-Sens*, 1948; *Eloge de la Philosophie*[4], 1953; *Les Aventures de la dialectique*[5], 1955; *Le Philosophe et son ombre*[6], 1960; *Signes*, 1960.

Ein Buch, *Le Visible et l'Invisible*, erscheint 1964 posthum; es umfaßt die Notizen und das in Fragmenten vorliegende Manuskript des Werkes, an dem er gerade gearbeitet hatte.

Maurice Merleau-Ponty starb am 3. Mai 1961 in Paris. Das Interview fand am 17. November 1958 in Paris statt.

1. Die Struktur des Verhaltens. Berlin, New York 1976.
2. Phänomenologie der Wahrnehmung. Berlin 1966.
3. Humanismus und Terror. Frankfurt/M. 1966.
4. Lob der Philosophie, in: Das Auge und sein Schatten, Reinbek bei Hamburg 1967.
5. Die Abenteuer der Dialektik. Frankfurt/M. 1968.
6. Der Philosoph und sein Schatten, in: Das Auge und der Geist, Reinbek bei Hamburg 1967.

Mit Maurice Merleau-Ponty im Limousin *(Foto aus einer Privatsammlung)*

In einer Buchhandlung in der Rue de la Pompe, die ich mit der typischen Entschlossenheit sehr schüchterner Menschen betrat – das heißt ich stürmte hinein und wagte kaum, um mich zu blicken – ließ ein Buchtitel mein Herz schneller schlagen: *Humanismus und Terror*! War das nicht die exakte Definition der Nachkriegswelt, in der ich lebte? Das Werk war soeben erschienen, von seinem Autor, Merleau-Ponty, hatte ich nie zuvor gehört. Lebte er etwa noch?... Ich kaufte es, nahm es, preßte meine Beute an mich und rannte nach Hause, um es möglichst schnell lesen zu können.

Einige Jahre hindurch verbrachte ich jeweils zu Ostern einige Zeit in Saint-Tropez, mit ein paar befreundeten jungen Philosophen. Der Name Merleau-Ponty fiel des öfteren zwischen ihnen. So wußte ich, daß dieser Autor, von dem ich alles las, was herauskam – das war mir zur Gewohnheit geworden – ein führender Denker bei den Existentialisten war und daß er außerdem zusammen mit Jean-Paul Sartre die Zeitschrift dieser Bewegung, *Les Temps modernes*, herausgab. Er war also, in der Diktion von Simone de Beauvoir, ein »Mandarin«.

Als ich dann eines Tages in Saint-Tropez einen untersetzten Mann erblickte, der – braungebrannt, mit einem über der Brust geöffneten Khakihemd, in Shorts und in Sandalen, wie man sie in Saint-Tropez zu tragen pflegte – gemessenen Schrittes auf die Terrasse des Café de la Ponche zuging, wo wir saßen, dachte ich keinen Augenblick, daß es sich hierbei um einen großen Philosophen handeln könnte. Ich hielt ihn für einen Einheimischen. Wer weiß, vielleicht ein Fischer? Besonders, als einer von uns zischelte: »Sieh mal einer an, der gute alte Merleau!«

Merleau-Ponty ging um unseren Tisch herum, ohne stehenzubleiben, antwortete mit einem Kopfnicken auf den Gruß der Gruppe und betrat das Café, um sich dort ein paar von den kleinen, billigen Zigarren zu kaufen, die er in einem fort rauchte.

Ich fragte, wer das sei, und man gab mir voll Verachtung für meine Unwissenheit zur Antwort: »Was, das weißt du nicht? Aber das ist doch Merleau-Ponty!«

Nachdem er die Zigarren gekauft hatte, setzte sich Merleau-Ponty an unseren Tisch; aber zu meinem Erstaunen drehten sich unsere

Gespräche kein einziges Mal um Philosophie, Existentialismus oder Politik. Er verabscheute diese Themen, es sei denn, er war in seinem Arbeitszimmer oder predigte von seiner Lehrkanzel am Collège de France herab. Ansonsten verstand er es sehr gut, das Gespräch auf die einfachen Dinge des täglichen Lebens zu lenken: wie das Wetter war, wohin wir essen gehen wollten, was ein jeder von uns vorhatte und womit wir uns beschäftigten.

Ich war überrascht und gerührt, wie behutsam er sich von jenem Tag an über mich erkundigte, über meine Aktivitäten, meine Vorlieben. Als er mich ein wenig besser kannte, fragte er mich lang und breit über meine Familie aus. Er war einer der ersten, der mir bewußt machte, daß ich – durch meine Mutter – Bindungen, sogar sehr enge Bindungen, zu einer bestimmten Gegend in Frankreich hatte, nämlich zum Limousin, und daß ich gleichzeitig – durch meinen Vater – einem ganz anderen Milieu angehörte, nämlich dem gehobenen Beamtenmilieu. Was mit meinen Wurzeln zu tun habe, sagte er, sei für mein persönliches Schicksal wichtig.

Diese Fragen arbeiteten in mir weiter und trugen später Früchte. Damals befand ich mich noch in der Revolte meiner frühen Jugend und scherte mich einen Dreck darum, woher ich kam. Ehrlich gestanden hatte ich auch meinen Spaß daran, den Philosophen zu verwirren, indem ich bei meinen Äußerungen kein Blatt vor den Mund nahm und mich völlig ungeniert benahm...

Einen großen Philosophen vor sich zu haben, den man necken konnte, was für ein Vergnügen für einen jungen Menschen!

Als ich zusammen mit einigen anderen wieder einmal in Saint-Tropez war, stand ich plötzlich wortlos vom Tisch auf und sprang völlig angezogen ins Hafenbecken... Ich wußte, daß dieser kindische Streich Merleau-Ponty, der immer alles ernst nahm, verblüffen würde. Er verfehlte seine Wirkung nicht. Lange Jahre danach fragte mich Merleau-Ponty, warum ich das getan hatte.

»Einfach so«, antwortete ich und merkte, daß seine Verblüffung meine Erwartungen übertroffen hatte...

Aber für Merleau-Ponty hatte es mit allem seine Bewandtnis.

Er erforschte, erfragte alles, bis zur unbedeutendsten Geste, bis zum kleinsten Detail eines Bildes, einer Empfindung, und in dieser unermüdlichen Aufmerksamkeit für jede kleinste Kleinigkeit spürte man seine Hartnäckigkeit und die Begeisterung für die Wirklichkeit, die der Autor der *Phänomenologie der Wahrnehmung* besaß.

Mit der Zeit wurden wir Freunde. Es verging kein Sommer, ohne daß wir einander besuchten. Ich besuchte ihn in Aix-en-Provence, wo er jedes Jahr mit seiner Frau Suzou und seiner Tochter Marianne, nicht weit vom Haus seines Freundes, des Malers André Masson, an der Straße von Tholonet, der Straße Cézannes, ein Haus mietete.

Er kam mehrere Male in mein Elternhaus im Limousin, wo er – freundlich und unkompliziert wie immer – an unserem Familienleben teilnahm. Er war niemals belehrend, aber er selbst, glaube ich, zog aus allem seine Lehren, und aus allen.

Er wurde nicht müde, die Einheimischen, Nachbarn, Handwerker, Bauern, über ihre Erinnerungen, ihre Gewohnheiten, zu befragen, wie das Leben früher gewesen war, für sie und ihre Vorfahren, wie es jetzt war... Wenn er nicht Philosoph gewesen wäre, hätte er Anthropologe sein können, wie sein Freund Lévi-Strauss. Und wahrscheinlich war er es auch: »Der Philosoph muß über die Welt aller Menschen nachdenken«, sagte er mir.

Nachmittags ersuchte er, sich zwei oder drei Stunden auf sein Zimmer zurückziehen zu dürfen um zu arbeiten. In seiner winzigen Intellektuellen-Schrift füllte er Seite um Seite mit Notizen, die entweder für seine Vorlesungen oder für seine Bücher bestimmt waren.

Einmal borgte er sich von mir ein Buch, das er in einem der Regale meiner Bibliothek entdeckt hatte und von dem ich gar nicht wußte, daß ich es überhaupt besaß. Ein Essay über Galilei, der gerade Gegenstand seiner Arbeit war. Was mich betrifft, ich habe es ihm gegeben, und ich war überrascht, als er es mir ein paar Monate später vorsichtig zurückgab. Er setzte ein strahlendes Lächeln auf: »Danke, Madeleine, Ihr Buch war mir eine große Hilfe, und ich habe gut darauf aufgepaßt. Sehen Sie, ich habe nicht die kleinste Anmerkung an den Rand geschrieben... Ich habe das alles auf losen Blättern gemacht!«

Wie sehr hätte ich mir das Gegenteil gewünscht: in Merleau-Pontys Handschrift die spontanen Gedanken lesen zu können, die das Werk und das Leben Galileis bei ihm ausgelöst hatten!

Doch Merleau-Ponty, der wohl um seinen Wert als Denker wußte, war niemals auf Effekte aus und hatte keinerlei Sinn für Publizität. Ich glaube, daß mich gerade das am stärksten an ihn band, in einer Welt des intellektuellen Bluffs, in die wir zunehmend gerieten.

Ohne sich im geringsten um Modeerscheinungen oder um die Mode zu kümmern, bemühte er sich, nicht eine Mauer von Sensation, von Eitelkeit zwischen sich und den anderen entstehen zu lassen. Die anderen waren sein Werkstoff, und ihnen wollte er möglichst nahe sein, möglichst vertraut.

Während eines seiner Aufenthalte im Limousin ließ er es sich nicht nehmen, mich im Auto zu dem einige Kilometer von uns entfernten Haus zu bringen, in dem Simone de Beauvoir ihre Kindheit verbracht hatte und das sie in den *Memoiren einer Tochter aus gutem Haus* beschreibt. Das Haus gehörte ihr nicht mehr, und wir trauten uns nicht hineinzugehen. Später habe ich mir gesagt, daß sich die neuen

Besitzer vielleicht glücklich geschätzt hätten, Merleau-Ponty, dem großen Philosophen, die Tür zu öffnen und ihm ihr Haus zu zeigen. Doch der Gedanke, er könnte einzig und allein aufgrund seiner Berühmtheit willkommen geheißen werden, kam ihm gar nicht... Er erlaubte sich gerade noch, einige Schritte durch das sperrangelweit offene Tor in den Garten zu gehen, um das Gebäude von ferne besser betrachten zu können. Später setzten wir uns am Rand eines Feldes nieder, so wie Simone de Beauvoir es ihren Erzählungen nach oft getan hatte, wenn sie sich ihre Zukunft ausmalte, und er erzählte mir von ihr. Er hatte das schöne Mädchen – war er etwa in sie verliebt gewesen? – zur selben Zeit kennengelernt wie Sartre, während sie sich alle drei auf ihren Universitätsabschluß in Philosophie vorbereiteten. Und er bewahrte sich eine unerschütterliche Zuneigung für das Paar Beauvoir/Sartre.

Trotz der Meinungsverschiedenheiten, die sie manchmal trennten, fühlte er sich gerade ihnen, die weder Wissenschaftler noch Politiker waren, sondern Theoretiker und Schriftsteller wie er, am nächsten. Schreiben war für Merleau-Ponty wie auch für Sartre und Beauvoir eine so normale Tätigkeit wie Atmen.

Und so verschieden wir auch aufgrund unserer Erziehung, unserer Herkunft, unserer Lebensweise waren, es verging noch kaum eine Woche, ohne daß ich Merleau-Ponty und seine Frau nach dem Mittagessen besuchte, oder daß er zu mir kam um zu plaudern. Über alles.

Durch ihn wurde meine Denkweise fundierter und außerdem machte ich mich mit der Philosophie vertraut, die gerade in Mode war, mit dem Existentialismus.

Merleau-Ponty war bereit, ohne sich lustig zu machen und ohne mich zu belächeln, auf alle meine Fragen zu antworten, auch wenn sie noch so naiv waren. Ich machte reichlich davon Gebrauch. Und bei seinen Antworten war er so offen gegenüber der Denkweise anderer und vermochte seine eigene Denkweise so zu nuancieren, daß ich mich sicher fühlte. In seiner Gesellschaft empfand ich das, was ich nach dem schrecklichen Krieg, der hinter uns lag, und in dem beginnenden Ideologien-Krieg so notwendig brauchte, nämlich daß die ganze Welt sich »verstehen« und, mit ein wenig Zeit, Geduld und Sorgfalt »verbalisieren« ließ.

Später erhielt Merleau-Ponty die Professur für Philosophie am Collège de France. Ich besuchte regelmäßig seine Vorlesungen; danach gingen ich und einige andere mit ihm ins »Balzar« essen. Ein Jahr hindurch sprach er über Proust. Was hat er über ihn gesagt? Ich machte nur wenig Notizen, aber ich spüre noch das wilde, berauschende Gefühl, das mich überkam, wenn ich zuhörte, wie er mit nimmermüder Stimme ein riesiges Wortgeflecht um das Werk

Prousts spann, das Werk, das schon für sich allein mit Worten unsere verborgensten Sinne fesselte...

Merleau-Ponty hatte auch die Gabe, dort Worte zu finden, wo nur Körperliches ist; nervöse Furcht, ein paar Bewegungen des Kehlkopfes, aber nichts, was noch Worten ähnelt. Sein Werk ist geprägt von starken, bisweilen außergewöhnlichen Formulierungen. Das ist für mich das Geniale an ihm.

Er sagte mir, daß er seine Mutter abgöttisch geliebt hatte, und daß er über ihren Verlust nicht hinwegkam. War es die sehnsüchtige Erinnerung an diese erste Liebe, die ihm die Kraft verlieh, unsere Empfindungen zu analysieren und sie bis zu ihren Wurzeln zu verfolgen, dorthin, wo die sinnliche Lust ihren Ursprung hat?

In der Realität jedoch wahrte er die nötige Distanz und war besonders vor seinem Hang zu spontanen Äußerungen auf der Hut.

Diese Tatsache und unsere herzliche Verbundenheit waren wohl der Grund, warum unser Gespräch so intensive Vorbereitung erforderte? Wir hatten noch nie zusammen an irgend etwas »gearbeitet«, und als ich ihm vorschlug, mir einige Fragen zu beantworten, für den *Express*, den er schätzte, gab er mir zur Antwort: »Ich traue mir selbst nicht!«

»In Wirklichkeit trauen Sie mir nicht«, sagte ich lachend. »Ich verspreche Ihnen, daß Sie den Text noch einmal durchlesen dürfen.«

Aber den Text durchlesen zu können, genügte ihm nicht. Er wollte, daß ich ihm alle Fragen schon vorher gab, und zwar schriftlich. Diese Aufgabe erschien mir langweilig, denn ich hatte die Gewohnheit, nichts vorzubereiten, wenn ich einen Schriftsteller aufsuchte, und mich auf meine Inspiration, meine Laune, den ersten Gegenstand, den ich zu sehen bekommen würde, zu verlassen. Ich erklärte ihm das, so gut ich konnte: Ein Gespräch entwickelt man zu zweit, es ist ein offener, kreativer Prozeß mit nicht vorhersehbaren Verstrickungen. Gerade die Überraschungen machen den Reiz des Gesprächs aus! Was wollte er denn? Mir eine Vorlesung halten? Er jedoch, der normalerweise für alles Verständnis hatte, blieb stur. Und wenn Merleau-Ponty einmal etwas gesagt hatte, konnte ihn nichts mehr davon abbringen.

Also war ich diejenige, die nachgab. Ich bereitete eine Reihe von Fragen vor, die, wie ich hoffte, besonders geeignet waren, in ihm die Lust zu wecken, darauf zu antworten. Er schickte sie mir ergänzt und korrigiert zurück, das heißt sie erinnerten noch mehr an Schulaufgaben. »Was bedeutet es, Philosoph zu sein?«, »Impliziert Philosoph sein, sich von der Gesellschaft, in der man lebt, zu lösen?«...

Innerlich verdrehte ich die Augen. Wenn ich ihn einmal vor mir hätte, würde ich schon meinen Willen durchsetzen... Er muß meine Absicht vorausgesehen haben, denn er nahm mir das Versprechen ab, mich an das Fragenschema zu halten, so wie er es abgesegnet hatte.

Das Gespräch fand in meiner Wohnung statt. Wir setzten uns jeder an ein Ende des Sofas, zwischen uns die Fragen und das Tonbandgerät. Es kam mir ein wenig lächerlich vor, mit ihm in diesem gelehrten Ton zu sprechen, den unsere Gespräche üblicherweise nicht hatten. Merleau-Ponty schien das weder zu stören noch zu überraschen, und sehr bald zog er mich in seinen Bann, wie immer, wenn er das Wort ergriff.

Er sprach in angenehm moduliertem Tonfall, ohne je die Stimme zu erheben. Doch seine präzise, entschiedene Diktion hatte etwas Unerbittliches.

Er bezauberte auch seine Hörer und Hörerinnen am Collège de France, wenn er ganz zwanglos die schwierigsten Begriffe erklärte. Man flehte ihn innerlich an, einen Moment innezuhalten, um Muße zu haben, die wunderbaren geistigen Perspektiven, die er eröffnete, noch ein wenig länger zu überdenken: den Glanz eines Feuerwerks, die Sinnlichkeit einer menschlichen Landschaft.

Aber er fuhr mit der selben Regelmäßigkeit fort. Also bedauerte man schließlich nicht mehr, daß man die Schätze, die er beschrieben hatte, nur kurz hatte aufblitzen sehen, sondern ließ sich vom Zauber des inneren Rhythmus seiner Rede gefangen nehmen, die immer von neuem in sich selbst Atem holte, und die sich niemals auf der Stelle bewegte.

Am Ende des Interview steckte er mir – sichtlich mit sich zufrieden – einige nicht vorgesehene Fragen zu und beantwortete sie mit der gleichen Selbstverständlichkeit. Wenn sein intellektuelles Getriebe in Gang gesetzt war, improvisierte es genauso gut wie es arbeitete, wenn er Zeit zum Nachdenken hatte...

Er war so zufrieden mit seiner Leistung im *Express*, daß er sich nach einigem Zögern – ich sollte sagen nach einigem Nachdenken und einigen Verhandlungen mit sich selbst – bereit erklärte, regelmäßig eine Kolumne in unserer Zeitschrift zu schreiben. Er war glücklich, über die große Presse mit einem breiteren Leserpublikum als dem seinen in Kontakt treten zu können... Aber er bemühte sich so sehr, allgemein verständliche Worte zu finden – hatte er dabei etwa Alain vor Augen? –, daß ihn diese Arbeit unendlich viel Zeit kostete, und daß er sie schließlich lieber aufgab und sich ausschließlich seinem Werk widmete.

Zum letzten Mal sah ich Maurice Merleau-Ponty in Guitrancourt, bei Jacques Lacan. Er arbeitete seit geraumer Zeit an etwas, das sein wichtigstes Werk werden sollte: *Das Sichtbare und das Unsichtbare*. Er war so davon in Anspruch genommen, daß ihn sogar seine Freunde kaum mehr zu Gesicht bekamen.

An jenem Tag, es war der 1. Mai 1961, war herrliches Wetter, und Merleau-Ponty hatte trotz allem eingewilligt, für einige Stunden sein Haus zu verlassen, um bei seinen engsten Freunden zu Mittag zu essen; dort fand ich ihn.

Nach dem Essen beschlossen wir, allen voran Lacan, in den Wald zu gehen, um Maiglöckchen zu suchen.

Kaum waren wir an Ort und Stelle, lief jeder in eine andere Richtung, um seine Beute aufzuspüren. Ich blieb mit dem Philosophen allein zurück; ich zog es vor, mit ihm zu plaudern, denn ich hatte ihn schon lange nicht gesehen, und wir gingen langsam die Reitwege hinauf, die von majestätischen Alleebäumen gesäumt wurden.

Wir rasteten unter einer riesigen Eiche, deren Laubwerk sich so hoch oben im Himmel verlor, daß man ihre Krone nicht sehen konnte. Merleau-Ponty bemerkte liebenswürdig, daß dieser eindrucksvolle Baum beinahe ebenso groß war wie der auf unserem Landgut im Limousin. Von ihm wußten wir das Alter, fast dreihundert Jahre, und so versuchten wir, das Alter dieser Eiche zu schätzen. Solche Gespräche, die mit der unmittelbaren Realität zu tun hatten, faszinierten ihn.

Plötzlich tauchte ein Mann neben uns auf; er trug eine Hacke in der Hand. Wir hatten zum Himmel geschaut und ihn deshalb nicht näher kommen sehen. Sein Erscheinen erschreckte uns. Holzfäller gehen heutzutage nicht an Feiertagen spazieren, und schon gar nicht mit einer Hacke in der Hand. Wer war er? Was wollte er?

Nachdem er uns einen Moment lang angesehen hatte, schwang er plötzlich seine Hacke über die Schulter und entfernte sich wortlos. Mir war plötzlich kalt. Das Grün des Waldes erschien mir fahl, Feuchtigkeit stieg vom Boden auf. Seltsam, aber ich hatte um den Baum Angst gehabt, nicht um einen von uns beiden.

Ich war erleichtert, als ich Jacques Lacan mit seinem Hund auftauchen sah. Er kam aus dem Dickicht und winkte triumphierend mit einem Strauß Maiglöckchen.

Ich fuhr Merleau-Ponty in meinem Auto zurück nach Paris. Während der Fahrt erzählte er mir voll Freude, daß man ihn eingeladen hatte, in den Vereinigten Staaten Vorträge zu halten; er kannte die USA nicht, denn sein geringes Einkommen hatte ihm nicht erlaubt, auf eigene Kosten hinzufliegen, und mit dieser Reise ging für ihn ein Traum in Erfüllung. Er hatte noch einen zweiten geheimen Traum: die Insel zu besuchen, die seinen Namen trug, die Insel Mauritius...

Am Place d'Iéna, ganz in der Nähe meiner Wohnung, bestand er darauf, auszusteigen und den Bus zu nehmen. Das letzte Bild, das ich von ihm habe, ist seine Silhouette auf der Plattform des 63ers. Im Knopfloch trug er ein Maiglöckchen, das ihm Lacan geschenkt hatte; er winkte mir zum Abschied zu.

Zwei Tage später erreichte mich die Nachricht von seinem plötzlichen Tod.

EINEM Philosophen gegenüberzusitzen ist ein eher beunruhigendes Vergnügen. Gehört der Philosoph zur selben Spezies wie die übrigen Menschen? Haben Sie nicht selbst in Ihrer Antrittsvorlesung am Collège de France von dem gesprochen, was Sie als »das Leben des Philosophen« bezeichnen?

Maurice Merleau-Ponty. Ich habe niemals behaupten wollen, und auch nicht behauptet, das Leben eines Philosophen sei anders als jedes andere Leben und der Philosoph sei von einer anderen Spezies. Nietzsche meinte, ein verheirateter Philosoph sei eine Witzfigur, man könne nicht Philosoph sein und am normalen Leben teilhaben. Das wollte ich ganz und gar nicht sagen.

Nehmen wir ein Beispiel.

Was ich 1952 gesagt habe, ist zum Beispiel, daß politisches Engagement für einen Philosophen niemals darin besteht, die Dilemmata unserer Zeit so zu nehmen, wie sie sind und seine Bedenken für sich zu behalten. Natürlich, indem man sie ausspricht, handelt man nicht so unmittelbar, wie das ein Politiker tut. Die Aktion des Philosophen ist eine längerfristige, aber eine Tat ist es trotzdem.

Hegel sagte, die Wahrheit lasse sich nicht durch eine einzige Feststellung ausdrücken, und dieser Satz könnte als Devise für die ganze Zunft der Philosophen dienen. Es gibt Zeiten, in denen man ja oder nein sagen muß, das sind Krisenzeiten. Außerhalb dieser Zeiten ist es eine dilettantische Politik, ja oder nein zu sagen. Ich beharre darauf: Wenn der Philosoph es ablehnt, sich auf ja oder nein festzulegen, stellt er sich dadurch nicht außerhalb der Politik. Er sagt nur das, was jeder sagt, insbesondere die Berufspolitiker. Denn ich glaube nicht, daß die großen Politiker so dualistisch denken, wie man behauptet. Marx, der in mancher Hinsicht ein Philosoph war, dachte nicht dualistisch. Er sagte, daß der Kapitalismus im Verfall begriffen ist, *aber* daß er eine großartige Sache gewesen ist, daß man die Philosophie zerstören muß, *aber* daß man sie auch realisieren soll, daß sie auch die Erfüllung der Vergangenheit ist. Lenin war vielleicht Dualist, oder genauer gesagt, er bemühte sich, es zu sein. Man erzählt, daß er, nachdem er, glaube ich, eine Beethoven-Sonate gehört hatte, erklärte, man dürfe diese Musik nicht hören, weil sie zur Vergebung verleite und man aber im Gegenteil noch lange Zeit kompromißlos sein müsse.

Die wichtige Lehre aus den letzten Jahren ist aber vielleicht gerade die, daß der Kommunismus, wenn er dualistisch und kompromißlos ist, seine ursprünglichen Eigenschaften verliert. Das heißt, selbst wenn man sich für etwas entschieden hat, muß man sagen warum und unter welchen Bedingungen. Man denkt weiter, über das, was man *tut*, hinaus. Oder vielmehr, die politische Aktion ist nicht wie ein Blitz, der tötet, so wie Hitler glaubte. Sie wirkt auf den Menschen ein, versucht also zu überzeugen oder zu verführen. Das Ja und das Nein haben nur die Funktion, einen Aktionszyklus punktuell zu markieren. Was mich betrifft, ich wollte gegen eine Art Aktions-Purismus reagieren, der uns zwingen würde, zwischen der Tat und der Wahrheit zu wählen, und der letzten Endes eine Karikatur der Tat ist.

DEMNACH hätte der Philosoph nicht nur Pflichten gegenüber sich selbst und seiner Wahrheit? Seine Funktion verpflichtet ihn Ihrer Aussage nach auch den übrigen Menschen gegenüber?

M. M.-P. Eines ist vom anderen nicht zu trennen, und genau das ist die Schwierigkeit, wenn man Philosoph ist, oder auch, ganz allgemein, Schriftsteller... Man schreibt nicht ausschließlich für sich selbst, oder ausschließlich für die Wahrheit, und auch nicht ausschließlich für die anderen. Man schreibt. Das ist alles, und indem man es tut, ringt man um alles gleichzeitig.

Die Besonderheit des Philosophen besteht nur darin, daß er sich strenger an ein und dasselbe Prinzip hält; denn er hat im Gegensatz zum Schriftsteller nicht das Recht, sich in seine innere Welt zurückzuziehen. Es ist die Welt aller, in der er denken sollte. Sehr wenige Philosophen waren Anarchisten. Sie akzeptieren fast durchwegs, daß es den Staat und die Macht geben muß, sie waschen ihre Hände nicht in Unschuld; und trotzdem akzeptieren sie den Mythos nicht, und wenn, dann warnen sie davor, daß es sich um einen Mythos handelt. Das ist ihr Unbehagen. Es ist in keiner Weise abnormal oder krankhaft aristokratisch.

DIE Existenz einer Macht akzeptieren, ist das nicht etwas ganz Neues für einen Philosophen?

M. M.-P. Sokrates ist etwa so ein Fall.

MIT dem einzigen Unterschied, daß Sokrates sich gegen die Macht auflehnen konnte, wenn er es für richtig hielt.

M. M.-P. Er konnte es unter Einsatz seines Lebens.

WENN Sie in einer modernen Gesellschaft mit einem Zöllner oder einem Richter nicht einer Meinung sind, können Sie Philosoph sein, soviel Sie wollen, Sie sind trotzdem zum Gehorsam verpflichtet...

M. M.-P. Sokrates gehorchte, wann immer es nötig war; er war Soldat und hat sich dabei ehrenhaft verhalten. Seiner Meinung nach muß ein Soldat gehorchen, wenn ein General befiehlt, wenn eine Armee vorhanden sein muß. Nur, seiner Meinung nach kann der Soldat auch – sobald er nach Hause zurückgekehrt ist oder vor der

Schlacht – gegen die Generäle protestieren, und das wirft die Frage auf: Bis zu welchem Punkt muß man gehorchen, bis wohin protestieren? Die Kommunisten haben das ganze vereinfacht, sie sagten, man müsse manchen Generälen gehorchen und anderen nicht. So einfach ist das nicht. Ein russischer Revolutionär zum Beispiel, so es einen gibt: Muß er in Budapest seinem General gehorchen oder nicht? Es ist nicht einfach zu erkennen, wo die Revolution stattfindet, und die sokratische Frage bleibt absolut: Wann muß man gehorchen? Wann muß man Kritik üben?

WENN Sie als Philosoph in allen Fällen, in denen Sie sich als Individuum im Konflikt mit der Gesellschaft befinden, die Entscheidung treffen, Ihren persönlichen Grundsätzen zu folgen und nur dem zu gehorchen, was im Sinne der Freiheit ist, werden Sie geradewegs im Martyrium enden.

M. M.-P. Nicht mehr als Nicht-Philosophen. Die Menschen wären ziemlich unglücklich, wenn sie dem, was hinter den Worten steckt, derer sie sich bedienen, ins Auge blicken würden; deshalb tun sie es meistens lieber nicht. Doch früher oder später bringen sie die Ereignisse in einen Zustand philosophischen Unbehagens.

WIE sind Sie ins philosophische Leben eingestiegen? Plötzlich? Aus intellektuellen, aus moralischen Gründen?

M. M.-P. Aus biographischer Sicht antworte ich: An dem Tag, an dem ich zum ersten Mal den Philosophieunterricht besuchte, wußte ich, daß Philosophie das einzige war, was ich machen wollte. Für mich bestand diesbezüglich weder damals noch irgendwann seither der geringste Zweifel.

IMPLIZIERT Philosoph sein, sich von der Gesellschaft, in der man lebt, zu lösen? Haben Sie eine ähnliche Krise erlebt wie die, von der Lévi-Strauss spricht? Er sagt, das Studium der Kulturen, denen er nicht angehört, würde bewirken, daß sich der Ethnologe seiner eigenen Kultur entfremdet fühlt.

M. M.-P. Als Lévi-Strauss Europa verließ, um nach Südamerika zu gehen, auf der Suche nach Kulturen, die ihm sympathisch waren, hat er die unmittelbare Schönheit gesucht, die Unberührtheit, die Natur, er hat als Poet oder als Mensch in der Revolte gehandelt. Mit diesem Abenteuer, wie auch mit allen anderen Dingen, kann man Philosophie machen. Ein anderer als Lévi-Strauss hätte daraus keine Philosophie gemacht. In seinem Fall sind ein Poet und ein Philosoph in ein und demselben Menschen vereinigt. Das soll nicht heißen, daß der Bruch eines Philosophen mit der Gesellschaft immer denselben Glanz hat wie der des Poeten. Der Ethnologe, der aus Südamerika zurückgekehrt ist, sieht den Westen mit anderen Augen, mit den Augen der Primitiven, wenn Sie so wollen. Doch auch Husserl, der kaum aus Deutschland hinausgekommen war, interessierte sich gegen Ende seines Lebens für die Primitiven. Der Bruch des Philosophen mit der ihn umgebenden Gesellschaft kann lautlos und ohne Ortsveränderung vor sich gehen. Denn es geht nicht darum, Unsicherheit zu säen, wo zuvor Sicherheit war, oder Leere, wo Inhalt war. Es geht darum, Abstand von der Welt zu gewinnen, aber nur, um sie sehen und verstehen zu können. So wie der Schriftsteller oder der Weise ist auch der Philosoph nichts anderes als ein sehr aufmerksamer, sehr naiver Beobachter.

DEMNACH würde der Philosoph sich also immer wieder von dem trennen, was ihn umgibt. Bricht er auch mit seinen Ideen, um ihnen besser dienen zu können?

M. M.-P. Der Philosoph hat nicht Ideen, so wie man einen Stuhl oder einen Tisch hat; die anderen sind es, die von seinen Ideen sprechen. Er selbst ist – wie der Schriftsteller oder der Gelehrte – nur ein sehr aufmerksamer und sehr naiver Betrachter.

DOCH liegt nicht ein gewisser Widerspruch in dem, was Sie sagen? Wie kann man sich als Betrachter aller Dinge, also frei und ungebunden fühlen und gleichzeitig im Dienste der anderen Menschen stehen?

M. M.-P. Ich merke, daß es mir nicht immer gelungen ist, Sie spüren zu lassen, was ein Philosoph ist! Wenn ein Philosoph arbeitet, denkt er nicht an den Dienst am anderen Menschen, und noch weniger an sein Werk. Die philosophische Arbeit hat ihre Wahrheit in sich selbst, wie jede andere Arbeit auch. Es gibt hier nicht mehr Hingabe oder auch Ehrgeiz als bei einem Bauern, der sein Land bebaut oder bei einem Arbeiter, der etwas herstellt. Es erscheint Ihnen unvorstellbar, daß man gleichzeitig hier sein kann und fern sein kann? Das ist aber die Definition des Philosophen, vielleicht sogar die Definition des Menschen.

DER Philosoph ist wohl vielleicht als Mensch dem Bauern oder Arbeiter ähnlich, doch stellt ihn nicht seine Arbeit über sie? Wirft man nicht gerade das der Philosophie vor: daß sie eine Betrachtungsweise ist, daß sie über sämtliche Arbeits- und Studiengebiete hinwegfegt, ohne ein eigenes zu besitzen?

M. M.-P. Die Philosophie hat kein eigenes Gebiet in dem Sinn, wie die Wissenschaften es haben. Und zwar deshalb, weil sie diese Gebiete, in einem anderen Sinn, alle zugleich hat. Wissenschaftliches Denken sucht *Einflüsse* auf den Ausschnitt der Wirklichkeit, den es *manipuliert*. Es ist vorerst geleitet von einer Fülle vor-wissenschaftlicher Begriffe, die die Formulierung von Hypothesen und den Zugang zu den Fakten erst ermöglichen. Später wird klar, daß die Vorstellungen, zu denen man durch sukzessive Korrekturen gekommen ist, kaum mehr in Einklang mit der Philosophie stehen, von der man ausgegangen ist, und man sucht nach einer anderen. So diskutieren die Wissenschaftler schließlich über den Raum, die Zeit, die Kausalität, das Objekt, das Sein. Ihre Wissenschaft gibt keine vollständige Definition der Philosophie, die sie brauchen würde, und zu dieser Philosophie gelangt man nicht durch Berechnungen und Experimente, sonst würden sich die Wissenschaftler ja früher oder später einigen. Nun, sie sind in Wirklichkeit ebenso uneinig über die philosophischen Grundlagen ihrer Wissenschaft wie die Berufsphilosophen über die Philosophie im allgemeinen. An diesem Punkt stehen wir heute.

Man hat oft den berühmten Satz zitiert, in dem Laplace sein Ideal der physikalischen Erkenntnis definiert: Er sieht die ganze Welt als ein einziges großes Faktum, dessen Zustand zu einem bestimmten Zeitpunkt genau den Zustand zu jedem späteren Zeitpunkt bestimmt. Die meisten Physiker unserer Zeit erkennen dieses Weltbild nicht mehr an. Manche sagen, daß das körperliche Sein aus »Verhaltensweisen« besteht, andere sagen, es bestünde aus »operativen Gruppen« ohne daß man sagen könnte, was das Subjekt dieser Verhaltensweisen oder dieser Operationen ist, ja ohne daß man ein solches Subjekt anzunehmen hätte. Wieder andere sind immer noch Kartesianer. Sie behaupten, daß die Philosophie von der Physik verdrängt wird, es ist jedoch eher so, daß die Physik von der Philosophie vereinnahmt wird.

DOCH es handelt sich dabei um eine Philosophie der Physiker und nicht um die Philosophie der Philosophen.

M. M.-P. Wenn die Physiker ihre Sprache, und das ist die Berechnung, verlassen und ihre Wissenschaft in einer signifikativen Sprache interpretieren, sind sie nicht mehr die alleinigen Richter über das, was sie vorbringen, denn sie bringen dann Begriffe ins Spiel (Beobachter, Objekt, Existenz, Wahrheit), zu denen ihre Wissenschaft nicht den Schlüssel besitzt. Der Philosoph kann nicht die Kritik der Ideen ignorieren, die von gesundem Menschenverstand zeugen und die von der Wissenschaft betrieben wird, doch er kann darin nicht die vollständige Klärung der vorhin erwähnten Begriffe finden, die von einer ganzheitlichen menschlichen Erfahrung abhängig sind und nicht nur von der wissenschaftlichen Erfahrung. Das gilt für die Naturwissenschaften, und noch viel mehr für die sogenannten Humanwissenschaften, von denen Sie vorhin gesprochen haben.

SIE wollen damit sagen, daß die Psychoanalyse, die Ethnologie, der Marxismus einer philosophischen Aufbereitung bedürfen, die sie weiterführt?

M. M.-P. Ich finde, daß die Situation überall die gleiche ist. Verschafft uns die Psychoanalyse Klarheit über den Menschen? Erlaubt sie uns, auf die Philosophie zu verzichten? Sie wirft im Gegenteil nachdrücklicher als je irgend etwas zuvor die Frage auf, die ohne

Lösung dieser Frage bei, gemeinsam mit anderen Forschungsrichtungen, und die Philosophie nimmt dabei wiederum eine Schlüsselstellung ein. Der Ethnologe, den sie erwähnt haben, ist nicht in der Lage, das Geheimnis von Kulturen zu entschlüsseln, ohne sich zu fragen, was eine Kultur, ein Symbol überhaupt ist, wie wir die Kulturen verstehen können, ob wir sie miteinander vergleichen, sie klassifizieren können. Daher ist der Ethnologe mit dem philosophischen Problem des Erkennens des anderen völlig vertraut, und in jedem Ethnologen steckt ein Philosoph.

Was den Marxismus betrifft: Es ist eine enorm wichtige Frage, ob er eine Philosophie ist oder nicht. Die klassischen Marxisten waren der Ansicht, die Philosophie sei eine indirekte Art, die Gegensätzlichkeiten der Klassengesellschaft auszudrücken; und in einer Gesellschaft, die das Gleichgewicht zwischen dem einzelnen Menschen und den anderen Menschen und mit der Natur verwirkliche, sei daher kein Platz für Philosophie. Ohne eine Grundsatzdiskussion zu beginnen und ohne zu polemisieren: Stellen wir fest, daß die Sowjets heute betonen, daß es selbst in einer Gesellschaft, die die marxistische Revolution erlebt hat, Gegensätze gibt. Sie fügen hinzu, daß es keine unüberwindlichen Gegensätze sind. Für die Frage, die uns beschäftigt, genügt es festzuhalten, daß sogar für sie die bestehende Gesellschaft nicht transparent ist. Nun, im selben Maße bleibt die Notwendigkeit philosophischer Äußerungen bestehen. Um genau zu sein: Von ihrem Standpunkt aus wäre die »Abschaffung« der Philosophie geschichtlich falsch. Die Philosophie wäre erst dann überwunden, wenn der Mensch, wie man sagt, total Mensch geworden wäre, ohne Geheimnisse und ohne Schwierigkeiten mit sich selbst. Aber diesen totalen Menschen gibt es nicht: So zu tun, als ob es ihn gäbe, hieße die Waffen der Kritik niederlegen. Zu behaupten, daß es ihn *geben wird*, ist genaugenommen – im marxistischen Sinn – eine Utopie. Also hat die Philosophie nie eine so starke Berechtigung gehabt wie heute.

WIE erklären Sie sich dann, daß die Philosophie den Eindruck erweckt, in einer Krise zu sein?

M. M.-P. Diesen Eindruck habe ich ganz und gar nicht.

EIN Büchlein von J.-F. Revel – *Wozu Philosophen?* – hat eine Meinung wiedergegeben, die ziemlich einhellig zu sein schien...

M. M.-P. Im Gegenteil, ich glaube, daß es sich dabei um einen Sonderfall handelt. Wenn man das Buch liest, spürt man, daß sein Autor überhaupt nichts liebt. Er zieht ein paarmal den Hut vor den sogenannten Humanwissenschaften (doch vor welchen, wo er doch ihre hervorragendsten Vertreter aufs Korn nimmt?), er zieht den Hut vor der großen Philosophie (doch vor was für einer, wo er sie doch in den Forschungen, in denen sie wieder auflebt, nicht anerkennt? Ob vor der großen Philosophie (doch vor was für einer, wo er sie doch in den Forschungen, in denen sie wieder auflebt, nicht anerkennt? Ob man Husserl und Heidegger nun liebt oder nicht, man muß zugeben, daß sie – mit all den Fehlern der modernen Philosophen, die der Preis für ihren Radikalismus sind – über dieselben Themen nachdenken wie Descartes und die großen Philosophen, das heißt über das Sein, die Zeit, das Objekt, den Körper). Dieses Buch stammt von einem gesättigten Konsumenten. Nun, es ist keine Hexerei, diejenigen mit Anekdoten lächerlich zu machen, die die Schwäche haben zu versuchen, etwas zu tun, und im übrigen nur vage auszudrücken, was man statt dessen vorschlägt.

Dieses Buch erinnert an Stalins Ausführungen über das beste aller Zeitalter, die, im Namen einer nie realisierten Philosophie, alles atomisierten, was in der Welt vor sich geht. Die Kommunisten hatten zumindest ihren heimlichen Gott und glaubten, einer großen Sache zu dienen. Wenn man gutmütig war, konnte man sie darauf hinweisen. In Revels Buch herrscht nicht einmal diese fromme Atmosphäre. Es bietet nichts an. Wenn ich übrigens sehe, wie Jean Paulhan mit seiner Rechten Revel krönt und mit seiner Linken in die *Nouvelle Revue Française* einen Text von Heidegger schmuggelt, der nicht zu dessen leichtesten gehört, sage ich mir, daß ziemlich viel Liebe unter diesem Haß verborgen liegt, und daß es nicht richtig von den Philosophen wäre, sich zu ereifern.

GIBT es nicht heute, in der öffentlichen Meinung ebenso wie auf universitärer Ebene, eine eindeutige Bevorzugung der wissenschaftlichen Bildung, so etwas wie eine Priorität der Wissenschaften im Vergleich zur Philosophie?

M. M.-P. Ich glaube nicht, daß man das, was man den Wissenschaften gibt, der Philosophie wegnimmt. Es gibt in Frankreich nicht genügend Ingenieure, nicht genügend Statistiker, wir brauchen immer mehr davon. Es tut mir um nichts leid, was getan wird, um die jungen Leute auf diese Studien aufmerksam zu machen. Was ich bedaure, ist die meist unterschwellige Polemik gegen die Philosophie. Es gibt ein gewisses Unbehagen gegenüber der Philosophie, weil sie in der Zeit nach dem Krieg für die Studenten so etwas wie eine nostalgische Meditation rund um den Kommunismus zu sein schien, und wie Sie wissen, bläst der Wind heute aus einer ganz anderen Richtung. Doch Tatsache ist: Wenn wir auch Ingenieure und Statistiker brauchen, so brauchen wir auch, und zwar in zunehmendem Maße, Soziologen, Psychoanalytiker, Psychiater, Ethnologen und sogar Psychologen, Wrtschaftsfachleute, die über die »künstlichen Mechanismen« nachdenken, die den Kapitalismus steuern können.

Nun, ich glaube nicht, daß man diesen Problemen ohne philosophische Bildung wirklich begegnen kann. Wenn unsere Probleme nicht mit den Grundsätzen unseres Denkens und unseres politischen Systems zu tun hätten, würden die Beamten und die Unternehmer keine Philosophie brauchen. Wenn sie aber dagegen, wie ich glaube, unser geistiges, politisches und wirtschaftliches System in Frage stellen, so sind dazu eine Menge Leute notwendig, die die Dinge bis zu ihren Ursprüngen verfolgen, und man wird sich im Bereich der sozialen und politischen Philosophie nicht auf den gesunden Menschenverstand verlassen können. Wir werden, wie Balzac sagt, »tiefgründige Menschen« brauchen und nicht nur Rechner, radikale Geister und nicht nur Techniker. Es wird daher eine Ausbildung auf der Basis von Zweifel und Überprüfung notwendig sein. Die verheerende Wirkung politischer Routine und Improvisation ist im Augenblick nur zu deutlich erkennbar.

Das Praktizieren der Wissenschaft als Tätigkeit könnte diese Tiefgründigkeit vermitteln, aber die Wissenschaft als Tätigkeit kann man nicht unterrichten, und ein ausschließlich wissenschaftlicher Unterricht würde die jungen Leute ohne Kritikfähigkeit einem Chaos überlassen.

DOCH ist die Philosophie selbst, von der Sie sich so viel erwarten, wirklich so lebendig? Gibt es ein philosophisches Leben?

M. M.-P. Es gibt Kongresse, Kolloquien, Zeitschriften, es gibt ein philosophisches Leben wie es ein medizinisches oder wissenschaftliches gibt, und es leidet an denselben permanenten Schwierigkeiten: Weder Heidegger noch Sartre hat man je auf einem Kongreß erlebt.

Es gibt formlose Zusammenkünfte: Heidegger ist nach Cérisy gekommen, die Engländer waren in Royaumont; und doch ist der philosophische Westen nicht nur geteilt, wie es den natürlichen Gegebenheiten entspricht, sondern einer ist vom anderen vollständig abgeschirmt: Der logische Positivismus regiert in den angelsächsischen Ländern und in Skandinavien. In Freiburg gibt es den Kreis um Heidegger, in Frankreich und Italien phänomenologisch und marxistisch orientierte Forschungen. Offensichtlich suchen diese Strömungen nicht die Konfrontation und jeder setzt sein Selbstgespräch fort.

Warum? Man kann sich fragen, ob es nicht immer so ist, in der Philosophie wie überall anders auch. Zwischen Einstein und den Mikrophysikern herrschte tiefe Uneinigkeit. Es ist eine Vorstellung, die aus Amerika kommt, eine gewagte Vorstellung, zu glauben, daß bei Kolloquien Klarheit geschaffen wird. Man kann sich fragen, ob wirklich produktive und schöpferische Arbeit sich mit einer Konfrontation von Personen und improvisierten Gesprächen zufrieden gibt. Davon abgesehen, die Gesellschaft der Philosophen ist vielleicht noch nie so zersplittert gewesen wie jetzt. Wohlgemerkt, das Übel ist nicht auf den Westen beschränkt Im Juli 1957 hatte das Internationale

Institut für Philosophie in Warschau eine Begegnung zwischen Philosophen aus Ost und West organisiert. Nach den Berichten zu urteilen, hat man nicht aktiv Philosophie betrieben, man hat keine Probleme angepackt. Es gibt auch im Osten einen Formalismus, der noch beherrschender ist als unserer.

Alles in allem ist das philosophische Leben immer noch provinziell, fast geheim, das heilige Feuer wird von Mensch zu Mensch weitergegeben. Sagen wir, es gibt eine vorübergehende Verdunkelung der Philosophie.

Das heißt nicht, daß sie nichts mehr zu sagen hätte, oder daß sie dazu bestimmt wäre, endgültig von der Bildfläche zu verschwinden. Was sie dagegen lähmt oder verstummen läßt, ist der Umstand, daß sie mit ihren traditionellen Mitteln nicht in der Lage ist, das auszudrücken, was die Welt gerade erlebt. Die analytische Philosophie der Angelsachsen ist ein bewußtes Sich-Zurückziehen in eine Gedankenwelt, in der für die banalen Dinge des Alltags, für Ambiguität, für Konkretes kein Platz ist.

Der Marxismus hätte eine Philosophie des Konkreten sein sollen, aber er hat zu früh geglaubt, den Schlüssel gefunden zu haben: die proletarische Geschichtsphilosophie. Und er hat sich von allen Problemen abgewandt, zu denen ihm dieser Schlüssel nicht unmittelbar Zugang verschaffte, ob es sich um die komplizierte Literatur der Modernen handelte, die Forschungen auf dem Gebiet der Malerei, die Analyse der Sexualität, um neokapitalistische Experimente oder die Sozialdemographie. Der offizielle Marxismus ist nicht der Urheber des Fortschritts, den wir auf dem Gebiet des wirtschaftlichen und sozialen Wissens erzielen konnten, er hat ihn eher paralysiert. So ist der Stand der Dinge, und so wird er auch bleiben, solange sowohl die einen als auch die anderen auf ihrer Meinung beharren und nicht erkennen wollen, daß ihr Zugriff falsch ist.

WARUM schreiben Sie all das, was Sie mir sagen, nicht nieder?

M. M.-P. Widerlegungen haben keinen großen Wert, es ist besser, man versucht das zu machen, was man den anderen vorwirft, nicht zu machen.

UND zwar?

M. M.-P. Eine Philosophie. Wir sind weit davon entfernt, alles getan zu haben, fast alles bleibt noch zu tun oder neu zu machen, in der Philosophie; und wir haben nur flüchtig aufblitzen sehen, was die Philosophie sein könnte, bei Husserl, Sartre, in einigen intuitiven Gedanken von Biologen, Ethnologen, Psychoanalytikern.

SIE sind also der Ansicht, daß Heidegger und Sartre die Philosophie von morgen erahnen lassen? Und welchen Rang geben Sie dem Marxismus in dieser Philosophie?

M. M.-P. Heidegger und Sartre sagen seit langem und mit Recht, daß die Philosophie das Sein, und im besonderen die Beziehungen zwischen dem Dinglichen und dem nicht Dinglichen, zwischen dem Sein und dem Nichts, zwischen dem Positiven und dem Negativen neu zu definieren habe; die traditionelle Korrelation zwischen dem Objekt und dem Subjekt, die noch bei Hegel vorherrscht, genügt nicht, um das auszudrücken.

Was auch immer die Errungenschaften des Marxismus sein mögen, er leidet darunter, sich dieses Problem nicht ausdrücklich gestellt zu haben. Im Grunde genommen überließ er sich den Hegelschen Kategorien von Subjekt und Objekt, und beschränkte sich darauf, das Verhältnis umzukehren. Dieser umgekehrte und doch konservierte Hegelianismus war zutiefst obskur. Man könnte zeigen, daß in diesem obskuren Ursprung der Ursprung all der Überraschungen zu finden ist, die der Marxismus für jene bereit hielt, die ihn auf historischem Gebiet verfolgen sollten. Das von Heidegger und Sartre gestellte ontologische Problem ist aktueller denn je.

Es gibt die Natur, die Tiere, die Körper, die Menschen, die Sprache, die Gedanken, die sozialen Gebilde, die Institutionen, die Ereignisse – und die Wissenschaften teilen sich das Wissen über deren Eigenschaften. Letzten Endes ist diese üppige Landschaft in schwarz und weiß gezeichnet, wie eine Radierung. Die Ontologie beschäftigt sich mit diesem Schwarz und Weiß, sie untersucht die schwarzen Stellen, die Zwischenräume, die Striche, und dadurch kommt sie mit allen Wissenschaften, mit allen menschlichen Werken in Berührung und ist gleichzeitig etwas anderes.

Sie ist überall: in der Art, wie ein Maler die Welt buchstabiert, in den Erleuchtungen, die die Wissenschaft aus den Dingen erhält, in den Leidenschaften, in der Arbeitswelt und im geselligen Leben. Es gibt eine ontologische Geschichte, eine Entwicklung unserer Beziehung zum Sein oder eine Veränderung der Beziehungen zwischen dem Sein und dem Nichts. Diese ontologische Geschichte ist nicht außerhalb der Geschichte schlechthin, sie wäre vielleicht sogar ihre genaueste Formulierung, sie ist die Wahrheit des dialektischen Materialismus.

Marx' Irrtum bestand nicht darin, die Geschichte vom Standpunkt der Philosophie zu lesen, sondern zu glauben, oder glauben zu machen, die Philosophie der Philosophen sei eine Lüge; er bestand nicht darin zu denken, daß die Geschichte ungeteilt ist, Körper und Geist, sondern zu glauben oder glauben zu machen, die Vermischung könne zur Aufhebung des Widerspruchs, zur Identität führen; der Irrtum bestand nicht darin, zu glauben, daß jede Zivilisation ein ontologischer Komplex ist, sondern zu glauben oder glauben zu machen, daß eine Zivilisation im Entstehen sei, die die Ontologie ersetzen könne. Es gibt keine »Zerstörung« der Philosophie, die ihre

Realisierung wäre. Einen solchen Zustand der Geschichte zu postulieren, das ist schlechte Philosophie, das ist Ontologie ohne Relief oder »platte« Ontologie, wie Hegel sagte.

KÖNNTEN Sie uns ein Bild der ontologischen Forschung geben, wie Sie sie verstehen?

M. M.-P. Eine der bedeutendsten Ontologien des Abendlandes ist die, welche die sichtbare Welt als die einzig mögliche Erscheinungsform einer unendlichen Produktivität ansieht. Wenn etwas sein solle, dann könne es nur diese Welt sein. Das Sein wird also als vollkommenes Sein verstanden. Es gibt in ihm nicht das geringste Zögern, es ist mit der Evidenz dessen, was nicht anders sein kann. Es hat die Beständigkeit des Objekts.

Diese Ontologie ist nicht die einzige, die der Westen kennengelernt hat. Bei einem einzigen Philosophen, zum Beispiel bei Descartes, würde man neben dieser mehrere andere skizziert finden. Doch als Beispiel genügt das. Nehmen wir diese Idee einer absoluten Transparenz der Welt, deren sämtliche sichtbare Eigenschaften sich aus den Eigenschaften eines Unendlichen ergeben, das die Welt stützt, und wo klar und deutlich die Ursachen für das erläutert werden, was uns zunächst wie eine einfache Tatsache erscheint.

Es steht außer Zweifel, daß diese Art von Ontologie die Entwicklung einer Wissenschaft wie auch eine Politik »der Aufklärung« begünstigt hat, mit anderen Worten, daß wir ihr einen Gutteil dessen verdanken, was den geschichtlichen Fortschritt des Abendlandes ausmacht. Aber es ist auch klar, daß diese Ontologie heute weder in unserem Wissen noch in unserem Leben ihre Berechtigung hat, und daß wir, wenn wir mit Gewalt daran festhalten, nicht bewahren, was sie einst bedeutete; sie ist nicht mehr – wie damals – eine Hilfe bei der Forschung, sie würde sie behindern; sie inspiriert nicht mehr unser Leben, sie befindet sich am Rande unseres Lebens.

Wir haben gesehen, daß selbst die Wissenschaft in vielen Punkten die Vorstellung vom Sein als reinem Objekt aufgeben mußte. Es ist nicht nötig, auf die Krise näher einzugehen, welche die aus dieser Ontologie hervorgegangene Politik und Vernunft durchmachen. Sie hat lange Zeit weitergelebt; selbst jene, die wie Laplace die Hypothese vom Unendlichen als Ursprung der Welt für unbrauchbar erklärten, führten sie unter anderen Namen wieder ein. Der Geist des prinzipiell für allmächtig gehaltenen Weisen, oder ganz einfach die Welt als solche, die als einmaliges, kohärentes und in allen Teilen homogenes Faktum betrachtet wurde, hielten die Ontologie des Objekts aufrecht. Doch heute hat selbst die Wissenschaft aufgehört, ihre Inspiration in jenem weltlichen Gott zu suchen, im idealen Physiker Laplace.

WOLLEN Sie sagen, daß die neue Ontologie atheistisch sein wird?

M. M.-P. Ich würde sie nicht gern so *definieren*. Und das nicht aus einem Geist falscher »Konzilianz« heraus oder um Unklarheiten zu schaffen, sondern weil es der Philosophie unwürdig ist, mit einer Verneinung zu beginnen; abgesehen davon, der Katholizismus ist beispielsweise eng mit der Ontologie des Objekts verbunden. Ehrlich gesagt, ich glaube nicht, daß eine andere Ontologie mit den traditionellen Formen der Theologie vereinbar wäre, doch was nützt es, diese zu verteidigen, wenn man weiß, daß alles, was in der christlichen Philosophie aktiv arbeitet, der Ontologie des *Ens realissimum* in Wirklichkeit ziemlich fremd ist? Es wird eines Tages notwendig sein, daß das offizielle Verhältnis zwischen dem Katholizismus und dem Nicht-Katholizismus – wie auch das zwischen Kommunismus und Nicht-Kommunismus – beginnt, sich dem tatsächlichen Verhältnis anzugleichen, ich meine damit dem Verhältnis, wie es beispielsweise im Geist unserer besten Studenten besteht. Katholisch oder nicht, atheistisch oder nicht, und bei manchen sogar kommunistisch oder nicht, sie wissen sehr gut, daß weder die Philosophie der Aufklärung noch der Marxismus noch die Philosophie des *Ens realissimum* die *Wahrheit* ist. Diese innere Gewißheit tritt in ihren Gesprächen zu Tage. Nur ist das bei ihnen vorerst nur guter Wille und Intelligenz: Wenn es ihnen gelingt, einander über ihre Grenzen hinweg zu verstehen, dann um den Preis einer wahrlichen inneren Zerrissenheit. Es ist notwendig, daß die Philosophie vereint, was in ihrem Inneren getrennt ist, was sie nur kraft ihres Mutes vereinen. Zur Zeit verliert sich all das, sobald sie »ins Leben eintreten«, das heißt in die Welt der Erwachsenen, wo jeder seine Marotten hätschelt.

Ein zeitgenössischer deutscher Philosoph, Eugen Fink, schreibt, daß wir in »Gedankenruinen« leben. Gerade in diesen Ruinen, oder wegen dieser Ruinen gibt es die baldige Möglichkeit eines großen, gesunden Skeptizismus, der unabdingbar ist, wenn wir das Fundamentale wiederfinden wollen. Der Gedanke, daß sich heute in Frankreich die Geister der Menschen an der Frage scheiden, ob der Heilige Thomas und Engels in dem, was sie über die Natur sagen, recht oder unrecht haben – dieser Gedanke erscheint mir erschreckend, wenn man an all das denkt, was es zu erfahren oder zu verstehen gibt.

Man kann eine Philosophie nicht in ein paar Worten skizzieren. Sagen wir, wir brauchen eine Philosophie des noch rohen Wesens und nicht diese Philosophie des vernünftigen Wesens, die glauben machen will, es gäbe eine Art und Weise, die Welt erklärbar zu machen. Und ein aufmerksames Studium des *Sinns*, einen anderen Sinn als den Sinn der Ideen, einen flüchtigen und nur angedeuteten Sinn, dem jegliche direkte Macht über die Dinge fehlt, obwohl er darin auftaucht und sich entwickelt, vorausgesetzt, daß gewisse Hindernisse aus dem Weg geräumt werden.

UND die Politik?

M. M.-P. So wie jede Philosophie würde auch die, nach der man suchen muß, zu einer Politik inspirieren. Zunächst negativ, sie würde die Illusionen der klassischen Politik deutlich machen. Nichts gibt uns das Recht zu glauben, die Menschheit sei ein Bündel bereitwilliger Vernunft oder könne, wie eine Gesellschaft aus lauter Weisen, nach einem unverrückbaren Gesetz, nach einem von zeitlosen Grundsätzen abgeleiteten Recht sich selbst regieren, oder ihre Entscheidungen in akademischen Debatten fällen, wo die Vernünftigsten schließlich die anderen überzeugen.

Wie das Leben und die Tierwelt Formen, Systeme, Organismen, ja sogar eine Art Institutionen erfunden und an die Erdoberfläche gebracht haben, so muß auch die Menschheit – außerhalb der glücklichen Perioden, in denen sie von ihren Errungenschaften zehrt – Formen, Kultursysteme schaffen, und die höheren Werte, deren sie sich rühmt, werden in diese historische Matrixstruktur gebracht.

Marx' Fehler bestand nicht darin, dies zu sagen, sondern darin, zu glauben, daß es eine Matrix der *wahren menschlichen Gesellschaft* gäbe, daß dies eine schon bestehende Klasse sei, und daß die Machtergreifung durch diese Klasse die Geburt der wahren Gesellschaft sei. Das war noch zu viel Geometrie.

Das Chaos unserer Politik rührt vielleicht gerade daher, daß es keine herrschende Klasse mehr gibt. Es gibt eine bürgerliche Klasse, aber sie herrscht nicht mehr, sie hat keine ideelle Substanz mehr, die sie fähig machen würde, den Staat zu führen. Es gibt ein Proletariat, aber die Partei, von der es im wesentlichen repräsentiert wird, betreibt keine Klassenpolitik mehr und verstrickt sich in ihren eigenen Machenschaften.

Es gibt Interessen, Rivalität, Pressure-groups, Antagonismen, es gibt keine Aktionslinie und keine historische Linie mehr. Diese Situation hängt natürlich mit der Stellung Frankreichs in der Welt zusammen, ich meine mit der Tatsache, daß Frankreich bei einem Spiel mitspielt, in dem es nicht alle Trümpfe in der Hand hält, obgleich der Einsatz beträchtlich ist.

Aber ich glaube nicht, daß, selbst wenn man die beiden Großen betrachtet, der historische Sinn ihrer Rivalität klar ist: Weder der amerikanische Kapitalismus noch der russische »Sozialismus« lassen sich in ihrem Wesen definieren. Der Kampf ist auf beiden Seiten konfus, sich seiner eigenen Ziele nicht bewußt, so er welche hat. Das Rezept? Die Frage ist eben, ob es überhaupt eine Kraft gibt, die nicht suspekt ist. Vielleicht wird uns die Erschöpfung der Klassen zu einer *reinen Politik* zwingen, die vor allem durch die Verbreitung von Information und Wissen bestimmt ist. Nicht, daß ich eine so hohe Meinung von unserer Abstraktionsfähigkeit hätte, aber ich sehe angesichts des Verfallsstadium, in dem sich die Klassen befinden, nichts, was uns – wie sie es zu tun pflegten – *gegen unseren Willen weise und tiefgründig* machen sollte. Es gibt weder eine poujadistische noch eine militärische Gesellschaft. Das Unglück ist, daß dieselben Gründe, die eine Wiederkehr der Information und der Aufklärung dringend notwendig machen würden, sie wenig wahrscheinlich machen.

SIE haben einige Bücher über Politik geschrieben. Werden Sie noch welche schreiben?

M. M.-P. Die politische Philosophie wird zusammen mit allem anderen kommen. Was die Folgerungen für die Praxis betrifft, auf die habe ich bereits hingewiesen. Warum soll ich wieder von vorne beginnen? Der Algerienkrieg hat Leidenschaften wieder aufflammen lassen, die zu verlöschen begannen, hat die Franzosen um einige Jahre zurückgeworfen. Sie begannen zu verstehen, daß die Frage aller Fragen nicht ist, Kommunist zu sein oder das Gegenteil. Der Algerienkrieg hat diesen Schimmer ausgelöscht. Er hat in Frankreich eine schwache, zerrissene, wankelmütige Regierung an die Macht gebracht, die genausowenig fähig ist zu regieren wie die vorangegangene, und die bisher den Aufstand des Südens nur abfangen konnte, indem sie den Krieg fortsetzte. Man muß mit allem von vorne anfangen, in der Politik und in der Philosophie. Man wird das hier deutlicher merken, sobald mit dem Algerienkrieg die Hypnose, oder, je nach dem, die Euphorie der Franzosen zu Ende ist. Nun, unter dem Druck zahlenmäßig stärkerer Generationen wird man sich mit den Problemen der modernen Gesellschaft auseinandersetzen müssen – vom Problem der Verstädterung (oder auch des Verkehrs), über das Problem der Beschäftigung, des neuen Bauerntums, der Planifikation, bis zum Problem der Motive, der Bewegung, des Lebens der Nation. Man wird plötzlich merken, daß der »nationale Ehrgeiz«, der »Kampf gegen die Subversion« und die Kredite für die Privatschulen nicht bewirken, daß eine Nation atmet und lebt, man wird jenen *Abgrund* der modernen Gesellschaft in der Realität entdecken, den Schriftsteller und Philosophen vor fünfzig oder hundert Jahren erahnt haben und den unsere Zeit mit all seinem Glanz und Elend erlebt.

JEAN-PAUL SARTRE

Selbst wenn Jean-Paul Sartre zuhörte, redete er…

Jean-Paul Sartre wurde am 21. Juni 1905 in Paris geboren.

Sein Vater stirbt 1906. Er wächst bei seiner Mutter und seinem Großvater mütterlicherseits auf. Nach dem Besuch des Lycée Henry IV in Paris und des Gymnasiums in La Rochelle studiert er ab 1924 an der École Normale Supérieure. 1926 lernt er Simone de Beauvoir kennen. 1929 macht er als erster seines Jahrgangs die Agrégation – die Abschlußprüfung – in Philosophie. Er wird Gymnasiallehrer in Le Havre, Stipendiat am Institut Français in Berlin; danach unterrichtet er am Gymnasium in Laon, am Lycée Pasteur in Paris und am Gymnasium in Neuilly. 1939 wird er zum Kriegsdienst einberufen. Er gerät in deutsche Gefangenschaft. Nach einigen Monaten läßt man ihn frei. Danach wird er Professor am Lycée Condorcet in Paris. 1945 gibt er den Lehrberuf auf, um sich ganz seinem literarischen Schaffen zu widmen. 1964 erhält Sartre den Nobelpreis für Literatur; er weist ihn zurück.

Zu seinen bekanntesten Werken zählen: *L'Imagination*[1], 1936; *La Nausée*[2], 1938; *Le Mur*[3], 1939; *L'Être et le Néant*[4], 1943; *Les Chemins de la liberté*[5], in drei Bänden, 1945–1949; *Les Mains sales*[6], Theaterstück, 1948; *Saint Genet comédien et martyr*[7], 1952; *Critique de la raison dialectique*[8], 1960; *Les Mots*[9], 1964; *Situations*[10], 9 Bände, 1947–1972; *L'Idiot de la famille*[11], 1971.

Jean-Paul Sartre starb am 15. April 1980 im Alter von fünfundsiebzig Jahren in Paris.

Drei Werke erschienen posthum: *Lettres au Castor*, 1983; *Les Carnets de la drôle de guerre*, 1983; *Le Scénario de Freud*, 1984.

Das Interview fand am 5. Januar in Sartres Pariser Wohnung in der Rue Bonaparte statt.

1. Über die Einbildungskraft. Reinbek 1964.
2. Der Ekel. Reinbek 1963.
3. Die Mauer. Reinbek 1973.
4. Das Sein und das Nichts. Reinbek 1962.
5. Die Wege der Freiheit. 3 Bände. Reinbek 1961–1963.
6. Die schmutzigen Hände. Reinbek 1961.
7. Sankt Genet, Komödiant und Märtyrer. Reinbek 1982.
8. Kritik der dialektischen Vernunft. Reinbek 1967.
9. Die Wörter. Reinbek 1968.
10. Situationen. Reinbek 1965 (Auswahl).
11. Der Idiot der Familie. Gustave Flaubert 1821 bis 1857. 5 Bände. Reinbek 19771979.

Mit Jean-Paul Sartre *(Foto: L'Express)*

Es verging kein Tag, ohne daß jemand in meiner Umgebung den Namen Sartre erwähnte. Sartre hatte gesagt, Sartre hatte gemacht, Sartre dachte... Jeder war überzeugt, mit Sartre vertraut zu sein, oder zumindest mit seinen Gedanken.

Und das war keine Prahlerei. Sartre scharte soviel Leute wie möglich um sich und redete wahnsinnig viel. Sein Leben bestand aus zweierlei: Schreiben und Reden. Außerdem hatte er viele Liebschaften, aus denen er kein Hehl machte, denn er war für das »Engagement«, für die Bindung, was nicht etwa Treue bedeutete, sondern ein Leben vor den Augen der Öffentlichkeit. Im übrigen waren die glücklichen Auserwählten selbst die ersten, die damit prahlten.

Alles deutet darauf hin, daß er den Großteil der Zeit, die er mit ihnen zusammen war, ebenfalls mit Reden zubrachte. Reden war für Sartre Leben. Was ihn nicht daran hinderte, zu beobachten und zuzuhören. Doch selbst wenn er zuhörte, redete er.

Man behauptete, er nähme Amphetamine, geistige Aufputschmittel. Hatte er die wirklich nötig? Sartres Gehirn schien von Natur aus eine so unwahrscheinlich große Menge Hormone zu produzieren, daß man sich fragte, ob für den Rest seines Körpers überhaupt noch etwas übrigblieb.

Sartre war ein Phänomen, ein Genie, eine unfaßbare Maschine, die alles dachte, alles fragte, auf alles antwortete. Und alles las. Redete er auch, während er las? Simone de Beauvoir könnte darauf antworten; die Anzahl der Bücher, die Sartre zu den verschiedensten Themen gelesen, protokolliert, assimiliert, verdaut und wieder von sich gegeben hat, ist jedenfalls unermeßlich groß. Ganz zu schweigen von den Zeitungen, Zeitschriften und Magazinen. Sartre lebte mit den Wörtern, mit dem Wort, dem geschriebenen, dem gesprochenen, dem gedruckten.

Sartre glich niemandem, und doch wollte er auf dem Niveau aller sein, allen nahe sein, dem Ausgestoßensten, dem größten Außenseiter, dem Benachteiligsten, dem Unverstandensten aller Menschen... Mehr als nahe, er identifizierte sich. Sartre identifizierte sich mit dem Dieb, mit dem Homosexuellen, mit dem Juden, mit dem Neger, mit dem Faschisten, sogar mit Freud ... und mit den Frauen. Sartre war der streitbarste und leidenschaftlichste unter allen Feministen und Feministinnen seiner Zeit. Er wußte alles über die Frauen, begriff alles von ihrem Schicksal, von ihrer »Entfremdung«.

Hätte Simone de Beauvoir *Das andere Geschlecht* geschrieben, wenn sie nicht ihn an ihrer Seite gehabt hätte, der sie drängte? Sartre wußte besser, wer man war, als man es selbst wußte... Sartre war unheimlich anstrengend.

Ich traf ihn mehrere Male. Im Restaurant, auf einer Abendgesellschaft bei Simone de Beauvoir, nach Aufführungen seiner Theaterstücke, bei irgendwelchen Leuten. Sartre zog mich an. Wie den meisten Leuten, die er traf und die ihm nicht mißfielen, öffnete er auch mir die Tür zu seinem Kreis, und auch ich hätte Mitglied dessen sein können, was man »die Familie« nannte, die engen Freunde des Paares Castor/Sartre. Die, welche ständig um ihn waren, arbeiteten an der Zeitschrift *Les Temps modernes* mit, empfingen von Sartre Wohltaten aller Art. Manchmal in Form von Geld, immer in Form von Worten, vor allem in Form persönlicher Unterstützung.

Doch ich zog mich zurück. Ich spürte, daß in mir – wie in allen jungen Leuten – ein Geheimnis verborgen war, etwas Unbekanntes, und der Wunsch, es zu erhellen, um schließlich ich selbst zu werden, und nicht jemand anderer. Ich hatte das Gefühl, wenn ich Sartre zu nahe gekommen wäre und ihn zu oft gesehen hätte, so hätte er sich »an meine Stelle« versetzt und mir im Nu mit viel mehr, mit viel klareren und viel eindringlicheren Worten als meinen eigenen erklärt, wer ich war, wohin ich ging, was aus mir werden konnte, was es in mir weiterzuentwickeln galt und was auszumerzen.

Es wäre faszinierend gewesen, herrlich, aufregend, außergewöhnlich – und falsch. Auf jeden Fall wäre ich nicht ich selbst geblieben. Ich hätte dabei vielleicht an Bekanntheit gewonnen, an Format – er pflegte Leute schnell und weit nach oben zu bringen – auch an Vergnügen – Sartre war charmant, verführerisch und amüsant –, doch ich hätte etwas von meiner höchstpersönlichen kleinen Melodie verloren.

Ich erinnere mich besonders an ein Mittagessen mit ihm, Simone de Beauvoir und einem seiner Anhänger in »La Palette«, einem seiner Lieblingsrestaurants am Montparnasse. Sartre redete, und es war wunderbar! Plötzlich wandte er sich mir zu, um mich zu fragen, nicht *ob* ich schrieb, sondern *was* ich schrieb! Für Sartre war es nämlich selbstverständlich, daß jeder schrieb. Verlegen stotterte ich ein paar Worte. Ich schrieb, ja, damit hatte er nicht unrecht, doch nichts davon war der Rede wert. Wie, nichts, was der Rede wert sei? Sartre erklärte mir, daß man, wenn man sich zwinge, geduldig und kontinuierlich *alles* zu Papier zu bringen, was einem in den Sinn komme, alle Gedanken, die die Dinge, die Ereignisse, der Ablauf unseres alltäglichen Lebens in uns wachriefen, dann sei das zwangsläufig ungemein spannend. Zwangsläufig würde man seinen Ton, seinen Stil, seine Wahrheit finden, und zwangsläufig würde man Schriftsteller werden.

Er hat übrigens geschrieben, daß jeder zum Schreiben geschaffen ist und daß jeder schreiben *muß*, denn bei Sartre endete alles mit einer Moral: Man soll, man muß...

Die Beauvoir nickte zustimmend mit ihrem Turban-Kopf, während sie mit großem Appetit aß, was vor ihr auf dem Teller lag. Beauvoir/Sartre aßen gut und regelmäßig, doch ich frage mich, ob sie auch nur ein ganz klein wenig genossen, was sie aßen. Ich hatte vielmehr das Gefühl, daß sie die *Wörter* des Menüs aßen – nehmen wir »Blanquette de Veau«, »Lapin au Thym« oder »Sole Meunière« – und nicht das Gericht und das, was es am jeweiligen Tag an Außergewöhnlichem, Neuem oder auch Mißlungenem gab.

Hatte Sartre einen Sinn für Unterschiede? Wußte er zum Beispiel, daß die Frau, die ihm gegenüber saß, nicht eine Frau wie jede andere war, obgleich sie sich in der »Stellung« einer Frau befand? Wenn ich Sartre gegenüberstand, hatte ich das Gefühl, zu einem Objekt Frau zu werden oder zu einem Subjekt Frau unter anderen Objekten/Subjekten Frau; daher ergriff ich die Flucht.

Doch ich behielt von meinem kurzen Kontakten mit ihm ein äußerst stimulierendes Gefühl. Jahre hindurch rief ich mir, wenn mich Mutlosigkeit überkam, den überschäumenden Enthusiasmus dieses kleingewachsenen Mannes in Erinnerung, seine ansteckende Begeisterung für die Möglichkeit jedes einzelnen, von seiner Freiheit Gebrauch zu machen, wie es ihm gefällt. Und sogleich gewann ich wieder Zuversicht.

Und ich las alles, was er schrieb, in seinen Büchern, in *Les Temps modernes*, in den Zeitungen, einfach alles. Sartre bot sich den anderen als Nahrung an, und ich nahm ihn als Nahrung. Ich habe mich damit vollgestopft und einige Zeit gebraucht, um alles zu verdauen. Und um darüber hinwegzukommen, so wie man über eine Liebe hinwegkommt.

Hätte ich ihn nicht gekannt – sein Empfang am Tag des Interviews wäre der gleiche gewesen. Sartre erwartete mich in seiner Wohnung in der Rue Bonaparte, deren Fenster auf die Place Saint-Germain-des-Prés hinausgingen. Er hatte dort lange Zeit mit seiner Mutter gelebt und bewahrte dort noch seinen Schreibtisch, Bücher und Archive auf. Sämtliche Orte, an denen Sartre »vorbeikam«, erkannte man an der charakteristischen Wolke von handbeschriebenem und bedrucktem Papier, die immer größer wurde und niemals kleiner.

Ich erinnere mich nicht mehr, welche Etage es war, doch oft, wenn wir zur Place Saint-Germain-des-Prés kamen, zeigte einer von uns den anderen eine Fensterscheibe, in der man noch ein kreisrundes Loch sehen konnte: Durch dieses war das Rohr des Ofens durchgegangen, der das Zimmer heizte, in dem Sartre während des Krieges arbeitete. Erinnerte uns das Wort »Ofen« nicht an Descartes? Wir wurden nicht müde, in Anekdoten zu schwelgen, und als die Fensterscheibe durch eine neue ersetzt wurde, war es, als hätte man uns ein historisches Denkmal geraubt.

Ich stieg also zur Etage mit dem »Rohr« hinauf. Sartres Mutter öffnete mir. Weißes Haar, Empfang freundlich, aber nicht mehr. Ich hatte den Eindruck, sie versuchte ihren »kleinen Liebling« vor Eindringlingen zu schützen; vor Journalisten und Neugierigen.

Sartre erhob sich hinter seinem Schreibtisch, um mich zu begrüßen und reichte mir die Hand. Er redete bereits, er redete die ganze Zeit, und er fuhr fort zu reden, noch ehe ich Zeit hatte, das Tonbandgerät einzuschalten. Das Interview verging wie in einem Traum. Ich hatte es nicht vorbereitet, wozu auch? Ich wußte, daß Sartre alles machen würde, allein, wie gewöhnlich, daß es hervorragend sein würde, mehr noch, erstklassig, daß man beim *L'Express* entzückt, verblüfft sein würde – der Papst der Existentialisten war damals mit dem Establishment auf Kriegsfuß und lehnte Interviews in der großen Presse ab; auch ich brauchte mehrere Anläufe, um mein Interview zu bekommen.

Hätte ich ein Wörtchen mitzureden gehabt, ich hätte ihn nicht über seine Werke und über seine politischen Ansichten befragt, sondern über seine Mutter, seine Wohnung, seine Lebensgewohnheiten, das Landleben – liebte er es? – über Tiere – wußte er überhaupt, daß sie existierten? – über Kinder – warum hatte er keine Kinder?

Über all das hat Sartre später selbst gesprochen. Er hat *Die Wörter* geschrieben. Er hat von seiner Mutter erzählt, von seiner Kindheit, in den Tagebüchern hat er sich mit seinen Kriegserlebnissen auseinandergesetzt. Er hat eine Tochter adoptiert. Er brauchte niemanden, um – alles – zu erforschen.

Man hat oft über ihn gesagt, er sei ein Professor, ein ewiger Professor. Ich glaube, er war auch ein ewiger Schüler. Im Sternbild ist Sartre Zwilling – Sinnbild des Alter ego. Sartre wurde jedenfalls von seinem Alter ego beherrscht, und zusammen bildeten sie ein Paar: Der eine Sartre lehrte andauernd, während der andere Sartre den ersten andauernd fragte und ihn bisweilen hinterlistig zwang, alles in Frage zu stellen.

Er streute in sein Werk gern Fragezeichen ein: *Was ist Literatur? Was ist ein Kollaborateur?*

Doch es ging nicht darum, an seiner Stelle zu antworten: Das Sartre'sche System war vollkommen in sich geschlossen. Niemand konnte Sartre mit seinen eigenen Waffen schlagen oder mit ihm polemisieren. Camus und Merleau-Ponty haben diese Erfahrung zu ihrem eigenen Leidwesen gemacht. Was mich betrifft, ich war vorsichtig und begnügte mich damit, ihn sich selbst darstellen zu lassen. Frage, Antwort, neuerliche Frage, neuerliche Antwort. Welch herrliche Eigendynamik!

Da ich also nicht sehr viel zu tun hatte, sah ich ihn an. Man hat viel über Sartres äußere Erscheinung gesprochen, und auch er selbst hat es natürlich getan. Man hat oft seine dicken Brillengläser beschrieben, seine schuppige Haut, sein schielendes Auge. Es stimmte, daß Sartres Äußeres sonderbar war. Man suchte seinen Blick: Welches der beiden Augen sollte man fixieren? Man fragte sich, warum er seine schlechte Haut nicht ein wenig besser pflegte. Man beobachtete seine kleinen Hände, die lebhaft im Raum gestikulierten. Sein Lächeln entblößte keineswegs ein perfektes Gebiß. Sartre war kein Adonis. Ja, na und? Was machte das schon...

Sartre war ganz und gar in seiner Stimme gegenwärtig. Doch seine Stimme war keine wirklich melodiöse Stimme. Und das war mit ein Grund, warum meine Aufmerksamkeit schwankte, warum ich sein Äußeres studierte und auch die Bücher, die hinter ihm auf schlichten Holzregalen standen: Heidegger, Hegel, Husserl, Marx, Kant, Freud – sie waren vollzählig vertreten.

Sartre redete, doch seine Stimme berührte weder mein Herz noch mein Gemüt. Seine hämmernde, präzise Diktion erschien mir fast mißtönend, es war etwas Klagendes in dieser Stimme. War Sartre ein glücklicher Mensch? Er, der so zufrieden schien, immer lächelnd, immer aktiv, immer vorwärtsstrebend, die Feder in der Hand?

Das war die Frage, die ich ihm hätte stellen müssen. Doch er hätte mir freudig, überschwenglich, ja genüßlich geantwortet... Froh, ein neues Thema zu haben, das es ihm erlaubte, sich in einem anderen Schlupfwinkel seiner selbst herumzutreiben, so behende, daß man ihm am liebsten laut applaudiert hätte.

Als ich ihm das Ergebnis unseres Gesprächs fein säuberlich getippt vorlegte, schrieb er es, weil er nicht genug davon bekommen konnte, mit Wörtern zu spielen, zur Gänze noch einmal ab. Mit der Hand auf kleinkariertem Papier – ich besitze dieses Manuskript – und zwar nahezu unverändert. Tatsächlich, der Unersättliche machte es um zu schreiben, zu schreiben, zu schreiben...

Die, die ihn liebten, haben oft von seiner Güte gesprochen. Ich, die ich ihn nicht lieben wollte, weil ich seine Werke zu sehr liebte, kann nur sagen, daß er mich großzügig empfing und freundlich zu mir war. Ob er jedoch zur Kenntnis genommen hat, daß ich existierte und die Welt mit anderen Augen sah als er?

ICH möchte Ihnen Fragen über die Literatur stellen.

Jean-Paul Sartre. Das finde ich amüsant, darüber spricht man nämlich fast nie mit mir. Die Philosophie hingegen...

ES ist bekannt, daß Sie zur Zeit mehrere Bücher in Vorbereitung haben: eines über Mallarmé, eines über Tintoretto, eines über Flaubert und eine Autobiographie. Sie arbeiten an allen gleichzeitig, ohne den Wunsch zu haben, könnte man meinen, eines davon fertigzustellen. Oder ohne daß es Ihnen gelingt. Haben Sie eine Erklärung dafür?

J.-P. S. Ich habe eine. Aber dann ist mit der Literatur Schluß, und wir sind wieder bei der Philosophie!

Seit fünfzehn Jahren suche ich etwas: Es geht darum, wenn Sie so wollen, der Anthropologie ein politisches Fundament zu geben. Das hat sich ausgebreitet. Wie ein Krebs, der Metastasen bildet; Gedanken kamen mir: Ich wußte noch nicht, was ich damit tun sollte, also nahm ich sie irgendwo hinein: in das Buch, das ich gerade schrieb.

Nun ist es soweit, die Gedanken haben sich geordnet, ich schreibe ein Buch, das mich ihrer entledigen wird, *Die Kritik der dialektischen Vernunft*. Der erste Band wird nächsten Monat erscheinen, der nächste in einem Jahr. Ich verspüre nicht mehr den Drang, in meinen Büchern Exkurse zu machen, so als ob ich die ganze Zeit meiner Philosophie nachlaufen würde. Sie wird sich in kleinen Särgen ablagern, ich werde vollkommen ausgeleert und ruhig sein – wie nach *Das Sein und das Nichts*. Die *Leere*. Für einen Schriftsteller ist sie eine Chance. Wenn man nichts zu sagen hat, kann man *alles* sagen.

Wenn ich das Buch über die Anthropologie hinter mir habe, werde ich schreiben können. Über irgend etwas. Was die Philosophie angeht, darauf werde ich nur, für mich selbst, kleine geistige Querverbindungen herstellen.

BEI Ihnen kommen die philosophischen Gedanken an erster Stelle?

J.-P. S. An erster Stelle steht immer das, was ich noch nicht geschrieben habe. Was ich zu schreiben plane – nicht morgen, sondern übermorgen – und was ich vielleicht niemals schreiben werde.

Natürlich, da man viel Zeit braucht, um in ideologischen Fragen ein kleines Stück vorwärts zu kommen, bedeutet das soviel wie, daß die Philosophie zuerst kommt. Aber nicht immer. Als ich *Bei geschlossenen Türen* geschrieben habe, zum Beispiel, ein kleines Theaterstück, in dem nicht viel über Philosophie gesprochen wird, war *Das Sein und das Nichts* bereits erschienen, zumindest war es in Druck. Meine Geschichte der Verdammten war kein Symbol, ich hatte nicht die Absicht, *Das Sein und das Nichts* zu »wiederholen«, wozu auch? Ich erfand einfach Geschichten, mit einer Vorstellungskraft, einer Sensibilität und einer Denkweise, die die Konzeption und dann das Schreiben von *Das Sein und das Nichts* in einer bestimmten Weise vereinigt, integriert und strukturiert hatten. Wenn Sie so wollen, mein großes philosophisches Buch stellte sich selbst in kleinen Geschichten ohne Philosophie dar. Die Zuschauer glauben, daß es *etwas zu verstehen* gibt. Da ist überhaupt nichts.

Doch wenn man nicht-philosophische Werke schreibt und dabei ständig Philosophie wiederkäut – so wie ich es vor allem in den letzten zehn Jahren mache –, leidet die unbedeutendste Seite, die unbedeutendste Prosa an Wucherungen.

In der letzten Zeit zog ich es vor, meine Arbeit zu unterbrechen, wenn ich unter meiner Feder Wucherungen spürte. Deshalb all die unfertigen Bücher.

Selbstverständlich würde ich sie gerne fertigstellen. Aber genauso gerne würde ich etwas ganz anderes schreiben. Zum Beispiel die »Wahrheit« sagen. Das ist der Traum jedes alternden Schriftstellers. Er denkt, daß er sie niemals gesagt hat – und dabei hat er nichts anderes getan, als sie zu sagen, er ist nackt. Nehmen wir an, daß ihm jedenfalls etwas daran liegt, den Striptease selbst zu machen. Die unerledigten Bücher, das sind die Aufträge. Ich habe immer Gelegenheitsliteratur geschrieben, ich habe auf Auftrag gearbeitet. Selbstverständlich kann der Auftraggeber nicht mehr der Staat sein, es ist die Allgemeinheit oder jeder: ein politisches Milieu, dem ich angehöre, ein besonderer Umstand. Der Vorteil dieser Aufträge ist, daß sie den Schriftsteller dazu zwingen, niemals »sich selbst vorzuziehen«. Und gleichzeitig ist das Publikum definiert.

Dieses Buch über die Dialektik, es hat seinen Ursprung in einem Auftrag. Eine polnische Zeitschrift hatte mich gebeten, einen Artikel über den Existentialismus zu schreiben. Ich habe ihn gemacht. Dann habe ich ihn für die Leser von *Les Temps modernes* umgearbeitet. Und als ich ihn dann nochmals durchlas, habe ich gesehen, daß es ihm an Basis fehlte: Es war notwendig, die Bedeutung und die Gültigkeit der Dialektik zu ermitteln. Also habe ich das umfangreiche Werk geschrieben, das nun erscheinen wird. Ich hatte die Gedanken, aber ich hatte nicht den Mut: Früher war ich unbefangen, wenn ich ein Buch publizierte; jetzt bin ich es nicht mehr... Und der polnische Auftrag war so etwas wie der Tritt, der beim Fallschirmspringen einen Anfänger dazu bringt, ins Leere zu springen.

SIE mußten über die Dialektik schreiben, um über Flaubert schreiben zu können?

J.-P. S. Ja. Der Beweis dafür ist, daß ich in dem polnischen Artikel nicht umhin konnte, über ihn zu sprechen, und daß ich umgekehrt in die *Kritik der dialektischen Vernunft* lange Passagen hineingebracht habe, die ich in dem Buch über ihn geschrieben hatte.

UND ist sie Ihre persönliche Eigenheit, diese Vorgangsweise?

J.-P. S. Ich glaube, daß sie mit der Situation, mit den gegenwärtigen Anliegen der Philosophen zusammenhängt. Alles hat sich verändert: Mit Hegel ist die Geschichte als Tragödie in die Philosophie eingedrungen; mit Kierkegaard die Biographie als Lustspiel oder als Drama.

Descartes, das war die Suche nach Regeln, die dazu geeignet waren, den Geist zu lenken. Daraus resultierte ein Rationalismus des Wissens und der Ethik. Wohlgemerkt, der Kartesianismus hat die *klassische Vernunft* ausgedrückt und geformt. Doch was immer seine Beziehungen zur Tragödie sein mögen, es ist klar, daß diese nicht *direkt* den Inhalt dieses Universalismus ausdrückt.

HEUTE hingegen?

J.-P. S. Heute, glaube ich, ist die Philosophie dramatisch orientiert. Es geht nicht mehr darum, Betrachtungen über die Unbewegtheit der Substanzen anzustellen, die sind, was sie sind, auch nicht darum, Regeln über die Abfolge von Phänomenen zu finden. Es geht um den Menschen – der gleichzeitig *wirkende Kraft und Akteur* ist –, der sein Drama produziert und spielt, indem er die Widersprüchlichkeiten seiner Situation bis zum Zerreißen seiner Persönlichkeit oder bis zur Lösung seiner Konflikte auslebt. Ein Theaterstück (episch, wie die von Brecht, oder dramatisch) ist heute die geeignetste Form, den Menschen *als Handelnden* zu zeigen (das heißt den Menschen schlechthin). Und die Philosophie erhebt ja andererseits den Anspruch, sich mit eben diesem Menschen auseinanderzusetzen. Aus diesem Grund ist das Theater philosophisch und die Philosophie dramatisch.

WENN die Philosophie das wird, was Sie sagen, wozu dann das übrige? Warum schreiben Sie nicht nur philosophische Bücher?

J.-P. S. Ich wollte Romane und Theaterstücke schreiben, lange bevor ich wußte, was Philosophie war. Ich will es immer noch, und ich habe es mein ganzes Leben gewollt.

SEIT dem Gymnasium?

J.-P. S. Vorher. Als ich in der Schule Philosophieunterricht hatte, fand ich es so lästig, daß ich überzeugt war, daß es keine einzige Stunde Mühe lohnte. Das lag vielleicht am Unterricht, wie er damals praktiziert wurde.

Doch auf jeden Fall sind diese verschiedenen Sichtweisen der menschlichen Realität nicht untereinander austauschbar. Die Philosophie ist dramatisch, aber sie untersucht nicht das Individuelle als solches. Es gibt eine gegenseitige Beeinflussung zwischen dem Buch über Flaubert und der *Kritik der dialektischen Vernunft*. Doch was vom ersten Buch niemals in das zweite übertragbar sein wird, ist das Bemühen, das Individuum Flaubert zu verstehen (wobei wohlgemerkt unwichtig ist, ob ich dabei gescheitert bin oder teilweise

Erfolg gehabt habe). Darüber hinaus geht es um eine ordnungsgemäße Interpretation. Man wird niemals eine philosophische Abhandlung über *Madame Bovary* machen, weil es ein einzigartiges Buch ist. Einzigartiger als sein Autor, wie alle Bücher. Doch man kann es *systematisch* untersuchen. Bleiben noch *die Leute* zu besprechen. Der Advokat Jaccoud, zum Beispiel, wenn man ihn analysiert, trifft man sein Wesen nicht. Die einzige Möglichkeit, über ihn zu sprechen ist, eine Geschichte zu erfinden.

IN *Was ist Literatur?* sagten Sie, die Prosa sei für Sie nicht mehr als ein Werkzeug, ein verlängerter Arm, eine verlängerte Hand. Und doch sind es Schriftsteller wie Flaubert, Genet, Mallarmé, die Sie interessieren – bei denen Schreiben als Selbstzweck erscheint. Wie erklären Sie diesen Gegensatz?

J.-P. S. Die drei Fälle sind unterschiedlich. Was Flaubert betrifft, er dient mir dazu zu zeigen, daß die Literatur – als reine Kunst, die ihre Regeln einzig und allein von ihrem Wesen ableitet – eine vehemente Stellungnahme auf allen Ebenen – einschließlich der sozialen und politischen – und ein Engagement des Autors verbirgt. Flaubert ist ein dankbares Beispiel. Ich bin sicher, daß man mir vorwerfen wird, ich hätte es mir zu leicht gemacht. Wen trifft die Schuld? Flaubert ist ein ganz großer Schriftsteller. Und schließlich, warum sollte ich nicht versuchen, diese Mischung aus tiefer Bewunderung und Ablehnung, die *Madame Bovary* in mir seit meiner Jugend ausgelöst hat, zu erklären?

An Mallarmé und Genet hingegen gehe ich mit vollster Sympathie heran: Sie engagieren sich beide bewußt.

MALLARMÉ?

J.-P. S. Das ist meine Vorstellung. Mallarmé war vermutlich ganz anders als das Bild, das man von ihm gezeichnet hat. Er ist unser größter Poet. Leidenschaftlich, zornig. Und mit einer Selbstbeherrschung, die so weit geht, daß er sich mit einer einfachen Kehlkopfbewegung selbst tötet... Sein Engagement erscheint mir so vollkommen wie möglich: sozial ebenso wie als Poet.

EIN Engagement der Ablehnung also?

J.-P. S. Nicht nur. Er lehnte seine Epoche ab, doch er bewahrte sie als Übergangszeit, als Tunnel. Er hatte den Wunsch, daß man eines Tages vor dem, was er damals »die Menge« nannte – und worunter er sich ein Massenpublikum vorstellte (eher in einer weltlichen Kathedrale als in einem Theater) – »die Tragödie« spielen werde. Die einzige, die einzigartige, die gleichzeitig das Drama des Menschen, die Bewegung der Erde, die tragische Wiederkehr der Jahreszeiten wäre, und deren Autor, anonym wie Homer, tot wäre, oder aber, inmitten der Zuschauer verloren, dem Ablauf eines Meisterwerkes beiwohnen würde, das nicht ihm gehört, das *alle* ihm wie allen geben würden. Mallarmé verband seine Vorstellungen von Orphik und Tragik eher mit der Gemeinschaft eines Volkes als mit individuellem Hermetismus. Dieser war nur eine Ablehnung der bourgoisen Dummheit. Gewiß dachte er nicht, daß man für ein volkstümliches Publikum »im Klartext« schreiben sollte. Doch er hatte die Vorstellung, daß für dieses geeinte Volk das Obskure klar werden sollte.

KURZ gesagt, auch die Schriftsteller, die man für gleichgültig hält, sind engagiert? Wollten Sie das zeigen, als Sie Flaubert und Mallarmé analysiert haben?

J.-P. S. Das sind andere Dinge. Mit Mallarmé habe ich nur angefangen, und ich werde nicht so schnell zu ihm zurückkommen. Ich erzähle Ihnen von ihm, um Sie darauf hinzuweisen, daß die reine Literatur eine Illusion ist.

DEMNACH glauben Sie, daß Literatur immer engagiert ist?

J.-P. S. Wenn Literatur nicht *ein Ganzes* ist, ist sie keine Stunde Mühe wert. Das will ich mit »Engagement« sagen. Sie verkümmert, wenn Sie sie auf die Naivität, auf Lieder reduzieren. Wenn jeder geschriebene Satz nicht auf allen menschlichen und sozialen Ebenen seinen Widerhall findet, hat sie keine Bedeutung. Die Literatur einer Epoche, das ist die von ihrer Literatur gelenkte Epoche.

MAN hat Ihnen vorgeworfen, die Literatur nicht genügend ernst zu nehmen, sie der Politik unterordnen zu wollen. Wie denken Sie darüber?

J.-P. S. Ich fände es logischer, wenn man mir vorwerfen würde, daß ich sie überschätze. Ihre Schönheit besteht darin, alles sein zu wollen, und nicht darin, nutzlos nach Schönheit zu streben. Nur ein *Ganzes* kann schön sein, die, die das nicht verstanden haben – was immer sie darüber gesagt haben mögen, – haben mich nicht im Namen der Kunst angegriffen, sondern im Namen ihres Engagements für eine bestimmte Sache.

WAS Sie betrifft, glauben Sie, daß die Literatur für Sie all ihre Versprechen erfüllt hat?

J.-P. S. Ich glaube nicht, daß sie sie erfüllen kann, für mich nicht, und für niemanden im speziellen. Ich sage Ihnen etwas über die Forderungen des Stolzes. Ohne wahnsinnigen Stolz schreibt man nicht, man ist bescheiden, wenn man seinen Stolz in seinem Werk ablegen kann. Wenn ein Autor das gesagt hat, kann er bei seinem Vorhaben scheitern; er kann auch mitten in seinem Werk unterbrochen werden. Was macht das schon? Man muß *das Ganze* wollen, wenn man *etwas* erhoffen will.

ETWAS zu schreiben, was ein Ganzes ist, hofft das nicht jeder Schriftsteller?

J.-P. S. Ich glaube es, ich wünsche es allen. Doch ich fürchte die

Demut mancher Leute. Die Akademien, die Ehrenlegionen: Wie demütig man sein muß! Die anderen, wenn sie das Ganze aus dem Nichts herausholen wollen, sollen sie es sagen!

WOZU?

J.-P. S. Wenn sie schweigen, erhalten sie einen Widerspruch aufrecht, der andere Schriftsteller irritiert. Ein Schriftsteller hat nichts in der Hand, nichts in der Tasche. Wenn er Spielkarten hat, muß er sie zuerst offen auf den Tisch legen. Ich hasse all diese Schwindler, die uns glauben machen wollen, daß es eine magische Welt des Schreibens gibt. Sie täuschen die, die nachkommen, sie verführen sie dazu, die gleichen Hexer zu werden wie sie selbst. Die Schriftsteller sollen doch endlich beginnen, dem Illusionismus abzuschwören! Es zeugt wirklich von zu großer Eitelkeit und zu großer Demut, sich für einen Zauberkünstler halten zu wollen. Sie sollen sagen, was sie wollen und was sie tun!

Die Kritiker bestärken sie darin, niemals einzugestehen – vor allem nicht sich selbst – was ihre Wünsche und ihre Mittel sind. Sie wollen die alte romantische Vorstellung bewahren: Der Beste muß schreiben, wie der Vogel singt; doch der Schriftsteller ist kein Vogel.

GIBT es heute Schriftsteller, die nach Ihren Vorstellungen arbeiten: für mehr Freiheit, mit einem umfassenden Engagement?

J.-P. S. Wenn Sie mir die Frage in dieser Form stellen, antworte ich Ihnen, daß ich es nicht so recht weiß. Es gibt hochtalentierte Schriftsteller: Butor, Beckett. Ich interessiere mich sehr für die Werke von Robbe-Grillet, von Nathalie Sarraute. Doch wenn wir ihre Werke in ihrer Ganzheit betrachten, werde ich Ihnen sagen, daß es nur einen einzigen gibt, in Frankreich, der das Problem klar formuliert und den Forderungen des *Ganzen* gerecht wird: Das ist Butor.

Die anderen, ich glaube nicht, daß sie daran interessiert sind: Sie suchen etwas anderes. Und warum sollte man ihnen das Recht zu suchen nicht zugestehen?

SIE finden, daß die Schriftsteller einen Fehler begehen, wenn sie den Bereich ihrer Suche eingrenzen?

J.-P. S. Aber nein, sie würden einen Fehler begehen, wenn sie behaupteten – vielleicht behaupten sie es, doch welcher Schriftsteller tut das nicht irgendwann im Leben? –, daß nur eines getan werden müsse, nämlich das, was sie täten. Doch ihre Suche und ihre Erfahrung sind wertvoll: Wir sind so viele in diesem Land, die wir zusammen und jeder für sich die *wirkliche* Ganzheit schaffen, die die Literatur ist, als objektiver Geist! Sie mögen sich mit Einzelheiten aufhalten, nichtsdestoweniger leisten sie einen Beitrag zum Ganzen, dank aller anderen.

WÜRDEN Sie von Ihrer Suche sagen, daß sie umfassender ist?

J.-P. S. Von der Intention her, ja; die Realisierung, das ist eine andere Sache! Viele gewinnen an Scharfsichtigkeit, wenn es um die Details geht, doch ihr Blick trübt sich, sobald es gilt, dem Detail seinen Platz im Ganzen zuzuweisen.

Ich habe immer – und zwar ohne jede Einschränkung – bemerkenswert gefunden, was Nathalie Sarraute macht. Doch sie glaubt, mit dem Protoplasmaaustausch, den sie beschreibt, elementare, interindividuelle Beziehungen zu erfassen, während sie nur die abstrakten und infinitesimalen Effekte eines genau definierten sozialen Milieus zeigt: wohlhabend, bürgerlich, ein wenig mondän, in dem Arbeit und Nichtstun sich niemals voneinander unterscheiden. Die paranoide Struktur, die in ihren Büchern immer deutlicher hervortritt, offenbart eine diesem Milieu eigene Art von Beziehung. Doch weder ist das Individuum wirklich in das Milieu versetzt, durch das es geformt wird, noch das Milieu in das Individuum: Wir bleiben auf der undifferenzierten und illusionistischen Ebene des Augenblicklichen. In Wirklichkeit werden alle diese interindividuellen Reaktionen durch die Ganzheit definiert – die sie bis in ihre kleinsten Bestandteile ausdrücken. Doch in Nathalie Sarrautes Büchern glänzt die Ganzheit durch Abwesenheit. Der Titel des letzten, *Das Planetarium*, beweist, daß sie absichtlich ausgeklammert ist. Deshalb erinnert das *Planetarium* mit seinem Gewimmel an ein Exemplar der *wiedergefundenen Zeit*, das sich unter der Einwirkung der verlorenen Zeit langsam in seine Bestandteile auflöst. Deshalb auch ist es ein Frauenbuch, das bedeutet, daß diese Zerlegung in kleinste Bestandteile das genaue Gegenteil der Weigerung ist, sich dieser atomisierten Welt *anzunehmen*, es ist die verweigerte Aktion.

SIE haben gerade gesagt »Frauenbuch«. Glauben Sie, daß eine Frau nichts anderes schreiben kann als Frauenbücher?

J.-P. S. Ganz und gar nicht. Ein Frauenbuch, das ist ein Buch, das es ablehnt, für das Verantwortung zu übernehmen, was die Männer tun. Viele Männer haben nie etwas anderes geschrieben als Frauenbücher. Und mit Frau meine ich hier die »Frau als soziales Wesen Frau«. Das heißt die, der man das Recht genommen hat zu sagen: »Ich mache die Welt ebenso wie mein Nachbar«. Wenn ich von »Frauenroman« spreche, dann will ich folgendes sagen: Die Romanschreiberin hat sich aufgrund ihres Talents behauptet, doch sie wollte sich nicht aus ihrer Situation als *Benachteiligte* reißen, aus Abneigung gegen den Feind und in heimlichem Einverständnis mit ihm.

Ich sprach vorhin von paranoider Struktur. Allerdings muß man sagen, daß diese sich dem Autor aufzwingt, ohne daß er es will, vielleicht sogar ohne daß er es weiß. Diese Strukturen, die die zeitgenössische Musik im akustischen Raum zu definieren sucht: Die meisten der »jungen Romanciers« kennen sie nicht oder vertreiben sie aus der Welt des Romans. Sie haben entdeckt, daß die Personen, die Charaktere, die Inhalte nicht existieren. Es ist gut, daß jede Generation es neu entdeckt. Bedeutet das, daß es keine synchronen und diachronen Strukturen in den Gesellschaften gibt, die sie geschaffen haben? Wissen sie nicht, daß sie das eliminieren, was aus ihren Werken die Basis der Anthropologie und der anthropologischen Forschung macht?

Man hat beispielsweise gesagt, daß Robbe-Grillet unsere Sichtweise des Romans von konditionierten Reaktionen befreien will, indem er mit den feststehenden Bedeutungen aufräumt. Linke Kritiker, die Robbe-Grillet mögen, haben sogar gesagt, daß uns diese Gegenkonditionierung von der *bürgerlichen* Sichtweise befreien müßte.

Leider ist diese Gegenkonditionierung zwar möglich – wie im Fall von Webern – wenn es sich um die Welt der Musik handelt: Es geht nur darum, die Erwartung beim Zuhörer zu befreien. Doch das ganzheitliche Objekt, das in einem Roman vorkommt, ist ein Objekt, das *menschlich* ist und nichts ist ohne seine menschlichen Bedeutungen. Die von konditionierten Reaktionen befreiten Objekte Robbe-Grillets schweben zwischen zwei Bedeutungsschichten: Beides sind Extreme. Es kann sich einerseits um Topographien handeln, um streng objektive Beschreibungen, um Körpermaße; nun, nichts ist menschlicher als die Verwendung von Bezugspunkten, die Berechnung, die Vermessung. Nehmen Sie den Menschen weg, so sind die Dinge nicht mehr nahe oder fern, sie sind gar nicht mehr. Die Behauptung, daß man sie beschreiben, klassifizieren, in ein Ordnungssystem bringen kann, das ist das erste Moment der mathematischen Vernunft. Oder aber – das ist das andere Extrem – diese strengen Beschreibungen erscheinen plötzlich als die Symbole der obsessiven und streng subjektiven Welt, die das Objekt-Symbol wählt, weil das Denken dessen, der an Zwangsvorstellungen leidet, sich, wie Lacan sagen würde, nicht artikulieren kann. Nehmen Sie die berühmte Vergewaltigung im *Voyeur*. Und diese Novelle, in welcher man Kinder am Strand gehen sieht, in welcher das einzige Interesse des Autors die Verbindung zweier Bewegungen gewesen zu sein scheint: die der Wellen und – senkrecht zur ersten – die der Schritte, die sich in den nassen Sand eingraben; plötzlich kippt alles ins Symbolische; es genügt, daß die Erwähnung einer Glocke uns das Gehen der Kinder als unbestimmt erkennen läßt, als ziellos und doch durch Rufe bestimmt – von denen man nie wissen wird, ob sie wirklich oder nur geträumt sind –, als einmalig und gleichzeitig immer von neuem beginnend: Es ist ganz einfach ein relativ banales Symbol für unsere Lebenssituation, es ist einmal mehr *der Mensch, die imitierte Illusion*, von René Char.

Ich finde diese Objekte, die ihren Meister verraten, sehr reizvoll. Jedenfalls handelt es sich dabei um eine Schematisierung unter Laborbedingungen. Zwischen den Bedeutungen, deren dicke Schichten die menschliche Sache *ausmachen*, hat niemand das Recht zu wählen. Sie müssen da sein. Alle. Es ist nicht nötig, sie beim Namen zu nennen. Doch Literatur wird *zuerst* mit Schweigen gemacht.

UND Sie glauben nicht, daß die Dinge immer da sind, alle in diesem Schweigen, auch wenn der Schriftsteller nur einige davon nennt? Wenn Sie ein Buch von Robbe-Grillet oder Nathalie Sarraute kritisierten, würden Sie zeigen, wie sehr das Universum da ist, ganz und gar, rund um den kleinsten ihrer Sätze.

J.-P. S. Ja. Vielleicht. Doch es wäre verlorene Zeit. Hingegen muß man zugeben, daß es heute in Frankreich jemanden gibt, der den Ehrgeiz und alle Chancen besitzt, ein großer Schriftsteller zu werden. Den ersten seit 1945: Butor. Ihm müssen wir zu helfen versuchen – obwohl er, glaube ich, niemanden braucht –, indem wir versuchen, seine Intentionen zu durchschauen und sie der Öffentlichkeit verständlich zu machen. Er ist anmaßend: Er schreibt, um davon zu leben. Er möchte Menschen erreichen, die – manchmal – einem populistischen Roman entstiegen zu sein scheinen, *durch das Ganze hindurch*, wo sie verloren sind. Und aus diesem Grund ist keiner dieser Menschen letzten Endes das, was man geglaubt hat: Jeder, verloren im Ganzen, verinnerlicht es und gibt es am Ende wieder; am Ende schreibt jeder.

Ich lese gerade *Degrés*. Nie zuvor hat jemand geschickter und tiefgründiger versucht, die Person durch die familiären, beruflichen Verhältnisse zu erfassen, deren Produkt sie ist, von denen sie konditioniert wird und die von ihr verändert werden. Es gibt ein neues Leben: Der Mensch in diesem Roman ist weder auf das *Soziale* reduzierbar, noch ist es eigentlich eine individuelle Wirklichkeit, noch eine maßvolle Dosierung der sozialen Komponente und des Individuums. Tatsächlich wird das Prinzip der Individualität aufgegeben. Man sieht innerhalb der traditionellen Berufsgruppen sich wiederholende Gruppen, unbestimmte Gruppen, auftauchen, und *es sind dieselben*. Dieses Buch ist zweifellos außergewöhnlich. Wenn ich Kritiker wäre, würde ich gern darüber sprechen.

Ich bin um so verblüffter, als ich schon in *Die Modifikation* sehr Vielversprechendes fand: Dieses Objekt, das für Robbe-Grillet nur mehr eine Horrorvision ist: Butor hat ihm mit einer nicht sehr neuen Technik, aber durch ein extremes Bedachtsein auf strenge Genauigkeit seinen *wahren Sinn* gegeben: ein Instrument, das denjenigen verändert, der sich seiner bedient. Die Absicht, den Zug zu nehmen, spielt die zentrale Rolle der Unentschlossenheit. Doch *im Augenblick* ist es der Zug, *der handelt*: seine Bewegung, sein Anhalten, seine

Traditionen, der Bahnhof und seine Irreversibilität (der Ankunftsbahnhof ist irreversibel; der Abfahrtsbahnhof ebenso; und topographisch ist er derselbe), die Entfernung zu den übrigen Personen, alles *modifiziert* die Figuren.

Hinter Butors ersten drei Büchern spüre ich den Versuch – wohlüberlegt und völlig verrückt, also den eines echten Schriftstellers –, sich des Ganzen zu bemächtigen. Er nimmt Wege in Besitz. Er wird noch weitere in Besitz nehmen.

UND Sie? Was war Ihre persönliche Erfahrung mit Ihrer Arbeit als Schriftsteller? Haben Sie die Literatur so eingesetzt, wie Sie hofften, es tun zu können? Sind Sie zufrieden, optimistisch? Oder sind Sie enttäuscht worden?

J.-P. S. Nein, ich bin niemals enttäuscht worden. Was meine Arbeit betrifft, das hat immer funktioniert. Ich habe in Angriff genommene Bücher aufgegeben, weil ich nicht wußte, wie ich weitermachen sollte. Ich habe andere veröffentlicht, von denen ich hoffte, sie wären gut und die man schlecht gefunden hat, und manchmal bin ich zu der Erkenntnis gelangt, daß ich unrecht hatte und daß die Kritiker recht hatten. Doch das alles, das ist eben der Beruf. In irgendeiner Weise findet man in allen Berufen dieselben Enttäuschungen.

Was ich sagen will ist, daß die schriftstellerische Tätigkeit als solche *keine* Enttäuschung mit sich bringen *kann*. Ich mag Ihnen wirr vorkommen, doch man müßte sonst zu lange darüber sprechen: Im Bereich des Ausdrucks ist der Erfolg zwangsläufig ein Scheitern. Ich spreche nicht von jenen Mißverständnissen, die für die adeligen Schriftsteller des vorigen Jahrhunderts zwangsläufig deren große Auflagen erklären mußten. Ich spreche vom fachlichen Erfolg. Man *kann nicht* Erfolg haben, denn man hat zu Beginn das Scheitern postuliert (die Bewegung durch das Unbewegte fixieren, etc.); durch alle Lügen hindurch findet man es am Ende wieder: Es gibt eine derartige Anhäufung kleiner Niederlagen, daß der Moment kommt, wo man nicht mehr weitergehen kann; alles ist verloren. In diesem Moment, sagt mein Freund Giacometti, kann man die Skulptur in den Mülleimer werfen oder sie in einer Galerie ausstellen. Dann ist es passiert. Es entgleitet einem. Und aus diesem Grund wird es eine Statue oder ein Bild. Das Gegenteil von dem, was man wollte. Wenn die Niederlagen systematisch in das Negativ eingetragen sind, das man dem Publikum liefert, deuten sie an, was gemacht werden sollte. Und es ist der Betrachter, welcher der wahre Bildhauer im Leeren ist, der das Buch zwischen den Zeilen liest.

APROPOS Publikum. Welche Beziehung haben Sie zum Publikum? Wie hat sie sich entwickelt? Sagten Sie nicht, daß das Publikum eine große Rolle im Leben eines Werkes spielt?

J.-P. S. Man ist so sehr gebunden. Nicht nur an seine Epoche, sondern – in dieser Zeit des Nationalismus – an die Gesellschaft seines Landes, daß es unmöglich ist, eine andere persönliche Geschichte zu haben als die Geschichte seines Publikums. Eines Tages, als wir noch jung waren, Simone de Beauvoir und ich, hatten wir beschlossen, Ski zu fahren. Ein ernsthafter, wohlüberlegter Entschluß, den wir ziemlich originell fanden. Am Tag unserer Abfahrt haben wir festgestellt, daß alle Schüler der großen Gymnasien und ihre Professoren genauso originell gewesen waren wie wir! Das heißt, daß ich niemals sagen würde, was *ich* fühle, es sei denn, ich bin sicher, daß *alle* es fühlen. Ich möchte nicht gegen meinen Willen das Publikum ausdrücken, wie die Aristokraten der Sensibilität, die zu Beginn des Jahrhunderts einen exquisiten Sinn für Toledo oder für Goya haben wollten – und die letzten Endes einen Versuch bürgerlicher Preziosität ausdrückten, die der Erste Weltkrieg erstickt hat. Ich möchte, so gut ich kann, sagen, *was ich fühle – wie alle anderen.*

WER ist Ihr Publikum?

J.-P. S. Studenten, Professoren, Leute, die wirklich am Lesen Interesse haben, die süchtig danach sind: Das ist ein ganz kleiner Kreis. Die Auflagen bedeuten nichts, ob sie nun groß oder klein sind. Dieses Publikum bleibt dasselbe. Nicht *meines, unseres*: das aller Menschen, die süchtig nach Schreiben sind.

Die Journalisten tun etwas Seltsames: Sie mixen die Auflagezahlen, errechnen Durchschnittswerte, machen statistische Vergleiche (so recht und schlecht und aufgrund von Angaben, die im allgemeinen falsch sind) und ziehen Schlüsse. Sie tun das, weil sie die Aussagekraft der Auflagenstärke eines Buches mit der Aussagekraft der Auflagenstärke ihrer Zeitung verwechseln. In Ländern wie der UdSSR, wo es staatliche Verlage gibt, hat die Auflage eine echte Bedeutung: Wenn das Leserpublikum eine neue Übersetzung von Zola verlangt, dann deshalb, weil es wirklich das Bedürfnis hat, Zola zu lesen oder nochmals zu lesen. Doch in Ländern mit liberalem Kapitalismus und Privatunternehmen sagen Zahlen nichts aus. Welcher Zusammenhang besteht zwischen einem Buch wie dem von Schwarz-Bart – durchdacht, eindringlich, tiefsinnig, ein hoffnungsloser Versuch, Tote, die wir auf dem Gewissen haben, wieder zurückzuholen, und der eleganten jungen Frau mit dem harten, dummen Gesicht, die ich unlängst im Speisewagen eines Zuges *Le Dernier des Justes* lesen gesehen habe, während sie ein Marmeladebrot aß? Sie las es, doch sie war nicht eine *seiner* Leserinnen.

SIE haben meine Frage nicht ganz beantwortet: Was Sie betrifft, Sie persönlich, haben Sie das Gefühl des Erfolges oder des Scheiterns? Würden Sie sagen, daß sich aufgrund dessen, was Sie geschrieben haben, gewisse Dinge verändert haben?

J.-P. S. Überhaupt nichts. Im Gegenteil, ich habe von meiner Jugend an bis heute die Erfahrung der totalen Machtlosigkeit gemacht. Doch das hat keinerlei Bedeutung. Wenn Sie so wollen, ich habe anfangs Bücher geschrieben, die nicht direkt auf soziale Probleme abzielten; danach kam die Okkupation: Man begann die Notwendigkeit des Handelns zu überlegen. Nach dem Krieg hat man ebenfalls geglaubt, daß Bücher, Artikel etc. dienlich sein könnten. Es diente zu rein gar nichts. Dann hat man geglaubt – oder vielmehr ich habe es zumindest geglaubt –, daß Bücher, gedachte und geschriebene ohne genauen aktuellen Anlaß, auf lange Sicht helfen könnten. Nun, und auch das nützt nichts; es ist ganz und gar nicht die Art und Weise, wie man auf die Leute einwirken kann; man findet das, was man gedacht oder gefühlt hat, einfach entstellt wieder. Man findet es gegen sich selbst gerichtet und von einem jungen Mann umgeändert, der versucht, Sie en passant niederzuknüppeln (er tut recht daran, ich habe es genauso gemacht). Das ist literarisches Agieren. Sie sehen, daß es nicht die Wirkung hervorruft, die man hervorrufen wollte.

IMMERHIN sind nicht alle, auf die Sie Einfluß ausgeübt haben, zu Angreifern geworden! Gibt es niemals Leute, bei denen Sie sich mit Freude wiedererkennen?

J.-P. S. Natürlich. Doch verstehen Sie mich: Damit ich sie schätze, müssen sie etwas von dem tun, was ich getan habe. Und da ich noch lebe, wird das notwendigerweise im Gegensatz zu dem stehen, was ich selbst mache. Die Leute, die man schätzt, können nicht passiv einem Einfluß unterliegen. Wenn ich mich wirklich in jemandem *wiedererkennen* würde, ginge mir das auf die Nerven. Wozu noch einmal machen, was ich schon gemacht habe? Wenn mir hingegen ein Schriftsteller gefällt (oder ein junger Leser, der nicht schreibt), so besteht die wirkliche Chance für mich darin, daß er mich zunächst verunsichert. Um so besser, wenn ich nach einiger Zeit hinter dem, was neu ist, ein altes, verzerrtes, halb verblaßtes Bild meiner selbst entdecke.

Mit einem Wort, das Ehrenvolle an der Lektüre ist, daß der Leser sich freiwillig einem Einfluß aussetzt. Das genügt, um das Märchen von seiner Passivität zu entkräften: Er erfindet uns und stellt sich mit unseren Worten seine eigenen Fallen. Er ist aktiv, er wächst über uns hinaus, und dafür schreiben wir. Genau aus diesem Grund habe ich in meinem Beruf nie Enttäuschungen verspürt. Natürlich habe ich einmal die Erfahrung der Ohnmächtigkeit gemacht. Doch das war, weil ich um das Jahr 1940 herum noch an den Weihnachtsmann geglaubt habe.

VIELLEICHT überrascht es Sie, aber ich habe manchmal das Gefühl gehabt, daß Sie selbst ein wenig eingeschlossen sind, in dieser Zeit, dieser Gesellschaft, und auch in Ihrem Werk. Während ich *Die Einge-*

schlossenen von Altona sah, habe ich mir gesagt, daß Sie dieser Eingeschlossene waren.

J.-P. S. Ich? Ich wäre es gern. Denn bisher habe ich mich nicht genug eingeschlossen, für meinen Geschmack. Wenn ich Frantz wäre, würde ich mich nicht mit Schuldgefühlen quälen; im Grunde ist es das Negativ einer meiner Träume: in einer Zelle sein und in Ruhe schreiben können. Ich werde diesen frommen Wunsch bis zu meinem Tod hegen!...

Nein. Ich wollte tatsächlich etwas wiedergeben, was ich fühle – wie jeder Mensch, glaube ich. Eine Art Bestürzung, die Menschen meines Alters (vierundfünfzig) und etwas darunter erfaßt, wenn sie diese Epoche betrachten, die wir alle mitgestaltet haben und sagen: »Aha, so ist das.« Ich spreche nicht davon, was vielleicht ein junger Russe denkt, sondern davon, was ein alternder Franzose denkt.

Sehen Sie: Wir waren in unserer Jugend friedlich und quälten uns mit dem Problem der Gewalt herum. Das Ergebnis ist, daß die jungen Leute die Gewalt übernommen und die dazugehörigen Probleme über Bord geworfen haben. Das ist es, was ich versucht habe, Ihnen zu sagen: Sich bei anderen wiederzuerkennen, wie schwierig das ist! Wo man bei ihnen doch *ein anderer* ist.

EBEN, Sie, den das Problem der Gewalt »gequält« hat, man hat das Gefühl, daß Sie sich noch unbehaglicher fühlen als die anderen, in dieser finsteren Gesellschaft, daß Sie sich darin überhaupt nicht wohl fühlen, daß Sie darin ersticken – und daß Sie Ihr Werk gleichsam als Schutz um sich aufbauen. Deshalb habe ich Sie vorhin gefragt, ob Sie sich nicht »eingeschlossen« fühlten.

J.-P. S. Zur düsteren Stimmung der *Eingeschlossenen* hat mich hauptsächlich der gegenwärtige Zustand der französischen Gesellschaft animiert. Es ist eine schreckliche Mißwirtschaft, mit der ich mich im übrigen vollkommen solidarisch fühle, wie jeder. Ich bin ein Gefangener, wie alle, die nein gesagt haben und es immer wieder sagen; das ist durch das gegenwärtige politische System bedingt.

WAS verstehen Sie unter »Gewalt«?

J.-P. S. Wir – die Leute meines Alters – wir haben zwischen Kindheit und Erwachsenwerden zwei heilige Gewaltakte erlebt. 1914, der Krieg: Man hat uns gesagt, er sei gerecht und Gott sei mit uns. 1917, die Russische Revolution. Inzwischen waren wir in der Tat etwas desillusioniert, und um 1919 herum haben wir all unsere Hoffnungen in sie gesetzt. Glauben Sie nur nicht, daß ich einen kapitalistischen Krieg mit der Revolte von Leningrad gleichsetze; ich vermag heute zu glauben, daß der Oktober 1917 die Welt unwiderruflich verändert hat. Ich spreche vielmehr von den Kindern, die wir waren. Wir waren von der Gewalt unserer Väter durchdrungen. Zwischen 1914 und 1918 habe ich in La Rochelle gelebt: Die Kinder waren an der acht, sie wähnten sich an der Front; einer meiner Spielkameraden verfolgte seine Mutter mit einem Messer in der Hand, weil sie ihm Kartoffeln vorgesetzt hatte und weil er das nicht mochte. Ansonsten waren es sehr vernünftige Knaben. Doch jene Ereignisse waren ihnen ein wenig zu Kopf gestiegen, weil man von ihnen im allgemeinen verlangte, diese heilige Gewalt zu *verinnerlichen*. Das haben sie gemacht, und viele – darunter auch ich – waren davon angewidert und hatten keinerlei Schwierigkeiten, diesen berühmten heiligen Krieg durch die heilige Revolution zu ersetzen. Als ich in die École Normale eintrat, hätte niemand, nicht einmal ein militanter Katholik, zu sagen gewagt, daß Gewalt abzulehnen sei. Wir waren vor allem darauf bedacht, sie zu kanalisieren, zu limitieren. Eine wohlanständige und einträgliche Gewalt. Wir waren zum Großteil sehr friedlich, und doch waren wir gewalttätige Wesen geworden, denn eines unserer Probleme war folgendes: Ist dieser oder jener Akt ein Akt revolutionärer Gewalt oder geht er über die im Sinne der Revolution gerechtfertigte Gewalt hinaus? Dieses Problem ist unser Problem geblieben: Wir werden es nicht bewältigen.

Sie verstehen, was ich sagen will? Und dann haben viele von uns Kinder gezeugt. Ich habe keine gezeugt. Aber ich habe die der anderen unterrichtet (ich war Professor): gleiche Verantwortung für alle. Und diese Kinder haben wieder Kinder bekommen. Nun, es scheint mir, daß diese unserem Einfluß ausgesetzt waren, und – das gilt für viele von ihnen – sie haben die Sache radikalisiert. Was die jungen Leute, die in London Farbige gelyncht haben, die jungen deutschen Antisemiten, die jungen französischen Faschisten charakterisiert, ist, daß sie die absolut reine, unbedingte Gewalt anwenden und lieben. Diese Gewalt stellt sich niemals in Frage, sie versucht nicht, Selbstkritik zu üben: Sie *liebt sich selbst*. Es ist ebenso eine durch das Elend hervorgerufene Explosion des Hasses wie eine Art der Zerstreuung. Es gibt die »Rocker«, die sich in den Satellitenstädten der Umgebung von Paris zu Tode langweilen. Sie bilden Banden, und dann ist alles so friedlich, so unheimlich friedlich in diesen von den Kapitalisten unseres Neo-Patriarchalismus mit Sorgfalt errichteten Gebäuden, daß nichts anderes übrig bleibt, als alles kurz und klein zu schlagen.

Das ist es, was uns verblüfft: Man verstand, wir verstanden die Gewalt als etwas aus der Ausbeutung und Unterdrückung Entstandenes, gegen sie Gerichtetes. In gewisser Weise gibt es eine *Politik*, welche die Errichtung der Satellitenstädte gelenkt hat, und diese Politik steht, wie jede Art von Patriarchalismus, im Gegensatz zu den Interessen der Arbeiter. Wir anderen, wir Alten, wir würden verstehen, daß die jungen Leute Fenster und Türen einschlagen, um sich dieser Politik entgegenzustellen. Ich sage nicht, daß sie recht hätten: Ich sage, wir würden sie verstehen. Aber nein: Sie verprügeln sich gegenseitig oder gehen auf Passanten los. Es ist genau diese Situation, die ihre Gewalt herausfordert. Doch die Gewalt erscheint ihnen deshalb legitim, weil sie anarchistisch ist. Wenn sie auch nur im geringsten politische Züge annähme, würde sie ihnen suspekt werden. Unserer Meinung nach konnte die Gewalt eingesetzt werden, wenn es darum ging, die Interessen der Massen, einer Revolution etc. zu verteidigen. Ihrer Meinung nach setzt man Gewalt nicht ein: sie ist gut, wenn sie *keinen Sinn* hat.

Ich werde mit Ihnen nicht darüber sprechen: Ich zeige Ihnen einen Einfluß. Und natürlich sind es nicht *unsere* Vorstellungen, die sie konditioniert haben, sondern der kalte Krieg. Doch den kalten Krieg haben wir gemacht.

GLAUBEN Sie immer noch, daß Sie Ihre Zeit formen?

J.-P. S. Wenn man einmal vierundfünfzig Jahre alt ist, kann man auf jeden Fall beginnen, in der Vergangenheit zu sprechen. Doch eines bleibt in jedem Alter dasselbe: Die Geschichte macht den Menschen, und der Mensch macht die Geschichte.

WÜRDEN Sie sagen, daß wir dafür verantwortlich sind?

J.-P. S. Verantwortlich und mitschuldig. Die ganze französische Gesellschaft ist verantwortlich für den Algerienkrieg, und für die Art, wie er geführt wird (Folter, Internierungslager). Die ganze Gesellschaft, einschließlich der Franzosen, die nicht aufgehört haben, sich dagegen zu stellen. Wir sind darin gefangen; die geringste Diskussion zwischen den Strömungen der Linken, die sich nach und nach gegenseitig umgebracht haben, war eine Erlaubnis zur Folter, zum Staatsstreich. All diese etwas schlaffen, konformistischen Herren, die wir geworden sind, sie müssen den Krieg verinnerlichen. Und da sind wir solidarisch: tief in die Gewalt verstrickt, immer ein wenig mehr. Das wollte ich – unter anderem – in den *Eingeschlossenen* sagen. Wenn Frantz stirbt, dieser Henker: Das sind wir, das bin ich.

All das hindert nicht am Schreiben.

WELCHE Rolle schreiben Sie der Literatur zu, wenn Sie doch das Gefühl der Ohnmacht haben, wenn dieses Jahrhundert doch gewaltsamer ist als alle zuvor?

J.-P. S. Der Mensch lebt umgeben von seinen Bildern. Die Literatur gibt ihm ein kritisches Bild seiner selbst.

EINEN Spiegel?

J.-P. S. Einen kritischen Spiegel. Zeigen, verdeutlichen, wiedergeben. Darin besteht das Engagement. Danach sehen sich die Leute an und tun, was sie wollen. Im 18. Jahrhundert sind die Schriftsteller von der Geschichte getragen worden. Damit ist heute Schluß. Sie sind verdächtig. Versuchen wir, diese Rolle zu behalten. Wenn eine Gesellschaft keine Verdächtigen mehr hätte, was würde dann übrigbleiben?

SIE glauben, daß Schriftsteller »verdächtig« sind? Erweisen Sie ihnen damit nicht ziemlich viel Ehre?

J.-P. S. Man verdächtigt sie, Spiegel in ihren Taschen zu haben, die sie herausziehen wollen, um sie ihrem Nachbarn vorzuhalten –, der möglicherweise einen Schlaganfall bekommt, wenn er sich so unvorbereitet sieht.

Sie sind verdächtig, weil die Poesie und die Prosa kritische Künste geworden sind: Mallarmé war es, der seine eigene Poesie »Poésie Critique« genannt hat. Schreiben heißt immer, die ganze Literatur in Frage zu stellen. Heutzutage. Und in der Malerei, in der Bildhauerei, in der Musik ist es das gleiche: Die ganze Kunst läßt sich in das Abenteuer eines einzigen Menschen ein; er sucht und drängt seine Grenzen zurück. Doch die Literatur kann nicht kritisch sein, ohne alles in sich in Frage zu stellen: Das ist ihr Inhalt. Das Abenteuer des Schreibens in jedem Schriftsteller bezieht alle Menschen mit ein. Die, die lesen und die, die nicht lesen. Ein *beliebiger* Satz – vorausgesetzt, der Schriftsteller hat Talent –, und sei er über den Urwald, stellt das, was wir gemacht haben, in Frage und wirft die Frage nach *einer* Legitimität auf (unwichtig, nach welcher, es handelt sich immer um eine menschliche Macht). Vergleichen Sie diese Verdächtigen mit den Ethnologen: Die Ethnologen *beschreiben*; die Schriftsteller *können nicht mehr* beschreiben: Sie beziehen Stellung.

IST der Schriftsteller-Beruf nicht ein seltsamer Beruf? Er verlangt Energie, natürlich, doch beruht er nicht auch auf einer Art von Schwäche?

J.-P. S. Ich habe mich gegen den Tod für ihn entschieden und weil ich keinen Glauben hatte: Das ist wohl eine Art von Schwäche.

Mit sieben oder acht Jahren lebte ich bei meiner Mutter, die Witwe war, zwischen einer katholischen Großmutter und einem protestantischen Großvater. Bei Tisch machte sich jeder über die Religion des anderen lustig. Es war nicht böse gemeint: eine Familientradition. Doch ein Kind denkt geradlinig: Ich zog daraus den Schluß, daß keine der beiden Konfessionen etwas taugte. Obwohl man glaubte, mir die katholische Religion zu vermitteln, hat das für mich nie gezählt.

Nun, etwa im selben Alter, hatte ich große Furcht vor dem Tod. Warum? Vielleicht gerade deshalb, weil ich nicht den (für Kinder) wohltuenden Mythos vom Weiterleben nach dem Tod hatte. Ich schrieb bereits, wie Kinder das eben tun. Ich gab meinem Hang zum Schreiben nach, meinem Wunsch nach Unsterblichkeit. Nach literarischer Unsterblichkeit, natürlich. Dieser Gedanke der literarischen Unsterblichkeit, den ich seither natürlich aufgegeben habe, war zu Beginn sicherlich der Kern meiner psychischen Energien.

Der Christ fürchtet sich, im Prinzip, nicht vor dem Tod, weil er sterben muß, um das wahre Leben zu beginnen. Das irdische Leben ist eine Zeit der Prüfung, um den himmlischen Ruhm zu verdienen. Das setzt genaue Verpflichtungen voraus, Riten, die einzuhalten sind; außerdem gibt es Gelübde: Gehorsam, Keuschheit, Armut. Ich nahm all das, und ich übertrug es auf literarische Begriffe: Ich würde mein ganzes Leben lang verkannt sein, doch ich würde das ewige Leben durch meinen Fleiß beim Schreiben und meine berufliche Reinheit verdienen. Mein Ruhm als Schriftsteller würde am Tag meines Todes beginnen. Ich hatte schwere Gewissenskonflikte: Sollte ich alles kennenlernen, um über alles schreiben zu können? Oder wie ein Mönch leben, um meine ganze Zeit darauf zu verwenden, an meinen Sätzen zu feilen? Was in Frage stand, war auf jeden Fall *alles*. Das literarische Leben war, in meiner Vorstellung, ein genaues Abbild des religiösen Lebens. Ich dachte nur mehr daran, mein Heil zu erlangen...

All das habe ich bis zu meinem vierzigsten Lebensjahr nicht gewußt: einfach deshalb, weil ich mich niemals fragte, was mich zum Schreiben motivierte. Ich focht alles an, außer meinen Beruf. So daß ich eines Tages, als ich Betrachtungen über die Moral schrieb, bemerkte, daß ich die Ethik eines Schriftstellers für Schriftsteller machte und vorgab, zu denen zu sprechen, die nicht schreiben! Das hat mich gezwungen, zu den Quellen dieser bizarren Haltung zurückzugehen und die Voraussetzungen zu suchen – oder, wenn man will, die psychischen Energien meiner Kindheit. Heute bin ich sicher, daß es das ist. Um so mehr, als Schriftsteller, die ein wenig älter – kaum älter – sind als ich, dieselbe Entwicklung gehabt haben: Die Zeit war es, die ihre künftigen Schriftsteller formte.

Also ist es in der Tat ohne jeden Zweifel eine Flucht, eine Schwäche. »Mir ist das alles egal, denn ich schreibe *Paludes*...«

ABER sagten Sie nicht vorhin, daß der literarische Ruhm Sie nicht interessiert?

J.-P. S. Es ist nicht, daß er mich nicht interessiert, sondern ab einem gewissen Moment hat das kaum mehr eine Bedeutung. Je *realer* der Tod wird, desto mehr reduziert sich der Ruhm auf eine Täuschung. Kürzlich sagte jemand, es gäbe nichts Unwürdigeres als die posthumen Rehabilitierungen: Man nimmt einen von uns, bringt ihn dazu, aus Kummer oder Wut zu sterben, und dann, ein Viertel Jahrhundert später, errichtet man ihm ein Denkmal. Und es sind *dieselben*, die vor seinem Bildnis Reden halten, dieselben Schakale: Sie ehren den Toten, um irgendeinen Lebenden vergiften zu können!

Eigentlich wird nichts und niemand rehabilitiert. Vor allem nicht die Mörder. Was den Toten betrifft, er hat bis zum Ende gelitten, er ist in der Verzweiflung zugrunde gegangen, *und das ist alles*. Sie haben Baudelaire und Nietzsche ins Elend und in den Wahnsinn getrieben.

Und dann kommen sie und erzählen Ihnen von dem einen, daß er der Prophet des 20. Jahrhunderts ist, und vom anderen, daß er der größte französische Dichter ist! ... Was ändert das schon? Der Tod läßt sich nicht rückgängig machen.

Aber was wollten Sie sagen, als Sie von Schwäche sprachen? Sicher nicht das, was ich gesagt habe.

ICH denke, daß ein Schriftsteller immer eine Zuflucht hat: Ob gut oder schlecht (Sie sagten vorhin, daß die literarische Arbeit an sich nicht enttäuschend sein kann), wenn die Realität ihm nicht behagt, zieht er sich zurück, er findet wieder sein leeres Blatt vor. Während ein Mensch, der sich aktiv engagiert, einfach alles verlieren kann.

J.-P. S. Sie sprechen so, als ob man wählen könnte. Aber – abgesehen von einer kleinen Gruppe wohlhabender Leute, die der herrschenden Klasse angehören – wählt man nicht zwischen Literatur und Politik. Die Situation entscheidet. Den Männern der Nationalen Befreiungsfront zum Beispiel stellte sich das politische Problem unmittelbar, gewaltsam: Das ist eine ganze Generation, die schon in frühester Kindheit in den Krieg geworfen worden ist. Die Anwendung von Gewalt ist in diesem Fall keine freie Entscheidung, sondern eine Orientierung aufgrund der Situation. Danach, wenn der Krieg zu Ende ist, werden sich vielleicht einige unter ihnen finden, die schreiben. Doch die Politik und der Krieg waren *zuerst* ihr Los.

Bei uns ist es die Mittelklasse, die gleichermaßen das literarische und das politische Personal der Nation liefert. Die Nation ist ein wenig schlapp. Seit vielen Jahren. Also bleibt Zögern erlaubt. Das Resultat kennen Sie: der elende Zustand unserer Politiker. Auf diesem Niveau wird nicht differenziert: Die schlechte Literatur rettet sich durch ihren politischen Inhalt, und die Politik wird schlechte Literatur. Die Undifferenziertheit geht so weit, daß man den Schriftstellern vorwirft – mir hat man es vorgeworfen –, Kriege verloren zu haben (das ist der Vorwurf der Rechten), oder die Massen nicht in einen Angriff auf unsere Bastillen gestürzt zu haben (das kommt von links). Ein Journalist pflegte mich aufzusuchen, früher, wenn die Angelegenheiten des Staates oder des Universums nicht funktionierten. »Ich möchte gern einen Schrei«, sagte er zu mir, »wären Sie so freundlich, ihn auszustoßen?« Manchmal, stellen Sie sich vor, habe ich ihn ausgestoßen! Die Wirkung war verschieden stark: Sie hing von allen anderen ab, von der Zahl derer, die beschlossen hatten – *vorher*, selbstverständlich – zu demonstrieren. Doch gerade das ist die Größe und die Schwäche der pathetischen Literatur: sie hängt gänzlich von den anderen ab, in der Politik. Die anderen sind es, die die Worte – die sie vielleicht nicht einmal gelesen haben – mit ihrer Begeisterung aufblähen. Die Arbeit des engagierten Schriftstellers, ich habe es Ihnen gesagt: zeigen, verdeutlichen, desillusionieren, die Mythen und Fetische in einem kleinen Bad scharfer Kritik auflösen. Mit ein wenig Glück werden die anderen dadurch neue Mythen erfinden; oder aber – wie es bei Puschkin oder im elisabethanischen Zeitalter geschehen ist – der reinste oder der leidenschaftlichste Stil wird mit einer politischen Aktion gleichgesetzt werden, weil der Schriftsteller die Nation seine Sprache entdecken lassen wird, als letztes Moment ihrer Einigung. Diese Chancen sind uns nicht gegeben worden. Ich fürchte, daß die Beweggründe, sich der Literatur zuzuwenden, heutzutage immer seltener werden. Zu meiner Zeit gedachte man in seinem Bett zu sterben: Ich war mir eines langen Lebens sicher, wenn ich meinen uralten, immer noch rüstigen Großvater betrachtete; also durfte ich in den literarischen Orden eintreten. Ich hatte sechzig Jahre Glauben und Lust vor mir. Seit dem kalten Krieg drillt man die jungen Leute zu denken, daß der Tod schon morgen kommen kann: Gott gewinnt wieder die Oberhand über die Literatur; er kann augenblicklich retten; mein Gott, grausamer, verlangte ein ganzes Werk! ... So beginnt die Täuschung von neuem: Es gibt Unruhen in der Geschichte. All das, um ihnen zu sagen, daß diese Motivationen durch Schwäche oder Stärke – oder durch irgendeinen anderen subjektiven Beweggrund – oberflächlich richtig und gleichzeitig viel zu einfach sind. Vergessen Sie nicht, daß ein Mensch seine ganze Epoche ist, wie eine Woge das ganze Meer ist....

FINDEN Sie, daß die Leute weniger Lust haben zu schreiben?

J.-P. S. Bestimmt haben sie Lust zu schreiben. Doch wollen sie *ausschließlich das tun*? Vielleicht wird Literatur eines Tages irgendwo entstehen, bei irgend jemandem, und dann verschwinden, um beim nächsten neu zu entstehen. Es wird keine Schriftsteller mehr geben: höchstens Menschen, die – unter anderem – schreiben. Das wird richtiger sein. Näher dem *Schreibbedürfnis*, das bei allen, noch heute, etwas Absolutes ist. Wir, deren Beruf es ist, wir geben vor, einen Auftrag zu haben, und die Leute lassen uns gewähren – weil sie selbst nicht schreiben. Wir stellen uns als Auserwählte dar. Doch das ist eine Lüge. Mit den Auflagezahlen schiebt die Presse der Täuschung einen Riegel vor: Sie verwandelt jedes gekaufte Buch in eine Wählerstimme. In Wirklichkeit liest man, weil man schreiben will. Lesen, das ist – jedenfalls ein bißchen – neu schreiben.

Ja, von diesem Standpunkt aus entdecken die Leute, daß sie das Bedürfnis haben, ihr Leben auszudrücken. Während meiner Gefangenschaft gab es im Arbeitslager einen kleinen Wilddieb: verwahrlostes Kind, Fürsorge und alles, was man sich so vorstellt. Als er Soldat war, schrieb man ihm, daß seine Frau ihn betrog. Er ist losgezogen, mit seinem Gewehr, hat sie mit ihrem Liebhaber im Bett vorgefunden; er hat sie schlicht und einfach umgebracht. Er ist zurückgekommen und hat sich gestellt. Das war im Mai 40. Man hat ihn in ein Militärgefängnis gesperrt. Er kam noch einmal davon: Die Deutschen haben ihn herausgeholt und ihn in ein Gefangenenlager nach Deutschland gebracht. Diese Geschichte von Leidenschaft und Mord, die nun nicht mehr sanktioniert war, blieb in der Schwebe. Wir, seine Kameraden, wir kannten sie, ein Offizier des Militärgerichts konnte sie bestätigen: Das genügte nicht, er fühlte sich betrogen. Um so mehr als die Trauer in ihm arbeitete: Es blieb nichts als eine abstrakte Erinnerung. Er *hatte die Idee*, die Geschichte zu schreiben, um sie auszudrücken. Das heißt, um sie *zu besitzen*, in aller Klarheit, in aller Deutlichkeit, und gleichzeitig, damit sie ihn besitzen und – mit dem Autor in ihrem Inneren, tiefgefroren, objektiviert – bleiben möge. Natürlich hat er sie *sehr schlecht* geschrieben: Hier beginnen die Schwierigkeiten. Lesen Sie *Le Paradoxe d'Aytré* von Blanchot; er erklärt wunderbar, wie dieser erste Wunsch, *alles zu sagen* darin endet, *alles zu verbergen*. Doch das ist eine andere Geschichte. Was ich sagen will, ist, daß die Leute – alle – möchten, daß dieses gelebte Leben, das ihr Leben ist, mit all seinen dunklen Punkten (sie sind vor ihrer Nase), auch *dargestelltes* Leben ist, daß es sich von allem löst, wovon es zu Boden gedrückt wird, und daß es, mit Hilfe des Ausdrucks, *essentiell* wird, indem es die Gründe für sein Zu-Boden-gedrückt-sein auf die *nicht-essentiellen* Bedingungen seiner Gestalt reduziert. Jeder will schreiben, weil jeder das Bedürfnis hat, ein *Bezeichnender* zu sein, das *zu bezeichnen*, was er empfindet. Andernfalls geht alles zu schnell, man hat die Nase am Boden, wie ein Schwein, das man zwingt, Trüffel aufzustöbern, es ist nichts vorhanden.

Ich habe viele Illusionen über die Literatur verloren: daß die Literatur einen absoluten Wert hätte, daß sie einen Menschen retten oder einfach die Menschen ändern könnte (außer unter ganz bestimmten Umständen), all das erscheint mir heute überholt: Der Schriftsteller schreibt weiter, wenn er diese Illusionen verloren hat, weil er, wie die Psychoanalytiker sagen, alles ins Schreiben investiert hat. So wie man weiter mit Menschen lebt, die einem nichts mehr bedeuten, die jedoch eine andere Bedeutung haben: weil es die Familie ist. Aber eine Überzeugung ist mir geblieben, eine einzige, von der ich nicht abgehen werde: Schreiben ist für jeden ein Bedürfnis. Es ist die höchste Form des Kommunikationsbedürfnisses.

ALSO müßten die, die Schreiben zu ihrem Beruf gemacht haben, glücklicher sein: Tun sie nicht die ganze Zeit das, wovon die anderen träumen?

J.-P. S. Nein, weil es ihr *Beruf* ist. Ich sage Ihnen: Es geht für jeden darum, sein eigenes Leben noch zu Lebzeiten allen Formen der Finsternis zu entreißen.

BRAUCHT man den Leser?

J.-P. S. Natürlich. Der »geschriebene Schrei«, wie Cocteau sagt, wird erst etwas Absolutes, wenn Gedächtnisse ihn bewahren, wenn andere ihn in den *objektiven Geist* integrieren können. Wohlgemerkt, es gibt eine Diskrepanz zwischen dem Zielpublikum (das imaginär sein kann) und dem tatsächlichen Publikum. Doch möglicherweise ist das eine mit dem anderen austauschbar.

SCHRIFTSTELLER sein – die tiefste Sehnsucht eines jeden?

J.-P. S. Ja und nein. Der Schriftsteller entfremdet sich dem, was er schreibt: Das ist ärgerlich. Mit acht Jahren dachte ich, daß die Natur selbst dem Entstehen eines guten Buches nicht gleichgültig gegenüberstehe: Wenn ein Autor das Wort »Ende« schreibe, müsse eine Sternschnuppe über den Himmel sausen! Heute denke ich, daß es – als Beruf – eine Tätigkeit wie jede andere ist. Doch ich sage Ihnen noch einmal, es ist unwichtig: Wonach sich alle – manche ohne es zu wissen – sehnen, das ist, Zeugen ihrer Zeit, Zeugen ihres Lebens zu sein, das ist, vor den Augen aller ihre eigenen Zeugen zu sein. Und dann auch noch das: Die Gefühle und Verhaltensweisen sind mehrdeutig, verschwommen; es gibt innere Reaktionen, die ihre Entwicklung zum Stillstand bringen, Parasiten, die sich bemerkbar machen. Man lebt das Tragische nicht tragisch, und das Vergnügen nicht mit Vergnügen. Wenn man schreiben will, unternimmt man den Versuch einer geistigen Reinigung.

ROGER VAILLAND

Es war ein leicht frivoler Abend mit Roger Vailland...

Roger Vailland wurde am 16. Oktober 1907 in Arcy-en-Multien (Oise) geboren.

Er absolviert sein Studium an der philosophischen Fakultät, hat Verbindung zu den Surrealisten, wird 1930 Journalist und macht auf der ganzen Welt große Reportagen. Er engagiert sich in der Résistance als Spezialist für Zugentgleisungen und nützt eine Periode der Inaktivität, um *Drôle de jeu* zu schreiben (Prix interallié 1945). 1952 wird er Mitglied der kommunistischen Partei.

Zu seinen bekanntesten Werken zählen: *Les Mauvais Coups*, 1948; *Bon pied bon œil*, 1950; *Beau Masque*[1], 1954; *325 000 Francs*[2], 1955.

Nach dem 20. Kongreß der kommunistischen Partei und dem Aufstand in Budapest tritt Roger Vailland aus der Partei aus und schreibt *La Loi*[3] (Prix Goncourt 1957).

Später zieht er sich nach Meillonnais (Ain) zurück und widmet sich ganz seinem literarischen Werk: *La Fête*[4], 1960; *Le Regard froid*, 1963; *La Truite*, 1964.

Drei Bücher sind posthum erschienen: *Écrits intimes*, 1969; *Lettres à sa famille*, 1972; *Chronique des années folles à la Libération*, 1984.

Roger Vailland starb am 12. Mai 1965 in Meillonnas im Alter von achtundfünfzig Jahren.

Das Interview fand im Mai 1959 in meiner Wohnung statt.

1. Die junge Frau Amable. Wien 1956.
2. 325 000 Francs. Wien 1957.
3. Hart auf hart. Frankfurt, Hamburg 1960.
4. Das Liebesfest. München 1961.

Roger Vailland war ein kleiner, ziemlich schmächtiger Mann; er hatte eine schöne Nase und ein Windstoß-Profil. Merkte er, daß etwas an seiner Statur war, das nicht zu seinem Adlerkopf paßte und zu der Persönlichkeit, die er für seine Zeitgenossen sein wollte? Vailland mühte sich ständig ab, sich in Szene zu setzen. Nachdem er Verbindung zu den Surrealisten gehabt hatte, engagierte er sich in der Résistance, und nach der Befreiung trat er der kommunistischen Partei bei.

Das Parteibuch war in intellektuellen Kreisen keine Seltenheit und reichte nicht aus, ihn so zur Geltung zu bringen, wie er es gerne wollte. So erfand er für sich eine Art Moral, die im Widerspruch zum Puritanismus der Kommunisten stand: Er erklärte sich zum »Libertin«.

Was konnte das im 20. Jahrhundert bedeuten? Ich habe nur eine vage, ziemlich frivole Vorstellung davon, die von einem bestimmten Abend herrührt... Vailland besuchte liebend gerne Nachtlokale, obwohl er über das Alter eigentlich ein wenig hinaus war. Nach einem netten Abendessen lud er alle ein, den Abend im »Jimmy's«, einem Lokal, das gerade in Mode war, fortzusetzen. Es waren einige Schriftsteller der Nouvelle Revue Française mit dabei, darunter Claude Roy, seine Frau Elisabeth, Florence Malraux und ich.

Wir blieben an unserem Tisch sitzen, nippten an unseren Getränken und führten endlose politisch-moralische Diskussionen. Nicht so Vailland: Er war nicht von der Tanzfläche wegzubringen! Er forderte uns alle nacheinander zum Tanzen auf, und wenn er abgewiesen wurde, holte er sich seine Tanzpartnerin von einem anderen Tisch. Er tanzte schlecht. Er drehte sich ohne jedes Gefühl für Rhythmus im Kreis, hochrot und schweißgebadet. Und man weiß ja, wie empfindlich junge Mädchen in diesen Dingen sind!

Ich tanzte als erste mit ihm, dann kam Florence an die Reihe.

»Weißt du, was mir gerade mit Vailland passiert ist?« fragte mich Florence.

Ich verneinte, aber ich ahnte bereits, was sie mir sagen wollte. Sie beugte sich über mein Ohr.

»Während er mit mir getanzt hat, hat er sich die ganze Zeit so fest er konnte gegen mich gepreßt, und... Nur gut, daß es mein Schenkel war, er ist ja nicht sehr groß!«

»Genau das hat er auch bei mir gemacht«, sagte ich zu ihr.

Florence sah mich verdutzt an, dann lachte sie hell auf. War das die Art, wie der moderne »Libertin« unsere Gefühle zu wecken gedachte? Unsere Blicke wanderten zur Tanzfläche, wo Vailland, immer noch schwitzend, ein großgewachsenes Mädchen mit dünnen Haaren heftig an sich drückte, das – gelangweilt dreinschaute.

Einige Zeit später lud er uns beide ein, ihn in seinem Haus in Meillonnas zu besuchen, wo er den Großteil seiner Zeit verbrachte, arbeitete und Besuche empfing. Keine von uns beiden ging hin, und so weiß ich nichts Genaueres darüber, was Roger Vailland in der Praxis unter »Libertinage« verstand.

Bei unserem Gespräch, das in meiner Wohnung in Paris stattfand, begeisterte er mich durch seine Intelligenz und seine Fähigkeit zu erklären. Er verstand es, den Vorgang des Romanschreibens zu entmythisieren und klar darzulegen. Für Vailland war Schreiben keine »heilige Kunst«: es war das Ergebnis von Arbeit, Selbstdisziplin, Planung und methodischer Anwendung geistiger Fähigkeiten.

Vielleicht verdankte er es seinem Gastspiel bei den Surrealisten: Jedenfalls besaß er die Fähigkeit, das Unbewußte, den Wachtraum und, wenn nötig, das Delirium einzusetzen. Sodann – als guter Handwerker, der bei den großen Zeitungen gelernt hatte, für alle zu schreiben – überließ er es dem Bewußtsein, die Führung zu übernehmen und die Arbeit in Rekordzeit auszuführen.

Ich fand ihn lustig, lebhaft, natürlich, vor Talent und Geist nur so sprühend. Ich würde gerne so von ihm sprechen, wie er es verdient, nämlich ausführlich. Vielleicht ist der Vorfall im »Jimmy's« daran schuld: Ich bin, was seine Person betrifft, blockiert. Ich erinnere mich an die Lektüre seiner Bücher, eine überaus leichte, unterhaltsame Lektüre; in einer Zeit, wo die Literatur sich im Hermetismus, manchmal sogar im Pedantismus verbohrte, schien mir das Lesen von Vaillands Büchern ohne Folgen zu bleiben... Ich glaube, das war auch sein Ziel: leichtgenommen zu werden. Gab es etwas, das er vergessen machen wollte? Selbst vergessen wollte? Dachte er, auch wenn er nicht darüber sprach, an seinen Tod? Der Tod sollte sehr bald kommen.

DIESES Kartenspiel, »Das Gesetz«, das im Mittelpunkt Ihres letzten Romans steht, haben Sie es erfunden oder existiert es tatsächlich?

Roger Vailland. Es existiert.

HABEN Sie es gespielt?

R. V. Ich wäre völlig unfähig gewesen, es zu spielen! Erstens ist es ein Spiel, das man nur in Süditalien spielt. Und weil es außerordentlich kompliziert ist, muß man sämtliche Feinheiten der lokalen Dialekte kennen, um ein guter Spieler zu sein. Natürlich ist es ein Kartenspiel, aber vor allem ist es das Spiel des erniedrigten Erniedrigers und des Erniedrigten, der zum Erniedriger wird. Man muß alles über das Leben der Mitspieler wissen, um es mit Erfolg spielen zu können.

WIE beim Spiel der Wahrheit?

R. V. Ja, aber noch grausamer.

IST es diese Grausamkeit, die Sie inspiriert hat?

R. V. Die Grausamkeit als solche ist noch kein Stoff für einen Roman. Am Anfang stand natürlich das Kartenspiel, das in dem kleinen Dorf, in dem ich zu dieser Zeit lebte, den Ton angab. Aber es war auch die Begegnung mit wirklichen Personen.

DIESER Don Cesare? Derjenige, der sein Privileg als Lehensherr an den Mädchen seines Hauses ausübte?

R. V. Ja, ich habe mit mehreren Landbesitzern verkehrt, die mir viele Merkmale des Don Cesare geliefert haben. Aber das war nicht der Ausgangspunkt.

MARIETTE vielleicht?

R. V. Genau. Ich verbrachte einen Nachmittag bei einem dieser Landbesitzer. Und da war Mariette! Als ich Mariette sah, dachte ich sofort: Das ist eine Romanfigur für mich... Sie war ein junges Mädchen, offensichtlich nackt unter ihrem weißen Kittel – es war gerade sehr heiß; sie lehnte mit aufgestützten Armen am Fenster, man sah also nur ihre Schenkel. Das Licht fiel genau auf sie, und die Blicke aller Männer konzentrierten sich auf dieses ziemlich herablassende, angenehm unverschämte Mädchen, das in diesem Haus seinen Dienst versah.

UND bei *325 000 Francs*, was war da der Ausgangspunkt?

R. V. Die abgetrennten Hände. Ein Freund, der im Spital von Oyonnax (das ist die Metropole der Kunststoffindustrie in Frankreich) eine Verwandte besucht hatte, kam völlig erschüttert zurück. Er hat mir erzählt, daß die Spritzgußmaschinen in Oyonnax pro Woche mehrere Hände abtrennen. Ich bin nach Oyonnax gefahren, und in einem Café habe ich einen Einarmigen gesehen, der Karten spielte. Man sagte mir, daß er den ganzen Tag lang Karten spiele, daß er nichts anderes tue. Es blieb ihm nichts anderes zu tun... Er hielt seine Karten mit einem Haken, der an seinem Stumpf festgemacht war. Rund um all das ist mein Roman entstanden.

IN Ihrem Buch *325 000 Francs* haben Sie sehr eindrucksvoll über die Spritzgußmaschine geschrieben. Kommt Ihre starke Vorliebe für Maschinen daher, daß sie in unserem Leben einen so wichtigen Platz einnehmen?

R. V. Ich weiß nicht... Nein, ich glaube nicht, daß das mit meiner Vorstellung von der Geschichte der Zivilisationen zusammenhängt. In den Roman *Héloïse und Abälard*, der im 12. Jahrhundert spielt, habe ich auch eine Maschine eingebaut, eine sehr komplizierte, die ich Abälard erfinden haben lassen, um den Ort, an den er sich zum Studium und zur Liebe zurückzog, völlig abzuschirmen. Nein, die Maschinen, die sind eine persönliche Vorliebe von mir.

GLAUBEN Sie nicht, daß da ein Psychiater klar sehen könnte?

R. V. Die Psychoanalyse interessiert mich nicht. Ich sehe in mir selbst sehr klar.

BEI *Die junge Frau Amable* hat man den Eindruck, daß Sie nicht von einer Situation ausgegangen sind, sondern von einer ganz bestimmten Idee: die Arbeiterkämpfe darzustellen.

R. V. Natürlich hatte ich die Absicht, die Arbeiterkämpfe darzustellen. Es ist sehr interessant, die Arbeiterkämpfe darzustellen. Es ist vielleicht das wichtigste Thema unserer Zeit, und ich werde noch öfters die Arbeiterkämpfe darstellen... Aber es genügt absolut nicht, ein Thema abhandeln zu wollen, damit ein Roman ins Rollen kommt. Am Beginn von *Die junge Frau Amable* steht ein Milchmann, der in dem Dorf, in dem ich wohnte, mit seinem Lieferwagen die Milch sammeln kam. Er war Italiener. Er ärgerte sich, daß er mit einem alten Lieferwagen fahren mußte und erzählte mir jeden Morgen von einem Alfa Romeo. Ich selbst war soeben aus Italien zurückgekommen. Auf der Landstraße zwischen Venedig nach Mailand hatte ich anhalten müssen, weil ein paar junge Leute mitten auf der Straße um ihren Alfa Romeo Boogie-Woogie tanzten. Unterhalb meines Dorfes, in einer kleinen Textilstadt, hatte ich aus einer politischen Versammlung eine junge Aktivistin kommen sehen, die in ein Schulheft die Aufgaben schrieb, die sie auszuführen hatte; sie schrieb mit einem Bleistift; als der Bleistift nicht mehr schrieb, befeuchtete sie ihn mit ihren Lippen. Der Roman ist um diese drei Bilder herum entstanden: um den Milchmann, die jungen Leute mit ihrem Alfa, die Aktivistin.

UND dann? Der Roman muß doch erst geschrieben werden!

R. V. Er ist *ins Rollen gebracht*. Ich habe die erste Szene geschrieben.

MACHEN Sie keinen Plan?

R. V. Kein Plan. Am Anfang steht etwas, das undeutlicher und gleichzeitig präziser ist, als ein Plan. Wenn die erste Szene geschrieben ist, fühle ich mich schon weniger frei. Wie ein Maler, der das

Format seines Bildes ausgewählt und einige Farben weggeworfen hat: Er ist noch immer sehr frei, aber schon nicht mehr ganz. Ja, ich konstruiere Szene für Szene... Ich versuche, sie mir möglichst genau vorzustellen, bevor ich sie schreibe. Ich stelle sie mir ungefähr so vor, wie Kinder das in ihren Wachträumen tun, kurz bevor sie richtig einschlafen. Nach dem ersten Auftreten einer Figur ist man ihr gegenüber noch sehr frei. Je deutlicher sie physisch Gestalt annimmt, je mehr sie in verschiedene Handlungen verwickelt wird, desto unfreier wird der Autor, weil er sehr stark spürt, daß es Dinge gibt, die seine Figur tun kann und Dinge, die sie nicht tun kann. Und wenn der Roman gelungen ist, dann ist der Autor am Ende des Buches überhaupt nicht mehr frei. Es kann nur so enden, wie es eben endet.

MAN findet in *Hart auf hart* eine genaue Reportage über das Leben und die Sitten in einem kleinen Dorf in Süditalien.

R. V. Ich habe dort vier Monate gelebt.

WARUM haben Sie als gelernter Journalist den Wunsch verspürt, Ihren Beobachtungen in einem umfangreichen Roman Raum zu geben?

R. V. In einer Reportage, einem Bericht, versucht man zu beschreiben, was man gesehen hat. Das wirft einen Haufen literarischer Probleme auf, weil man versuchen muß, wirklich die Realität wiederzugeben. Zum Beispiel: Man macht gerade eine Reportage über den Grand Prix von Monaco. Man sieht Sterling Moss bei hundert Stundenkilometer aus seinem Auto fliegen... Man sieht, wie das Auto auf die Schikane zufährt, dagegen prallt, wie Moss aus dem Auto fliegt... Thereotisch gibt es tausend Arten, das zu beschreiben. Doch im Grunde gibt es nur eine; man muß lange suchen, um die zu finden, die genau den jeweiligen Eindruck wiedergibt. Das ist eine Reportage, ein Bericht.

Der Roman, die wahre schöpferische Kraft, das ist etwas ganz anderes.

Stellen Sie sich den Schriftsteller als Waage vor. In einem bestimmten Abschnitt seines Lebens, zu einem bestimmten Zeitpunkt eines Jahres kommt es zu einer Reihe von Ereignissen, die bewirken, daß sich eine der beiden Waagschalen senkt... Das Werk, das er daraufhin schafft – selbst wenn man darin nicht die geringste direkte Anspielung auf die Ereignisse findet, die die Waagschale gesenkt haben –, dieses Werk ist eine Art Antwort: Es ist das Gegengewicht, es bringt die Waage wieder ins Gleichgewicht. Verstehen Sie, was ich sagen will? Ein Bericht oder eine Reportage, das ist die direkte Antwort des Schriftstellers auf das Ereignis, von dem er erzählt. Der Roman ist eine umfassende Antwort...

DIE vom Unbewußten diktiert wird?

R. V. Ich würde eher so sagen: Es ist eine Art totale Antwort auf alles, was im gesamten Universum in diesem Augenblick auf den Schriftsteller einwirkt, eine totale und indirekte Antwort. Jeder hat seine eigene Art, im Leben, auf das Leben zu antworten. Auf diese oder jene Bitte, auf diese oder jene Herausforderung, wenn Sie so wollen; die einen antworten, indem sie Stein auf Stein legen, das sind die Maurer; andere werden Minister, sie versuchen den Lauf der Geschichte zu ändern, das ist eine andere Antwort. Die meisten Leute, ich meine die, die keine Künstler sind, antworten auf die Welt, die auf sie einwirkt, damit, daß sie versuchen, die Welt zu verändern, direkt. Der Künstler findet eine Antwort zweiten Grades, er antwortet mit der Schaffung einer Zwischenwelt – sei es ein Bild, eine Sonate, ein Roman, ein Gedicht – die dann, in der Zukunft, an seiner Stelle wirkt, und zwar auf eine Art, die im übrigen oft sogar für ihn selbst unsichtbar bleibt.

In *Hart auf hart* sagen Sie, daß Don Cesare mit zunehmendem Alter das Interesse an der Welt verliert. Er glaubt, daß einem Menschen, der seine Gesinnung wahren will, in bestimmten Epochen nichts anderes übrig bleibt, als sich von seinen Verpflichtungen zu lösen, ja sogar Selbstmord zu begehen. Kann man so die Welt verändern?

R. V. Don Cesare ist kein Künstler. Der Künstler, ich meine der schöpferische Mensch, hat ein Werk zu schaffen. Er kann nicht das Interesse an der Welt verlieren.

SIE treffen eine deutliche Unterscheidung zwischen den Künstlern und denen, die keine Künstler sind?

R. V. Selbstverständlich! Sie antworten auf eine ganz andere Weise auf bestimmte Lebenslagen, zum Beispiel auf das Unglück. Ein Künstler, Schriftsteller: unfähig zum Unglück!

WEIL er gerettet wird?

R. V. Nein, weil er an seine schöpferische Arbeit denkt. Ich habe niemals völlig unglücklich sein können, denn wenn mir etwas sehr Unangenehmes widerfährt, in welchem Bereich auch immer, denke ich sofort an den Stoff, den das für mich abgibt... Darum bin ich nie völlig unglücklich gewesen.

IN *Hart auf hart* sprechen Ihre Figuren nicht in Ihrem Namen, sondern sehr wohl in ihrem eigenen.

R. V. Das will ich auch hoffen! Es ist notwendig, daß ich mich persönlich völlig aus meinem Roman heraushalte, damit er *das Gegengewicht bildet*, von dem wir vorhin gesprochen haben.

Deshalb glaube ich auch, daß man eine gewisse Reife erlangt haben muß, um wirkliche Romane schreiben zu können. Man muß ein Alter erreicht haben, in dem man fähig ist, nicht mehr nur an sich zu denken. Ich habe vorhin den Roman mit den Wachträumen verglichen, die Kinder – und hoffentlich auch viele Erwachsene – haben, bevor sie einschlafen. Bis zu einem bestimmten Zeitpunkt meines

Lebens war ich selbst, wie das im allgemeinen meistens der Fall ist, der Held meiner Wachträume. Erst später bin ich ein richtiger Romancier geworden. Ich habe das an einem konkreten Beispiel gemerkt, vor einigen Jahren. Eines Nachmittags ging ich in den Bergen spazieren. Ich bin einer Schäferin von einem der benachbarten Weiler begegnet, ich war bereits auf sie aufmerksam geworden, ich fand sie reizend... Ich bin auf sie zugegangen, ich habe mit ihr gesprochen; ich habe sofort bemerkt, daß sie auf jemanden wartete, und dann habe ich den Burschen, auf den sie wartete, aus dem Wald treten sehen... Ich habe meinen Spaziergang fortgesetzt. Während ich so ging, habe ich einen Wachtraum konstruiert, eine ganze Geschichte, in der die Schäferin und der Bursche die Helden waren. Ich selbst kam darin überhaupt nicht vor; dessen wurde ich mir plötzlich bewußt; es war also der Beweis erbracht, daß mein Traum nicht ein verstecktes Mittel war, mich der Schäferin zu nähern. Ich dachte, daß ich nun reif genug war, um wirkliche Romane zu schreiben.

L'ART pour l'art also?

R. V. Das bedeutet gar nichts. Wenn sich der Schriftsteller nicht in die Kämpfe seiner Zeit einmischt, hat er nichts zu erzählen. Es gibt keinen Elfenbeinturm. Ein Mensch, der in einem Elfenbeinturm eingesperrt wäre, könnte nur endlos von sich selbst erzählen, und da er nichts tun würde, hätte er nichts über sich zu sagen... Er könnte nur ewig über sich nachdenken wie er über sich nachdenkt.

ALSO ein engagierter Schriftsteller?

R. V. Das bedeutet ebenfalls nichts. Der Schriftsteller als Mensch ist notwendigerweise in etwas verwickelt, auch wenn er es nicht glaubt. Aber als schöpferischer Mensch hat er eine ganz besondere Art, zu agieren und zu reagieren. Das Kunstwerk stellt seine eigenen Forderungen. Es kann nicht auf Befehl fabriziert werden, auch wenn es der Schriftsteller selbst ist, der sich den Befehl gibt. Oder der Künstler schwindelt mit seinem Befehl, nimmt die Madonna zum Vorwand, um seine Geliebte zu malen. Ein Kunstwerk – Roman, Bild oder Sonate – ist weder ein Werkzeug noch eine Waffe, man kann es nicht auf der einen Seite scharf machen, um damit schneiden zu können und auf der anderen stumpf, um damit schlagen zu können. Es ist nur dann ein echtes Kunstwerk, wenn sowohl der scharfe als auch der stumpfe Teil durch ihre Beziehung zueinander notwendig sind, und nicht wenn man sich ihrer in bestimmter Weise bedienen will. Ein Kunstwerk ist wie ein lebendiges Wesen: Es ist die Einheit der Vielfalt, jeder Teil erhält erst im Zusammenhang mit dem Ganzen seinen Wert, und das Ganze existiert nur, wenn jeder Teil organisch eingebunden ist; wenn das Kunstwerk gelungen ist, lebt es aus sich selbst. Von diesem Moment an wirkt es auf die Welt ein, wie jedes lebendige Wesen, das so definiert ist, daß es ständig die Welt verändert, während es gleichzeitig durch die Welt verändert wird. Doch der Autor kann überhaupt nicht voraussehen, welche Art von Wirkung sein Werk haben wird.

ALS Sie *325 000 Francs* geschrieben haben, hatten Sie da nicht die Absicht zu demonstrieren, daß ein Arbeiter seine Situation nicht dadurch verbessern wird, daß er Überstunden macht?

R. V. Ich wollte nichts demonstrieren, ein Roman ist keine Demonstration!... Doch es ist das, was ich glaube und es ist das, was mir die Konklusion aus der Geschichte, die ich erzählt habe, zu sein scheint. Und nun habe ich soeben erfahren, daß ein junger Kunststoff-Arbeiter, nachdem er *325 000 Francs* gelesen hatte, beschlossen hat, Tag und Nacht zu arbeiten, um seiner Liebsten eine Snack-Bar schenken zu können; er hat dabei schon drei Finger verloren...

IN Ihren früheren Romanen führen Sie den Leser in eine Welt ein, die von der Literatur im allgemeinen nicht zur Kenntnis genommen wird, die Welt der Arbeiter, der kommunistischen Arbeiter. Werden Sie diesen Weg fortsetzen?

R. V. Ich sehe keinen Grund, warum ich mich auf die Darstellung der kommunistischen Arbeiter beschränken sollte... Die Kommunisten sind nicht in ein Ghetto eingeschlossen, und ich bin kein Schriftsteller des Ghettos. Eine materialistische Sicht der Geschichte der Zivilisationen, die Ereignisse der Gegenwart eingeschlossen, bedeutet für einen Schriftsteller nicht, daß er sich ausschließlich für den Kampf der Arbeiter interessiert. Seine Weltanschauung wird sich in allem, was er tut, widerspiegeln, selbst wenn er sich zum Beispiel in einem Buch mit Rennwagen beschäftigt oder mit der Giraffenjagd.

Sie wird sich um so besser widerspiegeln, je besser er die Begriffe seiner Geschichtsphilosophie geistig verarbeitet hat. Ein Schriftsteller wird erst dann ein wahrer Schriftsteller, wenn er den *Jargon* überwunden hat: den philosophischen Jargon oder den politischen Jargon.

GERADE vorhin sprachen Sie von der Einheit eines Kunstwerkes. Wenn es sich nun um einen Roman handelt, gibt es da nicht ein Element, das diese Einheit eher sprengt, nämlich die Zeit?

R. V. Sie treffen damit genau die grundsätzliche Widersprüchlichkeit jedes Romans und besonders des zeitgenössischen Romans. Sie ist so groß, daß viele so weit sind, die Zukunft des Romans in Frage zu stellen.

Es gibt die klassische Art, den zeitlichen Ablauf in einem Bericht zu bestimmen: indem man den Bericht in die Form einer dramatischen Handlung bringt. Aristoteles hat diese Art definiert. In der klassischen Tragödie wurde sie perfekt realisiert. Das Schema der dramatischen Handlung – Exposition, Knoten, Entwicklung, Höhepunkt, Ausgang – läßt sich auf alle Arten von geordneten Berichten anwenden, zum Beispiel auf eine gute Reportage oder einen gut geschriebenen Kriminalroman. Peter Cheyney kannte dieses Schema sehr gut; der Aufbau der besten seiner *Romans noirs* entspricht haargenau den fünf Teilen der klassischen Tragödie. Ich glaube, ich habe viel über die dramatische Handlung gelernt, als ich für eine Sonntagszeitschrift *Rewriting* gemacht habe. Man hat einen Berg von Dokumenten, Berichten, Informationen vor sich; man muß alles auf eine Zeitungsseite zusammenraffen, das sind zwölf zweizeilig geschriebene Seiten, und zwar so, daß es sich gut liest, das heißt, daß der Leser mitgerissen, gefesselt, in Atem gehalten, erschüttert, bewegt, berührt ist und schließlich durch einen Ausgang befriedigt wird, der alle aufgeworfenen Probleme löst. Das gelingt manchmal nur, wenn man sämtliche Phasen der Geschichte zeitlich gerafft in einer einzigen dramatischen Handlung aufbaut.

Die Reportage, der Film, die Form des Lebens selbst haben unsere Zeitgenossen – was die dramatische Handlung betrifft – sehr anspruchsvoll gemacht, wenn sie auch zumeist nicht wissen, was das ist, worauf sie Anspruch erheben. Doch dort, wo keine dramatische Handlung ist, entsteht Langeweile. Auch die Malerei, selbst die abstrakte Malerei, impliziert heute das Bemühen um eine dramatische Handlung.

Aber der Roman als Roman verlangt auch, verlangt vor allem Figuren. Ein großer Roman ist zunächst ein Roman, bei dem man nie den oder die Helden vergißt. Eine gute Methode, die Qualität eines Romans zu überprüfen ist, ihn sechs Monate, nachdem man ihn gelesen hat, nochmals zu überdenken... Entweder kommen eine oder mehrere Figuren sofort wieder ins Gedächtnis zurück, sie sind genauso lebendig oder noch lebendiger als im Augenblick des Lesens. Dann ist es ein Roman, ein echter Roman. Oder keine Figur – dann ist es kein Roman.

Eine echte Romanfigur – der Leser weiß alles über sie oder glaubt, alles zu wissen, alles, was sie getan hat und tun wird, ihre Vergangenheit, ihre Gegenwart und ihre Zukunft. Man kennt Madame Bovary, Anna Karenina oder Rastignac besser als seine Frau, seine Tochter oder seinen Bruder.

Die Grundkonstruktion des Romans ist die Vermittlung dieses totalen Wissens über die Figuren, zeitlich gerafft, konzentriert, in *eine* dramatische Handlung gebracht.

IST das nicht das Problem, das Faulkner lösen möchte?

R. V. Ja, Faulkner scheint in der Tat fortwährend mit dem Problem beschäftigt zu sein, die den Romanfiguren eigene zeitliche Dauer in die Zeit der dramatischen Handlung einzubringen.

Manches Mal hat er geniale Lösungen gefunden. In *Licht im August* zum Beispiel. Andere, wie zum Beispiel Caldwell, suchen die Lösung des Problems in einer anderen Richtung – sie reduzieren einen ganzen Roman auf eine Novelle. Proust hatte es gelöst, indem er seine eigene Zeit als Schriftsteller auf der Suche nach der verlorenen Zeit zum Wesentlichen, Substantiellen, zum Verbindenden seines Werkes machte.

HART *auf hart* dauert, glaube ich, nur einige Tage?

R. V. Abgesehen vom Epilog dauert die ganze Handlung von *Hart auf hart* nur sechzig Stunden. Sie findet an ein und demselben Ort statt. Ich habe versucht, etwas zu machen, das gleichzeitig eine Tragödie und ein Roman ist. Das wirft natürlich alle möglichen Probleme auf. Es ist ganz faszinierend; man muß versuchen, die Vergangenheit einer Figur in ihre Gegenwart einfließen zu lassen, und zwar auf eine andere Art als durch »Rückblenden«. Balzac sagte, daß ein Mann von vierzig Jahren für sein Gesicht verantwortlich ist. Man muß eben versuchen, die ganze Vergangenheit einer Figur durch einen Gesichtszug, die Bedeutung einer Geste, zu vergegenwärtigen... Man muß versuchen, die Einzigartigkeit einer Figur auszudrücken, ohne auf ihre Geschichte zurückzugreifen, und auch ohne auf die Psychologie zurückzugreifen; das ist eine überholte Wissenschaft. Man muß versuchen, das Gewicht einer Figur wiederzugeben, ihr Material – Material in dem Sinn, in dem man von jemandem sagt: Er ist hart, er ist weich, er ist aus Stahl, er ist ein Waschlappen. In diesem Moment eröffnen selbst die schwierigen Kapitel der Grammatik neue Möglichkeiten, zum Beispiel die Zeitenfolge...

OFT wechseln Sie innerhalb ein und desselben Satzes vom Passé simple ins Präsens, ins Imperfekt oder ins Futur...

R. V. Ich habe das Präsens systematisch verwendet, zunächst in den expositorischen Teilen, im ersten Akt, wenn es zu sagen gilt: So und nicht anders stehen die Dinge. Außerdem bei der Beschreibung einer Figur, wenn es darum geht, das zu beschreiben, was unveränderlich ist. Zum Beispiel: »Er hat blaue Augen« (er hat sie immer gehabt und wird sie sein ganzes Leben lang haben); »er ist böse« (denn es liegt wirklich in seiner Natur, böse zu sein). Hingegen: »Er ging auf das junge Mädchen zu, er liebte sie, er wird ihr sagen, daß er sie nicht mehr liebt«...

SIE zumindest scheinen nicht zu glauben, daß der Roman ein sterbendes Genre ist. Stimmt das?

R. V. Ja, ich glaube, daß er eine große Zukunft hat. Es gibt alles mögliche zu erfinden, zu entdecken...

WER von den jungen Autoren interessiert Sie?

R. V. Ich lese nicht mehr viel von den jungen Romanciers.

WARUM?

R. V. Sie erzählen ihre kleinen privaten Geschichten, das reicht für einen Roman nicht aus, ich glaube, sie sind faul.

VIELLEICHT kämpfen sie mit großen Hindernissen?

R. V. Es gibt immer alle möglichen Dinge, die einen Menschen daran hindern, sich zu konzentrieren. Das Leben ist so voller Zerstreuungen!... Aber jeder schöpferische Beruf ist schwer, man muß den Mut aufbringen, sich ihm ganz zu widmen. Schreiben ist ein Beruf, der viel Zeit braucht, der Konzentration erfordert, Einsamkeit, man muß auch andere Dinge lesen, auch wenn es keine zeitgenössischen Romane sind. Im übrigen, man findet nur Stoff zum Schreiben, wenn man anderswo lebt als in seinem Zimmer. Im Extremfall würde das bedeuten, daß man nicht mehr schläft, genügend Zeit hat, um einerseits das Leben der Menschen seiner Zeit zu leben und andererseits zu schreiben. Schriftsteller sein, das heißt ein zweigeteiltes Leben führen, oder, wenn Sie so wollen, zwei Leben in einem einzigen.

ICH denke, Sie leben vor allem auf dem Land?

R. V. Nur wenn ich schreibe.

SIE schützen sich?

R. V. Ich halte konsequent alles von mir fern, was mich daran hindern kann, *in Form* zu sein. Das ist sehr wichtig, die Form, in der man sich im Augenblick des Schreibens befindet. Der Roman wird sehr verschieden sein, je nach dem, ob man genug Konzentration aufbringt, um ihn in einem Zug zu schreiben, ohne abgelenkt zu werden, immer am selben Ort bleibt, nichts anderes tut, oder ob man zwei- oder dreimal unterbrochen worden ist. Es wird nicht mehr derselbe Roman sein, auch wenn man vom selben Thema ausgegangen ist. Und dann kann man jede Passage des Romans verbessern, indem man sie ein zweites Mal schreibt, aber das ist gut oder auch weniger gut, und ob die Passage im Endeffekt gut oder weniger gut wird, hängt im Grunde genommen davon ab, in welcher Form man an dem Tag war, an dem man sie zum ersten Mal schrieb.

DIESE Form, bewahren Sie sich die?

R. V. Ein Schriftsteller, der gerade schreibt, das ist etwa so wie ein Athlet beim Wettkampf... Die Selbstdisziplin macht viel aus. Ich liebe die Wärme des Alkohols und das nächtliche Herumziehen von einer Bar zur anderen. Aber wenn ich einen Roman schreibe, trinke ich keinen Alkohol. Jeden Morgen besteht mein Hauptproblem darin zu wissen, wie viel Tassen Kaffee ich im Laufe des Tages trinken werde und zu welcher Zeit.

UND außer Kaffee und Selbstdisziplin gibt es nichts, was Sie antreibt?

R. V. Die Arbeit selbst. Wenn es etwas anderes ist als die Arbeit, dann ist es gegen sie.

UND die Leute?

R. V. Die Leute sind für die Zeit, wenn der Roman fertig ist.

WAS empfinden Sie, wenn man sagt: »Ach! Roger Vailland und seine Libertinage...«?

R. V. Ach ja, das ist, als wenn man sagt: »Roger Vailland, ein Schriftsteller aus dem 18. Jahrhundert...« Ein Etikett für ein anderes; was mich eher freuen würde, wäre »Schriftsteller des 21. Jahrhunderts«.

In verschiedenen Texten habe ich viel mit dem Wort »Libertinage« herumgespielt, indem ich es in seiner ursprünglichen Bedeutung nahm. Der Libertin, das war ein freier Mann, der die moralisch-religiösen Zwänge seiner Zeit ablehnte, der sich weigerte, vor Gott Angst zu haben, und der sich immer wieder seine Freiheit gegenüber dem Himmel bewies, indem er das beging, was man Sünde nannte. Später, ab der Mitte des 18. Jahrhunderts, hat sich die Bedeutung des Wortes verschlechtert; man hat mit Libertin einen Mann bezeichnet, der in seinem sittlichen Benehmen frei ist, der glaubt, daß man das Recht hat, in der Liebe zu tun, was man will.

Wenn sich die Frage noch in dieser Weise stellen würde, so würde ich für mich in Anspruch nehmen, ein Libertin in beiden Bedeutungen des Wortes zu sein. Aber es hat wenig Sinn, sich in einer Gesellschaft, in der es keine Sitten mehr gibt, als Libertin zu bezeichnen. Ich hoffe, daß ich in allen Dingen frei bin, auch in der Liebe. Um das auszudrücken, genügt heutzutage das Wort *frei*.

Finden Sie nicht, daß man heutzutage in der Liebe ziemlich pedantisch ist? Sie zu praktizieren ist relativ leicht, aber man spricht davon immer, als wäre sie ein Drama oder ein philosophisches Problem oder eine Geisteskrankheit.

ICH glaube nicht, daß die Liebe problemlos ist.

R. V. Probleme gibt es immer, in der Liebe, in der Politik, in der Geometrie, in der Poesie oder im Skisport. Das Unangenehme ist die Art und Weise, wie die Franzosen heute an Probleme herangehen. Man könnte meinen, diese Nation ist pedantisch geworden... Das ist ein Zeichen von Schwäche. Kraftvolle Geister haben Kraftreserven, so wie Autos mit großem Hubraum; sie können es sich leisten, die schwersten Probleme leicht zu nehmen. Jedesmal, wenn ich in einem Text das Wort »Esprit« mit großem Anfangsbuchstaben geschrieben habe, blättere ich weiter. Wie tiefgründig, vernünftig, weise und umgänglich die Franzosen doch waren, solange sie nur auf den kleinen Anfangsbuchstaben Anspruch erhoben!

UND vergaßen, was sie störte?

R. V. Esprit ist nicht gleichbedeutend mit Leichtsinn. Esprit zu haben erfordert viel Haltung, Selbstkontrolle. Wie einst die Libertinage impliziert es die Beherrschung der Leidenschaften. Es impliziert bestimmte menschliche Qualitäten, die bewirken, daß man stets ein agierendes Subjekt ist und nicht ein reagierendes Objekt; so definiert Descartes die Freiheit. So könnte man auch den »Menschen mit Qualitäten« definieren. Er ist es, der den Lauf der Geschichte ändert, nicht die Kriecher, die Schwätzer, die Boshaften, die Ängstlichen und auch nicht die Berufs-Humanisten.

WORAN erkennt man einen Menschen mit Qualitäten?

R. V. Man kann sich der Qualitäten eines Menschen erst im Augenblick seines Todes völlig sicher sein. Sein ganzes Leben ist der Beweis seiner Qualitäten. Sein ganzes Leben, das sich in der Stunde, ja im Augenblick seines Todes widerspiegelt und vollendet und bestätigt.

JACQUES CHARDONNE

»Man sagt, daß Sie die Frauen nicht besonders lieben?« – »Wer liebt sie denn schon?« gab mir Chardonne zur Antwort.

Jacques Boutelleau, genannt Jacques Chardonne, wurde am 2. Januar 1884 in Barbezieux (Charente) geboren. Sein Vater stammte aus der Charente, seine Mutter war Amerikanerin. Sie war die Tochter des Porzellanfabrikanten David Haviland.

Nach der Mittelschule in Barbezieux geht Chardonne nach Paris, wo er die École des Sciences politiques absolviert und Rechtswissenschaften studiert. Aus Krankheitsgründen kann er seinen Militärdienst nicht bis zum Ende ableisten. Er läßt sich erst in Tunesien, dann in der Schweiz, in Chardonne, behandeln. 1910 tritt er ins Verlagshaus Stock ein und wird Miteigentümer, gemeinsam mit Maurice Delamain.

Für seinen ersten Roman *L'Épithalame* erhält er 1921 den Prix Femina. Zu seinen bekanntesten Werken zählen: *Le Chant du bienheureux*, 1927; *Eva ou le Journal interrompu*, 1930; *Claire*, 1931 (Grand Prix de l'Académie Française); *Les Destinées sentimentales*, 1934; *Romanesques*, 1938; *Chimériques*, 1948; *Vivre à Madère*, 1953. Er veröffentlicht auch Essays: *L'Amour c'est beaucoup plus que l'amour*, 1937; *Matinales*, 1956; *Le Ciel dans la fenêtre*, 1959; *Demi-jour*, 1964; *Propos comme ça*, 1966.

Seine gesammelten Werke umfassen sechs Bände.

Jacques Chardonne starb am 29. Mai 1968 in La Frette (Seine-et-Oise). Er war vierundachtzig Jahre alt. Sein letztes Werk, *Détachements*, erschien 1969.

Das Interview fand im Juli 1957 in meiner Wohnung in Paris statt.

Sooft ich Roger Nimier traf, pries er in seiner arroganten, bissigen und hartnäckigen Art solange die Vorzüge des unvergleichlichen Stils von Jacques Chardonne, bis mir ganz schwindlig wurde.

Trotzdem, was ich hie und da in Chardonnes Büchern überflogen hatte, erschien mir ebenso verschlafen wie der kleine Fluß, der in der Nähe seines geliebten Heimatortes Barbezieux vorbeifloß. Chardonne langweilte mich.

»Sie sind eine Idiotin«, sagte Nimier zu mir, »Sie mögen nur die dicke Suppe, die Ihre Freunde, die Existentialisten, zusammenbrauen. Probieren Sie doch raffiniertere Gerichte, das wird Ihren Geschmack schulen! Lesen Sie einmal Nimier, Marcel Aymé, Céline und Chardonne! Natürlich sind Sie an Ihre ›Suppe‹ gewöhnt; es wird Ihnen ein bißchen mager vorkommen, am Anfang. Aber Sie werden sich schon daran gewöhnen. Und Chardonne ist wie sein Stil: exquisit. Sie werden ihn lieben!«

War es Müdigkeit oder Neugier? Jedenfalls gab ich schließlich nach.

Nimier erbot sich, alles zu arrangieren: den Ort des Treffens – meine Wohnung. Und den Zeitpunkt, den er so wählte, daß er selbst Zeit hatte, den Schriftsteller in La Frette, wohin sich der Siebzigjährige zurückgezogen hatte, abzuholen, um ihn in seinem Jaguar nach Paris zu fahren; Chardonne liebte das erregende Gefühl der Geschwindigkeit...

Nimier gab mir auch Ratschläge bezüglich der Bewirtung. »Geben Sie ihm wenig zu essen, er macht sich nichts daraus, und es würde ihn schwerfällig machen. Aber kaufen Sie eine Flasche Château-Yquem für ihn, das liebt er, er wird den ganzen Tag über davon trinken... Vor allem: Nehmen Sie den besten!«

Durch diese Aussicht angelockt, begann Chardonne sofort, mir zu schreiben. Und was für Briefe! Sie sollten mich mehrere Monate hindurch verfolgen und drehten sich alle um ein einziges Thema: sein Interview für *L'Express*.

Schon in seinem ersten Brief vom 25. Juni 1957 spürte ich, daß Chardonne alle Zustände bekam, bei dem Gedanken, daß dieses Gespräch in *L'Express* erscheinen würde, wo sein Kollege, der überaus geistreiche François Mauriac, Triumphe feierte: »Madame, ich nehme das Angebot eines Gesprächs mit Vergnügen an. Es wird viel von den Fragen abhängen, die mir gestellt werden. Der ›Interviewer‹ ist in diesem Dialog der Quell der Phantasie. Er kann mich lenken, wohin er will. Ich denke, er wird in meinen letzten Büchern einige interessante Themen finden (die, die ich ausgelassen habe, vielleicht).«

Er fügte hinzu: »Ich werde nur wenige Korrekturen vornehmen.«

Von diesem Moment an hätte ich auf der Hut sein müssen.

Als Postskriptum: »Wenn ein Vorgespräch gewünscht wird, stehe ich zu Ihrer Verfügung und komme beim *Express* vorbei. Ich kann sehr gut an einem Tag hinkommen, der Ihnen paßt.«

Hoffte er, Mauriac dort zu begegnen? Der Altersunterschied zwischen den beiden Männern betrug nur ein Jahr, beide waren durch ihre bürgerlichen Romane berühmt geworden. Doch Mauriac hatte Ehrungen eingeheimst, im Gegensatz zu Chardonne, der wegen seiner Flucht in die Schweiz während des Krieges nach der Befreiung kritisch beurteilt worden war. Mauriac war Nobelpreisträger und Mitglied der Académie Française. Ganz abgesehen von dem zweiten Frühling, den Mauriac in *L'Express* mit seiner wöchentlichen Kolumne »Bloc-Notes« erlebte. Grund genug für Chardonne, sich verfolgt zu fühlen.

Zwei Tage vor dem Interview schrieb Chardonne mir einen zweiten Brief, der meinen Verdacht hinsichtlich seiner »Fixiertheit« auf Mauriac bestätigte: »Madame, ich habe gerade Ihr Interview mit Mauriac (5. April) wieder gelesen. Es ist hervorragend. Der Umfang macht mir Angst, denn ich bin ein Plauderer, der alles in zwei Worten sagt. Ich muß ständig mit der Peitsche auf Trab gehalten werden, sonst kommen wir nicht vorwärts. Wir werden den geistreichen Nimier brauchen.«

Am 12. Juli um halb ein Uhr Mittag war der geistreiche Nimier zur Stelle, als Begleiter eines königlich gekleideten Jacques Chardonne: Samt, kleine Krawatte. Rosig-frischer Teint, prächtiges weißes Haar.

Wir beäugten einander mißtrauisch; ich glaube nicht, daß ihn der Château-Yquem sehr gelockert hat. Er warf einen Blick auf die Möbel, die Wohnung, und er brachte es fertig, mir zuzuflüstern: »Wie, und mit all dem (große Geste mit beiden Armen, als wollte er den Raum, in dem ich lebte, und dazu noch *L'Express* einschließen) sind Sie nicht glücklich, bei Ihrer Jugend?«

Ich hatte ihm keineswegs gesagt, daß ich nicht glücklich wäre oder ihm sonst eine vertrauliche Mitteilung gemacht. Und der Satz mißfiel mir. Oder besser gesagt, er machte mir bewußt, was mich an Chardonne gestört hatte, noch bevor ich ihn kennengelernt hatte:

seine Vorstellung von Frauen und von der Rolle, die sie in der Gesellschaft zu spielen hatten.

Als Frau, die etwas unternahm, die aktiv war, die ihre Wohnung verließ, um allen möglichen Schriftstellern indiskrete Fragen zu stellen, konnte ich nur unbefriedigt sein. In seinen Augen.

Nach dem Mittagessen machten wir uns an die Arbeit. Da er es fertiggebracht hatte, meinen Stolz zu treffen, ging ich sofort zum Angriff über:

»Man sagt, daß Sie Frauen nicht besonders lieben...«

»Wer liebt sie schon?« antwortete er mir mit gespielter Naivität.

Ich lachte. Der Rest verlief zwar ziemlich mühsam, aber in entspannter Atmosphäre. Ich »neckte« den alten Reaktionär gutmütig, der – wie ein Dickhäuter, der an diese Art Fliegen gewöhnt ist – lebhaft mit den Ohren und mit dem Schwanz wackelte, aber nicht mehr.

Von Zeit zu Zeit warf er einen Blick in Nimiers Richtung, um zu sehen, ob »alles gut ging».

Nimier saß wie gewohnt auf einer Stuhlkante, die Knie zusammengepreßt, die Hände zwischen die Knie geklemmt, den Blick gesenkt, wie ein junges Mädchen. Nur wenn er sich unbeobachtet glaubte, hob er den Blick: ein wilder, düsterer Blick, dem nichts entging.

Nimier nickte, und Chardonne stürzte sich mit neugewonnener Sicherheit und frischem Mut in eine Anekdote oder holte eine Formulierung hervor, die ganz danach aussah, als hätte er sie vorher schon poliert. Wir trennten uns mit gegenseitigen Komplimenten.

Schon am nächsten Tag schrieb mir Chardonne, der nach Vevey unterwegs war, einige Zeilen, um mir zu gratulieren ... zu meiner Kochkunst! »Ich möchte Ihnen für dieses höchst vollkommene Essen meine Anerkennung aussprechen und Ihnen dafür danken. Hoffen wir, daß das Übrige annehmbar ist. Es ist ziemlich grausam, einen Mann zwischen sich selbst (in kochendem Zustand) und ein so köstliches kaltes Huhn zu stellen...«

Einige Tage später schrieb er mir neuerlich, und wieder war von dem Huhn die Rede: »Madame, wer einem Gast auf der Durchreise ein solch erlesenes Huhn serviert, hat Geschmack und ist gütig. Ich appelliere an das Beste in Ihnen.«

Und dann erklärte er mir, daß ihm die besten Antworten auf meine Fragen im Stiegenhaus eingefallen waren, natürlich! Ob ich sie wohl in den Text, der erscheinen würde, integrieren könnte?

»Ich flehe Sie an, diese neuen Versionen (Detailänderungen) einzubauen und die anderen herauszunehmen. Das ist alles, worum ich Sie bitten werde, aber ich werde Sie inständig bitten.« Nimier sollte mir die neuen Texte bringen.

Ich fand seinen Stil ein wenig geschwollen[1] – vor allem hatte ich es nicht gern, daß er mich wieder auf meine Küche reduzierte – aber die Bitte fand ich durchaus normal. Ein Schriftsteller hat das Recht, seinen Stil zu pflegen, in Wort und Schrift. Besonders wenn er Jacques Chardonne heißt, dessen Ruf sich gerade auf seine Perfektion gründet.

Ich versicherte Nimier also, daß ich die Änderungen, die Chardonne wünschte, ganz bestimmt vornehmen würde. Zwei Tage später, wieder ein Brief: »Madame, Nimier hat mir Balsam gebracht. Ich atme wieder. Zum ersten Mal in meinem Leben habe ich die ›Angst‹ kennengelernt.«

Doch die Reue dauert nur einen Absatz lang. Schon im nächsten bittet er mich, fleht er mich an, eine Ergänzung anzubringen. »Sie ist sehr kurz«, fügt Chardonne hinzu, »und erscheint mir interessant.«

Die Ergänzung war tatsächlich kurz, dreizehn Zeilen. Aber sie hatte ein Postskriptum... Und das war weitaus weniger kurz.

Wieder tat ich, worum Chardonne mich bat, überzeugt davon, daß wir es nun geschafft hatten. Ich irrte mich gewaltig.

Aus Gründen der Aktualität war man bei meiner Zeitung der Meinung, das Interview mit Jacques Chardonne habe keinerlei Dringlichkeit. Die Idee, ihn zu interviewen, war nicht von der Zeitung gekommen, sondern von mir, und ich hatte die Redaktion erst nachträglich davon in Kenntnis gesetzt. Und der einsame Mann aus La Frette, der das glückliche Leben in Barbezieux besungen hatte und das *Leben in Madeira*, war zur Zeit Sartres und des Algerienkrieges nicht gerade »in«; er war sogar völlig »out«.

Man ließ mich wissen, daß man das Interview bringen werde, wenn man ein »Loch« habe.

Als ich weiter darauf bestand, fügte man hinzu, daß die Überlegungen Jacques Chardonnes, ob sein Werk gelungen sei oder nicht, absolut niemanden interessierten... Auch seine Moral war überholt: Er versteifte sich immer noch darauf, über Ehepaare zu erzählen, während Simone de Beauvoir *Sie kam und blieb* schrieb, ein weitaus spannenderer Versuch, die Ehe zu dritt moralisch zu beleuchten... Das war es, was unsere Leser heutzutage neugierig machte. Die Veröffentlichung von Jacques Chardonnes Interview mußte warten.

Ich wartete geduldig. Nicht so Chardonne. Ich hatte ihm den Text unseres Gesprächs in der von mir redigierten Fassung vorgelegt, und er las ihn wieder und wieder, kürzte hier etwas, fügte dort etwas hinzu... Besessen, manisch, ich würde sogar sagen lächerlich, wenn nicht jede der Änderungen, die er mir vorschlug, seine Formulierungskunst offenbart hätte, sein Bemühen um den perfekten Aus-

1. Wortspiel: geschwollen = ampoulé, poulet = das Huhn

druck. Und unleugbar eine Verbesserung für unsere gemeinsame Arbeit bedeutet hätte.

»Madame, ich glaube gesagt zu haben, daß meine Amme eine Witwe von zweiundzwanzig Jahren mit zwei Kindern gewesen sei. Es muß heißen: ›Sie war eine *sehr junge* Witwe mit zwei Kindern...‹ Lassen Sie uns genau sein; man liest *L'Express* in Barbezieux. Pardon. J. Chardonne.«

Einige Tage später: »Madame, wenn Sie einverstanden sind, diese letzten Worte, ich bitte Sie, nach dem letzten Satz des Dialogs...«

Noch später: »Madame, hier sind einige Worte, die sehr gut (wenn Sie wollen) nach der Passage über Clemenceau passen würden...«

Dieser Briefwechsel, man kann sagen, diese »Schwangerschaft«, hätte bis zu Chardonnes letztem Lebenstag weitergehen können; er hätte jeden Morgen etwas anderes zu ändern, hinzuzufügen, wegzulassen gefunden. Varianten, elegante Ellipsen, neue Bemerkungen, bissig oder amüsant...

Er hatte sich diese Seiten schließlich angeeignet, als ob sie ein Teil seines Werkes wären, meine Fragen eingeschlossen; so konnte ich unmittelbar miterleben, wie er arbeitete: Ich beklagte mich nicht darüber.

Ich saß in der Falle und kam schließlich so weit, über seinen vorsichtigen und raffinierten Umgang mit dem Strichpunkt nachzudenken. Wenn er nach einem Wort einen Strichpunkt setzte, wollte er dann damit ausdrücken, daß der Satz zu Ende war, nicht aber der Gedanke, oder umgekehrt? Unsere Beziehungen jedenfalls kamen zu keinem Ende. Es gelang ihm nicht, einen Schlußpunkt hinter seine Änderungswünsche zu setzen. So ging es immer weiter. Bis der große Tag kam. Ohne große Begeisterung, aber immerhin im Bewußtsein der außerordentlichen literarischen Qualität des Interviews, veröffentlichte *L'Express* es unangekündigt. Geschenk des Himmels! Hosanna in der Höhe! Schon am nächsten Tag, ein euphorischer Brief: »Madame, es ist ein seltsames Gefühl, einen Text von sich zu lesen, den man zuvor nicht kannte; seine eigene Stimme zu hören, die man nie zuvor gehört hat. Ich hatte Bedenken. Ich bin beruhigt. Es ist lebendig, oft amüsant. Vielleicht ein wenig inhuman. Sie haben einen großen Anteil an diesen Seiten. Es ist wunderbar wiedergegeben (ich meine zusammengestellt).«

Ich fiel aus allen Wolken: Er hatte also seinen Text vor dessen Erscheinen *nie* gelesen? Wen glaubte er, täuschen zu können? Sei's drum, er war zufrieden, das war die Hauptsache. Die Dinge konnten bleiben wie sie waren. Doch ich hatte mich zu früh gefreut. Am folgenden Tag kam wieder ein Brief. (Ich konnte Chardonnes Handschrift, die ich von weitem erkannte, schon nicht mehr ausstehen!)

Der Umfang des Briefes beunruhigte mich sofort: zu recht. Als ich die zahlreichen Blätter las, war ich vollends verblüfft.

Der unersättliche Perfektionist – der »alte Narr«, dachte ich für mich – hatte nach einem kurzen Augenblick der Befriedigung das bereits gedruckte, verteilte, verkaufte Interview nochmals gelesen und ... sich wieder an die Arbeit gemacht.

»Madame, erlauben Sie mir einige Bemerkungen im Vertrauen. Ich habe das Interview in *L'Express* (das im großen und ganzen amüsant war) mit Zittern gelesen. Ich erscheine darin mit einem ganz schön ›reaktionären‹ Gesicht; das stört mich nicht; zumindest ist es in Zeiten wie diesen originell. Ein Punkt bereitet mir Kopfzerbrechen. Das, was ich über den Konflikt zwischen Arbeitern und Unternehmern in Limoges von 1900 bis 1914 gesagt habe, stimmt genau! Ich kenne das Problem durch und durch. Hätte ich den Text nochmals durchgesehen, so hätte ich den Satz: ›Die Arbeiter sind Schwachköpfe‹ gestrichen. Das hat einen unangenehmen Unterton.«

Die Zeitung war in den Kiosken, und Chardonne wollte noch Korrekturen anbringen!

Ein Jahr später schlug René Julliard mir vor, eine Auswahl meiner literarischen Gespräche als Buch herauszubringen. Ich entschied mich, unter anderem das Gespräch mit Jacques Chardonne darin aufzunehmen, der mir soviel Arbeit bereitet hatte und der mich trotz allem amüsierte.

Aus Höflichkeit unterrichtete ich alle meine Interviewpartner von dieser Publikation und fragte sie, ob sie am Text ihrer Antworten etwas ändern wollten. Niemand wollte es ... mit Ausnahme von Jacques Chardonne.

Am 4. Januar 1960 schrieb er mir, entzückt von dieser Möglichkeit, noch einmal auf seine Worte zurückkommen zu können, und schickte mir eine *erste* Liste »kleiner Änderungen« – die ich berücksichtigte.

Das Buch war schließlich im Satz, als Chardonne mir schrieb: »Es ist entweder sehr einfach oder aber es ist unmöglich, ein paar Zeilen als Korrektur anzubringen. Es hängt davon ab, ob nach dem Kapitel noch Platz ist oder nicht. Die Leute bei Julliard werden es Ihnen sagen. Sie werden auf jeden Fall entgegenkommend sein, glaube ich.« Und schrieb weiter, daß er dem Brief die letzten und ihm teuersten Änderungen beilege.

So begann Chardonne, mir zu schreiben, und er schrieb mir viele Jahre hindurch.

WENN man Ihre Bücher liest, hat man den Eindruck, daß Sie Frauen nicht besonders lieben.

Jacques Chardonne. Wer liebt sie denn schon?

SIE sagen, man kann nicht mit ihnen leben?

J. C. Es gibt jemanden, der völlig verkannt worden ist, das ist Faguet. Dieser Mann, der sein ganzes Leben lang mit seiner Haushälterin in einem Studentenzimmer lebte, hat überaus richtige Dinge über die Liebe gesagt. Unter anderem dies: »Mit der Liebe kann man nicht wohnen.« Es ist großartig...

ALLE Ihre Romane sind Liebesgeschichten.

J. C. Nur das ist von Interesse, denn hier hat der Schöpfer versagt. Ich kann ihn nicht lieben: Er hat Mann und Frau erschaffen, die nicht miteinander wohnen können; das ist seine Ursünde.

WAREN Sie immer schon der Meinung, daß man mit Frauen »nicht wohnen kann«?

J. C. Mit zwölf Jahren habe ich sie angebetet! Dann habe ich sie kennengelernt. Jetzt würde ich den Männern sagen: Wenn eine Frau euch gefällt, rührt sie nicht an. Man berührt ihr Haar, ihr Gesicht, und dann stürzt man in ein Drama... Möchten Sie jetzt, daß wir uns ernsthaft unterhalten?

ÜBER die Jugend vielleicht...

J. C. Es ist unglaublich, sie existiert nicht mehr, die Jugend! Ich kann Ihnen davon erzählen, mich interessieren nur die jungen Leute... Sie sind zwanzig, und gleich darauf dreißig, und einen Augenblick sind sie noch so alt wie Sie.

KENNEN Sie viele?

J. C. Die jungen Leute von früher habe ich nie beachtet. Jetzt schreiben sie mir. Einige sind meine besten Freunde. Sie antworten mir nicht oft. Immer dieselben Worte: die »Angst«, die »Verzweiflung«. Das ist die Mode. Sie ist lächerlich. Niemals hat man einen »angsterfüllten« oder »verzweifelten« Menschen erlebt! Es ist die Schuld derer, die zehn Jahre lang regiert haben.

DIE Schriftsteller haben doch nicht geschrieben, um die Jugend zu vergiften.

J. C. Eben! Sie dachten nur an sich! Aber es ist eine Tatsache, daß sie sie vergiftet haben. Selten haben Schriftsteller mehr Unheil angerichtet, als sie es jetzt tun, denn früher waren sie keine Philosophen. Sie sagten persönliche Dinge; sie schrieben ein persönliches Werk. Jetzt haben sie uns glauben gemacht, sie besäßen die Wahrheit. Sobald man zur Philosophie die Lüge hinzufügt, wird es ernst, denn es ist die Philosophie, mit der man die Jugend verdirbt: Es ist nicht die Kunst. Kunst ist individuell, das geht nicht sehr weit; der Philosophie hingegen glaubt man. Man glaubt, daß es eine solche Welt gibt. Doch das stimmt nicht.

DIE jungen Leute verwenden auch das Wort »Freiheit«.

J. C. Das sehe ich nicht oft, ich sehe vielmehr: »Es gibt keine Liebe, es gibt keine Aktion.«

WIE waren Sie selbst, als Sie ein Junge waren?

J. C. Verzweifelt, aber ich habe es nie gesagt... Ich war genauso der leidenschaftlichste, der verliebteste, der lebhafteste Junge, den man sich denken kann.

WAS denken Sie über die heutige Literatur?

J. C. Die Buchhändler bekommen pro Monat 300 Bücher. Fast alle verschwinden im selben Monat, in dem sie erschienen sind. Simenon ist immer noch der einzige französische Romancier.

SIE glauben, daß man eines Tages keine Romane mehr schreiben wird?

J. C. Man wird immer Romane schreiben, das kann jeder. Seit vier Jahrhunderten hat man Tausende von Romanen geschrieben – sie sind alle verschwunden. Sie hatten alle denselben Fehler: Es fehlte ihnen an Naivität. Benjamin Constant hat einen guten Roman geschrieben, ohne zu wissen, daß es ein Roman war; er hat sogar das Manuskript in einem Koffer vergessen, wo man es ein Jahrhundert später gefunden hat. Es geht nicht darum zu wissen, ob man schreibt oder ob man Romane schreiben wird, sondern ob man ein Schriftsteller ist; ich meine ein Künstler der französischen Prosa.

DER Elfenbeinturm macht Ihnen nicht Angst?

J. C. Elfenbeintürme kenne ich; darin sind Politiker mit ihren Bibliotheken eingeschlossen; die, die unser Glück machen wollen, ohne zu wissen, wer wir sind.

ALS Sie schrieben, daß in Barbezieux alle Leute glücklich seien, verschlossen Sie da nicht auch ein wenig die Augen?

J. C. Entschuldigen Sie, ich hatte sie weit offen! Sie machen sich keine Vorstellung, wie gescheit ich mit zwölf Jahren war! Ich habe hinzugefügt: Die Leute litten nur an den immerwährenden Übeln. Das genügt wohl. Doch Sie wollen unbedingt, daß es bei den armen Leuten auch noch ein soziales Unglück gibt! Es gab keines, in Barbezieux.

WOHER kommt das Unglück unserer Zeit?

J. C. Wo sehen Sie es? Die Leute sind niemals glücklicher gewesen. Sie, als Bürgerliche, Sie geben sich dem Trugbild einer Welt hin, die Sie als unglücklich bezeichnen. Doch hätten Sie wie ich seit dreißig Jahren in dieser Stadt gelebt und gesehen, wie sie erbaut und bewohnt wurde, dann würden Sie sehen, daß Sie sich irren. Das soziale Unglück in Frankreich, das ist eine abstrakte Vorstellung. Man wird glücklich oder unglücklich geboren; es liegt bereits im Keim.

UND Sie, wie sind Sie geboren?

J. C. Ich habe das seltene Glück gehabt, drei Gesellschaftsformen zu kennen, und zwar hautnah zu kennen. Geboren bin ich und lange Zeit gelebt habe ich in der Welt jenes industriellen Bürgertums, das von den Schriftstellern so wenig beachtet, so sehr verleumdet worden ist, und von dem nur Jaurès gerecht gesprochen hat. Er hat gesagt: »Dieses tatkräftige industrielle Bürgertum, das die moderne Welt geschaffen hat, unter furchtbaren Schwierigkeiten.«

Noch mehr, das Bürgertum hat Frankreich geschaffen, seit dem Hundertjährigen Krieg. Das Bürgertum ist viel edler als der Adel. Ich hoffe, daß ich, bevor ich sterbe, Gelegenheit haben werde, es auf einigen Seiten zu skizzieren. Der Bürgerliche ist ein Organisator. Organisieren, das heißt die Dinge auf ihren Platz stellen, und die Menschen; davon hatten der Adel und das Volk keine Ahnung. Heute sind alle Franzosen Bürgerliche. Ich klebe an diesem Block wie ein Fossil. Ich weiß, daß nur die übrigbleiben, die da mitmachen.

IN dieser bürgerlichen Gesellschaft, die Sie so bewundern, hat man sich da nicht gelangweilt?

J. C. Man war zumindest weder »verzweifelt« noch »voller Angst«...

SIE sagten »drei Gesellschaftsformen«?

J. C. Ich habe auch eine Kleinstadt in der Charente gekannt, um 1900. Seit dreißig Jahren lebe ich in einem kleinen Ort in der Nähe von Paris, der von Zwangsumsiedlern gebaut worden ist und dessen ganze Entstehung ich miterlebt habe. Ich kenne jedes Haus. Hier kann ein Proletarier in fünfundzwanzig Jahren ein Vermögen machen, wenn er begabt ist.

WAS denken Sie über diese drei Gesellschaftsformen?

J. C. Alle diese Menschen sind einander ähnlich. Es sind die gleichen. Als ich vor vierzig Jahren *Épithalame* geschrieben habe, hat man gesagt: die Sorgen untätiger Kleinbürger. In dem kleinen Ort, von dem ich spreche, habe ich meinen Roman wiedergefunden, so wie ich ihn geschieben hatte. Und zwar bei Maurern. Ich würde heute nicht eine Zeile ändern.

UND der Krieg hat nichts verändert?

J. C. Der von 1914, ja; 1940, das existiert nicht; das ist die Fortsetzung.

SPRECHEN wir darüber.

J. C. Sprechen wir lieber von der Liebe, der menschlichen Tragödie par excellence... Daneben erscheint mir alles andere lächerlich.

WAS? Welche Tragödie?

J. C. Zwei aneinander gebundene Wesen. Bei den »Noyades de Nantes« nannte man das »Mariages«[2]... Der Kontakt zwischen Mann und Frau erscheint mir in jedem Fall dramatisch, ob es nun für acht Tage oder für das ganze Leben ist.

UND es gibt niemals glückliche Momente in dieser Verbindung?

J. C. Doch. Es gibt die schönen Abende, es gibt die Rosen, es gibt den ewig unschuldigen Morgen... Alle Herrlichkeiten dieser Erde. Man darf vor dem Leben nicht davonlaufen. Man muß es in seiner ganzen Fülle nehmen, dann wird man dafür entschädigt, denn es enthält doch mehr, als Ihr Pessimismus sich vorstellen kann. Sprechen wir mit Lamartine: »Das Leben ist kurz und erfüllt und genügt für das Leben.« Mit diesem Satz im Herzen werde ich sterben und werde immer nur daran gedacht haben zu leben.

SIE haben noch nicht über Politik gesprochen.

J. C. Zwischen 1900 und 1914 hat mich die Politik sehr stark interessiert, man muß immer wieder auf diese Zeit der kapitalen Fehler zurückkommen, beginnend mit Delcasse; die uns geradewegs nach Jalta geführt haben. Nach Jalta ist das Ende. Ich weiß nicht, wo ich die meisten Dummheiten erlebt habe, ob rechts oder links... Alle haben sich daran beteiligt. Bei den »auswärtigen Angelegenheiten« führt die Rechte in puncto Dummheiten. Die Linke ist heute eine formlose Masse. Was ist der Sozialismus? Eine Sommerfrische für schlechtgelaunte reiche Bürgerliche, die Luftveränderung brauchen und andere Bürgerliche sekkieren wollen. Die Freiheit, höchstes Gut, ist rechts.

UND der Faschismus?

J. C. Harmlos, harmlos, harmlos! Links, die ernstzunehmende Linke, das ist eine gesalzene Tyrannei, ziemlich weit entwickelt. Sie verstehen es, die Welt der Armen arbeiten zu lassen, indem sie reden, wie es sich gehört, so wie die Kapitalisten redeten: Es ist zu Eurem Glück! Ihr Tag wird kommen, zwangsläufig, überall, alle Völker werden auf den Knien liegen. Huxley hat erklärt warum und wie. Ich kann Ihnen in diesem Zusammenhang etwas erzählen, was Sie vielleicht interessieren wird: die Geschichte des Prozellans, in Limoges von 1900 bis 1914. Sie ist mit acht Streiks erzählt, die ich gut kenne. Ich habe sie aus nächster Nähe verfolgt. Ich war mit Jaurès befreundet und gleichzeitig mit den großen Porzellanfabrikanten von Limoges verwandt. Bei den Streiks ging es nicht um die Löhne, zumindest nicht um die Erhöhung der Löhne; die Arbeiter, die aus armen Landgegenden kamen, wurden nicht schlecht bezahlt. Die Fabrikanten sagten: Der Arbeiter, der gut arbeitet, wird besser bezahlt. Erster Streik. Die Arbeiter wollten, daß man denen, die schlecht arbeiteten und denen, die gut arbeiteten, den gleichen Lohn ausbezahlte. Die Fabrikanten haben gesagt: Deutschland ist unser Konkurrent, wir brauchen die gleichen Maschinen. Hier sind die deutschen Maschi-

2. Noyades de Nantes: Massenertränkungen politischer Gefangener während der Französischen Revolution in der Loire bei Nantes. Dabei wurden je zwei Gefangene aneinander gebunden; das nannte man »Mariage«, was eigentlich »Ehe« bedeutet.

nen: Wir ersuchen euch, ohne zusätzlichen Aufwand, zweitausend Tassen pro Tag zu machen. Die Arbeiter haben geantwortet: Wir werden nur zweihundert Tassen machen, wie früher. Die Fabrikanten haben gesagt: Ihr vergiftet euch, wenn Ihr euer Frühstück in die Fabrik mitnehmt. Doch die Arbeiter wollten in der Fabrik essen: Sie haben achtmal gestreikt, aus solchen Gründen. Bei jedem Streik verlor Frankreich einen Markt in der Welt; Deutschland etablierte sich mit seinem eigenen Porzellan überall. Schließlich waren alle Märkte verloren. Ich spreche von einer vergangenen Epoche, nicht von der heutigen Zeit. Ich glaube, daß es Limoges zur Zeit gutgeht. Ich habe erlebt, wie die Kommunisten in Rußland genau die Doktrin meiner Eltern übernahmen, die jene Streiks hervorgerufen hat; doch um ihre Methoden durchzusetzen, hatten die Russen Mittel, die den Porzellanfabrikanten in Limoges fehlten... Seit jenem Tag interessiere ich mich nicht mehr für soziale Fragen.

ZWISCHEN den großen Prozellanerzeugern von Limoges und den »Kommunisten in Rußland« gibt es vielleicht einige Unterschiede, die zu erläutern Ihnen wichtig erscheinen könnte...

J. C. Es gibt nicht zwei Arten zu sagen: »Wir verbieten euch, in der Fabrik zu essen«, »wir wollen die Arbeiter besser bezahlen, die sich hervortun«! Doch es gibt zwei Arten zu handeln: Die Fabrikanten von Limoges hatten keine Waffen, während Stalin welche hatte.

SIE glauben, daß die Porzellanfabrikanten von Limoges es nicht verstanden haben zu handeln?

J. C. Sie haben das bestmögliche getan, und man wird niemals etwas besseres machen.

GLAUBEN Sie an den Fortschritt?

J. C. Den Fortschritt zu beurteilen ist schwierig... Der Mensch ist dem ausgeliefert, was er findet, sagt Valéry. Fortschritt ist Knechtschaft, alles in allem. Man wird keinen Krieg mehr erleben, glaube ich; das ist ein Fortschritt. Die Infamie der Judenverfolgung, dieser idiotische und widerliche Unsinn, der von weiter östlich kommt, ist abgenutzt, hoffe ich. Ich sage nicht, daß der blutrünstige Appetit gestillt wäre. Die Bürgerlichen bis in die dritte Generation ausrotten: Es gibt noch genug Freuden, auch ohne Mobilmachung...

WIE denken Sie über Schriftsteller Ihrer Generation, die sich im politischen Kampf engagieren, so wie François Mauriac?

J. C. Ich bewundere Mauriac, ihn, seine schöne Sprache, seinen Mut, seine Ideen, seine sehr persönliche Art, oft recht zu haben... Ich zolle ihm Beifall, aber ich zolle ihm halbherzig Beifall. Die Politik interessiert mich nicht mehr; sie hat mich von 1900 bis 1914 allzu stark interessiert. Seither hat sich nichts geändert: Es handelt sich immer noch um ein Volk von Träumern. Um das Jahr 1905 oder etwas früher, zur Zeit der Allianz mit dem Zaren, war die Wende, hat man den schicksalhaften Weg eingeschlagen, bis nach Jalta; nun haben wir ein zerstückeltes Europa, zwei zerbrochene Kolonialreiche, Asien vor den Toren; und die Tore stehen weit offen. Sollen sich doch die Vorsehung und die Russen um das kümmern, was folgt. Wir sind nur mehr Zuschauer.

AUCH um das Elend?

J. C. Es ist natürlich. Der Tod ist die Voraussetzung für das Leben. Würden die Fliegen im Winter nicht sterben, so würden wir den Himmel nicht mehr sehen. In Asien verdoppelt sich die Bevölkerung alle fünfundzwanzig Jahre. Ich rege mich nicht auf; sie werden Maschinen haben. Eines Tages werden sie sich um uns kümmern. Unnötig, Annäherungsversuche zu machen.

SIE ziehen sich also lieber aus der Diskussion zurück?

J. C. Ich denke an etwas anderes...

WORAN denken Sie denn?

J. C. An Dinge, die nicht von dieser Welt sind, und die ich doch vor Augen habe... Mir ist ein großer Luxus gegeben: die Freiheit und das Schweigen... Die innere Freiheit; das ist nicht die Revolte. Die Revolte, das sind Ravaillac oder Ravachol, Sklaven einer Idee. Die Ideen, die man hat, sind dumm, fast immer. Man muß sie loswerden wie Motten, und zwar im Schweigen und in der Freiheit.

UND Bücher?

J. C. Ich lese das, was mir nützt. Das, was mir gefällt, wird seltener, in allen Bereichen. Die Romane, die man mir zu lesen gibt, sind abstoßend. Literatur ist überall, außer in den Romanen, in denen gar nichts ist, unmögliche Geschichten. Hingegen findet sich Literatur in Zeitungsartikeln, in Grabreden, sie findet sich in Pamphleten. Sie ist überall, außer in den Romanen, denn einen Roman können Sie aus etwas Beliebigem machen – einen Roman, nicht Literatur. Sie können keinen Zeitungsartikel schreiben, wenn Sie kein Talent haben, aber Sie können einen Roman schreiben, mit einer Einheitssauce und ein bißchen Erfahrung. Romane wird es immer geben, denn sie sind ein so allgemein zugängliches Genre, daß alle immer welche schreiben werden.

Ein Buch öffne ich immer mit Mißtrauen, eine Zeitung mit Freude. Cocteau ist ein großartiger Journalist. Mauriac ebenso, und Colette (ihre Romane sind nichts wert, einige perfekte Novellen ausgenommen). Und auch Balzac war ein großer Journalist – heute haben wir von Balzac nur mehr das verstaubte Zeug – und Voltaire, und noch viele andere.

UND die Poeten?

J. C. Für Alchimie bin ich nicht zuständig.

SIND Sie mit Ihrem Werk zufrieden?

J. C. Ja. Entschuldigen Sie.

FRANÇOISE SAGAN

Ein Hindernis durch die Geschwindigkeit besiegen: Das war typisch Sagan!

Françoise Sagan wurde am 21. Juni 1935 in Carjac (Lot) geboren.

1953 veröffentlicht sie *Bonjour Tristesse*[1]; es ist ihr erster Roman, und sie ist achtzehn Jahre alt. Der Erfolg ist beträchtlich: Über eine Million Exemplare werden verkauft. Françoise Sagan wird ein Star.

Es folgen: *Un certain sourire*[2], 1956; *Dans un mois dans un an*[3], 1957; *Aimez-vous Brahms?*[4], 1959; *La Chamade*, 1965; *Un peu de soleil dans l'eau froide*[5]; *Des Bleus à l'âme*[6], 1972; *Le Profil perdu*[7], 1974; *Le Lit défait*[8]; *Un orage immobile*[9], 1983; *La laisse,* 1989.

1984 veröffentlicht Françoise Sagan ihre Autobiographie, *Avec mon meilleur souvenir*[10].

Ihr erstes Theaterstück. *Château en Suède*[11], schrieb sie 1957.

Ich habe Françoise Sagan zwischen 1957 und 1960 mehrere Male in ihrer und in meiner Wohnung interviewt.

1. Bonjour Tristesse. Wien 1956.
2. »...ein gewisses Lächeln«. Wien 1956.
3. In einem Monat, in einem Jahr. Berlin 1958.
4. »Lieben Sie Brahms?«. Berlin, Frankfurt, Wien 1959.
5. Ein bißchen Sonne im kalten Wasser. Berlin, Frankfurt, Wien 1970.
6. Blaue Flecken auf der Seele. Berlin, Frankfurt, Wien 1973.
7. Ein verlorenes Profil. Berlin, Frankfurt, Wien 1975.
8. Edouard und Beatrice. Berlin, Frankfurt, Wien 1978.
9. Stehendes Gewitter. München 1986.
10. Das Lächeln der Vergangenheit. München 1985.
11. Ein Schloß in Schweden. Berlin, Frankfurt, Wien 1961.

Wie Millionen andere Leser hatte ich *Bonjour Tristesse* in einer Stunde verschlungen, und ich habe die Lektüre ganz, ganz leicht gefunden...

Eigentlich eine zu leichte Kost für eine Journalistin, die sich mit den köstlichen Widersprüchen des Sartrismus, des Lacanismus, des Nouveau Roman und der gerade im Entstehen begriffenen Philosophie unserer neuen Vordenker Michel Foucault und Gilles Deleuze herumschlug.

Was sagte dieses kleine Mädchen doch gleich? Der Herbst sei »ganz rotbraun«, das Vergnügen »nicht schwer«, die Jungen seien nur »große Seifen«, die sich angenehm anfühlten, solange man sie an seinem Körper reibe, bis sie geschmolzen seien... Und so finde man immer wieder neue, immer wieder neue...

Sie besaß sogar die Dreistigkeit zu schreiben, was sie tun werde, wenn sie älter geworden sei: »Ich werde junge Leute bezahlen, damit sie mich lieben, weil die Liebe das Süßeste, das Lebendigste, das Vernünftigste ist. Und weil der Preis wenig bedeutet.«

Diese »Göre« dachte schon an ihr Alter und zögerte nicht, mir verblüffend realistisch zu erklären, daß Geld mit allem fertig werde, auch mit dem Alter!...

Im Augenblick kauerte sie vor mir auf einem »gemieteten« Sofa. Die schicke Wohnung war möbliert gemietet, und diese junge Person, die keine zwanzig Jahre alt war, mit den matten, verschreckten Rehaugen und den dünnen Beinen eines zu rasch gewachsenen Mädchens, sah wirklich gar nicht so aus, als ob sie sich hier zu Hause fühlte.

Aber das Gehabe der selbstsicheren Besitzerin hat Françoise Sagan auch mit zunehmendem Alter und steigender Berühmtheit nicht bekommen. Außer vielleicht, wenn sie in ihrem Wagen sitzt, wenn sie dahinrast. Als ob ihr einziges »zu Hause« die Geschwindigkeit wäre.

Sie fühlte sich unbehaglich, auf ihrem gemieteten Sofa mit dem Tonbandgerät zwischen uns, und doch erkannte ich, daß sie fester als ich verankert war, nicht in der Realität, sondern in einer Art früh erlangter Weisheit. Bevor sie noch ein großes Stück auf ihrem

Lebensweg zurückgelegt hatte, war sie schon von allem ernüchtert. Wie ihre Busenfreundin Florence Malraux war dieses Kind des Krieges »reif« geboren, während ich mit beinahe dreißig, nicht aufhörte, mir zuzusehen, wie ich aus dem Ei kroch... Ich »hätschelte« mich gewissermaßen. Nicht so Sagan. Sie arbeitete. Siegte.

Florence Malraux, die mit ihr zur Schule gegangen war, hatte mir erzählt, daß Françoise ihr in dem Jahr, in dem sie *Bonjour Tristesse* schrieb, zugeflüstert hatte: »Diesen Sommer werde ich ein Buch schreiben; es wird ein Erfolg werden, ich werde viel Geld verdienen und mir einen Jaguar kaufen!« Sie hatte es gesagt, und sie hatte es getan. Sogar im »Café Flore«, im »Deux Magots«, in der »Rhumerie« und in der »Port-Royal Bar« waren die endlosen Gespräche über die Praxis, die Schuld und das Engagement für einen Augenblick unterbrochen worden: wegen eines kleinen Buches, das einen weißen Einband mit frühlingsgrünen Streifen hatte...

Nun, es waren gemischte Gefühle – Respekt, Eifersucht, ungläubiges Staunen – mit denen ich das Geschöpf betrachtete, das friedlich zusammengerollt vor mir kauerte: ein Phänomen, ein jugendliches Genie. Böse Zungen hatten behauptet, daß *Bonjour Tristesse* Simone de Beauvoirs Werk sei... Als ob dieses kleine Meisterwerk mit der Ich-schere-mich-um-nichts Einstellung auf Castors[1] Linie wäre!

Außerdem genügte es, wenn Françoise Sagan mit ihrer melodiösen und ironischen jugendlichen Stimme hastig ein paar Worte sagte: Sofort wußte man, daß man jemand Einzigartigen vor sich hatte. Einen Menschen, der ein einziges Gefühl weckte: Zärtlichkeit. Und, wenn man sie besser kannte, Liebe. Auf dem niedrigen Tisch zwischen uns standen Gläser, ein Kübel mit Eiswürfeln, Whisky... Françoise murmelte etwas, und aus ihrer vagen Handbewegung schloß ich, daß sie mir etwas zu trinken anbot. Ich lehnte ab, denn ich war viel zu sehr damit beschäftigt, den Ton zu suchen, der mich auf ihre Wellenlänge bringen würde.

»Was bedeutet für Sie Erfolg?« – »Haben Sie lange gebraucht, um das ... dieses ... nun, dieses Ding zu schreiben?« – »Was werden Sie jetzt tun?« – »Wie ist das, wenn man berühmt ist?« Ein Wunder, daß ich sie nicht zu allem Überfluß noch fragte, wie sie im Studium vorankomme!

Françoise Sagan antwortete mir in Sätzen, die aus drei Wörtern bestanden, manchmal nur aus einem, und ich sagte mir schon: »Es ist genau, wie ich gedacht habe, sie ist unfähig sich auszudrücken, es gibt nichts, woraus man ein Interview machen könnte .. . . nichts als Leere!«

Plötzlich brachte sie mich zum Lachen. Ein lapidarer Satz. Dann noch einer. Die Sätze waren von einem leichten, schnellen Lächeln

1. Castor = Biber – Simone de Beauvoirs Spitzname

begleitet, wie das Lächeln des Helden Aramis, wenn er mit dem Schwert in der Hand bei jedem Stoß trifft. Ich zog daraus den Schluß, daß ihr ewiges Gestammel eine verschämte Tarnung war, mit der sie zu verbergen suchte, daß, wenn sie sprach, ihr Geist genauso lebhaft war, wie wenn sie die Feder in der Hand hatte...

Wenn sie diese Hand hob, so tat sie es mit geknicktem Handgelenk, als ob die Hand zu schwer wäre für die bescheidenen Kräfte, die Françoise Sagan besaß.

Außer beim Geldausgeben war sie übrigens in allem ökonomisch: Sie hatte ihr Buch in einem Zug geschrieben, mit zwei Fingern auf einer kleinen Schreibmaschine in der gedämpften, leeren Wohnung ihrer Eltern, anstatt nochmals für ihr Abitur zu lernen, das sie im Juni nicht geschafft hatte und im Herbst wiederholen sollte. Deshalb war sie auch in der Großstadthitze von Paris geblieben. Vielleicht war es diese Hitze, die bewirkte, daß sie das Saint-Tropez ihres Romans gleichsam »halluzinierte«? Von Zeit zu Zeit senkte sie den Kopf und wickelte eine Strähne ihres kurzen, blonden Haares über ihren Zeigefinger, oder sie zog daran, als ob sie versuchte, möglichst viel von sich selbst zu verstecken, ihre Stirn, ihr Gesicht, das spitz und dreieckig war wie das von Colette.

Sie hatte die Beine unter ihren Körper gezogen, um alles vor fremden Blicken zu schützen, was sie von ihrer Person schützen konnte, die künftig jedem Kreuzverhör preisgegeben war. Es war soweit: Sie hatte mich in ihren Bann gezogen, und es war mir ziemlich egal, ob ich das Interview nun fortsetzte oder abbrach... Spürte sie es?

»Fahren wir ein wenig spazieren?« sagte sie plötzlich zu mir.

»Ja!« erwiderte ich, kurz entschlossen, bereit, alles sausen zu lassen, selbst wenn ich zufällig andere Pläne gehabt hätte...

Wie eine Katze war sie mit einem Satz auf dem Boden, nahm keine Tasche – bei Frauen eine Seltenheit – sondern drehte zwischen den Fingern zwei kleine Schlüssel. Trotz der hohen Absätze ihrer Schuhe, auf denen sie balancierte wie Walt Disney's Minnie, hatte sie verblüffende Ähnlichkeit mit einem Privatdetektiv aus einem Krimi.

Einen Augenblick später standen wir vor dem Jaguar; ein schwarzes, niedriges, blitzendes Cabrio, das gleich vor dem Haus stand, friedlich geparkt wie ein zahmes Tier.

Der Verkehr war damals noch mehr als gering. Der Motor dröhnte, der Wagen glitt zügig über die Fahrbahn, wechselte auf die rechte Spur, kam in Fahrt. Françoise Sagan fuhr schnell und gut, wobei sie ihre Mittel ebenso sparsam einsetzte wie in ihren Büchern. Es war ein berauschendes Gefühl, dieses kleine Mädchen neben mir zu wissen, das soviel mechanische Kraft so perfekt beherrschte. Ja, das war genau das schillernde, leichte Leben der Welt von *Bonjour Tristesse*! In Rekordzeit erreichten wir den Tunnel von Saint-Cloud, dann die Westautobahn. Das Wetter war schön, unsere Haare flatterten im Wind, und die paar Autofahrer, die uns begegneten, musterten uns mit großer Neugier. Zwei Frauen, die in einem Wagen dieser Marke und dieser Preisklasse mit hoher Geschwindigkeit fuhren, das war eine Rarität, eine Herausforderung!

Ein Unglücklicher wollte Wettrennen spielen. Françoise Sagen schien es nicht zu bemerken, aber sie stieg mit Entschlossenheit ins Gaspedal. Von unserem Verfolger hörten wir nichts mehr.

Ich stützte meinen Ellbogen auf die Wagentür. Ich war selbst eine gute Fahrerin und haßte es deshalb, andere am Steuer zu sehen, vor allem andere Frauen. Doch bei ihr verspürte ich keinerlei Angst, nur ein Glücksgefühl, sooft mich ein Schwall warmer, sonniger Luft mitten ins Gesicht traf... Der Jaguar E war ein exzellentes Fahrzeug, der Wagen des Erfolges.

Später erzählte sie mir eine Geschichte, die mir immer einfällt, wenn ich in irgendeiner Situation unentschlossen bin: Sie war erst seit kurzem im Besitz des Jaguars und befand sich auf einer Landstraße, wo sie wie gewöhnlich ziemlich schnell dahinfuhr, als aus einer Nebenstraße ein Bauer kam, der seelenruhig und ohne einen Blick auf den Boliden zu werfen, mit seinem Ochsengespann in die Hauptstraße einbog.

Bremsen? Zu spät. »Ich nahm mir nicht die Zeit nachzudenken«, erzählte sie mir, »ich trat das Gaspedal durch, der Wagen machte einen Sprung, und wir rasten fünf Zentimeter neben der Schnauze dieser braven Tiere vorbei. Im Rückspiegel habe ich gesehen, wie der Bauer die Hände zum Himmel erhob. Nachher konnte ich nicht mehr fahren, meine Knie klapperten, meine Zähne auch. Wir haben angehalten, um ein Glas zu trinken. Wir waren ganz bleich.«

Immerhin hatte sie die einzig richtige Reaktion gezeigt: das Hindernis durch die Geschwindigkeit besiegen! Wir hielten beim »Sabretache«, einem Gasthaus an der Straße nach Marly, nicht weit von Louveciennes, und wir tranken ein Glas im großen Speisesaal, der mitten am Nachmittag leer und von Sonnenlicht durchflutet war.

Françoise Sagan stellte mir nun ihrerseits einige, sehr wenige Fragen, über die Art, wie ich lebte. Ob es sich um Unbekannte oder um die Großen dieser Welt handelte, sie übersprang bei allen die Präliminarien, und man konnte nicht anders, als es ihr gleichtun. Ich ging so weit, ihr zu erzählen, daß ich gerade eine Romanze hatte, die denkbar schlecht lief...

»Na und«, sagte sie zu mir, »was bedeutet das schon? Lassen Sie ihn fallen! Nehmen Sie einen anderen!«

Mir blieb die Luft weg. Rund um mich machten die Sartrianer, die Existenzialisten aus jeder Liebesaffäre eine große Geschichte: ein Thema für Analysen, Schuldgefühle, kollektive Befragungen, endloses Wiederkäuen: Warum ist es gelaufen? Warum läuft es nicht mehr, wer ist schuld?

Françoise Sagan war, wie sie es später am Ende von *Ein gewisses Lächeln* schrieb, für ihren Teil der Ansicht, daß es keinen Grund gab, unnötig Energie zu verschwenden: »Ich hatte einen Mann geliebt, na und? Kein Grund, deshalb ein Gesicht zu ziehen!«

Ohne es zu wissen, ohne danach zu suchen, verkörperte sie die »neue Moral«, die zwanzig Jahre später dank Feminismus, Pille und freier Abtreibung triumphieren sollte... Einige Zeit später lud sie mich nach Saint-Tropez ein, wo sie gerade ein riesiges Haus gemietet hatte. Der unscheinbare Eingang des alten Gebäudes à la Saint-Tropez lag in einem winzigen, schattigen Hof, in dem der Jaguar gerade noch Platz hatte; und von der anderen Seite aus überblickte man, durch großzügige Türen, Fenster und Terrassen die ganze Reede... Es war der große Luxus!

Doch durch Françoise Sagan wirkte selbst hier alles natürlich, selbstverständlich, sogar ein wenig nachlässig... In allen Stockwerken herrschte größte Unordnung: auf einen Haufen geworfene Kleider, verstreute Schuhe, für einen kurzfristigen Zweck verschobene, nie wieder an ihren Platz gestellte Möbel... Wir waren ungefähr zehn in dieser »Baracke«, manchmal mehr. Ich erinnere mich an Bernard Frank, an Michel Magne – ein Musiker und Komponist, der immer am Klavier saß – an Florence Malraux, an den Bruder von Françoise, an ihre Schwester, an Vadim, an andere, die für eine Stunde, für einen Tag gekommen waren... Wir lebten ohne Zeitplan, ohne jegliche Verpflichtungen. Einige, darunter Françoise, standen erst zu Mittag auf, manchmal noch später. Wir nahmen alle Mahlzeiten in den umliegenden Bistros ein, die in jener Zeit leer waren. Françoise Sagan lud alle ein, die sie traf – manche von ihnen kannte sie kaum, doch sie hatten ihr aufgrund eines Lächelns, eines freundlichen Wortes gefallen – und wir belegten riesige Tische.

Wir machten uns einen Spaß daraus, Phantasiegerichte zu bestellen, oder Gerichte von verblüffender Einfachheit: kiloweise Teigwaren! Wir lachten während der ganzen Mahlzeit, über alles mögliche, einen Scherz, eine dumme Bemerkung, ein Wortspiel; es gelangte zwar nicht alles bis zum anderen Ende des Tisches, aber man lachte auch dort, aus Solidarität, zum großen Unwillen der Kellner, die unsere permanente Heiterkeit nicht verstanden.

Wenn die Rechnung kam, war es immer Françoise Sagan, die bezahlte. Sie zahlte immer und überall, die ganze Zeit: das Haus, das Essen, die Getränke, die Schallplatten, die Bücher, einfach alles. Manchmal ließ sie ihren Bruder zahlen, denn man hätte es abnormal finden können, eine so junge Frau ständig mit Geldscheinen in der Hand zu sehen, doch es war ihr Geld.

Die Spaziergänge, die Bäder im Meer waren kurz. Die Sonnenbäder auch. Françoise Sagan fand es entsetzlich, sich allzulange ausschließlich ihrem Körper zu widmen, außer im Schlaf.

Manchmal, wenn wir vor dem Abendessen alle in Fauteuils oder am Boden rund um den niedrigen Tisch saßen, auf dem Gläser und Getränke standen, und plauderten, verschwand sie. Sie war still und heimlich unter den Tisch geschlüpft, wo sie ein Schläfchen machte, auf dem Rücken liegend, den Arm über die Augen gelegt, um sich vor dem Licht zu schützen, eingewiegt von unseren Stimmen.

Sie hatte keine Lust, allein zu sein – und was taten wir alle zusammen anderes, als sie davor zu bewahren? – außer einmal am Tag, wenn sie für einige viertel Stunden unbemerkt verschwand, sich in ihr Zimmer einschloß und mit zwei Fingern auf ihrer Schreibmaschine tippte. Sie schrieb in einem Zug mehrere Seiten, sprach nicht darüber, kam freudestrahlend zurück.

Erst nach dem Abendessen ging das Leben richtig los. Die ganze Bande ging zur Escale, zum Hafen oder ins »Palmyre« – das Tanzlokal neben der Zitadelle – oder sonst wohin. Und überall fand sich Françoise Sagan sofort zurecht, ob sie das Lokal nun kannte oder nicht; sie war vertraut mit Barbesitzern, Disc-Jockeys und anderen »Herren der Nacht«.

Sie erkannten sie als eine der ihren. Als eine, die von Natur aus ihre Sprache sprach – eine Sprache, die aus wenigen Worten, verstehendem Lächeln, kleinen Rippenstößen und Zärtlichkeiten bestand – und die, wie sie selbst, etwas für das Trinken übrig hatte. Das heißt man trank gerade soviel wie nötig war, um kontinuierlich einen Rauschzustand aufrechtzuerhalten, der als Glück-Ersatz fungiert, eine sanfte Betäubung, in der man sorglos jegliches Zeitgefühl verliert...

Ich persönlich hatte keine Begabung dafür. Mein Rücken schmerzte, meine Augenlider waren schwer. Trotzdem war ich aus Sympathie für Françoise und aus Neugier bemüht, mich ebenso lange wie sie auf den Beinen zu halten, manchmal bis zum Morgengrauen... Ich sah zu, wie sie tanzte, ganz allein, endlos, ohne müde zu werden und immer die selben Schrittkombinationen: Es war die Zeit des Cha-Cha-Cha, und Françoise Sagan machte ohne Unterlaß Cha-Cha-Cha, vorwärts, rückwärts, seitwärts... Wollte sie durch dieses Wiegen etwas in sich betäuben? Oder war es ein Trance-Zustand, den sie durch ständiges Wiederholen derselben Schritte erreichen wollte?

Im Grunde war Françoise Sagan, auch wenn sie von ihren Freunden umgeben war, allein, und sie wollte es vor allem auch bleiben. Sie mied jede Frage wie die Pest, die ein wenig persönlicher war, die ihr »weh« tun, das heißt sie zum Nachdenken bringen hätte können...

Diese junge Person, die in fünf Minuten all das erreicht hatte, worauf andere ein Leben lang warten, hatte mit den Gesprächen der Frauen untereinander nichts zu schaffen und eines, womit die meisten ihrer Geschlechtsgenossinnen beschäftigt sind, tat sie niemals: jammern.

Françoise Sagan jammerte nie. Sie machte sich über alles lustig, vor allem über sich selbst, mit einem beißenden Humor, der mir manchmal das Gefühl gab, schwerfällig und allzu »fraulich« zu sein...

Sie hatte eine Liebe, eine einzige, große Liebe, die ich schließlich entdeckte: die Liebe zu den Wörtern. Sie »pflückte« Worte, im Flug, im Vorbeigehen, aus irgend jemandes Mund, aus einem Buch, sie stibitzte es von einem Plakat, aus einem Gedicht.

»Bonjour tristesse« hatte sie in Versen von Eluard gefunden, wie ein Lausbub, der etwas aus einem Schaufenster stiehlt und mit seiner Beute flüchtet, so schnell er kann ... und dann, taub und blind gegenüber der übrigen Welt, wiederholte sie diese Worte, kostete sie aus, berauschte sich an ihnen mit grenzenlosem Entzücken.

Später hatte Françoise Sagan – sie erzählt es in ihren Memoiren – eine zärtliche und enge Beziehung zum älter gewordenen Sartre. Was die beiden verband, war sicher die Liebe zum Wort, zu den Wörtern. Zu diesen seltsamen Objekten – abgesehen von ein paar Spielmarken, die einzigen Objekte, mit denen Françoise Sagan umgehen hat können!... Ihre hinreißenden, langen Hände sind nicht dafür geschaffen, irgend etwas anzufassen, sie würden es fallen lassen. Übrigens: Niemand in ihrer Umgebung erlaubt es ihr.

Auch das Geld läßt sie fallen. In dem Haus, das sie in Saint-Tropez gemietet hatte, lag es bündelweise herum, auf dem Kamin, auf den Möbeln, in den Vasen... Bis die Aufräumefrau, eine hervorragende Kraft aus der Umgebung, sich schließlich darüber beklagte: Das gehöre sich nicht!

»Was heißt, das gehört sich nicht?« hatte Françoise Sagan verdutzt gefragt.

»Nun, wenn es verschwindet?«

»Nun«, hatte Françoise Sagan geantwortet, »dann ist es eben verschwunden! Was macht das schon?«

Diese Gleichgültigkeit hatte die Aufräumefrau nicht beruhigt, im Gegenteil. Sie fand, daß diese jungen Leute ganz entschieden eine komische Art hatten.

Auch die Art, wie sich der neue Star des französischen Romans kleidete, war ungewöhnlich. Noch bevor die Jeansmode sich allgemein durchgesetzt hatte, trug sie immer Hosen, ihre Füße waren oft nackt. Sie trug eine Männerweste aus Kaschmir, direkt auf der Haut, vorzugsweise schwarz, mit V-Ausschnitt. Sie borgte mir eines Tages eine und schenkte sie mir schließlich. Ich habe sie jahrelang getragen, fast jeden Tag. Es war meine Lieblingskleidung, das Schwarz der Sagan, die Einfachheit der Sagan... Es war alles, was mir von ihr blieb. Denn nach diesem unvergeßlichen Aufenthalt in ihrem Haus in Saint-Tropez, das ständig von den hinreißenden Melodien erfüllt war, die Michel Magne zu den zärtlichen Liedern »Ich liebe dich! Ich liebe dich! Ich liebe nur dich!« komponierte, die Françoise in zwei Minuten schrieb, manchmal auf eine Serviette, sah ich sie fast nie mehr wieder...

Warum?

In einem Monat, in einem Jahr findet etwas weniger Anklang als Ihre übrigen Bücher. Wie denken Sie darüber?

Françoise Sagan. Ich persönlich finde, daß es das beste ist. Aus keinem bestimmten Grund. Man mag das letzte immer am liebsten. Und außerdem ist es mein erster echter Roman, der keine Erzählung ist und wo die Figuren mir ein wenig entglitten sind.

SIE finden, daß die Kritiker unrecht haben?

F. S. Oh, nein, nicht unrecht! Sie haben absolut recht, jeder hat recht. Was für mich zählt, ist die Satzmelodie, und ein Grammatikfehler wirft mich noch nicht um vor Schreck.

DIE Journalisten behandeln Sie mehr als Star. Welche Wirkung hat das auf Sie?

F. S. Es erscheint mir grotesk, aber was soll ich machen? Wenn ich den Aufwand, den sie treiben, stoppen könnte, würde ich es tun, aber wie?

ES gibt Ihnen nichts?

F. S. Der einzig mögliche Spiegel ist das, was man geschrieben hat.

WIE sehen Sie all diese Leute, die sich zu viel mit Ihnen beschäftigen?

F. S. Den Briefen nach zu schließen, die man mir schickt, sind ungefähr drei Viertel davon sehr nett und ein Viertel unangenehm.

UND denken Sie an die, die Ihre Bücher lesen, an Ihr Leserpublikum?

F. S. Ich glaube, daß sie etwas erwarten. Ich hoffe, daß sie etwas erwarten. Aber die Leserbriefe erwecken selten diesen Eindruck. Sie schreiben mir: *»Ich habe mich dort und dort wiedergefunden«*, etc. Das ist für einen Schriftsteller durchaus berührend, aber unnütz. Eine gewisse Anzahl verheirateter Frauen mit Kindern oder alte Damen lesen die Bücher nur, um sich darüber aufregen zu können. Aber es gibt auch welche, die es bewegt. Es gibt friedliche Leute – das ist ziemlich angenehm – die Gemüsebauern in Villeneuve sind, oder etwas anderes. *»Als ich sechzehn Jahre alt war, habe ich einen Mann kennengelernt ... deshalb mag ich Ihr Buch, es hat dieselbe Wirkung auf mich gehabt«*, etc.

WIE schreiben Sie am liebsten?

F. S. Egal wo. Ich hatte ein Landhaus in der Nähe von Paris, ich schrieb ein oder zwei Stunden pro Tag.

MAN hat an Ihrem letzten Buch beanstandet, es sei kein echter Roman. Besonders deshalb, weil die Zeit nicht fließt.

F. S. Ich weiß nicht, was man als echten Roman bezeichnet. Ich wollte eine Geschichte schreiben. Eine Lektion über die Nichtigkeit der Zeit. Man macht etwas, und das Wahre ist etwas, was daneben passiert.

Ich wollte Reaktionen beschreiben, die Reaktionen der Menschen, die Reaktionen aller. Ich habe über das Milieu der Intellektuellen oder das sogenannte Schriftsteller-Milieu in Paris geschrieben, weil es das Milieu ist, das ich gut kenne, und ich weniger Irrtümer riskierte, als im ... ländlichen Milieu. Beispiel – ich sage bewußt »Beispiel« und nicht Vergleich – Proust hat über ein snobistisches Milieu geschrieben. Es war sein Milieu. Doch im Grunde interessiert man sich nicht für ein Milieu, man interessiert sich für die Leute. Ich wollte fünf oder sechs verschiedene Geschichten schreiben, die untereinander durch diese eine Suche nach etwas Bestimmten verbunden sind, das die Leute meistens nicht finden, oder, wenn sie es finden, nicht erkennen. Das Leben ist wie ein Musikstück, man müßte es zweimal hören können. Mindestens.

HABEN Sie *Bonjour Tristesse* ein zweites Mal gelesen?

F. S. Nein. Nie. Oh, doch, ich habe es vor ziemlich langer Zeit durchgeblättert. Ich habe naive und gleichzeitig gerissene Dinge darin gefunden, die ich nicht bemerkt hatte.

DIE Leute denken, daß Sie vollkommen befriedigt sind, daß Sie alles erreicht haben, was Sie wollten. Sind Sie auch dieser Ansicht?

F. S. Ich glaube, ich habe Glück gehabt. Ich glaube, daß das Glück mit mir ist, wenn Sie so wollen. Ich habe zweifellos Glück.

FÜR so viele Leute repräsentieren Sie das »wilde Leben«.

F. S. Ich liebe das Leben, wenn es wild ist. Wenn es lahm ist, nicht. Ich verstehe, daß das eine enge Sichtweise ist, aber es ist eben meine. Wie Chamfort sagte: »Mein Gott, befreie mich von den körperlichen Schmerzen, um die Moral kümmere ich mich selbst ...«

MAN hat Sie als einen Menschen dargestellt, der sich häufig langweilt.

F. S. Nein, ich langweile mich überhaupt nicht. Ich habe keine

Zeit dafür. Man hat mich zehnmal bei Cocktails und Dinners gesehen, wo ich mit gelangweiltem Gesicht herumging, weil ich mich zu Tode langweilte. Und ich langweile mich immer bei dieser Art von Zusammenkünften. Übrigens gehe ich nicht mehr hin.

SIE waren früher Mitglied linker Gruppierungen?

F. S. Ja, ich bin es immer noch.

POLITIK interessiert Sie?

F. S. Ja, ich lese Zeitungen. Ich kann nicht viel tun. Gerade die Art meiner Berühmtheit hindert mich daran, etwas zu tun. Nur würde ich jedes Interview und jeden Artikel für bestimmte Zeitungen verweigern, die ich schon infam finde, nachdem ich sie zweimal gelesen habe.

WANN haben Sie daran gedacht zu schreiben?

F. S. Ziemlich früh. Mit zwölf, dreizehn Jahren. Sobald ich begonnen habe, ernsthaft zu lesen.

ES gibt viele Leute, die die Absicht haben zu schreiben, doch gleichzeitig verfolgen sie sicherheitshalber andere Pläne.

F. S. Ich habe mir niemals vorstellen können, etwas anderes zu tun. Ich war niemals imstande zu denken, ich könnte Sozialhelferin werden, zum Beispiel. Nach dem Abitur kam für mich nur eines in Frage, ein Buch zu schreiben, jemanden zu heiraten oder mit jemandem zu leben.

WENN Sie eine Tochter hätten, würden Sie ihr Ratschläge geben?

F. S. Ich würde ihr keine Ratschläge geben, ich würde dafür sorgen, daß sie weiß, wie sich die Dinge des Lebens abspielen. Wenn ein junges Mädchen Lust hat, die Liebe kennenzulernen, lernt es die Liebe kennen. Nichts kann es daran hindern.

WÜRDEN Sie zulassen, daß Ihre Tochter einen Haufen Liebesabenteuer sammelt?

F. S. Ich glaube nicht, daß die Zahl so groß wäre, und ich verstehe nicht, warum sich die Leute so darüber aufregen. Wenn jemand eine etwas edlere Vorstellung von der Liebe hat, behält er sie, und wenn er ihr begegnet, erkennt er sie. Falls er sich geirrt hat, zahlt er, teuer oder nicht.

WAS lesen Sie?

F. S. Ein wenig von allem. Es gibt ein Buch, das mir sehr gut gefallen hat, *L'Âge de raison* von Sartre. Leute, die in Paris leben, und alles verwirrt sich. Ich habe überhaupt nicht daran gedacht, als ich mein Buch schrieb, aber es ist ein bißchen die Art Schema, die ich machen wollte. Ich merke es jetzt. Derselbe Schnitt. Dieses Buch hat mich immer sehr beeindruckt. Es hat eine Technik.

WAS mögen Sie an einem Schriftsteller?

F. S. Seine *Stimme*. Manche Schriftsteller haben eine Stimme, die man vom ersten Absatz an vernimmt, wie die Stimme von jemandem. Das ist es, was für mich zählt. Die Stimme, oder der Tonfall, wenn Ihnen das lieber ist.

ES scheint, daß Sie sich – literarisch – mehr als für alles andere für das interessieren, was mit dem Gefühl, mit der Liebe zu tun hat.

F. S. Ja, ich interessiere mich vor allem für die Liebe, aber als eines jener Dinge, die unmittelbar mit der Einsamkeit zusammenhängen, ich mag diese Reaktion bei den Leuten: Man versteckt den Kopf unter einem Flügel. Doch was mich interessiert, ist vor allem die Einsamkeit.

WAS bezeichnen Sie als Einsamkeit?

F. S. Das Bewußtsein eines unverrückbaren Ich, ziemlich verloren und gleichzeitig nicht mitteilbar. Fast biologisch, eigentlich.

HABEN Sie viel Ehrgeiz?

F. S. Ich würde gern sehr gute Bücher schreiben. Ja, das ist mein echter Ehrgeiz.

ARBEITEN Sie viel?

F. S. Nein, ich arbeite sehr wenig. Ich schreibe alles einfach so und korrigiere dann. Ich schreibe leicht zehn Seiten in einer oder zwei Stunden. Die Wörter sind eine Möglichkeit, um einen Gedanken auszudrücken. Es lohnt sich nicht, sich damit abzuplagen.

SIE schreiben immer auf der Schreibmaschine?

F. S. Niemals mit der Hand. Mit der Maschine wird es sauberer. Das ist ermutigend.

MÜSSEN Sie ganz allein sein?

F. S. Ob im Haus Leute sind, ist mir egal, im Zimmer würde es mich stören.

WANN hören Sie auf?

F. S. Wenn ich eine körperliche Müdigkeit verspüre. Nach einer Stunde habe ich einen steifen Nacken.

SIE schreiben jeden Tag?

F. S. Ja, nein, nicht unbedingt. Zwischendurch denke ich an die Geschichte, ich träume vor mich hin, und dann spreche ich darüber. Ich habe Gedanken, die ich verliere.

MAN nimmt an, daß Sie die heutige Jugend repräsentieren. Und Sie?

F. S. Also das, das finde ich völlig hirnverbrannt. Ich bin nicht die Fahnenträgerin von irgend jemandem. Ich bin zweiundzwanzig Jahre alt, das ist eine Tatsache, aber ich möchte nicht das junge Mädchen von heute repräsentieren. Die Mütter können ganz beruhigt sein! Ich bin Teil der Ernte der Nachkriegszeit; jeder weiß, wieviel Unkraut, wieviel Spreu sich in der Ernte verbirgt. Wird man diesmal zum Beispiel sagen, daß ich alle fidelen Fünfzigjährigen Frankreichs beschreiben wollte? In welchem Alter wird man bereit sein zu glauben, daß ein Schriftsteller erwachsen ist?

WIE denken Sie über Geld?

F. S. Es ist bequem.

WENN Sie sehr viel mehr hätten, würde das einen Unterschied machen?

F. S. Ja, das wäre noch bequemer. Und außerdem bekomme ich täglich zehn Briefe mit der Bitte um Geld. Ich kann dieser Bitte nicht jedesmal nachkommen.

DEN Erfolg, den Sie gehabt haben, worauf führen Sie ihn zurück?

F. S. Ich weiß es überhaupt nicht.

IST es ein Erfolg, der Ihnen verdient erscheint?

F. S. Eine so enorme Auflage, das ist unerklärlich. Es ist ein soziologisches Phänomen. Warum? Ich weiß es wirklich nicht.

BETRIFFT Sie das nicht ganz persönlich?

F. S. Ja, natürlich, da ist der Aspekt, daß man selbst durch den Erfolg bestätigt und befriedigt ist. Man hat etwas gemacht, und das Leben ist einverstanden.

WÄREN Sie überrascht gewesen, wenn es nicht funktioniert hätte?

F. S. Ich habe immer geahnt, daß es sehr gut funktionieren würde, seit mein erstes Buch fertig war. Ich war überzeugt davon, daß es funktionieren würde. Ich wußte, wenn man es veröffentlichte, würde es funktionieren.

WAS gefällt Ihnen im Leben?

F. S. Das, wofür es sich zu leben lohnt. Die Schriftstellererei, die Leute, die man gerne mag. Eine körperliche Übereinstimmung zwischen einem selbst und der Außenwelt.

WAS mögen Sie noch?

F. S. Ich mag sehr gern Musik, sehr gern das sinnliche Leben; das Meer, die Sonne, bestimmte Sportarten, Autos. Ich mag die Malerei gern, ich gehe in Museen. All jene Augenblicke, in denen man das Gefühl hat, ausschließlich deshalb geboren zu sein, um sie erleben zu können.

ALSO läuft alles gut?

F. S. Nun, eigentlich bin ich jemand, der schreibt, und ich bin nicht jemand, über den man in den Zeitungen schreiben soll. Es würde genügen, daß man etwas über mein Privatleben liest, über meine Autos.

DAS beeinflußt vielleicht die Auflagenstärke?

F. S. Ja, es beeinflußt die Auflagenstärke, und es ist Werbung. Mein Verleger sorgt ein wenig dafür, daß es so ist. Das ist sein Beruf.

UND hat es einen Einfluß auf das, was Sie schreiben?

F. S. Nein, überhaupt nicht. Nein, Schreiben ist eine so einsame Tätigkeit...

Kommen Sie? Machen wir einen Ausflug mit dem Auto?

(1960)

NUN, der Erfolg geht also weiter?

F. S. Es funktioniert.

WAS machen Sie?

F. S. Ich habe ein Stück geschrieben, das im Atelier-Theater aufgeführt werden wird.

WELCHE Art von Stück?

F. S. Einen Schwank, der in einem alten Schloß in Schweden spielt.

SIE bringen andere gern zum Lachen?

F. S. Zunächst lache ich selbst gern, und außerdem, ja, ich habe einen relativ starken Hang zur Komik.

SEIT Ihrem letzten Buch, sieht man Sie da nicht anders?

F. S. Ich habe den wohltuenden Eindruck, daß sich alles beruhigt hat, was das Phänomen Sagan betrifft, vollkommen beruhigt. Ich glaube, daß es jetzt eine bestimmte Anzahl von Leuten gibt, die mich um meiner Bücher willen lesen.

HABEN Sie ein neues begonnen?

F. S. Nein, ich habe das Stück gerade erst heute fertig geschrieben.

ES gibt nichts, was in Ihrem Kopf herumgeistert?

F. S. Oh doch, natürlich. Aber es geistert langsam. Ich stelle mir vor, daß man zehn Romane statt eines einzigen schreiben könnte, wenn man die ganze Zeit über schreiben würde.

WARUM nicht?

F. S. Man muß Lust haben zu arbeiten. Und die hat man mehr oder auch weniger.

FINDEN Sie, daß ein Theaterstück zu schreiben etwas anderes ist, als einen Roman zu schreiben?

F. S. Ja, weil man Regeln beachten muß. Doch eben durch die Tatsache, daß es Regeln gibt, ist es auch leichter. Man hat nicht die totale Freiheit wie beim Roman, wo man einen möglichst kurzen Weg sucht, oder möglichst phantasievollen, oder möglichst romantischen, wie man will. Beim Roman gibt es eine beängstigende Freiheit, die bewirkt, daß man jeden Tag unsicher ist. Man weiß nicht genau, wohin man geht, oder welche Richtung man einschlagen wird, oder welche nicht faßbaren Zustände man versuchen wird, greifbar zu machen. Im Theater hingegen muß alles klar sein.

SELBST die Leute, die Ihre Romane sehr gerne lesen, sagen, daß sie kurz sind. Es passiert wenig darin. Es passiert wenig in den Köpfen der Figuren. Ist das Absicht? Ist es, weil Sie nicht mehr machen wollen?

F. S. Sie sind kurz, weil ich, glaube ich, kurz schreibe. Es passiert nichts Großartiges, weil ich glaube, daß im Leben der Leute nichts Großartiges passiert, an Zufällen; es gibt einen alltäglichen Ablauf der Dinge. Auch in ihren Köpfen steckt, glaube ich, nichts Großartiges.

WAS Sie zeigen, sind kleine Geschichten. Das Privatleben, und nicht mehr...

F. S. Für neunzig Prozent der Leute ist das Privatleben eine große Geschichte, und das was man als Malerei, Literatur, Kunst bezeichnet, ist eine kleine Geschichte. Oft auch die Politik. Das kann man, glaube ich, nicht leugnen. Also spreche ich nicht davon. Einerseits, weil ich in diesen Dingen nicht so beschlagen bin, daß daraus ein Roman werden könnte, und andererseits, weil ich ein Thema habe, immer dasselbe.

MAN hat tatsächlich den Eindruck, daß Ihre Helden nur eine Leidenschaft kennen, die Liebe.

F. S. Ich glaube, viele Leute sind so...

DENKEN Sie, daß Sie jetzt ein Leben führen wie alle anderen, wie alle Frauen Ihres Alters?

F. S. Nein. Ich sage das ohne besondere Freude. Doch die Tatsache, daß man schreibt, zieht viele Dinge nach sich. Eine Art obligatorische Einsamkeit. Und aus diesem Grund ein ständiges Bedürfnis nach Abwechslung. Das führt auch manchmal zu Momenten der Blindheit.

UND wenn Sie keinen Erfolg mehr hätten?

F. S. Das hängt davon ab, was man unter Erfolg versteht. Wenn ich zum Beispiel eine Auflage von dreißigtausend erreiche...

DAS ist schon ganz gut.

F. S. Ich meine im Verhältnis zu früheren Auflagen. Wenn ich nur eine Auflage von dreißigtausend Exemplaren erreichen würde, dann wäre das, was für mich zählen würde, was wichtig ist, die Meinung der Leute, die etwas für mich bedeuten.

SIE denken ganz ehrlich so?

F. S. Wissen Sie, abgesehen vom Geld bringt der Erfolg nur Unannehmlichkeiten mit sich. Das kann ich Ihnen versichern.

TUN Sie das, was Sie wollen?

F. S. Im täglichen Leben, ja. Ansonsten hätte ich gern auf einer Insel mit Kokospalmen gelebt und *Auf der Suche nach der verlorenen Zeit* geschrieben...

HÄTTEN Sie etwas anderes schreiben können als das, was Sie geschrieben haben?

F. S. Nein.

WARUM, glauben Sie, haben Sie Erfolg?

F. S. Ich glaube, es gibt viele negative Gründe.

LASSEN wir die beiseite, was noch?

F. S. Vielleicht mögen die Leute den Ton meiner Bücher. Oder vielleicht liegt es daran, daß sie sich ausschließlich für eben dieses Problem interessieren, für die Einsamkeit. Man kommt niemals zu einem Ende mit dem Problem der Einsamkeit und dem Verlangen, ihr zu entkommen. Wie mir scheint, ist das die treibende Kraft, die das Leben von drei Viertel der Leute beherrscht, ihr Denken, ihre Bemühungen, alles... Niemand kann, wenn er nachdenkt, nachts oder in irgendeinem anderen Augenblick, diesen schrecklichen, alltäglichen Weg in den Tod hinnehmen.

TANZEN sie immer noch viel?

F. S. Ja, mehr denn je.

GASTON BACHELARD

Bei dem Gedanken, es könnte etwas Unvorhergesehenes passieren, zitterte Bachelards gewaltiger Bart vor Vergnügen!

Gaston Bachelard wurde am 27. Juni 1884 in Bar-sur-Aube geboren.

Nach Abschluß des Gymnasiums in Bar-sur-Aube ist er von 1903 bis 1905 Beamtenanwärter bei der Post- und Telegraphenverwaltung in Remiremont, nach seinem Militärdienst bis 1913 Beamter bei der Post- und Telegraphenverwaltung in Paris.

Nachdem er während der Kriegsjahre (1914–1918) achtunddreißig Monate lang an der Front gekämpft hat, tritt er – ausgezeichnet mit dem Kriegsverdienstkreuz – in den höheren Schuldienst ein; später kommt er an die Sorbonne, wo er den Lehrstuhl für Geschichte und Wissenschaftsphilosophie innehat. Er leitet das Institut für Wissenschaftsgeschichte, ehe er 1954 zum Professor h.c. ernannt wird.

Gaston Bachelard wird 1955 zum Mitglied des Institut de France gewählt.

Zu seinen bekanntesten Werken zählen: *Le Nouvel Esprit scientifique*[1], 1934; *Le Rationalisme appliqué*, 1948; *Le Materialisme rationel*, 1953; *La Psychanalyse du feu*[2], 1937; *L'Eau et les rêves*, 1941; *L'Air et les songes*, 1943; *La Terre et les rêveries de la volonté*, 1945; *La Terre et les rêveries du repos*, 1948; *La Poétique de l'espace*[3], 1957; *La Flamme d'une chandelle*, 1961 (ausgezeichnet mit dem Grand Prix des Lettres).

Gaston Bachelard starb am 16. Oktober 1962 in Paris. Er war sechsundsiebzig Jahre alt.

Das Interview fand 1960 in seiner Wohnung in der Rue de la Montagne-Sainte-Geneviève statt.

1. Die Bildung des wissenschaftlichen Geistes. Frankfurt a. M. 1978.
2. Psychoanalyse des Feuers. Stuttgart 1959.
3. Poetik des Raumes. München 1960.

Gaston Bachelard erschien mir sehr alt. So alt erschien er mir mit seinem üppigen weißen Bart, daß ich mich, während ich die Treppen zu seiner Wohnung am Place Maubert hinaufstieg, fragte, was er mir wohl Neues zu sagen haben könnte.

Er war Professor an der Sorbonne, Philosoph, Doktor der Philosophie und auch Wissenschaftler; doch ich wußte, daß er sich besonders für die Poeten interessierte. Und für die vier Elemente: Wasser, Feuer, Luft, Erde... Er hatte ihnen sehr originelle Bücher gewidmet und regte damit jeden seiner Leser zum Träumen an... Wenn ich ihn nun schlafend anträfe?

Hoch oben im letzten Stockwerk spielte er den guten Vater und empfing jeden, der kam, wie ein Vater. In diesem Sinne hatte er unserem Gespräch grundsätzlich zugestimmt. Ich wollte ihn sehen? Nun gut, dann sollte ich eben kommen! Für eine Zeitung war es? Pah, er mache sich nichts aus Zeitungen, die unsere kenne er nicht... »Veröffentlichen Sie Gedichte? Nein! Schade...« Doch wenn es mir Spaß mache, seine Worte festzuhalten, er habe nichts dagegen einzuwenden...

Sowie sich die Tür öffnete, war ich von seiner Wohnung entzückt: Sie war eine einzige Bibliothek. An sämtlichen Wänden standen Regale. Wahrscheinlich waren auch in der Küche welche und auf den Toiletten, und selbst an der Decke hätte er welche gehabt, wenn das möglich gewesen wäre... Da diese Ansammlung von Regalen nicht genügte, um die Unzahl von Bänden aufzunehmen, mit denen er lebte – Bachelard hatte wahrscheinlich niemals auch nur ein einziges weggeworfen – türmten sich auch noch Stöße von Büchern in den Ecken, auf dem Fußboden. Einfach überall.

Ich fühlte mich sofort wohl: Nichts zählte hier als das Lesen; und ich kam zu dem Schluß, daß ein Mensch, der fähig war, einer solchen Leidenschaft zu frönen und sie seiner Umgebung mitleidslos aufzuzwingen, kein alter Mann sein konnte.

Er trat polternd ein, fast fühlte ich mich bedroht: »Ach so, Sie sind da! Nun, kommen Sie... Worum geht es? Worüber wollen Sie mit mir sprechen?«

Erfreut darüber, daß er so lebhaft war, wollte ich ihm nicht nachstehen und gab zur Antwort: »Nun, über alles! Über den Sputnik, zum Beispiel!«

Das Raumschiff war soeben gestartet, und der Philosoph hatte etwas von Jules Vernes an sich, das mich zu dieser unglücklichen Antwort inspirierte. Denn Bachelard fiel über mich und meinen Sputnik her. »Ein Sputnik hat nichts Amüsantes, nichts, was einen zum Träumen anregen könnte. Es ist nichts als ein Abfallprodukt des menschlichen Geistes, der zu ganz anderen interstellaren Reisen fähig ist. Und zwar ohne die vulgäre Hilfe der Mechanik!«

Ich merkte, daß ich es mit einem starken Gegner zu tun hatte und daß ich meine Klischee-Vorstellung vom gutmütigen Philosophen-Großvater, der nicht mehr ganz in seine Zeit paßte, besser wieder einpackte...

Tatsächlich war Gaston Bachelard ein erbitterter Gegner von Vorurteilen: Er ließ kein einziges durchgehen. Ich hatte mich gefragt, ob er mir wohl Neues berichten würde können, dabei war er es, der in einem fort Neues von mir hören wollte, und der mich musterte und sich fragte, ob ich imstande sein würde, ihm auch nur ein klein wenig davon zu bieten...

Angesichts seines Hungers nach neuen, erregenden Eindrücken blieb mir nur eine Möglichkeit: ihn auf seine eigenen Entdeckungen zu lenken. Die jungen Poeten, zum Beispiel...

Nun, er fing an zu sprechen, wie nur er es konnte. Behutsam, tiefsinnig, in einer Sprache, die wahrscheinlich Dinge, Pflanzen und Tiere zum Leben erweckte, weil er in ihrem Namen sprach.

Bachelard konnte die geheime Botschaft entschlüsseln, die alle Dinge dieser Welt aussenden, der Wassertropfen, der Sonnenstrahl, und er verkündete sie an deren Stelle.nündete sie an deren Stelle... Ich begriff, was ein Poet in Wahrheit ist: der öffentliche Schreiber der ganzen Schöpfung!

Ich hatte kein Zeitgefühl mehr, versunken in die Verzauberung der Anfänge unserer Welt, und dieses biblische Glück hätte ewig dauern können, ohne daß ich seiner müde geworden wäre. Es endete früher als vorgesehen. Jemand läutete an der Tür.

»Wer ist da?« rief Bachelard aus; er war schon ganz zappelig und sein gewaltiger Bart zitterte, wenn er daran dachte, daß vielleicht etwas Unvorhergesehenes passieren würde.

Das war auch wirklich der Fall: ein Freund, der auf gut Glück vorbeikam. Ich merkte, Bachelard konnte dem kindlichen Vergnügen, etwas anderes zu tun, nicht widerstehen. Er verabschiedete mich auf der Stelle.

Ich war noch weit von meinem Ziel entfernt, und er muß mir meine Enttäuschung angemerkt haben, aber sein Vergnügen war ihm wichtiger. Wenn es einen Egoismus des Glücks gibt, so war Bachelard ein wunderbares Beispiel dafür.

»Kommen Sie, kommen Sie!« sagte er während er mich hinausbegleitete. »Ich bin entzückt, Sie kennengelernt zu haben! Machen Sie aus all dem, was Sie wollen. Kürzen Sie es! Verändern Sie! Ergänzen Sie! Sie können mich sagen lassen, was Sie wollen, ich bin sicher, es wird sehr gut sein, und schließlich könnte ich es ja gesagt haben!«

Habe ich mich daran gehalten? Er schrieb mir einen Brief, um mich zu meinem »Animations«-Talent zu beglückwünschen. Was war mein Talent schon, verglichen mit seinem!

Ich hätte es seinem Freund gleich tun und an einem anderen Tag auf gut Glück wieder vorbeikommen sollen, um ihm meinerseits die Freude des Unerwarteten zu machen. Ich tat es nicht. Mir bleibt nur die Erinnerung an seinen üppigen Bart und seine dröhnende, fröhliche Stimme unter den Dächern von Paris.

Gaston Bachelard. Was haben Sie mich da soeben gefragt? Worüber wollten Sie mit mir sprechen?

NUN, worüber Sie wollen, über die Poesie, über die Phantasie, über den Sputnik …

G. B. Also das, das ist ein schlechter Anfang. Der Sputnik, das hat nichts mit Phantasie oder Poesie zu tun! … Ich kann Ihnen von meinen Freunden, den Poeten erzählen und von den Büchern, die sie mir schicken, desgleichen von meinem Vergnügen, sie zu lesen. Aber ich bin nicht im geringsten kompetent, Ihnen von künstlichen Gestirnen zu erzählen.

REGEN künstliche Gestirne nicht zum Träumen an?

G. B. Die Poesie ist ein sprachliches Ereignis. Alle zehn Jahre ungefähr ändert sich der Charakter der Poesie. Was ist die Poesie der gegenwärtigen Dekade, was würde daraus werden, wenn man sie das werden ließe, was sie werden soll? … Das ist zum Beispiel eine Frage.

WO stehen wir in der gegenwärtigen Dekade?

G. B. Es hat eine erste Dekade gegeben, zu der Zeit, als ich begonnen habe, Poesie zu meinem eigenen Vergnügen zu lesen; die hat mit Paul Valéry begonnen. Und dann war die nächste Dekade, mit Eluard. Zur Zeit könnte ich keinen führenden Poeten nennen, ich bin nicht kompetent dafür, aber es gibt sehr viele Poeten. Die Poesie Eluards geht weiter, aber auch andere große Poeten sind dabei, auf sich aufmerksam zu machen. Ich wage keinen Namen zu nennen, ich hätte Angst, meine besten Freunde zu vergessen …

WIE entdecken Sie Poeten?

G. B. Sie kommen auf meinen Tisch. Fast jeden Tag bekomme ich Poesie. Es ist absolut unerklärlich, aber in einer Welt voller

Unannehmlichkeiten, Probleme, Schwierigkeiten, Gefahren, nun, die Poesie existiert weiter. Seltsamerweise blüht und gedeiht die Poesie nach wie vor...

FÜR die breite Öffentlichkeit ist das nicht so offensichtlich, man spricht wenig über Poesie.

G. B. Zur Zeit sind, literarisch gesehen, die Romanschriftsteller erfolgreich. Auf sie ist die Aufmerksamkeit der Literaturkritik gerichtet, und der Mensch, der Bücher liest, schlägt sich auf die Seite des Romans. Um so verdienstvoller ist es, daß Poeten ihre Gedichte hervorbringen. Es vergeht kein Tag, an dem ich nicht ein Buch mit Gedichten bekomme.

WER außer Ihnen liest sie?

G. B. Ich weiß nicht. Natürlich erscheinen Gedichte nicht in großen Auflagen. Nehmen Sie das Büchlein *Il n'ya pas que la nuit* von Guy Levis Mano – er ist Dichter, Verleger und Drucker in einem – es ist in einer Auflage von 440 Stück erschienen. Er schickt mir jedes Jahr einen Gedichtband.

MAN hat trotzdem den Eindruck, daß es weniger Poeten gibt als früher.

G. B. Von außen gesehen, ja, die Poesie erscheint verworren. Es gibt keine Schulen, keine Poeten, die jüngere Poeten mit sich ziehen. Die jungen Poeten wollen unabhängig sein. Daher befinden wir uns in einer Zeit der wahren Poesie, der Poesie, die nicht nachahmt – das ist eine Tatsache. Es ist nicht offensichtlich? Das ist bedeutungslos. Edelsteine muß man suchen; wenn sie verborgen sind, sind sie nur noch wertvoller. Ich würde Ihnen gerne meinen Eindruck vermitteln, daß wir uns in einer Zeit üppig wuchernder Poesie befinden.

DAS, was Sie verworren nennen – oder aber die Poesie versteckt sich gut...

G. B. Es geht nicht um hohe Auflagen. Ich habe übrigens den Eindruck, daß Poesie in hohen Auflagen gefährlich wäre, weil sie Gefahr liefe, als Imitation der Poesie des vorigen Jahrhunderts angesehen zu werden.

HAT man nicht eine gewisse Scheu davor, Gedichtbände zu kaufen?

G. B. Ja. Die Leute haben eine Scheu vor den Poeten, und sie haben sie zu Recht. Ein Poet bringt allerlei ins Wanken, Poesie ist etwas höchst Beunruhigendes. Das ist kein Spiel. Es ist etwas, das Sie weit in Ihre Vergangenheit zurückversetzt. Wenn ich ein Buch mit Gedichten bekomme, empfinde ich eine sehr große Freude. Für ein Buch mit Poesie würde ich jederzeit ein Mathematikbuch links liegen lassen, und es liegen immer Mathematikbücher auf meinem Tisch...

FEHLT denen, die keine Poesie lesen, nicht irgend etwas?

G. B. Ich möchte nicht sagen, daß Poesie erregt, aber sie bringt uns vorwärts, ich möchte sagen, sie erlaubt uns persönliche Träumereien. Tut Träumen gut? Ich könnte darauf keine Antwort geben; manchmal tut es sehr weh, aber oft ist es ein notwendiger Schmerz. Ich habe ein Buch über Träume geschrieben. Ich habe zum Beispiel das Gefühl, daß ich nicht vor einem Teich stehen kann, ohne zu träumen... Wohlgemerkt, ich möchte nicht angeln, nein, ich möchte keine Beschäftigung haben, die mich zwingt, aufmerksam zu sein, ich hätte das Gefühl, das Träumen herabzuwürdigen, wenn ich versuchte, Fische zu fangen...

DIE Leute trauen sich nicht mehr, dazusitzen und nichts zu tun, zu träumen, man hat ihnen so oft gesagt...

G. B. ...daß sie faul wären? Ja, das stimmt. Wenn jemand sich seinen Träumen überläßt, traut sich niemand zu sagen, der träumt, man sagt, er döst, schreckliches Wort! Man hat dieses schreckliche Wort erfunden, um eine ganz normale, sehr wünschenswerte geistige Beschäftigung herabzuwürdigen.

WAS kann man tun, um den Leuten zu helfen, den Weg zum Träumen wiederzufinden, um sie den Poeten näherzubringen?

G. B. Komme, was da wolle! Der Poet hat genug damit zu tun, seine Gedichte zu machen, zu komponieren, als daß er sich auch noch darum kümmern könnte, was aus ihnen wird: Wenn man ein neues Gedicht macht, mit Bildern, die noch nie zusammengefügt worden sind, dann ist dieses Werk so unbestritten, daß man sich weder um sein Schicksal noch um seine Folgen zu kümmern braucht...

WIRD man ein wenig Poet, wenn man Poesie liest?

G. B. Leser eines Poeten zu sein, das ist ein Titel, den man sich erst verdienen muß. Ich gehe niemals aus, aber mir scheint, es würde mir nicht gefallen, in einem Hörsaal Gedichte deklamieren zu hören. Für mich ist Poesie etwas ganz Einsames. Ich glaube, in meinem Buch *L'Air et les songes* habe ich ein Kapitel mit dem Titel »Die stumme Deklamation« geschrieben. Ich hatte Beispiele aus *Le Cimetière marin* von Valéry genommen. Das muß gut fünfzehn Jahre her sein, Valéry lebte noch, und er zeigte sich erstaunt und amüsiert über das, was ich in diesem Kapitel geschrieben hatte. »Stumme Deklamation« habe ich es genannt, weil ich den Eindruck habe, daß ich mit den Augen lese, wenn ich Gedichte lese, ich spreche sie nicht. Und doch, als ich *Le Cimetière marin* las, hörte ich die harten »c«. Halten Sie sich den Text vor Augen: Es gibt eine Häufung von »c« und von harten Konsonanten, was dem Gedicht viel Kraft gibt. Ich kann nicht sagen, daß ich das Gedicht hörte, und ich kann nicht sagen, daß ich die Worte aussprach, ich hatte das Gefühl, die Synthese zwischen Ton, Bild und Klang gefunden zu haben. Das habe ich stumme Deklamation genannt.

ALSO ist Poesie unübersetzbar?

G. B. Man kann sie kaum übersetzen. Poesie ist eigentlich

unübersetzbar. Ich habe da eine Gedichtsammlung von Octavio Paz, und ich bin sehr glücklich darüber, neben dem spanischen Text eine französische Übersetzung zu haben. Aber Sie sehen, daß der Übersetzer sie nicht als Übersetzung, sondern als Übertragung bezeichnet. Er gesteht also ein, daß er das Gedicht nachempfunden hat. Ich habe eine spanische Grammatik, ich beziehe mich auf den Text, ich versuche, den Ursprung zu finden, nicht vom Gedicht als ganzem, aber wenigstens von der Anordnung der Bilder... Die Poesie lebt zuviel vom Klang, als daß man sie übersetzen könnte.

IST die Poesie immer im Denken eines Landes verankert, in der Zivilisation und der Sprache, der sie angehört, oder schließt sie etwas Universelles ein?

G. B. Ich bin nicht kompetent, Ihnen darauf zu antworten. Als Philosoph tanze ich aus der Reihe. Ich bin kein Literaturkritiker. Meine Funktion an der Sorbonne bestand darin, den Lehrstuhl für Geschichte und Wissenschaftsphilosophie zu besetzen. Ich war auch Direktor des Instituts für Wissenschaftsrecht. Das ist ein Beruf, der einen Mann voll und ganz beschäftigen kann. Wenn ich mich mit Poesie befasse, dann ist es einfach – ich wage nicht, das Wort »Zerstreuung« zu gebrauchen, weil es der Poesie nicht würdig wäre – eine Art Glücksfall. Ich habe begonnen, die Poeten zu lieben, leider zu spät... Meine ersten Bücher, die sich mit der Phantasie beschäftigen, habe ich mit über fünfzig geschrieben...

WENN man Ihre Bücher liest, scheint es, als würden Sie der Poesie und der Phantasie mehr und mehr Bedeutung beimessen.

G. B. Weil ich ein Buch über *die Poesie des Raumes* geschrieben habe? Aber wer sagt, daß ich nicht morgen ein Buch über die Wissenschaftsphilosophie schreiben werde, wenn ich noch die Kraft dazu habe? Tatsächlich gibt es zwei Dinge, die mich im Leben interessieren: das wissenschaftliche Denken und die Poesie. Kann man sich mit beidem beschäftigen? Ich weiß es nicht, aber ich beschäftige mich mit beidem...

MIT beidem gleichzeitig?

G. B. Ja. Sie sehen ja meinen Tisch. Hier ist »die Theorie der Zufallsfunktionen«, und das hat nichts mit Poesie zu tun. Und hier ein großartiger Poet: Milosz. Hier ein Roman von Henri Bosco, *Barbonne*, hier *Altaigle, ou l'aventure de la planète* von Vicente Huidobro. Ich habe auch philosophische Bücher, ein Buch von Buytendigk, *Attitude et Mouvement*...

SIND für Sie nicht vor allem Rimbaud und Lautréamont die großen Poeten?

G. B. Ich habe vor zwanzig Jahren ein kleines Büchlein über Lautréamont geschrieben, es war das erste oder zweite Buch, in dem ich mich mit dem beschäftigte, was mich nichts anging...

SIE sagen das so, aber haben Sie nicht im Grunde das Gefühl, daß es Sie sehr wohl etwas angeht?

G. B. Ich war in Dijon, ich habe zehn Jahre in Dijon gelebt, bevor ich nach Paris kam, ich hatte keine Unterlagen. Warum ich dieses Buch gemacht habe? Ich hatte gerade Lautréamont gelesen und diese Lektüre hatte mich begeistert.

UND was ist dann passiert?

G. B. Sie bringen mich in Verlegenheit! Ich kannte Lautréamont nicht. Ich habe in meiner Einsamkeit *Die Gesänge des Maldoror* gelesen, und ich habe mir gesagt: Sieh' mal einer an, das ist eine Poesie, die meinem Temperament entspricht! Sie hat mich durch ihre Kraft beeindruckt. Einige Monate hindurch habe ich Lautréamont wieder und immer wieder gelesen. Dann habe ich ein Buch geschrieben. Das ist alles.

UND seit Lautréamont?

G. B. Seither? Nun, es gab all die anderen, all jene, die mir ihre Bücher geschickt haben, ihre Gedichtsammlungen. Meine Freunde, die Poeten. Sie sind das Glück meines Lebens.

JEAN GIONO

»Man macht sein Leben mit Worten« sagte Jean Giono zu mir und schwang sich auf sein weißes Schlachtroß...

Jean Giono wurde am 30. März 1895 in Manosques (Basses-Alpes) geboren. Sein Vater, von Beruf Schuhmacher, war Anarchist, seine Mutter arbeitete als Büglerin.

Als Giono die fünfte Klasse Mittelschule besuchte, erkrankt sein Vater schwer, und er muß die Schule verlassen. Er tritt in das Comptoir national d'escomptes ein, wo er bis 1914 als Bankbeamter arbeitet. Während des Krieges ist er einfacher Soldat, danach wieder Bankbeamter. Ab 1930 widmet er sich ganz seinem literarischen Schaffen.

Zu seinen bekanntesten Werken zählen: *Colline*, 1928; *Un de Baumugnes*[1], 1929; *Regain*[2], 1930 (Prix Northcliffe); *Jean le Bleu*[7], 1932; *Le Chant du monde*[3], 1934; *Que ma joie demeure*[4], 1935; *Un roi sans divertissement*, 1947; *Le Hussard sur le toit*, 1951; *Le Moulin de Pologne*[5], 1952; *Le Bonheur fou*[6], 1957; *Angelo*, 1958; *Les Deux Cavaliers de l'orage*, 1965.

Jean Giono starb am 8. Oktober 1970 in Manosques. Er war fünfundsiebzig Jahre alt. 1971 erschien sein Romanwerk in der »Pléiade«. Einige Werke wurden posthum veröffentlicht: *Les Récits de la demi-brigade*, 1972; *Le Déserteur*, 1973; *Les Terrasses de l'île de l'Elbe*[8], 1976; *Cœurs, Passions, Caractères*, 1972; *Dragoon*, 1982; *Les Trois Arbres de Palzem*, 1984.

Ich habe Jean Giono im April 1960 in Manosques aufgesucht.

1. Der Berg der Stummen. München 1957.
2. Ernte. Frankfurt 1951.
3. Das Lied der Welt. Frankfurt/Hamburg 1955.
4. Bleibe, meine Freude. Wien 1937.
5. Die polnische Mühle. Köln/Berlin 1955.
6. Das unbändige Glück. Köln/Berlin 1959.
7. Der Träumer. Berlin 1934.
8. Die Terrassen der Insel Elba. München 1987.

Mit Jean Giono in Manosque *(Foto aus einer Privatsammlung)*

Nachdem ich eine Zeitlang in den Gäßchen von Manosques herumgeirrt war, ließ ich mir schließlich den von Büschen und Blumen gesäumten Weg zeigen, der zum Eingang von Jean Gionos Haus und Garten führte.

Seine Frau öffnete mir. Sie führte mich in das Zimmer, in dem der Schriftsteller arbeitete – mit einer Selbstverständlichkeit, wie sie nur Leute haben, die im Einklang mit der Natur und mit der Poesie leben.

Im Samtanzug und mit offenem Hemdkragen wirkte er im ersten Moment wie ein Landjunker. Aber seine feingliedrigen Hände und seine zarte Haut machten diesen Eindruck sogleich wieder zunichte. Giono liebte die freie Natur, doch er war weder sonnenverbrannt noch abgehärtet. Der Blick seiner milchig-blauen Augen ruhte kurz auf mir und wandte sich rasch wieder ab. Er hatte mich gesehen, taxiert. Das leise, gewinnende Lächeln ließ mich wissen, was er dachte: Wir würden uns verstehen.

Ich hatte seine Bücher gelesen. Für die Art seiner ersten Bücher war ich sehr empfänglich. Giono hatte die Glanzleistung vollbracht, die Welt der Bergbauern zu beschreiben, als wäre er einer von ihnen. Und es wirkt weder gekünstelt noch aufgesetzt. Das Wesen der Bauern, die nicht schreiben, kommt hier zum Ausdruck. In sehr einfachen, sehr poetischen Worten, die den Einklang mit der Erde wiedergeben, das »Lied der Welt«.

Aber seine letzten Bücher mochte ich lieber. »Man macht sein Leben mit Worten«, sagte er zu mir. Indem er an seinen Worten arbeitete, öffnete er seiner Phantasie unendliche Räume. Romantische Begegnungen, Greuel des Krieges, unerwartete Freuden, unglaubliche Gewalttaten, unbändiges Glück. Seit *Der Husar auf dem Dach* hat Giono nicht aufgehört, Begierden zu stillen ... die Begierden eines jungen Mannes.

Als ich ihm begegnete, war er fünfundsechzig Jahre alt, aber seinen Büchern nach zu schließen war er nicht mehr als zwanzig. Und je rascher sich seine Feder bewegte, die seinen Stil rasanter machte, sein Herz und seinen Atem aktivierte, desto ruhiger lebte er. Er haßte Ungelegenheiten, Reisen, Unterbrechungen, alles, was seinen

Rhythmus und das Vergnügen, wie ein Verrückter zu schreiben, störte.

Ich spürte sogleich: Jean Giono, der liebenswürdige, reizende Mann, der es in diesem Fall schätzte, Besuch zu bekommen, wollte alles, was man selbst wollte, vorausgesetzt, daß es ... schnell ging! Er war in Eile. Das Verlangen war es, das ihn drängte. Das Verlangen, wieder hinter seinen Helden nachzuspringen, diesen prächtigen Burschen, die er sich als Gefährten für seinen Lebensabend genommen hatte.

Zwanzig Jahre, Jean Giono? Eigentlich war er höchstens zwölf... Während der letzten zehn Jahre seines Lebens, in denen ich ihn mehrmals besuchte und ihm schrieb – er antwortete mir immer –, erinnerte er mich an eines jener Kinder, die rittlings auf einer Mauer sitzen, zwischen Vögeln und Eidechsen, und sich vorstellen, auf einem weißen Streitroß zu reiten, umgeben von ihren treuen Rittern. Im nächsten Moment werden sie mit dem Schwert in der Hand die Burg des Schwarzen Drachen erstürmen – doch da reißt sie die Stimme der Mutter aus ihren Träumen.

Und dazu war Giono noch unbarmherzig, wie alle Kinder. Ich kenne keine grauenvolleren Schilderungen des gewaltsamen Todes, der Cholera, der Folter, des Kampfes mit bloßen Händen als Gionos Schilderungen; sie sind immer schnell, wie sein Auge, und zerstörerisch.

Am Tag unserer ersten Begegnung tranken wir in seinem Arbeitszimmer Tee, und er sprach mit mir über die Natur, über Stendhal, über seinen Vater, den Schuhmacher, über das Glück, mit sich selbst zu leben... Wir hätten auch über jedes andere Thema sprechen können. Wie die Bauern, die er so liebte, hatte Jean Giono zu allem fixe, einfache Vorstellungen, die er sich mit der Zeit erworben hatte, indem er sie in seinem Kopf wälzte, wie ein Fluß auf dem Weg die Steine wälzt. Und an diesen Vorstellungen hielt er fest. (Um so mehr, denke ich, als ihm einige davon teuer zu stehen gekommen waren, wie sein Pazifismus, der ihn ins Gefängnis gebracht hatte.) Anscheinend ohne zu merken, daß sie oft in krassem Widerspruch zu seiner Zeit standen.

Er hielt nicht viel von dem, was man den »Fortschritt« nennt. Er war eher der Ansicht, daß es den Fortschritt nicht gibt. Was bedeutet »Fortschritt«, wenn man zum Beispiel die Sterne betrachtet? Was sie betrifft sind wir nicht weiter als die Neandertaler...

Er wollte mir beweisen, daß sich nichts geändert hatte. Er traf sich mit mir, um mich in das Gebirge mitzunehmen, das er am liebsten hatte: la Montagne de Lure, nahe dem Mont Ventoux. Er führte mich auf das Plateau du Contadour, zeigte mir die kahlen Hügel, die kaum gezeichneten Pfade, die verkümmerten Eichen, die man hier »Buchen« nennt... Er erzählte mir, daß er eine Schäferhütte besaß, eine sehr abgelegene Hütte, die er mir leihweise überlassen würde, und wo ich, wenn ich wollte, ein paar Tage verbringen könnte. Dort würde ich sehen, was es bedeutete, mit sich selbst allein zu sein; wir verbringen das ganze Leben in Gesellschaft von uns selbst, also könnten wir ebensogut lernen, uns diese Gesellschaft angenehm zu machen...

Ich glaubte, daß er recht hatte. Doch gleichzeitig spürte ich bei Giono so etwas wie eine Flucht. Wovor? Er kam sehr wenig nach Paris, meistens um seinen Verleger, Gallimard, zu sehen. Und zwei- oder dreimal traf er sich mit mir in einem Café in der Nähe der Rue Sébastien-Bottin.

Er hatte immer dasselbe flüchtige, spöttische Lächeln, wenn er mir erklärte, daß er sich in der Stadt unwohl fühlte. Man ist hier von zu vielen Dingen abhängig, die einem Vorschriften machen. All die Schilder, der Lärm, die Verbote... Und dann die Leute, denen man begegnet; es sind Unbekannte, die allen ohne Unterschied feindlich gesinnt sind...

In Manosque wußte jeder, wer Giono war, und er wußte, wer die anderen waren: Haß und Freundschaft hatten präzise Ursachen und waren durch Jahre hindurch fest verwurzelt.

In der Stadt hatte er nur einen Gedanken: in seine Provence zurückzukehren. Er hatte so viel zu schreiben.

Seine Bücher entstanden in immer kürzeren Abständen. Beinahe alle zwei Jahre erschien eines: *La Désastre de Pavie, Deux Cavaliers de l'orage*... Eine gewisse Bosheit sitzt darin, neben dem Glück. Die Bosheit des menschlichen Herzens. Giono, der kein »psychologischer« Romancier war, wußte mehr über die anderen, als er durchblicken ließ. Doch er lehnte es ab, sich auf die verschlungenen Wege innerer Analysen einzulassen. Er war ein Erzähler, ein Romancier, der Handlung brauchte und setzte sich darüber hinweg, wie sein Husar zu Pferd über eine Furt springt, um in ein neues Kapitel einzusteigen...

Giono war ein unermüdlicher Wanderer gewesen. Dann mußte er eines Tages aus gesundheitlichen Gründen das Wandern aufgeben. »Das macht nichts«, hatte er mir gesagt, »jetzt mache ich die Wanderungen in meinem Kopf!«

»Wie das?«

»Indem ich meine Landkarten betrachte. Sehen Sie...«

Er hatte vor mir Generalstabskarten der Region ausgebreitet. Sie enthielten farbige Eintragungen. Giono, der die Gegend wie seine Westentasche kannte, hatte es geschafft, diese extrem genauen Karten durch noch feinere Striche zu ergänzen: vergessene Plätze und Wege, die nur er kannte, Trampelpfade. Das faszinierte ihn. Es tröstete ihn – fast – über seine verlorenen Wanderungen hinweg. Er floh nicht vor dem Unglück. Er bewältigte es: Im Leid selbst fand er etwas, das es ihm ermöglichte, gegen das Leid zu kämpfen.

Ich habe ihn dabei erlebt. Eines Tages wurde er krank. Eine beginnende Aphasie. Die Nachricht erschütterte mich: Jean Giono, in seiner Sprache gestört! Ich besuchte ihn, und er sprach von dem Unglück mit einer inneren Distanz, die mich verblüffte: Er hatte seine Krankheit, das Auftreten seines Gebrechens »beobachtet« wie ein Arzt. Wahrhaftig: ein Romancier, der in allem, was ihn trifft, noch Material findet, um daraus Kunst zu machen!

»Es ist seltsam«, sagte er zu mir, »aber die Zeitwörter fehlten mir... Meine Frau half mir. Sie verstand zumindest, was ich sagen wollte... Dann war wieder alles da!« Und er sprach über die Bedeutung des »Verbums« in der menschlichen Sprache und darüber, was passiert, wenn diese »Gruppe« von Zeichen plötzlich nicht mehr verfügbar ist... Ich sah ihn an, bewundernd, sprachlos. Er erzählte mir dieses Drama mit erstaunlicher Munterkeit, fast belustigt... Er sah bereits den Nutzen, den er daraus für seine Schriften ziehen konnte.

Ich verstand nun besser, was Jean Giono animierte und was ich für eine Art Flucht gehalten hatte: Er distanzierte sich vollkommen von sich selbst. Oder vielmehr von den Umständen und Ereignissen seines eigenen Lebens, von den Unglücksfällen, die allzusehr durch die Zeit oder durch die Dummheit der anderen bedingt waren... Er lebte in seinem Werk, in einer Welt, die er mit eigener Hand geschaffen hatte. Der Rest sollte nur ohne ihn zurecht kommen. Sein Verleger bestätigte es mir: Jean Giono kümmerte sich kaum um seine Autorenrechte. Ein Detail? Vielleicht, aber ein aufschlußreiches... Ich nehme an, er war in allem anderen genauso.

Was ihn am stärksten geprägt hat, war das Beispiel seines Vaters. Er kam immer wieder darauf zu sprechen: »Stellen Sie sich vor, er konnte einen ganzen Schuh ganz allein machen... Welche Freiheit ihm das gab! Er machte die Schuhe, die man bei ihm bestellt hatte; dann nahm er sein Geld, packte sein Bündel und ging!«

Um diese Freiheit hat er ihn wahrscheinlich lange Zeit beneidet. Dann hat er sich diese Freiheit selbst geschaffen. In einer Zeit, in der man von allen Seiten numeriert und registriert wird und in der es noch schwerer ist, sie zu erlangen. Er arbeitete soviel, daß er eines Tages von den Einkünften aus seinen Büchern leben konnte.

Das meinte er, wenn er sagte, »ein glückliches Leben« gehabt zu haben. Eine Kurzfassung, die verschämt all seine mühsame Arbeit auslöscht – der große Schriftsteller, Sohn eines Schuhmachers und einer Büglerin, war Autodidakt – und die Mühe, die er sich gegeben hatte. Ganz zu schweigen von den Beleidigungen und Verfolgungen, die ihm sein Hang zum Individualismus eingetragen hatte; ein Individualismus, der wie bei seinem Vater bis zum Anarchismus ging.

Jean Giono wollte, daß man ihn in Frieden ließ. Anfangs glaubte er, das hieße, dafür zu kämpfen, daß man die anderen in Frieden ließ; das hieße gegen den Krieg zu kämpfen. Es war schwer, das verständlich zu machen. Es bedeutete vor allem, sich der Liebe zur Gewalt entgegenzustellen, die so tief in der menschlichen Rasse verwurzelt ist. Er gab auf. Er zog sich zurück. Arbeitete. Publizierte. Arbeitete immer mehr.

Eines Tages starb er, unerwartet.

Aber er verstummte nicht. Immer noch erscheinen Bücher von ihm, posthum. Ich lese sie nicht. Denn es war der Mensch Giono, in dem ich gerne las, den ich liebte. Er, der Einsiedler.

WAR es der Krieg 14/18, der Sie zum Pazifisten gemacht hat?

Jean Giono. Ich bin aus vielerlei Gründen Pazifist geworden, aus emotionalen Gründen, und aus persönlichen Gründen. Der Krieg 14/18, das war weniger schön als der von 1939. Es kam noch die Schmutzigkeit hinzu, die Häßlichkeit, der Dreck, das Ausharren. Es gab nichts Heldenhaftes mehr. Das Heldentum war eine verkürzte Form von Langmut... Tote, die niemals einen Deutschen gesehen haben. Während des ganzen Krieges – und ich war Schütze in der Infanterie, immer in vorderster Front – also, während der ganzen Zeit habe ich, glaube ich, zwei Deutsche gesehen. In vier Jahren! Man sah niemanden. Man sah absolut nichts.

MANCHE Schriftsteller haben geglaubt, im Krieg 14/18 eine gewisse Romantik zu finden.

J. G. Ich habe sie auch gespürt, die Kriegsromantik!... Trotzdem, ich glaube, daß die Summe der Leiden, die ein Mann in diesem Fall ertragen mußte, in keinem Verhältnis zum erzielten Ergebnis stand... Ein Mann, der vier Jahre lang von Flöhen zerfressen wird, im Dreck lebt, ißt wie ein Schwein, sich nicht waschen kann, grausige Dinge ißt, der stumpft ab, fühlt sich mehr und mehr erniedrigt, verachtet sich... Wenn wir auf der Straße an einem gut gekämmten, rasierten, gut frisierten Mann vorbeigingen, wir, in dieser grauenhaften Kleidung, schmutzbedeckt, darunter eine ganze Kolonie von Flöhen, die einen auffraßen ... man fühlte sich erniedrigt und unglücklich. Er war der Held, nicht wir. Die Deutschen haben das begriffen, später. Aber es gibt nicht nur die Lager. Alle Gefängnisse sind erniedrigend... Man spricht immer von der Welt der Konzentrationslager ... schon das normale Gefängnis gibt einem dieses Gefühl. Man kann einen Menschen allein durch Gerüche erniedrigen. Zwingen Sie ihn, im Geruch seines Urins und seiner Fäkalien zu leben ... das genügt, dieser Mensch wird seine Würde verlieren.

UND Sie, welche Wirkung haben die Gefängnisse auf Sie gehabt?

J. G. Keine... Es war eine überaus amüsante Erfahrung, und es hat mich nie berührt.

WIESO amüsant?

J. G. Es war neu. Es ist komisch, im Gefängnis zu sein... Das erste Mal bin ich mit wahnsinniger Begeisterung hingegangen! Es war für mich ebenso wichtig, wie eine große Reise zu machen. Während meiner ganzen Jugend habe ich mir gewünscht, Griechenland kennenzulernen... Als ich ins Gefängnis ging, tat ich es mit derselben Vorfreude. Du wirst die Erfahrung der Einsamkeit machen, der Brutalität, der Schweinerei, du wirst sehen. Und ehrlich...

DIE Wirklichkeit entsprach den Erwartungen?

J. G. In beiden Fällen bin ich sehr gut zurecht gekommen. Ich kann es ehrlich sagen und aussprechen, denn ich hatte Tausende Zeugen... Jedesmal, nach drei Monaten, war ich der Chef, im Gefängnis! Im Militärgefängnis[1] war ich mit Strafgefangenen zusammen. Ich war mit vielen Typen zusammen. Sie waren entzückt, mit mir zusammen zu sein, denn ich erzählte ihnen Geschichten.

IST das Ihr Schäferblut?

J. G. Ich habe kein Schäferblut! Ich stamme nicht einmal aus der Provence. Ich bin in Manosque geboren, auch meine Eltern waren nicht aus der Provence. Meine Mutter stammte aus der Picardie. Sie hat bis zu ihrem achtzehnten Lebensjahr in Paris gelebt und ist erst 1870 nach Manosque gekommen. Mein Vater stammte aus Piemont. Er war in Frankreich geboren worden, aber piemontesischer Abstammung. Sein Vater war Piemonteser. Ich bin in Manosque geboren, weil meine Eltern sich hier kennengelernt haben.

SIE sagten, daß der Krieg Sie verändert hat?

J. G. Nach meiner Heimkehr aus dem Krieg sagte ich mir, wie alle, die zurückgekehrt sind, *nie wieder*. Das war es, was sich alle gesagt hatten, was sich die berühmte »himmelblaue« Kammer gesagt hatte, womit sie im übrigen die Stimmen aller Franzosen gewonnen hat...

Und dann, nach einem Jahr, nach dreißig Jahren, wurde die Zahl der Leute, die sich gesagt hatten *nie wieder* kleiner, die einen, weil sie vergessen haben, andere aus Opportunismus, andere aus Nachlässig-

1. Wegen pazifistischer Aktivitäten war Jean Giono 1939 drei Monate lang in Fort Saint-Nicolas in Marseille eingesperrt und 1945 sechs Monate lang in Fort Saint-Vincent-des Forts (Hautes-Alpes).

keit, andere, weil ihre Überzeugung nicht deutlich genug zum Ausdruck kam, wieder andere, weil sie, je mehr der Krieg in die Ferne rückte, nur mehr die großartige Landpartie sahen, die sie fernab ihrer Frauen unternommen hatten; und dann gab es die, die immer noch sagten *nie wieder*. Das waren die Hartnäckigen, die Idioten, zu denen auch ich gehöre, oder vielleicht gehörte: Jetzt habe ich viel weniger Illusionen als in jenem Alter. Man kann *nie wieder* sagen, soviel man will, es wird Kriege geben, es wird die ganze Zeit welche geben. Man wird immer wieder damit anfangen... Das hat einen guten Grund: Es ist ein wunderbarer Zeitvertreib. Selbst für normale Leute, wie Sie und ich, wie alle, die um uns sind. Es gibt immer einen Augenblick im Leben, wo man die Versuchung zum grundlosen Mord verspürt; nicht zum Mord aus Leidenschaft oder zum Raubmord, oder weil man eifersüchtig ist, oder weil die Frau, die man liebt, einen verläßt, überhaupt nicht ... grundlos, um des Blutes willen, um zu sehen. Das Schauspiel. Der Anblick eines Menschen, der stirbt ist etwas, das einen gleichzeitig abstößt und anzieht.

In *König Artus' Tafelrunde* sieht Lanzelote auf einer weiten Schneefläche einen Blutfleck. Es ist eine Wildgans, die soeben verblutet ist. Und plötzlich begreift er die Brutalität des Mordes. Es gibt nichts Schöneres. Nehmen Sie einen Unfall, alle stürzen hinaus. Man sagt, man tut es um zu helfen, natürlich tut man es zum Teil um zu helfen ... vor allem aber, um herumzustehen und um den wohligen Schauer zu spüren, wenn man sich abwendet und sagt: »Oh! Wie schrecklich...« und wieder sieht man hin!

Ich habe kein Vertrauen ins Menschliche. Überhaupt nicht. Ich liebe die Menschen, ich liebe sie sehr, aber ich habe kein Vertrauen...

WARUM heißt es »Giono, der Einsiedler«?

J. G. Das ist auch so ein Mißverständnis. Nutzlose Unterhaltungen, die nichts bedeuten, habe ich nicht besonders gern. Zum Beispiel zu erfahren, wieviel Stundenkilometer jemand gefahren ist, um von A nach B zu gelangen... Ich höre gern Musik, ich lese gern, ich rauche gern Pfeife, das sind einsame Freuden, aber das heißt noch lange nicht, daß ich wie ein Einsiedler lebe. Ich wohne in Manosque, in einem Ort, der nicht einsam ist. Ich habe eine Familie, ich habe eine Frau, meine beiden Töchter, ich habe eine Haushälterin, ich habe einen Hund.

SIE mögen Städte nicht?

J. G. Nein. Vielleicht, weil ich sinnlich bin. Ich bin zum Beispiel lieber hier, weil die Luft besser ist. In der Stadt ist vielleicht das geistige Leben interessanter, aber anderswo gibt es diese herrliche Erziehung durch die Natur, die einem wunderbare Dinge gibt, das

Wesentliche, Brot, Wasser... Die wesentlichen Dinge sind rein. Die Luft, das wird ein ungeheuerer Luxus werden.

VERFOLGEN Sie, was in Paris passiert?

J. G. Die Académie Goncourt. Ich bin verpflichtet, mich auf dem laufenden zu halten. Ich mache das so, wie ich Bewertungen gemacht habe, als ich noch Bankbeamter war.

LESEN Sie, was erscheint?

J. G. Ich lese Bücher wieder, Neues lese ich nicht mehr. Ich bin über das Alter hinaus, in dem man liest. Ich lese für den Prix Goncourt: Das ist nicht so mühsam, wie man immer sagt. Es gibt Bücher, die sind schnell gelesen... Zu meinem Vergnügen lese ich vor allem Bücher noch einmal, ich habe da alte Autoren, die ich wieder und wieder lese.

HOMER?

J. G. Homer, das ist noch weiter weg. Nein, was ich seit langem ununterbrochen wieder und wieder lese ist Stendhal... ununterbrochen.

WAS mögen Sie bei Stendhal am liebsten?

J. G. Ich mag alles gleich gern. Alles, alles. Man kann keine Auswahl treffen, immer interessiert mich das Buch am meisten, welches ich zuletzt gelesen habe.

KÖNNEN Sie Ihr Vergnügen an dieser Lektüre erklären?

J. G. Warum ich zum Beispiel eifriger Stendhal lese als Balzac? Hier werden Sie eine Antwort auf Ihre Frage finden: Ein Satz von Stendhal ist ein köstlicher Satz, sein Stil ist voller ungewöhnlicher Verkürzungen, bringt einen Zeitgewinn. Man kommt wunderbar rasch von einem Gedanken zum anderen. Es gibt kein überflüssiges Fett, es ist ein Stil, bei dem man die Muskeln sieht. Sie stehen vor einer Maschine, die großartig geölt ist, und die Dinge passieren immer zur rechten Zeit. Es gibt keine Sekunde Stillstand.

Und dann ist da Stendhals grandiose Naivität! Es ist großartig, die Dinge werden immer durch begeisterte Augen gesehen. Er ist einer, der alles bewundert, selbst wenn er Kritik übt.

Es gibt ein Gegenstück in der Musik, das ist Mozart. Mozart, das ist immer noch sicher.

HABEN Sie in Ihrem neuesten Stil nicht ziemlich unverblümt Stendhals Stil angenommen?

J. G. Oh! Davon bin ich weit entfernt! Was ich versucht habe zu erreichen, ist eine Art von Humor, die bewirkt, daß man meine Figuren sehr gut fühlt. Wenn das an Stendhal erinnert, dann deshalb, weil ich in derselben Richtung suche wie er! Aber Stendhal ist unnachahmlich...

WARUM?

J. G. Er ist sinnlich. Sinnlicher als Balzac, der sich in endlos langen Sätzen verstrickt.

Hingegen kann man auch endlos lange Sätze machen und dabei sinnlich sein, wie Proust. Das spürt man im einzelnen Satz, er gibt ihn auf, er ist gezwungen, ihn aufzugeben.

WAS ist ein sinnlicher Mensch? Sind nicht auch Sie einer?

J. G. Das ist jemand, der seine Sinne nützt, wenn man der Etymologie glauben darf! Er trifft keine Auswahl. Er versucht, sie zu kultivieren, sie zu nützen, sich durch sie soviel Freude wie möglich vermitteln zu lassen: durch den Tastsinn, den Geruch, den Geschmack ... alle fünf Sinne. Ich glaube, daß Schüchternheit viel zur Prägung sinnlicher Menschen beiträgt. Es sind im allgemeinen schüchterne Menschen, die, weil sie nur wenige Mittel zur Verfügung haben, gezwungen sind, diese Mittel zu kultivieren.

Wenn Sie in den Bergen sind und es Ihnen gelingt, das Wasser so zu genießen wie andere den Wein ... dann merken Sie plötzlich, daß das Wasser viel köstlicher schmeckt als der Wein, es ist einfach großartig! Ein sinnlicher Mensch, das ist vielleicht einer, der das Wasser dem Wein vorziehen wird. Das ist dann ein sinnlicher Mensch mit Feingefühl. Es ist einer, der – weil er keine Bücher hat, weil er vielleicht keine Gesellschaft hat, und zwar entweder aus Schüchternheit oder aus Geldmangel – größtes Vergnügen daran findet, die farblichen Unterschiede zwischen den Bäumen zu suchen, einem bestimmten Baum, einem anderen, dem Himmel, wie er sich abhebt... Er wird schließlich einen Stift nehmen und sie zeichnen. Er wird vielleicht Maler werden...

Don Giovanni ist ein schüchterner Mann. Man sieht das an der Brutalität seiner Handlungen. Wäre er nicht schüchtern, hätte er sich eine Frau genommen, er hätte sie behalten, eine einzige Frau hätte ihm genügt... Und er hätte sich dann einer anderen Aufgabe zugewandt. Es ist nicht Mut, was Don Giovanni antreibt. Er ist gezwungen, diesen einen Sinn zu vervollkommnen, denn er hat nur den einen...

WARUM sagen Sie, daß Sie kein Vertrauen in die Menschen haben?

J. G. Oh! Ich habe in sehr vielen Dingen Vertrauen in sie! Ich habe das Vertrauen, daß sie viele schreckliche Dinge immer weiter tun werden. Das, da bin ich sicher, das wird ewig sein... Aber ich habe kein Vertrauen in die Fähigkeit des Menschengeschlechts, sich zu vervollkommnen.

Von der Zeit des Neandertalers bis heute sind wir nicht einen Millimeter vorwärts gekommen. Nehmen Sie eine hochentwickelte Gesellschaft und konfrontieren sie ihre Mitglieder mit einer großen Leidenschaft, Sie werden sehen, daß sie ganz genauso reagieren wie die Wilden in Äquatorialafrika. Das gleiche! Nicht einmal das

Christentum hat etwas gebracht. Das ist die große Niederlage des Christentums. Es hat nur eine Art von Heuchelei gebracht.

SIE glauben nicht an den sozialen Fortschritt?

J. G. Überhaupt nicht. Ich glaube, daß im Gegenteil wahnsinnig viel verloren gegangen ist, in dem Augenblick, als wir den Handwerker zum Proletarier gemacht haben. Wir haben einen ziemlich großen Schritt rückwärts getan. Eines Tages werden wir den umgekehrten Schritt tun. Wir werden die Männer aus den Fabriken holen, und sie werden zum Handwerk zurückkehren. Sie werden an Würde gewinnen.

Ich werde Ihnen etwas sagen. Mein Vater war Schuhmacher, und verdiente 13 Francs in der Woche. Meine Mutter war Büglerin und verdiente 8.21 Francs in der Woche, die ins Haus kamen. Und sie haben mich wunderbar aufgezogen. Es ist immer Wein auf dem Tisch gestanden. Sie haben mich bis kurz vor meiner Reifeprüfung zur Schule gehen lassen. Und außerdem, bevor er geheiratet hat, Sie werden staunen, was mein Vater da für Freiheiten gehabt hat, die kein Milliardär hatte. Er konnte einen Schuh machen! Und er wollte reisen. Also hat er in ein kleines Bündel (das war ein Stück schwarzes Leinen) etwas Leder getan, sein Werkzeug, hat das ganze auf einen Stock gebunden und sich zu Fuß auf den Weg gemacht! Wenn er kein Geld mehr hatte, ließ er sich mit seinem Ding auf den Hauptplatz eines Dorfes nieder, und die Leute brachten ihm ihre Schuhe zum Reparieren. So ist er in ganz Europa herumgekommen, ohne daß ihn jemand störte, ohne die geringste Sorge zu haben. Er war ein Herr. Er führte das Leben eines Aristokraten. Er war ein echter Aristokrat.

Stellen Sie denselben Handwerker in die Schuhfabrik Bata, er wird sein ganzes Leben lang Schuhränder nähen. Sein ganzes Leben lang... Welch ein Unterschied!

Mein Vater konnte einen ganzen Schuh machen. Als Handwerker, der einen ganzen Schuh machen konnte, wurde er geachtet, weil jeder Schuhe brauchte. Er war ein König. Es gab weder Gewerkschaften noch Sozialversicherungen. Wozu auch? Er blieb in seinem Zimmer in einem Gasthof und bezahlte den Arzt, der kam. Wenn er eines Tages kein Geld mehr hatte, gewährte man ihm Kredit.

UND als er alt wurde?

J. G. Und als er alt wurde, hatte er seinen Sohn, nämlich mich, der ihn bei sich behalten hat. Wenn ein Arbeiter bei Bata aufhört, wenn er alt ist, geht er zur Fürsorge oder in ein Altersheim. Was für ein Leben!

SIE selbst, welchen Beruf haben Sie gewählt?

J. G. Ich habe meinen Beruf vor allem mit dem Gedanken an meinen Vater gewählt, den ich unterstützen mußte. Denn mein Vater war alt. Als ich geboren wurde, war er fünfzig. Er hatte spät geheiratet. Und als ich aus dem Krieg zurückkam, sagte ich mir: »Ich gehe nicht wieder zur Schule. Ich bleibe hier. Ich werde arbeiten.« Ich habe mich für den Beruf des Bankbeamten entschieden.

WANN haben Sie beschlossen, Bücher zu schreiben?

J. G. Die ganze Zeit. Ich schrieb, um meine Freunde zu unterhalten, und meinen Freunden Geschichten zu erzählen. Ich habe niemals einem Verleger ein Buch geschickt. Mein Vater wußte nichts... Er starb, ohne etwas zu ahnen.

WIE ist es zur Veröffentlichung Ihres ersten Buches gekommen?

J. G. Einer meiner Freunde hat es herausgegeben. Als mein erstes Buch erschien, hatte ich neun geschrieben. Ich hatte neun Bücher geschrieben, und ich hatte nie den Drang verspürt, es an die große Glocke zu hängen.

VIELLEICHT haben Sie sich für das Schreiben entschieden, weil das auch ein Handwerk ist?

J. G. Ja, es ist eine handwerkliche Arbeit. Ich setze sehr großes Vertrauen in eine Gesellschaft von Handwerkern. Ich glaube, sie unterscheidet sich stärker von der bürgerlichen als der Kommunismus, der eine andere Art von Bürgerlichkeit schafft.

SIE glauben, daß eine Weiterentwicklung der Gesellschaft vermeidbar gewesen wäre?

J. G. Es war unvermeidlich. Ich spiele mich nicht als Reformer auf. Ich sage nicht, daß ich die Lösung habe. Aber ich hätte mir gewünscht, diese wunderbaren Handwerker noch einmal zu erleben. Es waren überaus noble Menschen. Ein Zimmermann, das war im Mittelalter ein Herr. Der Bürger zitterte vor ihm. Wenn einer dieser Handwerker in eine bürgerliche Familie einheiratete, dann war er der Herr im Haus, weil er *das Ding zu machen* verstand... Die anderen mußten hinter ihm hertrotten wie die Idioten!

Die wunderbaren Handwerker des 18. Jahrhunderts! Wenn man Ihnen sagt, daß die Französische Revolution in einem Land zum Ausbruch gekommen ist, in dem Elend herrschte – das stimmt. Aber wenn Sie die Möbel aus dieser Zeit sehen! Ein unglücklicher Handwerker hätte niemals so schöne und so fröhliche Möbel machen können wie die im Stil von Louis XV. oder Louis XVI. Sie müssen wirklich ein ruhiges Gemüt gehabt haben, um das zu machen...

ABER gab es denn nicht auch Menschen, die ärmer dran waren als Tiere?

J. G. Die gibt es überall. Es gibt sie in Rußland, in Amerika, auf der ganzen Welt. Das hängt von ihrem Charakter ab. Morgen früh sind wir noch gleich, am Abend werden wir nicht mehr gleich sein. Ich werde mein Marmeladebrot gegessen haben, Sie werden es beiseite gelegt haben. Am nächsten Tag – aus; Sie werden reicher sein als ich. Und dann werden wir nicht mehr gleich sein. Die Gleichheit ist eine Utopie. Es ist ein Witz. Also, natürlich können wir nicht bewirken, daß alle Menschen glücklich sind, das ist nicht möglich. Um so mehr, als jeder auf die ihm eigene Art und Weise dem Glück nachjagt.

Stellen Sie sich vor, die Regierung sagt morgen zu mir: »Es gibt obligatorische Freizeit. Sie werden sich sechs Tage in der Woche erholen. An diesen sechs Tagen werden wir Ihre Freizeit organisieren. Am Montag werden Sie sich ein Fußballspiel ansehen... (Das ödet mich an!) Am Dienstag einen Boxkampf... (Das ödet mich an!) Am Donnerstag werden Sie lesen...« Andere wieder, die man zum Lesen zwingt, wollen zu einem Fußballspiel... Man kann das Glück der Leute nicht machen!

HÄTTEN Sie lieber in einer anderen Zeit gelebt?

J. G. Nein, ich ziehe keine andere vor. Im Gegenteil, diese hier macht es mir möglich, Vergleiche anzustellen. Ich fühle mich sehr wohl, wie ich bin. Ich möchte nicht tauschen. Seit dem Beginn meines Lebens danke ich der Vorsehung für das Leben, das sie mir geschenkt hat. Es ist schwer, das in der heutigen Zeit zuzugeben, aber ich bin die ganze Zeit über glücklich gewesen.

Selbst im Krieg 14/18, selbst im Gefängnis, selbst im Angesicht des gewaltsamen Todes, ich war immer erstaunlich glücklich.

GIBT es ein Rezept dafür?

J. G. Ein speziell geformtes Herz? Eine bestimmte innere Einstellung? Ich weiß nicht... Ich glaube, man muß vor allem mit sich selbst im Reinen sein.

Mein Vater sagte immer zu mir: »Es gibt jemanden, mit dem du dein ganzes Leben zusammen sein wirst, das bist du selbst. Sieh zu, daß es keine unangenehme Gesellschaft ist.«

Ich wünsche mir nicht Dinge, die ich nicht haben kann. Ich kann mir nur schwer vorstellen, daß diese Dinge mir das Glück bringen sollten.

Nein, oder höchstens wenn ich einmal sehr alt bin. Meine Memoiren schreiben, das ist eine Arbeit, für einen alten Mann. Es hat in meinem Leben ziemlich merkwürdige und aufregende Dinge gegeben... Doch nein, in Wirklichkeit habe vielleicht nur ich sie merkwürdig und aufregend gefunden! Es hat Höhepunkte gegeben, an die ich aber nicht geglaubt habe. Ich habe sie nachträglich entdeckt, als ich wieder unten war. Nun, es war schön, nach oben zu blicken, dorthin, wo ich gewesen war! Und dann bin ich wieder hinaufgeklettert... Und dann wieder hinunter... In Wirklichkeit war das alles wahrscheinlich ziemlich banal und alltäglich. Deshalb glaube ich, daß es ein glückliches Leben war.

MICHEL LEIRIS

Michel Leiris errötete, sobald er mit einer Frau sprach...

Michel Leiris wurde am 20. April 1901 in Paris geboren.

Von 1924 bis 1929 gehört er der Gruppe der Surrealisten an.

Als Archiv-Sekretär einer ethnologischen Expedition, die ihn von Dakar nach Dschibuti führt, schreibt er ein Tagebuch, *L'Afrique Fantôme*[1], das 1934 veröffentlicht wird.

Parallel zu seinen ethnographischen Arbeiten setzt er sein literarisches Werk fort.

Sein erster Roman, *Aurora*[2], erscheint 1928. Bekannt wird er vor allem mit dem Buch *L'Âge d'homme*[3], das 1939 erscheint.

Danach beginnt er ein mehrteiliges Werk, *La Règle du jeu*[4], eine psychoanalytische Autobiographie, die ursprünglich drei Bände haben soll, zu denen später noch ein weiterer hinzukommt.

Biffures, 1948; *Fourbis*, 1955; *Fibrilles*, 1966; *Frêle bruit*, 1976.

Nuits sans nuit, 1961[5], *mots sans mémoire*, 1969.

1981 veröffentlicht Michel Leiris *Le ruban au cou d'Olympia*[6].

Das Interview fand im Mai 1961 im Musée de l'homme in Paris statt, wo Michel Leiris die Abteilung für Schwarzafrika betreute.

1. Phantom Afrika. Frankfurt 1981.
2. Aurora. München 1979.
3. Mannesalter. Frankfurt/M. 1975.
4. Die Spielregel: Streichungen. München 1985, Krempel, München 1986.
5. Lichte Nächte und mancher dunkler Tag. Frankfurt/M. 1981.
6. Das Band am Hals der Olympia. Frankfurt 1983.

Mit Michel Leiris im Musée de l'Homme *(Foto: L'Express)*

Michel Leiris hatte eine Eigenheit, die sofort mein Interesse weckte: Er wurde rot wie ein schüchterner Jüngling, sobald man ihn ansprach oder ihm jemanden vorstellte. Vor allem, so schien es mir, wenn es sich um Frauen handelte.

Dieses Zeichen von Verwirrung verwirrte mich jedesmal selbst. Nach einer kurzen Begrüßung entfernte ich mich, und wir hatten nie Zeit, richtig miteinander bekannt zu werden. Oder aber ich stand schweigend in seiner Nähe. Unsere gemeinsamen Freunde sahen, wie wir beieinander standen, ohne miteinander zu sprechen und hielten es für richtig einzugreifen und uns einander nochmals vorzustellen... Und Leiris errötete von neuem, diesmal noch mitleiderregender...

Michel Leiris, klein, mit rotblonden, sehr kurzen, ja abgeschorenen Haaren und mit runden Augen, die andere Dinge sahen als die Augen anderer Leute – daher seine Liebe zur Kunst, zur Malerei – war dennoch kein ängstlicher Mensch.

Ich wußte, daß er zur Gruppe der Surrealisten gehört hatte. Damals war er heftig, in Worten und Taten. Er provozierte Prügeleien und hatte keine Hemmungen, ein ausschweifendes Leben zu führen. Ich glaubte zu wissen, daß er sogar einen Kampfsport betrieben hatte: Boxen? Fechten? Französisches Boxen? Im Grunde jedoch kannte ich ihn vor allem durch sein Werk. Ich hatte es, als es nach und nach veröffentlicht wurde, mit Genuß verschlungen. Und doch, das breite Publikum kannte ihn nicht. Warum? Weil er sich weigerte, Interviews zu geben? Weil seine Bücher keine Romane waren und keine Geschichte erzählten?

In jedem seiner Bücher gab es eine einzige Gestalt: ihn selbst. Er war der Held in verschiedenen inneren Experimenten, die er bis zum Äußersten trieb: zuerst im Experiment des Surrealismus, dann in dem der Psychoanalyse. Michel Leiris hatte sich einer Analyse unterzogen, noch vor dem Krieg, unmittelbar bevor er sein erstes Buch schrieb, und er machte kein Hehl daraus.

Damals war man der Meinung, ein Schriftsteller, der sich auf eine Analyse einlasse, sei für seine Kunst verloren. Indem er die Unvorsichtigkeit begehe, die Wurzeln seiner Inspiration freizulegen, sei er schließlich zwar geheilt, aber unfruchtbar. Die meisten Schriftsteller klammerten sich an dieses Alibi, um weiter in ihrer Neurose dahinzusiechen. Nicht so Leiris. Weil das Leben für ihn unerträglich geworden war, doch auch, wie er mir sagte, aus Lust am Abenteuer – in seiner Eigenschaft als Ethnologe hatte er ein großartiges Buch geschrieben, *Phantom Afrika*, das Tagebuch seiner Begegnung mit Afrika – beschloß er, sich näher anzusehen, was in den verborgenen Tiefen seines Inneren schlummerte.

Zum Vorschein kam dabei ein Gewirr von alten Bildern, Gefühlen, Begierden, Sehnsüchten, Wörtern, die ihren Sinn verloren hatten... Alltägliches Material für eine Psychoanalyse, doch höchst ungewöhnlicher Stoff für ein literarisches Werk einer neuen Gattung. Michel Leiris verschrieb sich mit Leib und Seele seinem großen Vorhaben: alles zu sagen, was es über ihn selbst zu sagen gab.

Das war nun *Mannesalter*. Als er schließlich merkte, daß er das Thema nicht erschöpfend behandelt hatte, ja sogar weit davon entfernt war, begann er *Die Spielregel*; das Werk sollte so viele Bände haben, als er brauchte, um über sein innerstes Wesen alles zu erzählen, was er zu erzählen hatte...

Während ich die bereits erschienenen Bände las, hatte ich das Gefühl, eine Menge über die Triebe, die Phantasien, den Eros und das Privatleben dieses Mannes erfahren zu haben. Gleichzeitig aber, wenn ich an ihn dachte, fragte ich mich: Michel Leiris, wer ist das wirklich? Im Grunde weiß ich nichts von ihm... Ich erkannte, daß er mit seinen Bekenntnissen spielte wie eine nackte Tänzerin mit ihren Schleiern: um sich besser dahinter zu verbergen.

Deshalb verspürte ich seit einigen Jahren den starken Wunsch, mit diesem schüchternen Mann ein Interview zu führen. Und seit ebenso langer Zeit lehnte er mit schönen, aber höflichen Briefen ab.

Es war sein Verleger, der schließlich Erfolg hatte. Als ein neuer Band der *Spielregel* erschien, dieses außergewöhnlichen Werkes, das sich trotz seines Formats, seiner Schönheit, seiner herausragenden Bedeutung nicht besonders gut verkaufte, machte Gallimard ihm klar, daß es an der Zeit war, selbst etwas für seine Bücher zu tun. Zum Beispiel eine Journalistin zu empfangen...

Und Michel Leiris, die Schlinge um den Hals, willigte schließlich ein. Wollte er eine weniger persönliche Atmosphäre? Jedenfalls bestellte er mich ins Musée de l'homme, Place du Trocadéro, wo er die Abteilung für Schwarzafrika betreute.

An jenem Vormittag war schönes Wetter. Von der Unruhe angesteckt, die Leiris bei dem Gedanken quälte, mir gegenüber zu sitzen, zog ich ein Kostüm von so blasser Farbe an, daß ich darin fast unsichtbar wirkte... Ich hatte mich gewissermaßen als »Phantom« verkleidet.

Leiris erwartete mich in der Eingangshalle des Museums. Sobald er mich erblickte, bedeutete er mir, ihm zu folgen, und führte mich im Eiltempo durch die Säle. Er hatte die Absicht, mir *alles* in seinem Reich zu zeigen, doch er ging so schnell vorwärts, daß wir in kürzester Zeit den ganzen Flügel durchquert hatten. Dann ersuchte er den Museumsdiener, der uns begleitete, mir die Vitrinen zu öffnen, damit ich die Gegenstände, die ich im Vorbeigehen mit bewundernden Ausrufen bedacht hatte, in die Hand nehmen konnte.

Unter anderen Umständen hätte ich dieses seltene Vorrecht zu würdigen gewußt, doch in diesem Fall waren es nicht die Schätze der Menschheit, die ich sehen wollte, es war Michel Leiris höchstpersönlich.

Ich weigerte mich, die Masken, Urnen und Feuersteine weiter zu untersuchen, und er mußte mich wohl oder übel in das kleine Büro führen, das man ihm in einem Winkel des riesigen Gebäudes zugeteilt hatte.

Jetzt mußte er reden, das wußte er. In Anbetracht einer so ausgeprägten Interview-Phobie nahm ich mir jedoch vor, behutsam zu beginnen... Ich schaltete das Tonbandgerät ein – und zu meiner eigenen Verwunderung kam ich gleich bei der ersten Frage unvermittelt auf den Tod zu sprechen.

Wie ist es dazu gekommen? Ich glaube, Leiris selbst hat es bewirkt. Der einstige Surrealist, der Ethnograph primitiver Sozietäten, der diskrete Autor eines höchst indiskreten Werkes war seinem Wesen nach Entdecker. Er liebte nur unbekannte Kontinente und Zonen, die vom Bewußtsein noch unberührt waren. Indem er mir bestimmte Gegenstände toter Zivilisationen in die Hand gab, die magischen Handlungen oder Begräbnisriten dienten, hatte er mir zu verstehen gegeben, daß er sich zum Jenseits hingezogen fühlte, und damit meine Frage ausgelöst.

Im übrigen schien er, als er antwortete, ganz in seinem Element zu sein, viel mehr, als wenn ich über Ehrungen, Literaturpreise, Auflagen und Pressekampagnen gesprochen hätte...

Ich wußte, daß er von der Gefahr, der möglicherweise »tödlichen Gefahr« gesprochen hatte, die entstehen könne, wenn ein Schriftsteller sich in seinen Büchern »nackt« darstelle. Was meinte er damit? Daß Literatur für den, der sich ihr ganz hingibt, nicht ohne Risiko ist. Und daß er dieses Risiko liebte, suchte?

Denn Leiris, ich merkte es an den Fragen, die er sich vor mir stellte, war ein Spieler. Sein Spiel bestand darin, sich selbst in unmögliche Positionen zu bringen. Wahrscheinlich um zu sehen, was dann passieren würde und wie er wieder herauskäme...

In der Literatur hatte er sich für jenen Balanceakt entschieden, auf den sich nur wenige Schriftsteller einlassen: die völlige Aufrichtigkeit. Als ich zuhörte, wie er in der präzisen, freundlichen und absolut endgültigen Art eines Menschen sprach, der eine Feststellung trifft, sagte ich mir, daß er sein Spiel wohl nicht nur im Bereich seiner Bücher, sondern auch in ganz anderen Bereichen spielte. In welchen? Schwer zu sagen, denn wenn er mit seiner beängstigenden Offenheit *alles* sagte, dann nur über seine Seelenzustände, nicht über die Ereignisse, durch die sie hervorgerufen worden waren...

Und dann plötzlich, ohne seinen Tonfall zu ändern, erzählte er mir von seinem Selbstmordversuch. Ein ganz ernst gemeinter Versuch, sagte er mir, den er nur wie durch ein Wunder überlebt hatte... Ich war völlig verdattert. Und auch bewegt. Soeben hatte ich mit ihm über den Tod geplaudert, und er, er war *wirklich* um ein Haar daran vorbeigegangen. Ich wußte überhaupt nichts davon, niemand hatte davon gewußt. Warum erzählte er es mir? War ich zu weit gegangen? Doch nein, er war es!... Dieser große Brocken *Wirklichkeit* purzelte wie ein Meteorit mit Getöse über das genau abgesteckte Feld unseres literarischen Gedankenaustausches... Leiris setzte das Gespräch mit einem Seitenhieb auf Camus fort... Ich atmete auf: Man sprach schlecht von den Kollegen. Man kehrte also zurück in die sichere Scheinwelt des Schreibens, der kleinen Melodie, die das Leben begleitet, die aber nicht das Leben ist...

Als ich wieder auf der Straße stand, konnte ich nur mehr an eines denken: an seinen Selbstmord. Würde er mich ersuchen, alles, was damit zu tun hatte, wegzulassen, wie ein Geständnis, das ihm ungewollt entschlüpft war?

Doch da kannte ich Michel Leiris und seinen Mut wahrhaftig schlecht! (Den öffentlichen Beweis für diesen Mut hatte er durch seine extremen politischen Standpunkte erbracht, die ihm einige Schwierigkeiten eingebracht hatten, besonders zur Zeit des Algerien-Krieges.) Er ließ mir die Freiheit, mit seinen Antworten zu tun, was ich wollte, das heißt sie vollständig zu veröffentlichen. Ohne sie nochmals zu lesen, ohne von mir irgendeine Rechenschaft zu verlangen.

Vielleicht war das seine Rache dafür, daß ich ihn teils gegen seinen Willen interviewt hatte; ich fühlte mich nämlich entsetzlich schuldig. Die übrigen Schriftsteller, obwohl sie zum Zeitpunkt des Interviews mit mir allein waren, schienen allesamt zu wissen, daß sie zu einem großen Leserpublikum sprachen. Leiris hatte sich so verhalten, als wären ihm die Spielregeln des Journalismus unbekannt, als spräche er nur zu mir. Und er hatte auf mich die Angst vor dem Verrat übertragen, die er als Ethnologe wohl kannte, wenn er jenen »Haufen Geheimnisse« veröffentlichte, den ihm die Eingeborenen arglos anvertraut hatten, wenn es ihm gelungen war, ihr Zutrauen zu gewinnen...

War Leiris wirklich so arglos? Jedenfalls hatte er alles getan, es mich glauben zu lassen. Und wenn sein Verleger auch über meine Arbeit entzückt war, ich fühlte mich schlecht. Ich verspürte den Drang, an den Ort des Verbrechens zurückzukehren und mein Opfer wiederzusehen. Leiris stimmte höflich zu. Wir gingen ein- oder zweimal langsam durch den Parc de Bagatelle. Er sprach ein wenig über sein Werk, über das der anderen, ein wenig über den Surrealismus, ein wenig über die Blumen, ein wenig über mich, ein wenig über nichts...

Mir wurde klar, daß dieser Mann, der vorgab, sich ganz und gar zu offenbaren, im Grunde ein Geheimnis blieb. Oder vielmehr, daß in der Literatur alles Literatur ist, selbst Aufrichtigkeit... Michel Leiris war nicht aufrichtiger als jeder andere, weder mehr dies noch mehr jenes, er war ein großartiger Schriftsteller. Das war alles.

Ich fühlte mich von meiner Schuld befreit und suchte Michel Leiris nicht mehr auf.

WENN man Ihre Bücher liest, speziell das Vorwort zu *Mannesalter*, stellt sich sogleich eine Frage: Ist es Ihnen gelungen?

Michel Leiris. Was? Das Horn des Stieres?

JA, das in die Literatur hineinzubringen, was Sie »das Horn des Stieres« nennen, das heißt die Gefahr, die Todesgefahr?

M. L. Hm ... Tatsache ist... Hören Sie, selbst der Stierkämpfer in der Arena kann schwindeln und die Illusion erwecken, daß er sich in Gefahr begibt, während er sie in Wirklichkeit meidet. Ich glaube, daß auch der Schriftsteller in der Vorstellung leben kann, sich auf ein schreckliches Risiko einzulassen, während doch alles ziemlich abstrakt bleibt. Ich befürchte, daß Literatur ein wenig eine Komödie der Gefahr ist... Wohlgemerkt, es gibt Leute, die zweifellos alles aufs Spiel gesetzt haben: Rimbaud zum Beispiel ist so weit gegangen, daß er schließlich anderswo gelandet ist... Und doch endet ein Gedicht aus seinen *Erleuchtungen* mit »...ich bin da, ich bin immer noch da« – er stellt fest, daß das Delirium, in das er sich gestürzt hat, letzten Endes ein Delirium bleibt und sich nicht wirklich in den Tatsachen niederschlägt: Er ist da, nichts hat sich geändert!

DOCH Sie, durch die Art und Weise wie Sie sich in Ihren Büchern preisgeben und entblößen: Da Sie das Leben nicht ändern können, laufen Sie Gefahr, das Ihre zu ändern... Nachdem man *Mannesalter* gelesen hat, gibt es gewisse Dinge in Ihrem Leben, die zu wissen man nicht umhin kann.

M. L. Das stimmt. Es ist sicher, daß jeder meiner Leser sicher sein muß, daß ich absolut aufrichtig bin. So wie ich, während ich mit

Ihnen spreche, den Eindruck habe, vor jemandem zu sitzen, der über alles genau Bescheid weiß... Es gibt da eine Gefahr.

DOCH empfinden Sie es wirklich so? Nachdem man seine Beichte abgelegt hat, konstruiert man da nicht sofort wieder ein neues Wesen, ein noch geheimeres?

M. L. Das glaube ich nicht. Natürlich, das, was ich geschrieben habe, ist nicht unbedingt vollkommen adäquat, es gelingt einem im übrigen nicht besser, sein eigenes Porträt zu zeichnen, als das irgendeines anderen; und außerdem unterscheidet sich die Sicht, die man von sich selber hat, zwangsläufig von der, die ein anderer haben kann, und ich mußte mich nicht vollständig erklären, weil ich noch andere Bücher in Arbeit habe... Trotzdem glaube ich, mich ziemlich entblößt zu haben...

IST das ein unangenehmes Gefühl?

M. L. Ich muß zugeben, daß es für mich zu einer Art Gewohnheit geworden ist. Ich denke sehr viel weniger daran, als noch vor einigen Jahren. Nachdem ich *Mannesalter* geschrieben hatte, ja, da dachte ich, alles preisgegeben zu haben, was man von sich selbst preisgeben kann, aber später erkannte ich, daß es nur ein Teil war. Das ist einer der Gründe, warum ich *Streichungen* und *Krempel* begonnen habe...

DIE Sie mit *Fibrilles* und *Fibules*[1] fortsetzen wollen?

M. L. Ja. Man muß wissen, daß ich mich gerade einer Psychoanalyse unterzog, als ich *Mannesalter* schrieb. Es war also eine Zeit, in der ich geneigt war zu glauben, daß die Frage der Sexualität die wirklich entscheidende Frage ist. Daß man über alles spricht, wenn man darüber spricht. Später, wahrscheinlich als es mir dank der Psychoanalyse besser ging, als ich demnach weniger besessen war, habe ich erkannt, daß die Sexualität wohl ein Bereich von grundlegender Bedeutung ist, aber nicht der einzige Bereich. Es gibt eine Menge Dinge, die weniger spektakulär sind, und trotzdem wichtig: Geldfragen, zum Beispiel, und... äh... Fragen des Snobismus, ich würde sogar sagen, des sozialen Prestige, und rein berufliche Fragen.

WAS ich nicht so recht verstehe ist folgendes: Wie läßt sich diese Vorstellung von der Literatur als Risiko, als Gefährdung, mit jener anderen vereinbaren, die im Gegenteil darin besteht, das Schreiben als Akt der Befreiung anzusehen?

M. L. Beides geht Hand in Hand. Man befreit sich, ja, das heißt man findet zu einer Art sehr labilem Gleichgewicht; man balanciert gewissermaßen auf einem Drahtseil. Eigentlich würde ich nicht einmal so sehr sagen, daß man sich von den Dingen befreit hat, eher, daß man sie bewältigt hat. Man hat einen Weg gefunden, damit zu

1. Fibrilles = Fibrillen, feine Nerven- oder Muskelfasern.
Fibules = Fibeln, vor- und frühgeschichtliche dekorative Spangen und Broschen.

leben, nicht völlig davon zu Boden gedrückt oder erstickt zu werden. Aber Freiheit... Wohl nicht. Oder zumindest glaube ich es nicht mehr.

WAS schreiben Sie im Augenblick?

M. L. Ich schreibe an dem weiter – es wäre übertrieben zu sagen, »ich vollende«! – was die Fortsetzung von *Streichungen* und *Krempel* sein wird.

DIE selben Themen?

M. L. Ziemlich unterschiedlich. Ich habe eine Reise in die Volksrepublik China gemacht, von der ich begeistert war, und als ich zurückkam, wollte ich ein Buch über die Volksrepublik China schreiben. Kein richtiges Buch: Ich habe ja nur fünf Wochen dort verbracht, und da ich Ethnologe bin, schien es mir natürlich unmöglich, ein Werk über China zu schreiben, aber ich wollte irgend etwas Kleineres über die Volksrepublik China schreiben, und ich habe gemerkt, daß ich es einfach nicht konnte, ich war völlig blockiert. Und davon bin ich in *Fibrilles* ausgegangen.

VON der Reise oder von der Tatsache, daß Sie blockiert waren?

M. L. Von der Vorstellung, daß ich blockiert war. Wie kommt es schließlich, daß es die schönste Reise war, die ich je gemacht hatte, daß ich glücklich war wie ein Fisch im Wasser, daß ich mich, glaube ich, noch nie im Leben so wohl gefühlt hatte, und daß es mir, einmal zurückgekehrt, trotzdem nicht gelingt, über diese Reise zu sprechen?

EIGENTLICH gehen Sie immer von etwas Negativem aus, wenn Sie ein Werk schaffen: Ich kann nicht schreiben, ich kann nicht leben...

M. L. Ja, ich gehe immer von einer Schwierigkeit aus... Einmal um zu versuchen, sie zu erklären, und dann, um sie wenn möglich zu überwinden, sie in etwas Positives zu verwandeln... Wenn ich in Zukunft zu einem Ergebnis gelange, zu der berühmten Lebensregel, die ich am Ende dieses Buches zu definieren beabsichtige, so ist es gut möglich, daß diese Regel durch die einfache Tatsache gegeben sein wird, daß ich mein ganzes Leben damit zugebracht haben werde, mich gewissermaßen aus mir selbst herauszuschälen. Die Suche wird das Ziel gewesen sein.

OHNE daß Sie es zu Beginn kennen?

M. L. Zu Beginn habe ich die naive Vorstellung, daß ich zu einem Ergebnis kommen würde, das sich schwarz auf weiß darstellen ließe, und am Ende merke ich dann: Wenn meine Suche schließlich gerechtfertigt ist, dann nicht deshalb, weil das Ziel erreicht ist, sondern weil diese Suche stattgefunden hat.

WIE arbeiten Sie?

M. L. Ich habe eine riesige Kartei, die im übrigen ständig anwächst, und darin sind Tatsachen vermerkt, Erinnerungen, manchmal auch Aphorismen, Gedanken eben, Dinge, von denen ich das unklare Gefühl habe, daß sie für mich eine bestimmte Bedeutung haben, daß sie verwendet werden sollen, ohne daß ich im voraus so richtig weiß, wie ich sie verwenden werde, wie alles zusammenpassen wird...

UND wie gelingt es Ihnen, sie aneinanderzufügen?

M. L. Kennen Sie dieses Kartenspiel, bei dem man Pärchen bildet? Man gibt gleichartige oder zumindest gleichwertige Karten zusammen, und man legt sie zur Seite. Nun, ich merke auf einmal, daß zwischen einer Sache und einer anderen vielleicht ein gewisser Zusammenhang besteht, den es zu klären gilt.

EINEN Plan machen Sie niemals?

M. L. Das wäre mir völlig unmöglich, genauso unmöglich, wie eine erste Fassung zu schreiben und sie später zu überarbeiten. Nein, ich gehe buchstäblich Blatt für Blatt vor, immer Schritt für Schritt, und ich streiche dabei sehr viel durch. Das ist einer der Gründe für den Ausdruck »Streichungen«: Ich streiche, ich korrigiere ununterbrochen, und ich gehe erst weiter, wenn ich eine Passage fertig habe, die ich als endgültig betrachte.

DAS heißt, Sie erfinden nichts, Sie versuchen immer, möglichst nahe an der Wirklichkeit zu bleiben?

M. L. Ich erfinde absolut nichts, oder wenn es mir passiert, sage ich es.

WARUM diese Skrupel bezüglich Genauigkeit?

M. L. Ich weiß nicht, ob ich es schon gesagt habe, aber jedenfalls wird es notwendig sein, denn es hat seine Bedeutung: Ich kann nur über das schreiben, es gelingt mir nur – fast nur! ... – über das zu schreiben, was mich persönlich emotionell berührt. Deshalb bin ich überhaupt zu dieser ganzen autobiographischen Literatur gekommen. Anders kann ich es nicht. Ich habe einmal versucht, einen Roman zu schreiben, einen Roman im strengen Sinn... Ich habe nach zwanzig Seiten aufgehört... Es gibt etwas, zu dem ich völlig unfähig bin: das Erfinden von Personen. Das Erfinden von lebendigen Personen, die sich von mir unterscheiden, die einen lebensnahen Eindruck vermitteln...

WIE dem auch sei, die Personen, die Sie beschreiben: Man sieht sie förmlich leben; auch die Ereignisse: Man sieht sie vor sich ablaufen.

M. L. Das ist fast eine Regel: Wenn ich von einer Sache spreche, die drei oder vier Jahre zurückliegt, oder noch viel länger, rufe ich mir von Zeit zu Zeit das in Erinnerung, was in dem Moment geschieht, in dem ich schreibe. In *Fibrilles* zum Beispiel spreche ich ein klein wenig über den Algerien-Krieg. Genauso hatte ich in *Streichungen* und *Krempel* von dem gesprochen, was man »la drôle de guerre«[2] nennt. Ich erwähne eine Kindheitserinnerung, beispiels-

2. la drôle de guerre = der Zweite Weltkrieg vor der Invasion Frankreichs im Mai 1940

weise, und dann erinnere ich daran, daß die Deutschen in dem Augenblick, in dem ich sie erwähne, dies oder jenes tun... Ich lege großen Wert darauf, daß der Akt des Schreibens, selbst wenn er weit zurückliegende Ereignisse behandelt, immer als gegenwärtig empfunden wird.

WIE kommt es nun, daß das, was Sie schreiben, Literatur ist, und nicht nur Information oder Ethnographie? Es gibt irgendwo einen Übergang zur Kunst.

M. L. Das kommt vielleicht daher, daß die Sprache für mich nicht nur ein Werkzeug zum Festhalten von Gedanken ist, sondern ein Mittel, die Gedanken sichtbar zu machen. Und vielleicht auch daher, daß die Fakten nicht chronologisch berichtet werden (ein wenig aus Bequemlichkeit!); wenn die Fakten chronologisch geordnet sind, gibt es keinen Aufbau mehr. Ich sprach vorhin bezüglich meiner eigenen Arbeit von »Karten«, von diesem Gewirr von Themen, die, so hoffe ich es zumindest, funktionieren wie musikalische Themen. Für Kunst muß eine Überhöhung stattfinden. Darin liegt übrigens die eigentliche Schwierigkeit, meine Schwierigkeit: überhöhen, ohne zu verfälschen...

GLAUBEN Sie, daß das möglich ist?

M. L. Sobald man die Dinge auf eine bestimmte Art erzählt, sie unter einem bestimmten Blickwinkel betrachtet, besteht nicht der geringste Zweifel, daß sie ein wenig verzerrt werden. Doch ich glaube, man kann den Schaden möglichst gering halten, wenn man sich ständig bewußt macht, daß man, egal was man tut, doch immer ein wenig schwindelt, sich ein wenig prostituiert...

Was ich möchte, ist eine Erklärung meiner Person geben, die nicht nur psychologisch ist, das heißt ich möchte einerseits, daß man ein klein wenig begreift, was ich bin, und weiter, daß man mich nicht als das letzte vom letzten betrachtet, obwohl ich Dinge bekenne, derer ich mich schäme...

HABEN Sie nicht gesagt, Sie schreiben, damit man Sie liebt?

M. L. Das ist etwas, was Genet mir gesagt hatte, als ich ihn kennenlernte. Er hatte gesagt: »Ich schreibe, damit man mich liebt« – mir war das ganz wunderbar aufrichtig erschienen. Letzten Endes unernimmt jeder Schriftsteller, besonders der, der sich persönlich einsetzt, eine Art Verführung: Natürlich, er beichtet, sagt Dinge, die ihn als jämmerliche Figur erscheinen lassen könnten, doch gerade weil er ein Wahrheitsgelöbnis ablegt, fassen die Leute Zuneigung, im festen Glauben an die Wahrhaftigkeit dessen, was er gesagt hat. Ich weiß das sehr gut.

Ganz typisch für die Position des Künstlers erscheint mir die Bühnensituation: Schauspieler sein, Sänger oder Sängerin. Hier kommt es zum direkten Kontakt mit dem Publikum, zu einem Akt der Verführung.

WIE beim Stierkämpfer?

M. L. Ja. Daher eben der Gedanke der Gefahr, des »Hornes« – ich denke, man muß für dieses Unternehmen zahlen, sogar teuer bezahlen. Don Giovanni reicht am Ende dem Komtur die Hand... Man muß bis zum Äußersten gehen. Im übrigen, die sogenannten »monstres sacrés«[3] führen ein ziemlich wildes Leben, am Rande der Gesellschaft... Nun, ich glaube wie Baudelaire, daß Kunst an Prostitution grenzt.

PERSÖNLICH habe ich oft das Gefühl, daß es in jedem Schriftsteller etwas sehr weibliches gibt.

M. L. Da ist immer ... nennen wir es Koketterie... Man darf sie vor sich selbst nicht verleugnen, und ich verabscheue Schriftsteller, die sich benehmen, als ob es das nicht gäbe.

EINES hat mich in *Mannesalter* verblüfft, nämlich, daß Sie als ein Kriterium der Moral die als solche erkannte Unmöglichkeit zu leben postulieren. Denken Sie immer noch so darüber?

M. L. Als ich so dachte, war ich 20 Jahre alt. In *Mannesalter* spreche ich darüber schon in der Vergangenheit. Sehen Sie, ich bewundere so manchen Selbstmord sehr, und es scheint mir schwer möglich, nie daran gedacht zu haben... Als Kriterium der Moral glaube ich nicht mehr daran. Sagen, es sei unmöglich zu existieren und weiterleben ist Schwindel. Natürlich, jedes Leben ist ein Scheitern, aber ich glaube, man muß verschiedene Ebenen, verschiedee Grade des Scheiterns unterscheiden. Es gibt persönliche Mißerfolge, aus Ungeschicktheit, mangelnder Intelligenz, und andere, die immer mehr eins sind mit dem Scheitern der Menschheit an sich. Ich glaube, letztlich kann man vor sich selbst eine gewisse Rechtfertigung finden... Auch dann, wenn am Ende ein Mißerfolg steht. Zum Beispiel diese Suche, von der ich Ihnen erzählt habe... Eine Sache, die ich Ihnen jetzt sagen kann, da ich sie niedergeschrieben habe: Vor drei Jahren habe ich wirklich einen Selbstmordversuch gemacht. Nun, nach diesem Versuch habe ich gemerkt, daß ich mich wieder mit aller Kraft an das Leben geklammert habe, wirklich mit aller Kraft, und ich habe keinen Augenblick daran gedacht, rückfällig zu werden...

WAR es ein echter Versuch?

M. L. Es war ziemlich ernst. Ich bin drei Tage im Koma gelegen, es war knapp... Nun, von einer Sache bin ich völlig überzeugt: Man ist nicht restlos verzweifelt, wenn man weiterlebt. Vor allem dann, wenn man schreibt. Schriftsteller der Verzweiflung empfinde ich als abscheulich. Das hat mich bei Camus, im *Mythos des Sisyphos*, immer gestört. Alles ist absurd, sagt er. Gut: Wozu dann ein Buch veröf-

3. Les Monstres Sacrés = Titel eines Theaterstückes von Cocteau, etwa: die großen Schauspieler, Künstler.

fentlichen? Ich habe zu einem Zeitpunkt daran gedacht, Schluß zu machen, als es mir sehr schlecht ging, danach habe ich alles getan, mein Gleichgewicht wiederzufinden, ich habe wieder zu arbeiten begonnen, ich publiziere, etc., ich kann also nicht davon sprechen, daß es unmöglich ist zu leben, ich wäre sonst der letzte Lügner. Allerdings, zu sagen, ich fühlte mich wie ein Fisch im Wasser... Aber zumindest lebe ich, es ist mir möglich zu leben.

SPÜREN Sie in sich selbst, in Ihrem Werk einen Fortschritt?

M. L. Ich werde demnächst sechzig Jahre alt, ich habe noch zwei Bücher zu schreiben, und ich habe ausgerechnet, daß ich für jedes Buch sieben Jahre brauche... Aber was ich furchtbar gerne machen würde, was ein Erfolgsbeweis wäre, ein Erfolg dieser Serie von Büchern, die ich zur Zeit mache, der Beweis, daß ich es zu einer gewissen Selbstbeherrschung gebracht habe, was ich also wirklich gerne machen würde, das wäre einen sehr guten Roman schreiben! In dem es weder um Bekenntnisse noch um Autobiographisches geht.

Das heißt nicht, daß ich diesen »sehr guten« Roman höher einschätzen würde als die Dinge, die ich vorher gemacht habe, aber es wäre für mich ein Freiheitsbeweis, der Beweis, daß es mir gelungen ist, mich in gewisser Weise von mir selbst zu emanzipieren, daß dieses widerwärtige Wiederkäuen des gleichen Themas in der ersten Person, das mich selbst anekelt, endlich erledigt ist. Es wäre der Beweis, daß meine Schwierigkeiten endlich überwunden sind, und daß ich jetzt das mache, was ich will. Daß ich mich etwas anderem zuwenden kann.

Doch ich weiß, daß ich es nicht tun werde.

Mit Céline in Meudon. Céline empfing mich auf seiner Terrasse vor seinem Häuschen *(Foto: L'Express)*

LOUIS-FERDINAND CÉLINE

Der Mann, der mir entgegenkam, trug eine löchrige Wolljacke und eine fleckige Hose; er fixierte mich mit seinen runden Augen, wie ein Raubvogel: Es war Céline!

Louis-Ferdinand Destouches, der sich – nach dem Vornamen seiner Mutter – Céline nannte, wurde am 27. Mai 1894 in Courbevoie geboren.

Nach der Mittelschule verpflichtet er sich 1912 zum 12. Panzerregiment. 1914 wird er in Flandern verwundet. Er ist zu 75% Invalide und wird aus der Armee entlassen. 1918 beginnt er, Medizin zu studieren. Mit dreißig Jahren wird er zum Doktor der Medizin promoviert.

Im Zuge seiner Arbeit für den Völkerbund in Genf bereist er Nordamerika (1925) und Afrika (1926).

Er wird Arzt an der Poliklinik in Clichy und beginnt zu schreiben. 1932 erscheint sein erstes Buch, *Voyage au bout de la nuit*[1], mit dem er berühmt wird; er erhält dafür den Prix Theophraste Renaudot. Danach schreibt er *Mort à credit*[2]. 1936, im Jahr der Front Populaire, reist Céline in die Sowjetunion. Nach seiner Rückkehr veröffentlicht er ein antisowjetisches Pamphlet, *Mea Culpa*[3]. 1937 hält er sich in der Bretagne auf, wo er *Bagatelles pour un massacre*[4] schreibt. Er reist nach Deutschland, kehrt nach Frankreich zurück, wird – nach der Niederlage – Arzt an der Poliklinik in Sartrouville und schreibt *Les Beaux Draps*. In der pro-deutschen Zeitschrift *La Gerbe* veröffentlicht er etwa dreißig Texte.

Guignol's Band I erscheint 1944. Im Juni 1944 fliehen Céline und seine Frau aus Frankreich und bleiben bis 1945 in Sigmaringen, gemeinsam mit der Vichy-Regierung.

1945 flieht er nach Dänemark. Frankreich fordert seine Auslieferung, die jedoch von der dänischen Regierung verweigert wird; der Schriftsteller verbringt die Zeit zwischen Dezember 1945 bis November 1946 im Gefängnis. Er vollendet den zweiten Teil von *Guignol's Band* und arbeitet an *Féerie pour une autre fois*.

Er wird vom *Cour de justice de la Seine* in Abwesenheit verurteilt und ein Jahr später amnestiert. Er läßt sich in Meudon bei Paris als Arzt nieder.

1. Reise ans Ende der Nacht. Leipzig/Mährisch-Ostrau 1933. (Hamburg 1958, Reinbek 1968)
2. Tod auf Borg. Mährisch-Ostrau 1937. Semmelweis als Einzelausgabe: Wien 1980. (Tod auf Kredit. Reinbek 1963.)
3. Mea culpa, in: Mea culpa und das Leben und Wirken des Arztes Ph. I. Semmelweis. Leipzig/Mährisch-Ostrau 1937.
4. Die Judenverfolgung in Frankreich. Dresden 1938.

1954 schreibt er *Normance*, 1957 *D'un Château à l'autre*[5], 1960 *Nord*[6]. Er beendet die zweite Version von *Rigodon*[7] und stirbt einen Tag danach, am 30. Juni 1961.

Das Interview fand im Juni 1957 im Garten seines Hauses in Meudon statt.

5. Von einem Schloß zum anderen. Reinbek 1960.
6. Norden. Reinbek 1969.
7. Rigodon. Reinbek 1974.

In den fünfziger Jahren war Céline in der öffentlichen Meinung nichts anderes mehr als der verachtete Autor von *Die Judenverfolgung in Frankreich*, dieses rassistischen Pamphlets aus dem Jahre 1936, in dem er den Judenhaß verherrlicht.

Er war sich der unmöglichen Lage bewußt gewesen, in die er sich gebracht hatte, und war zur selben Zeit wie die deutschen Armeen aus Frankreich geflohen. Nach einem kurzen Aufenthalt in Sigmaringen, gemeinsam mit der Vichy-Regierung, hatte er in Dänemark Zuflucht gesucht. Er war noch einige Zeit dort geblieben, nachdem er nach mehr als einem Jahr Gefängnis mit Bewährungsaufsicht auf freien Fuß gesetzt worden war. In Frankreich hatte man ihn in Abwesenheit verurteilt und ihn im besonderen mit der nationalen Indignität und der Konfiszierung seiner Habe bestraft. Als dann Dänemark seine Auslieferung verweigerte, hatte man ihn schließlich amnestiert.

Im Juli 1951 war er in aller Stille aus dem Exil zurückgekehrt und lebte von da an zurückgezogen in seinem Haus in Meudon, mit seiner Frau, seinen Hunden, seinen Katzen und seinen Schriften. Denn die ganze Zeit über, selbst im Gefängnis, hatte er nicht aufgehört zu schreiben und sein Werk mit Verbissenheit fortgesetzt. Nach und nach begann er wieder zu publizieren.

Als ich vorschlug, ein Interview mit ihm zu machen, war *Von einem Schloß zum anderen*, worin er seine überstürzte Flucht nach Sigmaringen mit den am stärksten kompromittierten Kollaborateuren schildert, soeben erschienen. Man war über mich empört: »Diesem Dreckskerl einen Gefallen zu tun!« Dann aber setzte meine Idee sich durch.

Schließlich und endlich war es für unsere Leser vielleicht interessant zu wissen, wie ein Schriftsteller, der kollaboriert hatte, seine politischen Ansichten rechtfertigte. Man empfahl mir jedoch, ihn im Namen aller meine Verachtung spüren zu lassen...

Verachtung war nicht meine Stärke, und auf dem Weg nach Meudon dachte ich vor allem an den bewundernswerten Autor der *Reise ans Ende der Nacht*: sein Meisterwerk. Was war aus diesem Mann geworden? Was blieb von ihm?

Ich kam nicht oft aus Paris hinaus, und Meudon erschien mir fern, exotisch. Das Wetter war schön. Sobald ich durch das rostige Gartentor trat, kam ich aus dem Staunen nicht heraus. Der Garten, das Haus, die Dinge, die herumlagen, alles war schmutzig, verkommen, um nicht zu sagen armselig.

Der Mann, der mir entgegenkam, trug Gärtnerhosen, die wahrscheinlich oben mit einer Schnur zusammengehalten wurden, und eine fleckige Wolljacke mit Löchern. Seine nackten Füße steckten in Sandalen. Seine Zähne waren ungepflegt, ebenso seine Fingernägel. Er fixierte mich mit dem abwesenden Blick seiner runden Augen, wie ein Raubvogel. Es war Céline. Er forderte mich auf, auf einem der Korbstühle Platz zu nehmen, die um einen weißen Holztisch vor seinem Haus standen, in das er mich nicht eintreten ließ. Er bot mir etwas zu trinken an, um der Form genüge zu tun.

Er murmelte etwas in sich hinein, in allen möglichen Tonhöhen; es hörte sich an, wie wenn Orchestermusiker vor dem Konzert ihre Instrumente stimmen. Plötzlich, ohne daß mir Zeit geblieben wäre, eine einleitende Frage zu stellen, ging er zum Angriff über.

Céline hatte eine wunderbare Stimme. Die Stimme eines Zauberers. Nicht, daß er zu verführen, zu überzeugen versucht hätte, im Gegenteil, er beklagte sich, jammerte, stieß manchmal Flüche aus: Ihr werdet sehen, was Ihr sehen werdet, wenn die Gelbe Horde Euch überrennt. Ja, Ihr sage ich, die Jungen, ich werde zum Glück tot sein!

Er erinnerte mich an die alten Prediger im Hyde Park, die auf eiserne Stühlen kletterten, auf solche wie der, auf dem Céline jetzt saß; die auf die Passanten einschrien und die im Grunde harmlos waren...

Was Céline von ihnen unterschied, war seine wache, durchtriebene Intelligenz. Und sein Stil – skandiert, musikalisch, in Wort und Schrift gleichermaßen raffiniert – war unvergleichlich... Noch einen Unterschied gab es: Wer könnte behaupten, daß Célines mörderische Schriften ohne Folgen geblieben wären?...

Es gab zu viel Blut, zu viele Tote, und man konnte Céline nicht ohne Vorurteile betrachten, ohne daß es einem das Herz zusammenschnürte.

Man konnte sich ebensowenig der Erkenntnis verschließen, daß Céline, in genialer Weise, eine Stimme in Frankreich verkörperte: Von der *Judenverfolgung in Frankreich* waren fast fünfhunderttausend Exemplare verkauft worden. Und wieviele Franzosen waren für die Sprache der Kollaborateure mehr oder weniger empfänglich gewesen?

In Wirklichkeit wollte Céline den »Mann aus dem Volk« verkörpern. Mit seiner Kleidung – er trug lange vor Coluche Latzhosen – gab er sich als der bescheidene Franzose, der ständig ausgenutzt wird, der ständig raunzt. Der aber zu allem eine Meinung hat, besonders zum Tun und Treiben der Mächtigen, und der sich nicht scheut, diese Meinung zum Ausdruck zu bringen. Solange nicht die Gefahr besteht, daß ihm alles auf den Kopf fällt. Und wenn es ihm auf den Kopf fällt, so ist das zwangsläufig ein Irrtum, eine Ungerechtigkeit. Was hat er denn im Grunde schon angestellt? Laut gesagt, was alle leise dachten? Céline war überzeugt davon, ein Sündenbock zu sein. Er hat es mir gesagt. Wenn er auch darunter litt, so gab er sich dennoch nicht geschlagen. Er hatte seinen Stolz nicht verloren, ja nicht einmal seinen Hochmut. Um das zu beweisen, leistete er sich sogar den Luxus, noch etwas *zuzulegen*. Nur hatte er behutsam die Richtung seiner Angriffe geändert. Sein Ziel waren nicht mehr die Juden, auch nicht die Russen – sie waren zu nahe – sondern die Chinesen! Doch die Worte, die er fand, um die Vernichtung des kleinen Volkes, seine immerwährende Ausbeutung durch die »Großen«, die sich miteinander und gegen das Volk verständigen, vorauszusagen, waren dieselben geblieben.

Und gerade die Worte waren das Wichtigste. Er nahm sie aus der Alltagssprache, der Sprache des »einfachen Volkes«, aber er ging damit um wie ein großer Künstler, mit jenem kleinen Abstand, der den gewissen Funken entstehen läßt, Lachen, Erstaunen, Vergnügen hervorruft ... und eine Erneuerung des Stils bedeutet. Sein Werk richtet sich an alle: Es stellt das einfache Publikum zufrieden, das sich nicht ausgeschlossen fühlt, und es entzückt die Intellektuellen, die den Wert seiner Arbeit erkennen und dem Virtuosen applaudieren.

Während Céline sprach, beobachtete er mich aus dem Augenwinkel. Er erwartete von mir keine Zustimmung, aber er wollte wissen, ob es noch »funktionierte«, sein Trick, seine kleine Melodie... Er muß sich bestätigt gefühlt haben, denn ich war fasziniert.

Keiner seiner Sätze endete so, wie man es erwartete: Im letzten Augenblick begann er abzugleiten, machte eine scharfe Kurve und fuhr in eine andere Richtung fort, unvorhergesehen aber völlig logisch, mehr als logisch, »wahr«... Es war genau die Art, in der Leute argumentieren oder zu argumentieren glauben... Genau da geht man sich selbst in die Falle: in der Aufrichtigkeit der Unaufrichtigkeit. Céline war ein fabelhafter Imitator, ein großartiger Chansonnier, ein Varieté-Künstler, und er war all diesen Leuten durch sein Genie überlegen: Er, Céline, improvisierte!

Er improvisierte sooft und soviel man wollte die Rede des »Herrn Jedermann« in allen Lebenslagen. Schade, daß der Krieg ihm eine Falle gestellt hatte. Oder besser gesagt, schade, daß die Ereignisse sich nicht entblödet hatten, bestimmte kollektive Wünsche, die Céline unverschämterweise laut ausgesprochen hatte, in die Tat umzusetzen. Jeder hatte angesichts der vollendeten Tatsachen lautstark protestiert: Aber das habe ich doch nie gewollt! Nur er, Céline, hatte es eben *geschrieben*.

Nun ja, das Geschriebene bleibt. Céline konnte wohl versuchen zu behaupten: »Nicht ich bin es, der das denkt, ich habe es nur aufgeschrieben, ich bin der öffentliche Schreiber für einen Teil meiner Generation gewesen...« Er hatte seine Rede unterschrieben, er war der Autor.

Er hatte »ich« gesagt für jene, die das Schlimmste dachten, und offensichtlich war genau diese widerliche Rolle die Quelle seiner schöpferischen Wut. Und die war noch stärker, noch fruchtbarer – sie sollte es bis zum Schluß bleiben – seit er gestürzt worden war... Ein seltsamer Körper, von allen gehaßt, von einigen wenigen geliebt, wobei er sich, glaube ich, aus den einen ebensowenig machte wie aus den anderen. Er war vom Schreiben besessen. Nichts zählte für ihn als der »Dampfkessel« seines Schreibens und die Dinge, die ihm Nahrung geben konnten...

Irgend etwas von dieser Wahrheit muß zu Tage getreten sein, selbst in einer Epoche, die nicht zimperlich mit denen umging, die sich allzu offensichtlich im Lager geirrt hatten, denn Céline wurde niemals richtig bestraft. Man begnügte sich damit, ihn abzusondern. Ein räudiges Schaf, doch wer – so schien er zu fragen – wer hatte ihn mit der Räude angesteckt? Räudig oder nicht, Céline war brillant. Das demonstrierte er mir verbal, indem er vor mir eine Nummer abzog, in der für meine Fragen kein Platz war.

Was bedeutet es schon, jemandem Fragen zu stellen, der in Trance ist und alle Menschen sprechen läßt, die Toten, die Lebenden und die, die noch kommen werden...

Von Zeit zu Zeit wurde seine Stimme schwächer, ich dachte, sie würde verstummen. Doch dann erhob sie sich wieder, schwoll von neuem an, stieg bis zum Höhepunkt, weiblich, irritierend, nicht einzuordnen...

Ich dachte an jene großen Dichter aus den Anfängen der Welt, jene Apostel, die durch die Gegend ziehen und überall die Massen anziehen, sobald sie die Stimme erheben, und die dann, wenn sie die Anwesenden richtig gepackt haben, ihre gierigen Hände unter den Lumpen hervorholen, um drei Kreuzer zu fordern... Was auch Céline nicht verabsäumte. Die drei Kreuzer forderte er über mich von seinem Verleger, von Gallimard...

Ich hoffe, daß Claude Gallimard sie ihm gegeben hat und daß jener nicht alltägliche, offensichtlich unglückliche Mann sein Leben nicht gerade im Luxus, aus dem machte er sich nichts, aber ohne Angst um die Zukunft zu Ende leben konnte. Er vegetierte bereits genug in Bitterkeit, Zorn und Haß dahin. War dieses Gewitter echt? Oder gespielt? Wie sollte man das bei einem Literaten dieses Kalibers wissen?

Céline hielt mich lange fest, mehr als zwei Stunden; es mußte schon eine Weile her sein, seitdem er das letzte Mal mit einem Journalisten gesprochen hatte, und es bereitete ihm Vergnügen.

Mir auch. Obwohl die Kulisse armselig war. Außer einigen Kakteen keine einzige Blume im Garten, dafür Katzen, die glücklich und ungeniert nicht weit von uns saßen und zuhörten. Die meisten Tiere sind von der menschlichen Stimme bezaubert. Célines Katzen wie übrigens auch die von André Malraux, konnten sich also glücklich schätzen.

Ich habe Céline nicht wiedergesehen. Wozu auch. Ich fühlte mich weder als Trösterin noch als Erlöserin, und ich war keine Freundin seiner Denkweise. Um ehrlich zu sein, ich hätte nicht gewußt, was ich ihm hätte sagen sollen, und ihm wäre es im übrigen genauso ergangen... Seine Meinung über die Welt, die ich repräsentierte, stand fest: Im Moment waren wir noch ganz oben. Was ihn betraf, er war ganz unten, aber er wartete auf die Nachwelt. Er hatte recht: Ich war bereits ihre Vorkämpferin...

Das Interview erschien dreiseitig im *Express* und löste einen großen Wirbel aus. In Briefen beschimpfte man uns: Wir hätten Céline in seiner Nacht lassen sollen. Der große »Interpret« engstirniger Verhaltensweisen des Menschen veröffentlichte noch einige Bücher. Erst sein Tod brachte seine »kleine Melodie« zum Verstummen...

ICH bin gekommen, um mit Ihnen über *D'un château à l'autre* zu sprechen.

Louis-Ferdinand Céline. Über ein Buch reden heißt immer Impotenz...

ICH habe es gelesen.

L.-F. C. Sie haben es nicht besonders gut gelesen, weil eine Sauerei passiert ist. Ich habe das Manuskript abgeliefert, und dann – aus welchem Grund? – wurde das Manuskript zerstreut, und als ich es wiedersah, war es ganz durcheinander, sie hatten den Anfang an den Schluß gesetzt!... Ich nehme an, daß die N.R.F. es an sich gerissen hat, daß es durch verschiedene Büros gelaufen ist und man schließlich versuchte, die Kapitel wieder zusammenzustoppeln. Und dann hat man sie vermischt, und dann wußte man nicht mehr, was aus dem einen oder anderen geworden war... Also hat man dieses Meisterwerk recht und schlecht zusammengebastelt...

HABEN Sie es seither wieder gelesen?

L.-F. C. Und ob! Es sind Fehler drin. Es wird immer welche geben, weil es sehr schwierig ist, keine zu machen, nachdem es voller Kniffe steckt, stilistischer Kniffe. Es gibt Wörter an der Stelle von anderen. Die Drucker und Setzer nehmen den Anfang eines Satzes und machen ihn fertig, als ob sie selber schreiben würden; so geht das nicht. Es ist ein kleiner Dreh dabei. Das richtige Wort steht nie an seinem Platz. Sie setzen das richtige Wort, das normale, das logische, das Wort, das Paul Bourget gebraucht hätte. Paul Bourget... Er ist es, der die französische Literatur beherrscht! Das Wort, auf das man wartet. Was will Ihr Leser? Daß ich Dinge sage, die ihm nicht gegen den Strich gehen.

MÖCHTEN Sie zunächst sagen, wie sie schreiben?

L.-F. C. Ich bin ein Stilist, wenn ich so sagen darf, ein Fanatiker des Stils, das heißt, es macht mir Spaß, mich mit Kleinigkeiten abzugeben. Man verlangt ungeheuer viel vom Menschen, dabei vermag er gar nicht viel. Die große Illusion der modernen Welt besteht darin, vom Menschen immer zu erwarten, daß er ein Lavoisier oder Pasteur sei, daß er alles mit einem Schlag umstürze. Er kann nicht! Wenn einer eine winzige Neuheit findet, so ist das schon viel, so ist er schon müde! Es reicht fürs Leben! Man redet von »Botschaften«. Ich habe keine Botschaften an die Welt. Die Enzyklopädie ist gewaltig, sie steckt voller Botschaften. Es gibt nichts Banaleres, es sind kilometer- und tonnenweise davon drin, dazu Philosophien, Weltanschauungen!...

WÜRDEN Sie also sagen, Sie brächten vor allem...

L.-F. C. Oh! Eine winzige Kleinigkeit!...

WIE sehen Sie das, was Sie erfunden haben?

L.-F. C. Eine gewisse Musik, ein gewisses Etwas, das ich in den Stil gebracht habe, und basta. Basta. Die Geschichte, mein Gott, die ist ganz nebensächlich. Der Stil ist das Interessante. Die Maler haben sich vom Modell befreit, einem Krug oder einem Topf oder einem Apfel oder was auch immer, die Art der Wiedergabe zählt. Das Leben hat mich in heikle Umstände und Situationen gebracht. Also habe ich versucht, sie so amüsant wie möglich wiederzugeben, ich mußte zum Memoirenschreiber werden, um den Leser möglichst nicht zu langweilen. Und das in einem Ton, den ich für anders hielt als den der anderen, weil ich es einfach nicht ganz so wie die anderen machen kann... Ich schreibe nicht auf Chinesisch. Aber ich bin ein klein wenig anders... Während all die anderen, die sich für ganz anders halten, es überhaupt nicht sind. Die Enzyklopädie ist voll von ihnen, von diesen anderen!... Ich habe mein Lexikon, es ist riesig, und alle sind drin. Ich kann sie drin finden...

SIE sagen, daß Sie vor allem einen Stil erfunden hätten. Gibt es nicht auch Leser, die Ihr Buch wegen der Geschichte kaufen?

L.-F. C. Das sind die Krämerinnen. Wenn man die nicht erreicht, erreicht man auch keine hohen Auflagen. Die Krämerin kauft Monsieur Daninos, kauft Madame Delly. All das ist Wirklichkeit, es ist

Geschichte, eine gute Geschichte! Kurz, es ist ein Krimi, es ist Klatsch wie in Ihrem Blatt, gut gemacht, ein bißchen aufgeputscht. Das ist es, was das Publikum interessiert... Das Publikum interessiert sich für Autos, Alkohol, Urlaub. Wir sind Weltmeister im Alkoholismus, wir vertrinken 12 Milliarden Alkohol im Jahr. Nirgends gibt es einen höheren Konsum. In diesem Bereich halten wir die Stellung. Und dann das Auto!... Jeder Franzose wird bald seinen eigenen Wagen haben. Und das Kino tut das übrige. Man lernt das Leben im Kino. Und auch Ihre Zeitungen geben Maßregeln für das Leben. Heutzutage liest man nicht Balzac, um zu erfahren, was ein Landarzt oder Geizhals ist. Das findet man in Ihren Zeitungen, in den Wochenblättern. Die jungen Mädchen lernen in Wochenblättern und im Kino, was das Leben ist! Also was soll dann ein Buch?... Früher lernte man das Leben in den Büchern. Deshalb verbot man den Mädchen das Romanelesen. Die Ehemänner überwachten die Lektüre ihrer Frauen... Aber jetzt gibt es genug spannende Geschichten in den Zeitungen: über die Sonderkrankenabteilung der Polizeiwache, über das Irrenhaus!... Jedes beliebige, gut gemachte Blatt enthält tausend davon! All das ist völlig uninteressant für die Literatur, nur das Thema zählt, die Geschichte...

ALS die Leser *Voyage au bout de la nuit* kauften, haben sie doch nicht einen neuen Stil gekauft, sondern eine Geschichte.

L.-F. C. Überhaupt nicht! Sie haben einen Skandal gekauft. Der Skandal war das Werk von Daudet. Ich habe von einem Augenblick profitiert, in dem die Kritiker von Gewicht noch nicht tot waren. Heute gibt es keine Stimmen mehr wie die Daudets, Descaves', sogar Ajalberts. Also nützte ich den damaligen Zeitpunkt... Daudet hatte ein Gespür für mich. Daudet verstand sein Handwerk. Heute versteht niemand mehr etwas davon. Daudet hatte etwas gespürt, ein gewisses Etwas, so wie er Proust gespürt hatte. Daher sagte er: »Da steckt etwas dahinter!...« Er hat darüber gesprochen. Heutzutage gibt es so viele Leute mit höherer Bildung, wer immer sein Abgangszeugnis oder seinen Magister hat, kann schon einen Roman schreiben. Ein Brief an die kleine Base im großen! Es wimmelt davon... Ich kenne nicht einen einzigen Notar, keinen Arzt, der nicht einen Roman in der Schublade hätte!...

DAS beweist vielleicht, daß Schreiben ein Bedürfnis ist.

L.-F. C. Schon, unter dem Diktat der Waschmaschine. Die Frau sagt sich: »Für eine Waschmaschine, etwas Ordentliches, muß man 2000 Francs rechnen...« Sie denkt darüber nach, und als Frau würde sie nicht laut sagen, daß sie darüber nachdenkt. Der junge Mann kann schreiben, er hat schon hie und da einen Artikel verfaßt... Sie denkt an ihre Waschmaschine. Eines Tages schaut sie die Schaufenster an und sagt: »Sieh mal an, die Sagan hat ihr Buch herausgebracht, jeder spricht davon. Es kostet 5 Francs. Wieviel bekommt sie pro Buch? 20%. Ah, ein Franc pro Buch?« Sie denkt immer noch an die berühmte Waschmaschine!... Und sie sagt zu ihm: »Hör mal, könntest du nicht auch?...« – »Oh nein!, ich doch nicht.« – »Oh doch!, du könntest sehr wohl einen Roman schreiben wie sie. Ich habe ihn gelesen, da ist nichts dabei.« Also los! Ein Roman mehr, geschafft! Er geht zu Gallimard... Gallimard bekommt jedes Jahr vierhundert davon, kistenweise. Er schmeißt sie in die Seine! Kein Mensch liest sie! Sie sind nicht besser und nicht schlechter als die von anderen, aber sie werden nicht herausgebracht... Es geht wie in der Lotterie!

SEHEN Sie unter den heutigen Schriftstellern jemanden, der das »gewisse Etwas« hätte, wie Sie?

L.-F. C. Ich kann Ihnen das nicht sagen, denn wenn man selbst schreibt, wird man sehr voreingenommen. Man hat seine Mechanismen, man ist grundsätzlich ein schlechter Kritiker. Eigentlich ist alles Scheiße, was nicht so schreibt, wie man selbst. Es ist grotesk. Und mir ist das durchaus klar... Jeder, der nicht so schreibt wie Sie, ärgert einen. Wenn nicht, so ist man nicht aus der Zunft.

GIBT es Ihrer Meinung nach niemanden, der so schreibt wie Sie?

L.-F. C. Doch, es gibt Leute, die in dieselbe Richtung herumprobiert haben, die für dieselben Dinge empfänglich waren... Es braucht eher ein gewisses Raffinement als Brutalität, ein unendliches Raffinement und eine schreckliche Hartnäckigkeit. Es ist wie bei einem Histologen, der sich nur um Farbstoffe kümmert. Das gibt es. Das ist histologisches Raffinement. Sie sagen: »Ob es um eine Leberzelle geht oder um ein Neuron, ist mir gleich. Was mich interessiert, sind die Farbstoffe.« Da war Paul Morand in seinen Anfängen, da war Barbusse in LE FEU, die so etwas versucht haben. Es gab Ramuz in der Schweiz. Das sind Leute, die sich für solche Probleme interessierten. Die anderen, mein Gott, vielleicht gibt es welche, die phantastische Sachen beschreiben, was weiß ich... Diese Dinge interessieren mich nicht. Ich interessiere mich nur für die Farbstoffe. Welche Frau kann heute schon gehäkelte von geklöppelten Spitzen unterscheiden? Wer kennt noch den Unterschied zwischen Alençoner und Valenciennes-Spitzen? Kein Mensch. Wer kann Altenglisch? Kein Mensch. Ich weiß, ich wurde so erzogen. Wer kennt in der Anatomie noch genau ein Knie, einen Knöchel? Das Sezieren? Kein Mensch. Wissen Sie, man muß raffiniert sein.

Aber diese Dinge interessieren Ihre Leser nicht. Nein, der Leser will sein Gemüse gar gekocht essen, schön angerichtet, die fertige Schüssel, seinen gewohnten Eintopf!...

FÜR wen schreiben Sie?

L.-F. C. Ich schreibe nicht für jemanden. Das ist das Letzte, wenn man sich dazu entwürdigt! Man schreibt für die Sacheselbst.

ABER Sie wenden sich doch an die Leute. Sie sprechen sie an, Sie befragen sie, Sie entschuldigen sich, wenn Sie sie vergessen...

L.-F. C. Das ist ein Kniff. In Wirklichkeit verachte ich sie. Was sie denken oder nicht denken!... Wenn Sie sich darum kümmern, was sie denken, haben Sie es mit Lesern zu tun, mit dem Leser, das sagt schon alles!... Nein, kein Bedarf, er liest, um so besser, wenn es ihm nicht gefällt, was soll's?

HABEN Sie immer so geschrieben, ohne an den Leser zu denken?

L.-F. C. Immer.

SELBST zur Zeit von *Voyage au bout de la nuit*?

L.-F. C. Immer. Ich habe geschrieben, um eine Wohnung zu kaufen... Ganz einfach: ich bin in einer Zeit geboren, wo man Angst vor dem Mietzahltag hatte. Jetzt hat man keine Angst mehr davor. Ich habe mir gesagt: der Populismus ist Mode. Dabit, all diese Leute produzieren Bücher. Und ich sagte: das kann ich auch! Das bringt mir eine Wohnung ein und ich habe keine Scherereien mit der Miete mehr!... Ansonsten hätte ich nie damit angefangen. Heute, wenn man mir jetzt eine Rente aussetzte, würde ich nichts mehr unternehmen. Ich würde auf diesen ganzen Salat verzichten und mich ausruhen... Alle reden vom Ruhestand mit fünfundvierzig. Ich bin dreiundsechzig!...

ES gibt keine Rente für Schriftsteller!

L.-F. C. Aber für die Ärzte schon, mit fünfundsechzig. Ich habe fünfunddreißig Jahre lang praktiziert.

GLAUBEN Sie, daß Sie mit dem Schreiben aufhören könnten?

L.-F. C. Und ob! Ich habe eine Kugel im Kopf und mein Arm ist in Stücken. Ich bin Invalide zu 75%. Also das reicht. Ich habe zwei Kriege mitgemacht. Ich bin Kriegsfreiwilliger des Jahrgangs '94.

ABER die Literatur, wenn man Sie reden hört...

L.-F. C. Oh nein, ich mag nicht davon reden! Ich rede darüber, weil ich gern einen Vorschuß von Gallimard hätte... Ich rede darüber, weil es ein Geschäft ist, weil ich dieses entsetzliche Haus bezahlen muß, das entsetzlich teuer ist, das ich selbst saubermache mit dem Staubsauger, wo ich die Fenster putze, das Essen mache und den ganzen Kram... Und wissen Sie, ich bin nicht einmal stolz darauf. Also das, die kleinen Geschichten, sogar der stilistische oder rhetorische Fanatismus faszinieren mich nicht so sehr, daß ich nicht darauf verzichten würde. Wenn mir Ihre Zeitung eine lebenslängliche Leibrente von 1000 Francs monatlich aussetzt, verzichte ich auf alles, ja, ich verbiete, daß man mich druckt, mit Vergnügen, mit Freuden!...

AM Anfang von *D'un château à l'autre* schreiben Sie, daß Sie *Voyage* bedauern, daß das der Beginn, der Ursprung all Ihrer Unannehmlichkeiten gewesen sei.

L.-F. C. Der ganzen Scherereien, ja, als das Buch herauskam, saß ich in der Scheiße. Céline ist der Name meiner Mutter. Ich glaubte, daß es niemand merken würde. Ich wollte das Geld für die Wohnung verdienen, mich aus dem Geschäft zurückziehen und mit der Medizin weitermachen. Aber ich wurde von einer Zeitung namens *Cyrano* entdeckt, die mich gesucht und gefunden hat. Von da an wurde das Leben unmöglich, ich meine das medizinische Leben. Wer schreibt, ist kein seriöser Arzt. Außerdem hatte ich Scherereien, weil Clichy damals nicht kommunistisch war. Nun arbeitete ich aber für die Gemeindeverwaltung, die dagegen kommunistisch war. Ich machte Nachtvisiten; 25 Jahre lang war ich Nachtarzt, das heißt der Krankenwagen holte mich ab, ich ging zu den Ermordeten, den Toten, den Diphteriekranken usw. Ich war als Mitglied der Gemeindeverwaltung abgestempelt. Dabei habe ich nie im Leben gewählt, naja... Also sagten die anderen Ärzte, die reaktionär waren: »Dieses Schwein, er hat mit der kommunistischen Gemeindeverwaltung zusammengearbeitet, zum Kotzen!« Es gibt immer Kampf. Damals war es die Reaktion gegen die Gemeindeverwaltung, jetzt ist es die Gemeindeverwaltung gegen die Reaktion!... Morgen wird es was weiß ich sein! Das hat mir das Leben unmöglich gemacht!... Und dann ist die Zeit vergangen. Man hat mich auch beschuldigt, Antimilitarist zu sein! Was man nicht alles sagt ... man redet so daher!...

IN Ihrem Buch scheinen Sie *Voyage* zu bedauern, nicht nur wegen der Unannehmlichkeiten, die es Ihnen eingebracht hat, sondern auch, weil Ihnen die Leute immer ihre Bewunderung für *Voyage* an den Kopf werfen, wie Sie sagen.

L.-F. C. Ja, das kotzt mich auch an!... In *Voyage* bringe ich der Literatur noch gewisse Opfer, der »gehobenen Literatur«. Man findet noch schön gebaute Sätze... Meiner Meinung nach ist das vom technischen Standpunkt aus veraltet.

FINDEN Sie, daß Sie jetzt weiter gehen?

L.-F. C. Ja. Vom Standpunkt der technischen und stilistischen Befreiung aus bin ich radikaler, überhaupt nicht in Klischees befangen, nicht wahr? Nicht wie Monsieur Billy!...

SIE sagen, daß Sie das Thema Ihrer Bücher überhaupt nicht interessiere, und doch wählen Sie den Ersten, dann den Zweiten Weltkrieg?

L.-F. C. Überhaupt nicht! Ich weiß nicht, ob Froissart (ich nehme gewaltige Namen, nicht um mich wichtug zu machen, sondern weil sie mir gerade einfallen), Joinville oder Commines sich absichtlich in die Ereignisse verwickeln ließen, die sie beschreiben... Die historischen Umstände waren schuld, daß sie dabei waren. Auch ich war in eine Geschichte verwickelt... Ich legte überhaupt keinen Wert darauf, nach Sigmaringen zu gehen! Nur, in Paris wollte man mir die Augen ausreißen. Man wollte mich umbringen! Ich wurde in einen Strudel hineingerissen. In Sigmaringen war ich im Gefängnis, in Einzelhaft usw. Ich wurde in Abenteuer verwickelt... Wie die Journalisten. Wir sind alle Journalisten. Ohne zu wissen, was wir erleben... Der Typ in Algier, dem auf der Place Pétain eine Bombe auf die Schnauze fällt, merkt gezwungenermaßen, daß etwas passiert, er schreibt an seine Zeitung!... Ich fand mich in die Kreise um Pétain verwickelt, ich traf also gezwungenermaßen mit ihm zusammen. Nachher schreibt man es, das ist bequemer. Es gibt Leute, die sich den Kopf zerbrechen: »Ich würde so gern eine Geschichte erzählen«... Wenn Sie sich in einen so außergewöhnlichen Fall wie den meinen versetzen, gehetzt zu werden, und zwar bitterernst, nicht verfolgt von den »Leidenschaften«, sondern gehetzt, um gepfählt und zerissen oder von Ihren Brüdern als Vorbestrafter verurteilt zu werden, dann haben Sie natürlich eine fertige Geschichte, dann brauchen Sie sich nicht mehr anzustrengen! Das übrige ist nur noch eine Frage des Stils. Nur noch eine Frage der Anordnung, der Architektur...

SIE sagen, daß Ihre Unannehmlichkeiten mehr oder weniger mit *Voyage au bout de la nuit* begonnen hätten, war es nicht eher mit *Bagatelles pour un massacre*?

L.-F. C. Das ist vielleicht das einzige Buch, das ich für die Franzosen geschrieben habe, in dem ich aus meiner persönlichen Zurückhaltung herausgegangen bin. Ich sagte mir – aber das wird Ihre Redaktion nicht durchgehen lassen, sie lassen es nie durchgehen – ich sagte mir: Frankreich, wir stecken in der Scheiße, das ist offensichtlich, also soll der kleine Poilu schön ruhig bleiben, sollen sich die anderen mit den Russen herumschlagen – wenn man das gemacht hätte, hätte sich Algerien nicht gerührt. Wir hätten es heute noch! Wenn er stillgehalten hätte, hätten wir unser Ansehen gewahrt. Wir wären die großen Sieger, wir wären die großen Franzosen geblieben. Wir hätten Europa geschaffen. Ja, ich glaube, daß man Europa schaffen müsse! Und das versuchen sie ja jetzt auch! Zu spät!... Die Geschichte serviert nichts zweimal. Jetzt kann man Europa nicht schaffen. Als es die deutsche Armee gab, konnte man es. Mit der deutschen Armee, der letzten deutschen Armee. Man hat sie kaputt gemacht! Unser großer Sieg war, die deutsche Armee kaputtzumachen! Jetzt ist's aus, es gibt keine mehr. Man will aber Europa schaffen. Womit denn? Es gibt keine mehr. Nun gut! Mir war das klar. Es schien mir gut ausgedacht... Was Hitler angeht, den habe ich nie gemocht. Ich habe ihm in *Bagatelles* die Meinung gesagt. Er war ein Arschloch wie die anderen, aber er glaubte daran. Wie Doriot, wie

Mollet, wie Nasser, wie all diese Leute war er ein Politiker. Gut. Der »Homo politicus« ist ein Sonderfall, ein wohlbekannter. »Ich vertrete Europa!« Sicherlich, aber er wäre umgebracht worden. Man hätte ihn sicher umgebracht, wenn er seine Rolle gespielt haben würde, und dann wäre ein anderer gekommen. Dabei unternahm er etwas Konstruktives, er schuf Europa, und ein franko-deutsches Europa. Gut. Außerdem möchte ich Sie freundlichst darauf hinweisen, daß Deutschland das letzte Land war, bei dem wir noch in Ansehen standen. Jetzt werden wir als Huren und Zuhälter behandelt... Unser Ansehen ist unter jedem Strich! Und wir haben da auch nichts zu erhoffen. Doch in Deutschland schätzte man uns noch. Seit Poincaré schätzte man uns sehr hoch. Es war toll. Sogar der traurige Daladier genoß Ansehen... Wie ein Deutscher sagte, der »fabelhafte Historizismus«. Richelieu hatte sie geblendet. Sie waren geblufft... Das letzte Volk, das wir bluffen können, machen wir kaputt! Die Engländer werden uns sicher nicht respektieren, auch nicht die Amerikaner oder sonst wer! Hinterher nimmt man die Bettelschale: »Einen kleinen Dollar, ein kleines Ichweißnichtwas...«

Europa, das war schon meine persönliche Rechnung, und ich sagte mir: »Ich werde es aussprechen, und das wird großen Eindruck machen.« Was habe ich nicht angerichtet!... Ich bin in eine grauenhafte Geschichte hineingeraten! die mir leid tut, und wie leid! Wenn ich gewußt hätte... Bedenken Sie, daß ich beinahe nach La Rochelle abgehauen wäre, mit einem Krankenwagen von Sartrouville... Sie wollten ihn mir klauen, die Armee wollte ihn mir abnehmen. Nun gut! Ich habe mich gewehrt, ich wollte ihn nach Sartrouville zurückbringen, ansonsten wäre ich nach La Rochelle gegangen, man konnte von dort nach London... Vor allem war ich schön dumm, denn ich spreche Englisch wie Französisch. Das ist ziemlich komisch... Ich habe eine Sprachbegabung wie ein Hotelportier oder wie die Russen!... Ich hatte alles, um interessant zu erscheinen, wenn ich diese Speicheltriefer sehe, die Englisch reden wie die Nußknacker!... Ich hatte das Talent. Ich habe einer Opfermanie nachgegeben!... Das ist Masochismus! Ich bin ein Opfer des Masochismus... Wenn ich ruhig geblieben wäre, hätte ich eine glorreiche Karriere gemacht, aber so! Ich bin zur Zielscheibe des Hasses geworden, zum Rassisten. »Ah, der! Der ist ein Judenfeind!« Ein Witz.

ABER Sie haben doch darüber ganz eindeutige Dinge geschrieben.

L.-F. C. Ich habe Dinge über Juden geschrieben. Ich habe gesagt, daß sie einen Krieg anzetteln, daß sie sich an Hitler rächen wollten. Gut. Das ging uns nichts an (die Redaktion wird das auch nicht drucken)! Das war eine Angelegenheit, die sie unter sich ausmachen mußten. Sie haben die französische Armee in die Pfanne gehauen, als sie '39 diesen gewaltigen Schiß bekam... Man schickt keine siegreiche Armee in den Krieg! Man weiß, daß sie geschlagen wird... Schicken Sie die Russen im jetzigen Moment in den Krieg, sie werden geschlagen, klar!... Eine siegreiche Armee wird immer geschlagen, wenn sie neuerlich antritt. Trotzdem hat man sie wieder in den Krieg geschickt, sie hat schändlich mobilgemacht, sie ist abgehauen, mit einem Riesenschiß, von Breda in Holland bis Bayonne. Sie hat die Hosen runtergelassen! Und all das mußte man dann als Sieg hochjubeln, sie kennen ja die ganze Geschichte (die Zeitung wird das auch nicht bringen), und im Grunde hatte ich Recht. Ich habe völlig recht! Vor kurzem kam ein Typ daher, der sagte, ich hätte Komplexe... Nein! Alle anderen haben Komplexe für mich. Wenn ich einen Komplex habe, dann weil ich mir gegenüber saublöd war! Armer Irrer, daß ich mich in so eine Angelegenheit gestürzt habe, wo ich es doch genauso machen konnte wie viele andere!... Auf der einen oder anderen Seite... Wie mir Marion sagte: »Wenn Sie die linke Spur genommen hätten, hätten Sie ein ganzes Stockwerk im ›Excelsior‹.« Er erwähnte Barbusse: als er nach Moskau kam, sagte man ihm, wer im Stockwerk darüber, im Stockwerk darunter sei... Und ich, verdammt nochmal, in Sigmaringen, ich war im Scheißhaus, in der Scheiße bis zum Hals, es war entsetzlich... Ich habe gelitten wie sonst niemand, und ich leide noch immer... Ich werde in Schande, Schmach und Armut verrecken und all das aus Dummheit... Mein Komplex ist, daß ich saublöd war!... Für das übrige sollen die anderen Komplexe haben.

WELCHE anderen?

L.-F. C. All die, die mich mit Schmutz bewerfen, ganz einfach, all die, die mir den Nobel nicht geben, all die, die mir keine Rente aussetzen, all die, die mich nicht mit drei Zweispitzen in die Akademie aufnehmen, all die, die über mich herziehen, mich anspeien, all die haben Komplexe, verdammt nochmal, als Arschlöcher, als Verbrecher... Zwei Komplexe: als Arschlöcher, weil sie nichts verstanden haben, und als Verbrecher, weil das Opfer ich bin. Nicht ich muß die Komplexe haben, sondern sie! Die Fehler liegen bei den anderen! Wir hatten einen Mythos, den Mythos von '18: »Das siegreiche Frankreich, Foch, Pétain usw.« Der Mythos wurde umgestoßen; finden wir also einen neuen Mythos, den Sieger de Gaulle usw. Helden überall, die Résistance und der ganze Klimbim. Das ist der neue Mythos, der Mythos, von dem der Franzose lebt!...

WAS sollte er Ihrer Meinung nach tun, der Franzose?

L.-F. C. Gar nichts! Wir können nichts tun... Wir sind 40 Millionen gegen 3 Milliarden. Das ist, wie wenn das Departement Deux-Sèvres dem Departement Bouches-du-Rhône den Krieg erklärte! Was bedeutet das schon? Wenn das Unheil kommt, in atomarer

Form, braucht es keine Rechtfertigungen, überhaupt nichts... Das wird sich von selbst erledigen...

UND Sie behaupten, Sie seien Pazifist, Antimilitarist?

L.-F. C. Ich war zutiefst gegen den Krieg und habe ihn mitgemacht. Ich war ein Held wie Darnand, wie tausend andere. Frankreich vor '14 und nach '14, das ist ein Unterschied. Vor '14 waren es Schlafwandler, hinterher Analytiker.

Also verfällt man in die Serie Sartre, Camus... Sie meinen, es sei besser, zu »denken«! '14 dagegen gab es eine Pflicht, und man tat sie. Dinge, die Sie nicht gekannt haben, Sie sind zu jung. Es gab die Sittsamkeit. Die Frauen waren sittsam, die Männer tapfer und fleißig. Ansonsten waren sie Ungeheuer. Es gab die Hure, es gab das Bordell, heute hat man es abgeschafft... Ich habe, denn ich bin viel gereist, südamerikanische Ärztedelegationen durch die Welt begleitet, die sehr intelligent waren und mir sagten: »Die europäische Zivilisation hält sich auf einem Dreifuß: ein Fuß ist die Kneipe, der andere die Kirche, der dritte das Bordell.« Ein Dreifuß, das hält natürlich! Man hat das Bordell abgeschafft, jetzt fällt alles zusammen! Warum sollten sich die Fremden in Frankreich aufhalten? Es gibt ja keine Bordelle! Damit gibt es keinen Respekt mehr vor unseren Frauen und Töchtern... Ich habe eine fünfundzwanzigjährige Tochter, ich habe fünf Enkel, ich bin ein alter Mann... Ich war verheiratet, sehr reich übrigens, komischerweise. Man respektiert niemanden mehr... Früher, vor '14, sagte man: der Mensch ist von Natur aus schweinisch, er hat alle möglichen schweinischen Phantasien; er wird sie los, es gibt Häuser dafür; er respektiert seine Frau und seine Töchter, und die anderen respektieren sie auch... Heute gibt es nichts mehr zu respektieren. Lauter Stoff zum Nachdenken. Das ist nichts für den Druck.

ES wird aber gedruckt werden.

L.-F. C. Man kann das nicht drucken, weil es den Leser aufbringt. Der Leser will, daß man ihn am Gängelband führt.

WAS erwarten Sie von Ihrem letzten Buch?

L.-F. C. Ich erwarte einen Vorschuß von Gallimard, das ist alles, aber auch alles!... Daß ich damit ruhig, mühsam bis zu meiner Rente als Arzt komme, die 2000 Francs pro Jahr beträgt, dann werde ich aufhören und in ein Nest auf dem Land ziehen, dort werde ich enden. Ich werde nichts mehr schreiben!

Aber ich muß noch zwei Jahre arbeiten, bis 65...

WERDEN Sie noch ein Buch schreiben?

L.-F. C. Ja, ich werde ein Buch schreiben. Für Gallimard, wahrscheinlich. Dieser Dreckskerl will mich nicht loslassen. Ich habe ihn schon oft angeschrien, ich habe ihm schon alle erdenklichen Schimpfnamen an den Kopf geworfen... Für sein Verlagsprogramm müßte man ihn täglich erschießen... Man kann ihn auf unbestimmte Zeit einlochen... Das, das macht mir nichts aus! Ein Verleger ist zu ihm gekommen und hat gesagt: »Ich übernehme Céline von Ihnen, ich zahle Ihnen alle seine Schulden, ich übernehme alle seine Bücher, Sie werden mit diesem elenden Kerl nichts mehr zu tun haben.« Er hat nicht gewollt!...

Er hat nicht viele Schriftsteller im Verlag. Er bekommt massenhaft gekochtes Gemüse, säuberlich getippt, Fleißaufgaben von Schreiberlingen...

Ich möchte Sie auch noch auf eines hinweisen, nämlich daß Hitler mich verabscheute, er hat mich ausgeschaltet... Ich wurde im *Berliner Tagblatt* veröffentlicht, eine jüdische Zeitung, und Hitler hat sie verboten... Er hat nie etwas davon wissen wollen! Außerdem habe ich nie in den *Cahiers franco-allemands* geschrieben, im Gegensatz zu vielen anderen. Ich habe nie einen Sou bekommen! Hitler, wenn er weitergelebt hätte, hätte mich sicher erschossen. Leute, die sich nicht anpassen... Aber er hatte Pech, es hat ihn vor mir erwischt.

JA.

L.-F. C. Man hätte ihn schon gern früher umgebracht! Das wäre übrigens besser gewesen, denn alles wäre schneller erledigt worden, wie man den Frieden auch besser '15 statt '18 geschlossen hätte!

Ich habe die Armee von '14 gekannt, ich stand der deutschen Armee von '14 gegenüber, ich kenne sie. Ich bin nicht wie Malraux hinter der Division »Das Reich« hergerannt, als sie abhaute!... Ich war vor den Deutschen, um sie aufzuhalten. Da mußte man schon Mumm in den Knochen haben, das war kein Kinderspielchen. Es waren Leute, die Krieg führten... Also dachte man an nichts anderes, als vorwärtszukommen. Während die anderen!...

SIE sagen, daß Sie den Krieg nicht mögen. Und dann scheinen Sie zu finden, daß es schön war?

L.-F. C. Es gab eine Ordnung. Es gibt keine Ordnung mehr. Tapferkeit für die Männer und Sittsamkeit für die Frauen. Sie hatten eine Ordnung. Wer einen Gefangenen folterte, wurde sofort erschossen. Mißhandlungen eines Gefangenen, und man stellte einen an die Wand. Damit war der Fall erledigt... Sadismus gab es nicht in der Armee. Überhaupt nicht. Den Gefangenen schenkte man Zigaretten, man teilte den Kommißfraß und fertig. Man milderte ein grausames Spiel.

KÖNNEN Sie sich nicht vorstellen, daß man etwas besseres finden könnte als die Ordnung des Krieges?

L.-F. C. Es ist aus! Nie...

SIE scheinen anzunehmen, daß all das in einer Art atomarer Explosion enden wird?

L.-F. C. Das ist nicht nötig! Die Chinesen brauchen nur das

Gewehr zu schultern und vorwärtszumarschieren. Sie haben die hydra viva für sich, die Geburtenrate. Ihr werdet verschwinden, Ihr, die weiße Rasse... In der gelben Welt verschwinden alle, anthropologisch gesehen. So ist es! Der Gelbe ist der Weißdorn der Rasse. All das sind wildwachsende Fluoreszenzen. Aber der Grund ist gelb. Weiß ist keine Farbe, es ist eine Schminke! Die wahre Farbe ist gelb... Der Gelbe hat alle Voraussetzungen, um König der Erde zu werden...

DAS wird noch lange dauern.

L.-F. C. Das kann schnell gehen... Das Rennen von '39 hat zwanzig bis dreißig Tage gedauert. Es war schnell erledigt! Sie werden sich sehr schnell in Spanien wiederfinden. Oh! Das kann sehr schnell erledigt werden.

MAN hat den Eindruck, daß Sie Ihre Wünsche für Wirklichkeit halten.

L.-F. C. Nein, nein... Das stört Sie, Sie, weil Sie in bequemen intellektuellen Bahnen denken... Mich dagegen, mich stört das nicht, ich habe mein Leben gelebt. Ich kann in fünf Minuten verrekken! Das ist mir egal! Aber Sie haben das Ihre nicht gelebt... Sie träumen den Traum der Leute mit rosigen Zukunftsaussichten... Nur gibt es keine rosigen Zukunftsaussichten für die weiße Rasse. Sie hat zu viele Schweinereien mit der Welt gemacht, jetzt macht es die Welt umgekehrt! Sie wird von der Hygiene beherrscht. Früher endeten die Kriege immer mit Krankheiten; sie enden nicht mehr mit Krankheiten, sondern mit Krieg.

ES gibt die atomare Krankheit.

L.-F. C. Ja, aber sie macht, daß die Leute abhauen! Die Angst genügt, damit sie abhauen!

WENN die Atomwolken sie erfassen...

L.-F. C. Die Wolken werden nicht erfassen, denn Frau Molotow und Frau Chruschtschow werden mit ihren Männern reden und ihnen im Bett sagen: »Also, du spinnst wohl, glaubst du vielleicht, daß die Amerikaner keine haben, sie haben eine, was machst du aus unserer Zukunft... denk doch an die Kleine!« Die Angst wird ausreichen, um die Leute zum Vergleich zu zwingen. Paris wird in drei Zonen geteilt werden, amerikanische Zone, russische Zone, französische Zone: Montmartre!...

Die Franzosen, die schon immer Lakaien waren, werden den Staubwedel und die Pinkelbude für jeden machen, der daherkommt!...

SIE sehen die Franzosen schwarz.

L.-F. C. Oh nein! sie können nichts dafür! Es ist die Hygiene. Bedenken Sie, was Napoleon sagte: »China ist ein schlafender Riese; wenn er den kleinen Finger bewegt, wird die Welt davon erzittern.«

Und jetzt hebt er tatsächlich den kleinen Finger... Er braucht sich nur zu bewegen! Seine ausgehungerten Massen werden sich auf Europa stürzen... Es gibt kein Land wie dieses. In den anderen Ländern läßt es sich nicht leben. Ich bin in anderen Ländern gewesen. Rußland! Man krepiert vor Kälte. Die haben nichts! Man richtet diese armseligen Kolchosen ein, sie können nichts produzieren, es ist zu kalt! Afrika produziert nichts ... es ist zu heiß! Ein so gutes Klima wie hier, das gibt es nirgends... Sie brauchen nur eine Division Chinesen nach Cognac zu bringen, man wird sie alle acht Tage ablösen müssen!

DER Mensch ist vielleicht nichts, aber die Ideen existieren. Beweis dafür ist, daß wir nicht hier wären ohne die Ideen, und nicht nur wegen des Stils, von *Voyage*.

L.-F. C. Das ist einfach, die Ideen, die Ideen!... Nicht das ist interessant, sondern der Farbstoff. Mich interessieren nur die Farbstoffe. Damit hat sich's. »Ideen wälzen«, schauen Sie in die Enzyklopädie! Sie selber wälzen genug Ideen!

SIE haben sie gewälzt wie alle anderen!...

L.-F. C. Als Träger! Alles übrige interessiert mich nicht.

SEHEN Sie unter den Jungen keinen Romancier?

L.-F. C. Nein. Sie arbeiten nicht genug. Man muß viel arbeiten... In einer Zeit, die von Fernsehen, Radio, Reisen, Auto, Ihren bewundernswert gut informierten Zeitungen, sozialmedizinischen Umfragen, der Polizei in Anspruch genommen ist, bemüht man sich um gute Geschichten... *Les Deux Magots* wimmeln von guten Geschichten... Aber der Stil, das ist etwas anderes. Man bringt mir nichts Interessantes. Sonst wüßte ich davon. Ich weiß aber von nichts.

ALSO verfällt alles Ihrer Meinung nach seit 1914 und Ihrer Jugend? Keine Sittsamkeit mehr, kein Pflichtgefühl mehr, keine Schriftsteller mehr, keine Kritiker mehr? Fast möchte ich sagen, keine Franzosen mehr... Welche Erklärung haben Sie für diese Erscheinung, die sicherlich deprimierend sein muß für jene, die sie zugestehen?

L.-F. C. Den Alkoholismus zunächst. In Frankreich werden jährlich 12 Milliarden Alkohol vertrunken. Ein schöner Schwamm!...

Ich kenne die Eigenschaften des Alkoholismus, das Gefühl von Stärke... Sehr gefährlich... Das Gefühl von Kraft... Daher all die Aufschneiderei und Einbildung. Dann wird geraucht. 7 Milliarden im Jahr! Der blaue Dunst, der falsche poetische und tiefschürfende Empfindungen hervorruft, auch falsche Ideen. Ich glaube nur einem Wassertrinker. Und der außerdem nicht an Rülpsen und Verdauen denkt! Wegen dem großen Fressen!... Ohne Mittagessen keine Familie. Also fängt man zu mampfen an, Aperitif, Mittagsfraß, man rülpst, man bläht, man furzt, man macht eine Menge Dinger, die Äußerungen der Verdauung sind... Ein sehr enthaltsamer Mensch bringt es nur auf zwei Stunden Verdauungstätigkeit von vierundzwanzig. Das ist schon viel! Von der jansenistischen Hygiene will keiner etwas wissen. Also geht man in die feine Gesellschaft. Man proustisiert!... Und das Volk ahmt die feine Gesellschaft nach, es proustisiert ebenfalls! All das verblödet den braven Mann. Er stirbt, ohne jemals einen Gedanken gefaßt zu haben. Er hat Partei ergriffen! Man fragt sich, wofür, aber das ist unwichtig!... Die Enzyklopädie ist voll davon, von den Parteigängern! Aber die Kleinigkeit ist zu bescheiden, zu winzig, um die Leute zu interessieren. Das geht so weit, daß man versucht hat, die Spitze wieder aufleben zu lassen, aber kein Mensch will sie wieder aufleben lassen! Seit es keine Klöster gibt, gibt es keine Spitze mehr. Übrigens stehen diese Leute im Leben, und wenn man arbeitet, steht man nicht im Leben. Das ist wie mit dem Laster. Ich habe bis zum Hals im Laster gesteckt, bis zum Hals in der Medizin, bis zum Hals in den Bordellen!... Aber man muß sich daraus befreit haben. Wie Marie Bell sagt: »Du, du bist nicht lasterhaft, denn wenn du lasterhaft wärest, würdest du das Laster nicht beschreiben, du würdest drinstecken.« Wenn man nicht drinsteckt, beschreibt man es. Das ist wie in der Politik!... Sie stekken drin. Sie lieben die Verbraucher. Sie stecken drin... Sie lieben ihre Enkelkinder. Sie lassen sich küssen... Sie lieben es, im ehelichen Schlafzimmer gestreichelt zu werden, wenn sie sagen: »Ah, Schatz, was habe ich heute gearbeitet!«... Man ist Verbraucher. Man hat orgasmiert, man hat ejakuliert, man hat schweinische Sachen gemacht, man ist ein Schwein wie die anderen!...

Ich bin ein sehr gewissenhafter und sehr ruhiger Vorstadtarzt. Man muß das Gegenteil von dem sein, was man schreibt. Das ist die Überraschung.

GLAUBEN Sie, daß Sie in Ihrem letzten Buch weiter gegangen sind?

L.-F. C. Alle Autoren sagen: »Ich bin viel besser geworden.« Die Geschichte von *D'un château à l'autre* ist außergewöhnlich, weil es ziemlich lustig ist, 1142 zum Tode verurteilte Franzosen in einem Kaff zu sehen... Das sieht man nicht oft! Es ist sehr selten, daß man der Historiograph von 1142 zum Tode Verurteilten ist!... Ein ganz kleines, feindliches deutsches Dorf und die ganze Welt gegen einen... Denn die von Buchenwald, die wurden von allen erwartet, um sie zu umarmen, um sie zu küssen, während die von Sigmaringen, die wurden gehetzt, um sie abzumurksen... Das ist eine ziemlich komische Situation, die nicht oft vorkommt! Ziemlich lustig, 1142 Typen, die der Tod umzingelte, und die allesamt versuchten, einen zu denunzieren, der für alle bezahlen sollte! Und ich war unter denen, weil ich Antisemit war... Das war etwas Besonderes. »Ich war Kollaborateur, aber nicht Antisemit, aber er, der da ist Antisemit. Also ihn, den kann man nehmen, er wird für alle büßen.« Feigheit, echt menschliche Gemeinheit!... Denken Sie an die Hinrichtung von Damiens, dem Königsmörder. Der Mathematiker La Condamine war auf dem Schafott, und als der Gefolterte redete, fragte er die Henkersgehilfen: »Was sagt er, was sagt er?« Die Gehilfen belästigte das: »Schmeißt ihn raus, den da, er geht uns auf die Nerven«, aber der Henker: »Nein, nein, laßt ihn, es ist ein Liebhaber«... Wir haben jede Menge Liebhaber. Eine gute Geschichte für das Publikum!

Aber Sie können nicht viel davon lassen, denn die Redaktion wird alles zurechtstutzen, damit es ankommt. Das ist übrigens unwichtig...

Ich bin alt und Sie sind jung. Sie gehen dem Leben entgegen...

ANDRÉ BRETON

André Breton, Inbegriff der leidenschaftlichen Liebe, der Amour fou, trug Ringelsocken ...

André Breton wurde am 18. Februar 1896 in Tinchebray (Orne) geboren; seine Eltern stammten aus der Bretagne bzw. Lothringen.

Er beginnt in Paris Medizin zu studieren, bevor er 1915 zum Kriegsdienst eingezogen wird. 1916 begegnet er in Nantes Jacques Vaché, später verkehrt er mit Guillaume Apollinaire. 1919 veröffentlicht er seinen ersten Gedichtband. Im selben Jahr gründet er gemeinsam mit Philippe Soupault und Louis Aragon die Zeitschrift *Littérature*. Darin veröffentlicht er den ersten surrealistischen Text, *Les Champs magnétiques*[1]. Später gehört er der dadaistischen Bewegung an; 1921 begegnet er Sigmund Freud.

1924 erscheint das erste *Manifeste du surréalisme*. Das zweite *Manifeste*[2] erscheint 1930. Breton ist zum »Papst« des Surrealismus geworden.

Sein literarisches Werk, das teilweise in Zeitschriften veröffentlicht wurde, ist überaus umfangreich. Zu seinen bekanntesten Werken zählen: *Les Pas perdus*, 1924; *Nadja*[3], 1928; *Les Vases communicants*[6], 1932; *L'Amour fou*[4], 1937; *Flagrants délit*, 1949; *La Clé des champs*[5], 1953.

André Breton starb am 28. September 1966 in Paris. Er war siebzig Jahre alt.

Das Interview fand im Juli 1962 in seinem Pariser Atelier in der Rue Fontaine statt.

1. Die magnetischen Felder. Reinbek 1981.
2. Die Manifeste des Surrealismus. Reinbek 1983.
3. Nadja. Pfullingen 1966.
4. L'Amour fou. Frankfurt 1975.
5. Das Weite suchen. Frankfurt 1981.
6. Die kommunizierenden Röhren. München 1973.

Mit André Breton, bei ihm in der rue Fontaine *(Foto: L'Express)*

André Breton: Für mich war er der Mann der leidenschaftlichen Liebe, der »Amour fou«; hatte er doch *Nadja* geschrieben, dieses Roman-Poem, in dem ein Mann den Sinn für sein Leben verliert, weil er auf der Straße einer Frau begegnet ist. Im männlichen Universum alles über den Haufen zu werfen, das ist der heimliche Wunsch aller Frauen.

Wie sah dieser leidenschaftliche Mann wohl aus? Was würde zwischen uns passieren? Nur weil ich André Breton aufsuchen wollte, war ich wie eine kleine Verkäuferin geworden, die Groschenromane verschlingt.

Er empfing mich in seiner Wohnung – er nannte sie Atelier – in der Rue Fontaine. Mit seinen sechsundsechzig Jahren war er immer noch sehr schön: Sein üppiges weißes Haar und sein Inka-Profil überstrahlten mühelos die afrikanischen, ozeanischen Objekte, Plastiken, Masken, die er in dem Zimmer angehäuft hatte, und die ihm als Kulisse dienten.

Die kleinformatigen Bilder an den Wänden, die Signaturen und manchmal Widmungen von Anhängern der surrealistischen Bewegung trugen, erinnerten daran, daß André Breton – man nannte ihn den »Papst« – der wichtigste geistige Vater der modernen Kunst gewesen war.

Das Vorzimmer seiner winzigen Wohnung sollte bescheiden wirken, aber jeder Gegenstand, jedes Möbel war ein seltenes Stück. Alles hier hatte Stil. Zu viel. Ich fühlte mich eingekreist, fast erdrückt von diesem engen Netz aus Werken verschiedenster Herkunft.

Breton bat mich, ihm gegenüber, auf der anderen Seite seines großen Schreibtisches, der sich aus zwei aneinander gestellten Tischen zusammensetzte, Platz zu nehmen. Als er zu sprechen begann – welche Überraschung! – glaubte ich mich im Theater. Und zwar in einem Provinztheater, in dem ein etwas müder, alter Schauspieler, allein auf der Bühne, mit eingeübten Gesten den Zuschauern auf dem Juchee seine abgedroschenen Sätze zuruft... Seine Stimme machte Spiralen, setzte beschwörende Akzente... Wir waren weit von den geflüsterten, heißen Worten entfernt, die meiner Meinung nach zu einer leidenschaftlichen Liebe gehörten...! Selbst als wir über den Anlaß meines Besuches, die Neuauflage der *Manifeste des Surrealismus* sprachen, verspürte Breton den Drang, Prophet zu spielen.

Er trug eine Krawatte aus demselben Stoff wie sein Hemd: marineblaue Seide mit weißen Punkten. Dieses Bemühen um Stil erschien mir manieriert. Ich akzeptierte wohl, daß André Breton, wie jeder Verführer, Wert auf seine Toilette legte, nicht aber, daß er dandyhaft war.

Komischerweise setzte sich seine Gefallsucht nicht bis zu den Sokken fort: Banal-geringelt hingen sie über seine staubigen Schuhe.

Ich suchte seinen Blick. Ich hatte Mühe, ihn zu finden. Er hatte eine Festung zwischen uns errichtet. Stöße von Manuskripten, alte Steine, Fossilien stapelten sich auf seinem Arbeitstisch... Ich mußte mir den Hals verrenken, um ihn durch eine Scharte hindurch zu erspähen. Und dann redete Breton ohne Unterbrechung.

Er rekapitulierte, wer er hatte sein wollen, was er gemacht hatte und warum ihm die gegen ihn gerichteten Angriffe allesamt ungerechtfertigt erschienen.

Ich hatte nicht geglaubt, daß Breton empfindlich gegenüber so unwichtigen Intrigen war... Für mich stand er vielmehr auf einem Podest. Ein wenig despotisch vielleicht, aber dominierend. Nur gelang es mir nicht, ihn das spüren zu lassen... Je mehr ich ihm geistig die Hand entgegenstreckte, desto kleiner machte er sich in seinem Sessel... Und desto schneller sprach er... Er erzählte mir seine Lebensgeschichte, wie man sie in allen Literaturhandbüchern findet. Wie er Paul Valéry begegnet war... Warum er Sekretär des Couturiers Jacques Doucet geworden war... Er hatte Glück gehabt... Obwohl natürlich alles schwer gewesen war für ihn, sehr schwer... Wie auch immer, er strebte keinen gesellschaftlichen Erfolg an, sondern einen »Über-Erfolg«... Auf geistiger Ebene...

Ich konnte mir nicht verkneifen, ihm die Frage hinzuwerfen: »Und jetzt, sind Sie zufrieden?«

Ich glaubte, eine Tarantel hätte ihn gestochen. »Ich! Zufrieden! Ich sehe um mich nichts als Gründe, unzufrieden zu sein...«

Ich hatte mich also nicht getäuscht. Es fehlte André Breton etwas zum Seelenfrieden. Aber was?

Seine Stimme wurde etwas höher, als er mit Nachdruck erklärte, daß für ihn nur die Tatsache zähle, sich nicht schuldig gemacht zu haben. Er hatte ein Poet der Liebe und der Freiheit sein wollen. In aller Freiheit. Er war es immer noch...

Ich hatte ihn fragen wollen, wie es ihm gelungen war, sein ganzes Leben hindurch so anspruchsvoll gegenüber sich selbst zu bleiben. Er erhob sich, um mir zu zeigen, daß das Gespräch beendet war.

Auf der Türschwelle ersuchte er mich mit drohendem Blick, ihm die Zusammenfassung unseres Gesprächs vorzulegen, bevor es veröffentlicht würde. Was befürchtete er von mir? Oder von sich selbst?

Er hatte Freud in Frankreich eingeführt. Er hatte Spiele erfunden, um das Unbewußte an die Oberfläche zu bringen... Das automatische Schreiben... Den *Cadavre exquis*, wo jeder den Satz aufschreibt, der ihm gerade in den Sinn kommt, im Anschluß an einen Satz, den ein anderer geschrieben hat und der ihm verborgen ist...

Die Erforschung der Träume... Die Verwendung des Verlangens als Triebkraft... Er hatte seinen Zeitgenossen zugerufen: »Gebt alles auf!« Die Vernunft, die Zensur...

Und nun, bei einem armseligen Interview, achtete er genau auf seine Worte, seine Gesten... Und die meinen!

Was war tief in seinem Inneren? Welchem »Tier« war André Breton wohl dort begegnet, daß er nunmehr auf dem Deckel der Kiste sitzen blieb?

Vielleicht träumte er davon, vermögend zu sein, geehrt, gefeiert? Und davon, daß ein Kammerdiener mit weißen Handschuhen ihm jeden Morgen die Fensterläden öffnete, um ihm zu sagen: »Das Wetter ist schön heute morgen, Monsieur André. Die Nähmaschine, der Regenschirm und der Operationstisch haben angerufen, um sich nach Ihnen zu erkundigen... Ich habe ihnen gesagt, daß Sie großartig aussehen, in Ihrem grünen Gewand!«

WARUM lassen Sie die *Manifeste* neu herausgeben?

André Breton. Seit Jahren waren diese Texte im Buchhandel vergriffen. Selbst die universitäre Kritik räumt ein, daß der Einfluß des Surrealismus tiefgreifend und sehr weitreichend war. Der Surrealismus ist heute Gegenstand von Vorlesungen und findet Eingang in Prüfungsprogramme. Es ist daher wichtig, auf die Quellen zurückgreifen zu können, ohne unter der Spekulation leiden zu müssen, von der die selten gewordenen Exemplare bedroht sind. Überdies ist das Interesse für den Surrealismus in den letzten Monaten wieder beachtlich gestiegen. Davon zeugt die Art, wie man Jean-Louis Bedouins Buch *Zwanzig Jahre Surrealismus* aufgenommen hat, dessen großes Verdienst darin besteht, die letzten beiden Jahrzehnte im Leben dieser Bewegung zu durchleuchten, anstatt sich, wie allgemein üblich, auf die beiden ersten zu beschränken. Diesen Anstieg des Interesses attestiert auch die Publikation zweier neuer Werke, die ganz speziell der surrealistischen Malerei gewidmet sind, wie auch der Erfolg diverser auf den Surrealismus ausgerichteter Ausstellungen, die in den letzten Monaten in Paris stattgefunden haben. Und schließlich enthält der von Jean-Jacques Pauvert vorgelegte Band – neben den seit langem unerreichbaren lyrischen Texten – bestimmte Texte mit politischem Charakter, die – zu einem entscheidenden Zeitpunkt (1935) geschrieben – nun, nach den Resolutionen des 22. Kongresses (der kommunistischen Partei, Anm. d. Üb.), wie mir scheint, eine ganz andere Resonanz finden können. Kurz gesagt, ich finde, daß diese Neuausgabe zur rechten Zeit kommt. Es war notwendig, zwischen dem ursprünglichen Surrealismus und den kommenden Generationen eine Brücke zu schlagen.

SIE geben diese Texte neu heraus, ohne sie anzutasten. Fürchten Sie nicht, daß gewisse persönliche Angriffe denen, gegen die sie gerichtet waren, heute kaum mehr Freude bereiten werden als damals?

A. B. Ich gebe zu, daß zahlreiche dieser Angriffe unangenehm scharf und im übrigen längst überholt sind. Dem habe ich im Vorwort zur zweiten Auflage des *Zweiten Manifestes* Rechnung getragen, das auch in der vorliegenden Ausgabe übernommen wurde. Angriffe dieser Art sind mir selbst nicht erspart geblieben. Sie prägen sich neben anderen Überspitztheiten ein, die ich heute nicht mehr auslöschen kann. Die, gegen die sie gerichtet waren, wissen, daß meine Angriffe dem leidenschaftlichen Klima entsprungen sind, in dem sich der Surrealismus entwickelt hat. So war es vor allem bei Georges Bataille, dessen kürzlicher Tod mich schwer getroffen hat. Gewiß, wir bekämpften uns in bestimmten Dingen bis aufs Messer, aber in menschlicher Hinsicht war er mir sehr teuer, ich bewunderte die Noblesse in seinem Denken und in seinem Leben. Bataille hat oftmals hervorgehoben, was ihn mit dem Surrealismus und mit mir im Grunde verband.

WELCHE unmittelbaren Folgen des Surrealismus sehen Sie im heutigen Leben?

A. B. Es ist wohl kaum meine Aufgabe, es zu sagen... Sie können beobachten, daß es fast immer in der Absicht geschieht, den Surrealismus herabzusetzen oder als überholt hinzustellen, wenn man bis zum Überdruß wiederholt, daß er die Schaufenster der Kaufhäuser durchsetzt, etc. Wenn man wirklich wollte, nichts wäre leichter, als – auf einem weniger subalternen Niveau – eine Vielzahl objektiver Zeichen seines Einflusses zu nennen: die moderne Malerei, ob sie sich nun »Action-Painting«, gestische, informelle Malerei etc. nennt, geht hauptsächlich vom Automatismus aus, verdankt seine Entstehung der Forcierung des Automatismus durch den Surrealismus. Wollen Sie ein anderes Beispiel? Nehmen Sie die Rubriken, auf die die Abendzeitungen, die Sensations-Wochenblätter zählen, um ihre Leser zu ködern: Es ist offensichtlich, daß sie gewisse surrealistische Spiele ausnützen, zum Beispiel das, welches bei uns unter dem Namen »Cadavre Exquis« lief, und das im übrigen einfach eine Variante des sogenannten Zettel-Spiels ist... Doch hier handelt es sich um objektivierbare Auswirkungen auf die äußere Welt. Auf geistiger Ebene und auf Gefühlsebene hat der Einfluß des Surrealismus versteckter, subtiler gewirkt.

PRAKTIZIEREN Sie selbst noch das automatische Schreiben?

A. B. Wozu? Ich habe mich dazu schon geäußert.

Das automatische Schreiben kann nicht Selbstzweck sein. Wichtig ist, daß man ein Ergebnis erhalten hat, das so pur wie möglich ist, denn davon ausgehend ist es leicht, die Reihe von geistigen Operationen zu rekonstruieren und zu reproduzieren, die dafür die Vorbedingungen waren. Allerdings muß man so weit kommen, diese Operationen mechanisch ablaufen zu lassen. Man ist nicht weit vom Bogenschießen und Kühehüten der Zen-Philosophe entfernt.

SCHREIBEN Sie zur Zeit?

A. B. Ich schreibe nicht »professionell« und habe es nie getan. Ich fühle mich nicht verpflichtet, ein Buch nach dem anderen anzukündigen, und meine Vorstellung vom Leben ist nicht so, daß man eine Chance hätte, mich – wie Gide oder Mauriac – in meiner letzten Stunde mit der Feder in der Hand anzutreffen. Das, was ich zu erfüllen gedenke und worin ich mir eine Nachlässigkeit nicht verzeihen würde, ist der Geist des Surrealismus wie er sich in seiner Verteidigung und Illustration fortsetzt, in enger Verbindung mit denen, deren Namen neben meinem im Inhaltsverzeichnis der Zeitschrift *La Brèche* stehen; die dritte Nummer davon wird in allernächster Zukunft erscheinen.

WODURCH ist Ihnen Ihre Berufung zum Poeten bewußt geworden?

A. B. Das Wort »Berufung«... Meine Eltern – wie viele andere damals auch – träumten davon, daß ich das Polytechnikum, die École des Mines besuchen würde: Ich habe bald begriffen, daß mir dieser Weg versperrt war. Mir fehlte es an der nötigen Eignung, und im übrigen strebte ich keineswegs die Art Leben an, die man mir auf diese Weise sichern wollte. Da nach Abschluß der Mittelschule die Notwendigkeit, sogar die dringende Notwendigkeit besteht, eine Wahl zu treffen, entschied ich mich für die Medizin, ohne genau zu wissen, ob die Disziplinen, die sie voraussetzt, mit meinem innersten Wesen in Übereinstimmung zu bringen waren. Nach Ausscheidung der anderen Möglichkeiten, und zwar nur nach dem Ausscheidungsprinzip, war das, so schien es mir, die, an die ich mich noch am ehesten gewöhnen konnte. Ich glaubte auch, daß der Arztberuf am ehesten ein Beruf war, der neben sich die Ausübung anderer geistiger Aktivitäten zuließ.

SIE dachten damals nicht daran zu schreiben?

A. B. Ich hatte noch keinen klaren Plan für mein Vorhaben, formulierte es für mich nicht im Hinblick auf die Zukunft. Wenn ich schon ein paar Gedichte geschrieben hatte, so tat ich das natürlich vor allem, um mich mir selbst zu offenbaren und außerdem in der Hoffnung, dank dieser Gedichte mit den paar Männern in Beziehung treten zu können, die ich geistig sehr hoch einschätzte, und von denen mich einige charakteristische Stilmerkmale tief bewegt hatten. Das war – neben all den anderen – Paul Valéry. Ich hatte ihm ein Sonett gewidmet, voller Schnörkel, ohne besonderen menschlichen Gehalt (ich war sechzehn Jahre alt), aber wie auch immer: Er hatte mir geantwortet, es war wunderbar. Er hatte mich empfangen, auf eine unvergeßliche Art willkommen geheißen, zum Wiederkommen eingeladen. Es war, als hätte er aus mir einen anderen gemacht, als hätte er mich in meinen eigenen Augen wertvoll gemacht. Seine Kritik, seine Ratschläge zu den unbedeuteten Texten, die ich ihm unterbreitete: Ich habe davon für immer profitiert.

WELCHE Art von Gedichten schrieben Sie zu einer Zeit, als Sie noch keinerlei Vorstellung vom Surrealismus hatten?

A. B. Mallarmé übte damals den größten Einfluß auf mich aus, so daß ich Gedichte oder Prosatexte in Mallarmé'scher Form schrieb. Ich sage ausdrücklich *Form*, denn auch diesmal fehlte – aufgrund meiner menschlichen Unerfahrenheit – die Tiefe.

UND dann?

A. B. Dann, ja dann! Der Krieg... Ich und noch ein paar andere aus meiner Generation sind ihm mit äußerstem Mißfallen gegenübergestanden. Dieses nicht zu rechtfertigende Blutbad, dieser monströse Schwindel; davon ausgehend bin ich zu der Überzeugung gelangt, daß das geschriebene Wort nicht nur ein Reizmittel ist, sondern daß es darüber hinaus noch eine Auswirkung auf das Leben haben muß – in Ermangelung eines Besseren auf das Gefühlsleben – und gegenüber allem, was als abartig und als unerträglich angesehen werden kann, von Anfang an den Willen bekunden muß einzugreifen.

SIE waren also in Kampfstellung. Verfügten Sie über irgendeine Unterstützung?

A. B. 1916 hatte ich Jacques Vaché kennengelernt, der einen sehr großen Einfluß auf mich ausgeübt hat. Durch sein Verhalten ebenso wie durch seine Worte – man kann sich an Hand seiner *Kriegsbriefe* eine Vorstellung davon machen – hat er mir die am wenigsten erforschten Gebiete des *Humors* offengelegt. Dieser Einfluß entzog mich jedoch keineswegs den ziemlich widersprüchlichen, doch letzlich auf poetischer Basis miteinander zu vereinbarenden Einflüssen von Valéry und Apollinaire. Ich versuchte, meinen Weg zwischen beiden zu finden: Valéry, nicht wahr, neigte zur Regel, nicht ohne Augenzwinkern in Richtung großer Neuerer, wie Nietzsche, und anderer zweifelhafter Geister. Das, was mich hingegen bei Apollinaire faszinierte, war, daß er sich seinen Stoff von der Straße holte, daß er es fertigbrachte, selbst Gesprächsfetzen Würde zu verleihen, sofern es ihm einfiel, sie zu Gedichten zusammenzufügen. Das Wunderbare ist, daß so viele seiner Gedichte ihn in ein bestimmtes Abenteuer verwickeln: Denken Sie an *L'Émigrant de Landor Road*, an *Zone*, an *Musicien de Saint-Merry*.

ERST später, glaube ich, entdeckten Sie – zumindest in Ihrer Gesamtheit – Rimbaud und Lautréamont?

A. B. Später, nein, sagen wir, Rimbaud etwa zur selben Zeit, Lautréamont erst ungefähr 1918 – also doch erst ziemlich spät. Man darf nicht vergessen, daß der Zugang zu diesen beiden Werken weitaus weniger leicht war als heute. Die Schulbücher von damals, die Leconte de Lisle und Sully Prudhomme rühmten, erklärten Baudelaire für geschmacklos und entschuldigten sich beinahe, ihm ein paar Zeilen zu widmen; Rimbaud wurde gerade noch erwähnt. In dieser Hinsicht hat eine wahre Revolution stattgefunden, und der Surrealismus war maßgeblich daran beteiligt: In meinen Augen wäre das allein schon ein hinlänglicher Grund für seinen Ruhm. Was die Poesie und im übrigen auch was die Kunst betrifft, hat er eine völlige Neuordnung der Werte erzwungen. Wenn der Zugang zu Rimbaud damals nicht so einfach war, dann auch deshalb, weil die Verfasser seiner Biographien – zuallererst sein finsterer Schwager Berrichon – ihn nach Belieben verzerrt hatten, ganz zu schweigen davon, daß ein Remy de Gourmont geglaubt hatte, sein »weibliches Temperament« anprangern zu müssen, womit er sich selbst richtet, und daß ein Claudel ihn als Instrument seiner Konversion zum katholischen Glauben rühmt. Außerdem waren soeben Rimbauds Briefe an Delahaye aus dem Jahre 1872 veröffentlicht worden, die von größter Bedeutung waren. Genau diese Umstände waren es, unter denen ich mich – 1916 in Nantes, wo mir meine Pflichten als Assistenzarzt im neurologischen Institut viel Freizeit ließen, die ich einsamen Spaziergängen in den Vierteln am Stadtrand widmete, – in Rimbauds Werk vertiefte, das ich immer bei mir trug, und in höchstem Maße der Faszination des Geheimnisses aussetzte, das damit verbunden ist. Das zweite Gesicht, der »möglichst komische und verworrene« Ausdruck, die »Alchimie des Wortes«: so viele Anweisungen, denen zu trotzen ich mir zur Aufgabe gemacht habe. »Man muß ganz und gar modern sein«, sagte Rimbaud: Auch das war für mich nicht verloren. Rimbauds poetische Entwicklung, ausgehend von den starren Formen in Richtung immer mehr Freiheit, verbietet der Poesie nach ihm jeglichen Schritt zurück (zum Alexandriner, zum Beispiel), der sie der Gefahr aussetzt, historisch *nicht fixiert* zu sein.

Was Lautréamont betrifft: Der Nebel, der über ihm lag, war ungleich dichter. Bloy und Gourmont waren von seinem Genie nicht unbeeindruckt geblieben, doch sie hatten allzu schnell auf geistige

Umnachtung geschlossen. Jarry, in anderer Hinsicht weitblickend, hatte ihn sehr hoch eingeschätzt, sich jedoch nur lakonisch über ihn geäußert. Léon-Paul Fargue und Valery Larbaud waren als einzige seiner Zeitgenossen für ihn aufgeschlossen, und letzterer hatte ihm sogar eine scharfsinnige Studie gewidmet – es war die allererste –, die keine Beachtung gefunden hatte. Immerhin war es ein weiter Weg von dort bis zu der staunenden Bewunderung – der Ausdruck ist nicht übertrieben –, die speziell Philippe Soupault und ich angesichts der *Gesänge des Maldoror* empfunden haben. Wochen hindurch war es uns unmöglich, unser Interesse von dieser Lektüre abzuwenden, über die Fragen hinwegzugehen, die die *Gesänge* aufwarfen. Wir unterhielten uns ohne Ende darüber, mit dem Gefühl, auf das Unübertreffliche im Bereich des Ausdrucks gestoßen zu sein. Man fand hier die moderne Lyrik auf ihren Höhepunkt gebracht. Verzweifelt suchten wir ihr ihre Geheimnisse zu entreißen. Das automatische Schreiben, wie es vom Surrealismus gepredigt wurde, ist zum Großteil ein Ergebnis dieser Suche.

WAR das der Moment, in dem Sie in sich so etwas wie eine »literarische Berufung« erwachen fühlten – wenngleich Sie diesen Ausdruck nicht mögen?

A. B. Wenn es eine Berufung war, dann muß man auf jeden Fall sagen, es war eine *poetische* und nicht eine literarische. Ich entdecke auch weiterhin keine Gemeinsamkeiten zwischen Literatur und Poesie. Das eine, ob es nun nach außen gerichtet ist oder sich der Selbstbetrachtung rühmt, unterhält uns meiner Meinung nach, mit leerem Gerede; das andere ist ganz und gar Abenteuer, und dieses Abenteuer ist das einzige, was mich interessiert.

WOHIN brachte Sie diese poetische Berufung?

A. B. Sie brachte mich zuallererst zur generellen Ablehnung der Gebote und Zwänge, die der anhaltende Kriegszustand von Tag zu Tag zynischer und unerträglicher machte; danach zum Willen, sobald es möglich war, das heißt mit geringem Risiko, das Gedankengut und die Menschen anzuprangern, die ich für die Urheber dieser Situation hielt. Von der Poesie, die ihrem Wesen nach ein erbitterter Feind dessen ist, was wir gerade durchgemacht hatten, erwartete ich, daß sie mir die nötige Anregung für diesen Kampf lieferte.

AUFGRUND welcher Umstände haben Sie die Medizin aufgegeben?

A. B. Nach der Demobilisierung saß ich in Paris auf der Straße, wie viele andere auch, darunter Aragon und Soupault. Wir waren in einem Zustand extremer Offenheit, kaum in der Lage, mit den Erfordernissen des täglichen Lebens fertig zu werden.

SIE sagen immer »wir« und selten »ich«, warum?

A. B. Ich habe immer mehr auf die gemeinsame Aktion gesetzt als auf die individuelle Aktion. Wenn einmal über eine gewisse Anzahl von Prinzipien Einigung erzielt worden ist, sind, glaube ich, die Wesensunterschiede zwischen den Individuen ein überaus starkes Treibmittel. Das, was unter dem Namen Surrealismus erfüllt werden konnte, war nur dank dieses Zusammenwirkens der Kräfte vieler einzelner möglich. Es sind mehr oder weniger spektakuläre Austritte vorgekommen, aber wesentlich ist, daß ständig neue Kräfte in Aktion getreten sind.

WAS haben Sie getan, unmittelbar nachdem Sie Ihr Studium abgebrochen hatten?

A. B. Ich lebte in einem Zustand höchster Erregung, der in mir – aus der Distanz – den Eindruck einer Krise hinterläßt, die ich durchgemacht habe, und die für mich immer noch undurchsichtig ist. Meine Familie war außer sich darüber, daß ich mein Studium aufgab und hatte mir jegliche finanzielle Unterstützung gestrichen: Pech gehabt. Es kam vor, daß ich die Nacht ganz allein auf einer Bank verbrachte, anstatt ins Hotel zu gehen, in einer Art unendlicher geistiger Ungebundenheit.

WIE haben Sie gelebt, materiell?

A. B. Valéry war alarmiert worden und kam mir zu Hilfe, ebenso Gide. Sie verschafften mir eine kleine Stelle bei Gallimard. Auf ihre Empfehlung hin wurde ich auch damit betraut, ein Werk von Proust Korrektur zu lesen, das aufgrund der zahllosen handschriftlichen Zusätze und Überschreibungen einem Labyrinth glich, wie Sie wissen. Prousts Werk interessierte mich aufgrund des sozialen Milieus, das es beschreibt, kaum, doch Proust selbst, den ich auf diese Art wiederholt treffen konnte, war sehr charmant und äußerst liebenswürdig. Ein wenig später verhalf mir dieselbe Protektion dazu, vom Couturier Jacques Doucet mit der Organisation seiner Sammlung moderner Bücher beauftragt zu werden und ihn bei seinen Kunstkäufen zu beraten. So war mein Lebensunterhalt recht und schlecht gesichert.

LÄSST die Tatsache, daß Sie mit Doucets Kunstwerken beschäftigt waren, nicht ein permanentes Anliegen bei Ihnen erkennen? Ihre persönlichen Sammlungen sind bemerkenswert, und haben Sie nicht viel zur Entdeckung gewisser Maler und zum wachsenden Interesse für die primitive Kunst beigetragen?

A. B. Ich habe das Glück gehabt, diesen Pfeil in meinem Köcher zu haben. Meine Neugier hat mit den Jahren nicht wesentlich abgenommen. Meine Begeisterungsfähigkeit war groß, und ich war begierig auf alles Neue, Seltene, Seltsame, Schöne; dagegen ohne jedes Verständnis für das Banale, das Unoriginelle, das Konventionelle. Man hat mir niemals meinen Sinn für Qualität abgesprochen, und ich glaube in der Tat nicht, daß ich mich oft in ihm getäuscht habe.

WAS war Ihr erster entscheidender literarischer Akt?

A. B. Die Experimente des »automatischen Schreibens«, die zur Veröffentlichung der *Magnetischen Felder* geführt haben, in Zusammenarbeit mit Philippe Soupault.

STREBTEN sie von diesem Moment an nicht danach, ein persönliches Werk zu schaffen?

A. B. Ich sah die Dinge nicht so... Dafür hatte ich zu sehr Rimbauds Worte im Kopf: »Die Hand mit der Feder ist soviel wert wie die Hand mit dem Pflug...« und die Vorbehalte von Monsieur Teste. Dieser riet immerhin dazu, an sich zu arbeiten, wenn man, wie er sagte, »die Freude, sich einzigartig zu fühlen, die große eigentümliche Wonne« erreichen wollte. Das hat nichts mit dem »Ich-Kult« von Barrès gemeinsam, der den »Erfolg« auf sozialer und gesellschaftlicher Ebene postuliert.

WENN ich Sie recht verstanden habe, hatten Sie zu Beginn Ihres Lebens nicht den Ehrgeiz, ein persönliches Werk zu schaffen (Sie haben es dennoch geschaffen, und man wird es mehr und mehr erkennen), sondern vielmehr, die menschliche Ordnung zu verändern – ein in anderer Hinsicht weitreichendes Vorhaben –, worin sie von denen, die Ihre Revolte und Ihre Hoffnungen teilten, unterstützt wurden. Das war der Surrealismus. Und jetzt, sind Sie zufrieden?...

A. B. Ich? Ich bin zutiefst unzufrieden. Sie müssen zugeben, daß es im Jahre 1962 nicht an Gründen fehlt, unzufrieden zu sein, und das ist noch milde ausgedrückt...

ICH wollte sagen, sind Sie, alles in allem, zufrieden mit dem, was stattgefunden hat?

A. B. Das Leben hat mir, so wie jedem anderen, Niederlagen beigebracht, doch das Wesentliche ist für mich, daß ich in den drei Dingen, für die ich von Anfang eingetreten bin, keine Kompromisse geschlossen habe, und das sind die Poesie, die Liebe und die Freiheit. Das setzte die Aufrechterhaltung eines gewissen Zustands der Reinheit voraus. Diese drei Dinge haben mir nie eine Enttäuschung bereitet. Mein einziger Stolz wäre, mich ihrer nicht unwürdig erwiesen zu haben.

GEORGES BATAILLE

Georges Bataille hatte die Stimme eines Engels, das Aussehen eines Engels ... und war alles andere als ein Engel!

Georges Bataille wurde am 10. September 1897 in Billom (Puy-de-Dome) geboren. Sein Vater war blind und gelähmt.

Nach seinem Studium in Reims tritt er ins Priesterseminar von Saint-Flore ein. Er verläßt es bald wieder und besucht die École des chartes.

1924 wird er zum Leiter der Münzsammlung der Nationalbibliothek in Paris bestellt. Er setzt seine Laufbahn als Bibliothekar fort, die ihn zunächst nach Carpentras, dann nach Orléans führt.

Er hat Verbindung zu den Surrealisten und wird 1929 Herausgeber der Zeitschrift *Documents*. Später gründet er zusammen mit Breton und Eluard die Gruppe »Contre-Attaque«.

Sein erstes Buch ist ein erotisches Buch, *Histoire de l'œil*[1], 1928; es folgt *Madame Edwarda*[2], 1937, unter dem Pseudonym Pierre Angélique. Zu seinen berühmtesten Werken zählen: *L'Anus solaire*, 1931; *Le Coupable*, 1943; *L'Expérience intérieure*, 1943; *La Haine de la poésie*, 1947; *La Part maudite*[3], 1949; *L'Abbé C.*[4], 1950; *L'Érotisme*[5], 1957; *Les Larmes d'Éros*[6], 1961. Seine gesammelten Werke umfassen zwölf Bände.

Meine erste Begegnung mit Georges Bataille sollte auch die letzte sein. Sie fand im Frühjahr 1961 in der Bibliothek von Orléans statt, wo er Konservator war. Er starb am 8. Juli 1962.

1. Die Geschichte des Auges, in: Das obszöne Werk. Hamburg 1972.
2. Madame Edwarda, in: Das obszöne Werk. Hamburg 1972.
3. Der verfemte Teil, in: Die Aufhebung der Ökonomie. München 1975, Neuausgabe 1985.
4. Abbé C. Neuwied 1966.
5. Der heilige Eros. Neuwied 1963.
6. Die Tränen des Eros. München 1981.

Mit Georges Bataille in Orléans im Garten der Bibliothek *(Foto: L'Express)*

Wir alle haben das Gesicht dieser hinreißenden Frau mit den grünen, bis zu den Schläfen gezogenen Augen im Kino bewundert. In *Das Frühstück im Grünen* von Jean Renoir spielt sie die scheinheilige Kleine. Mit sehr viel Talent, denn Scheinheiligkeit und Naivität, das waren genau die Eigenschaften, die Sylvia Bataille nicht besaß. Sie war die Frau von Jacques Lacan; zuvor war sie mit Georges Bataille verheiratet gewesen.

Eines Tages sagte sie zu mir: »Sie sollten ihn aufsuchen. Er hat seltsame und schöne Dinge zu sagen.«

»Wer?«

»Nun, Georges! Er lebt in Orléans, wo er Konservator der Bibliothek ist. Niemand kümmert sich um ihn. Niemand kommt ihn besuchen. Und dabei ist es doch phantastisch, was er geschrieben hat!«

Georges Bataille verabredete sich mit mir direkt in der Bibliothek, im Frühjahr 1961; ich war sofort beeindruckt von der ruhigen Schönheit des Gebäudes und seiner Anlage: der gepflasterte Hof, der Garten mit den hohen Pappeln, die angrenzende Kirche. Fast wie ein Kloster.

Der Eindruck verstärkte sich, als ich den großen, dekorativ mit Holz verkleideten Saal der Bibliothek durchquerte, in dem einige Leser saßen, die – die Nasen in ihre Bücher gesteckt – wie ins Gebet versunken schienen.

Bataille war sehr schön. Große, blaue Augen – wasserblau mit tiefschwarzen Pupillen – in einem ebenmäßigen Gesicht. War er blond gewesen, hellbraun? Sein weißes Haar, auf der Seite gescheitelt und schön geglättet, gaben seinem Gesicht vollends den Ausdruck, soeben einer Lithographie der Jahrhundertwende entsprungen zu sein.

Seine ganze Erscheinung atmete natürliche Eleganz. Seine Vornehmheit schien nicht eingelernt: Es war einfach seine Art, auf der Welt zu sein.

Überaus höflich erklärte er mir, daß er sehr müde sei. Wenn es mir nichts ausmache, würde er das Gespräch gern in mehreren Teilen führen, mit kleinen Pausen, in denen er sich erholen könne.

Ich kam seiner Bitte natürlich nach, ich spürte sofort, was seine

Persönlichkeit vom ersten Moment an ausstrahlte: eine brisante Mischung aus Scharfsinnigkeit und Schwerfälligkeit. Eine unendliche, mit furchtbaren Spannungen verbundene Müdigkeit. Er verkörperte selbst, was das Ziel seiner Forschungen gewesen war: extreme Positionen.

Während ich mein Gerät installierte, ließ sich Bataille schwer in seinen Fauteuil zurückfallen, mit schlaffen Händen, aber mit wachem Blick.

Zu Beginn sprach ich mit ihm über die Publikation seines letzten Buches über die Erotik, *Die Tränen des Eros*, und sogleich erhob sich sein Geist in luftige Höhen, mit einer Leichtigkeit, die ich nur bei ihm kennengelernt habe. Er hatte einmal ein glänzendes Buch geschrieben. *Das Blau des Himmels*; seine tiefblauen Augen wandten sich oft nach oben, wie um dort nach einer Inspiration zu suchen.

War es die Verbindung all dieser Elemente mit seiner sanften, heiseren Stimme? Jedenfalls hatte ich das Gefühl, mit ihm am Himmel zu schweben... Nicht, daß er von unirdischen Dingen gesprochen hätte, im Gegenteil: Erotisches und Schlüpfriges wurde gleich zu Beginn erwähnt und war sehr präsent.

Hierin lag Batailles herrliche Widersprüchlichkeit: Unter dem Gehabe des großen Mystikers verbarg sich ein unerbittlicher Atheist, ja sogar, so hatte man mir gesagt, ein besessener Erotomane. Er war ein Mensch, der nur Abgründe liebte, den Rausch, Situationen in labilem Gleichgewicht, der zum Beispiel über den Tod lachte, und der es verstand, mit erschreckender Mühelosigkeit diejenigen mit sich zu reißen, die er in seinen Bann zog.

Wenn man nicht die Flucht ergriff, war man verloren. Er selbst zog sich mit Anmut, Freude, ja mit Frömmigkeit aus der Affäre, denn er hielt sich an dem Seil fest, das am besten zur Erforschung von Abgründen geeignet ist: das Schreiben!

Bataille sprach wie ein Engel, schrieb wie ein Engel, sah wie ein Engel aus, aber er war alles andere als ein Engel. War mir – außer in den Romanen des 19. Jahrhunderts – je zuvor ein so verführerisches Geschöpf begegnet?

Nach knapp einer halben Stunde schenkte er mir ein Lächeln, wiederum engelhaft: »Können wir aufhören?« sagte er zu mir. »Meine Gedanken entgleiten mir...«

Ich unterbrach sofort die Aufnahme, und er lud mich zu einem Spaziergang durch sein Reich ein – durch die Bibliothek. Wir gingen sehr langsam die Treppe hinunter, dann zeigte er mir seine Schätze: Tausende von Büchern, die er zu betreuen hatte. Schließlich zog er mich in den Garten, wo er sich auf die nächste Bank fallen ließ.

Nun, da kein Tonband mitlief, schien der Philosoph sich fallen zu lassen. Er sprach mit mir nur mehr über seine Beschwerden und seine kleinen Sorgen. Die einen waren körperlich, die anderen administrativer Natur...

Man ärgerte ihn, man tat ihm dies oder jenes an... Ich drückte ihm mein Mitgefühl aus, aber ich hörte kaum zu. Ich fragte mich, wie sich wohl so kühnes Denken mit einem solchen Dutzendmenschen in Einklang bringen ließ... Wir gingen wieder einige Schritte. Neuerliche Pause auf einer anderen Bank. Neuerliche Klagen... Schließlich schöpfte er wieder Kraft und kündigte an, daß er sich bereit fühle, das Gespräch fortzusetzen.

Wir gingen gemessenen Schrittes wieder nach oben in sein Büro, und sogleich war er wieder wunderbar. Kaum hatte ich zwei Worte gesagt, hatte er auch schon den Sinn meiner Frage erfaßt, das heißt ihre Richtung, und gab eine Antwort, die von vorneherein über die, *die ich selbst hätte geben können*, hinausging... Bataille ging nicht neben mir her, er ging weiter, er trieb mich, er zog mich, in die Richtung dessen, was er die »extremen Positionen« nannte. Die Grenzen der Menschheit, meine eigenen Grenzen...

Es war berauschend, irritierend, schmerzhaft. Ich fühlte mich viel »weiter«, als ich es mir vorgestellt hatte, und gleichzeitig stieß ich an die Wände meiner »Kiste«. Es blieb mir nichts anderes übrig, als es ihm gleichzutun und – darüber zu lachen!

Genau so weit hatte mich Bataille bringen wollen, so weit, wie er alle seine Leser zu bringen versuchte: über sich selbst zu lachen, über alles zu lachen, mit ihm... Diesen Weg zum Lachen hatte er mich, über die Mystik, innerhalb weniger Augenblicke zurücklegen lassen.

Das ließ mich seine bemerkenswerte Geschicklichkeit als »Führer« erkennen und den Despotismus, der darin steckte. Tatsächlich verbarg sich hinter Batailles Sanftmut eine eiserne Faust. Mit der er sich seiner Leser brutal bemächtigte... Bataille gebrauchte ein Wort, um diese Seinsform zu beschreiben: Wut: Er behauptete, sie mit dem heiligen Juan de la Cruz zu teilen. Mit dem heiligen Juan de la Cruz zu leben war bestimmt keine leichte Aufgabe... Therese von Avila hat sich darüber geäußert...

Unvermittelt hielt Bataille inne.

»Jetzt«, sagte er, »werde ich nach Hause mittagessen gehen. Meine Frau erwartet mich. Ich habe Hemmungen, Sie einzuladen, denn ich esse nur Diätkost, und gleich nachher mache ich meinen Mittagsschlaf. Ist es Ihnen recht, wenn wir uns um drei Uhr wieder treffen?«

Ich weiß nicht mehr, wo ich selbst zu Mittag gegessen habe, ich dachte nur an ihn, an seinen zerstörerischen Charme.

Am Nachmittag nahm der Schriftsteller, ausgeruht, den Faden seiner poetischen und metaphysischen Rede wieder auf, über die Freiheit, den Tod, unseren Verstand, kurz, über unsere Grenzen... Und genau das war das faszinierende Gefühl, das mir dieser fast völlig erschöpfte Mann gab: das Gefühl, als ob wir in einem sehr engen Gefängnis eingeschlossen wären, in unserem Körper, im Schicksal der Menschheit, und als ob unser ganzes Wesen nur nach einem streben würde: die absurden Fesseln zu sprengen, die uns gefangenhalten.

Und doch glaubte er weder an Gott noch an ein Weiterleben nach dem Tod.

Ich war erschüttert, oder eher aufgewühlt. Wenn ich mit diesem kühnen Schriftsteller einige Tage lang sprechen hätte können, so schien es mir, dann hätten sich die Türen, gegen die ich immer wieder stieß, vielleicht am Ende aufgetan... Gefährlicher Bataille!

Wir sprachen auch über die Liebe, diese ewige Sorge, und an dieser Stelle geschah ein wahres Unglück: Das Tonbandgerät funktionierte nicht, bei der Passage über die Liebe, wie ich nachher merkte. Was hatte er zu diesem Thema gesagt? Ich konnte mich nicht mehr bewußt daran erinnern, aber das »Band« war irgendwo in meinem Gehirn gespeichert, und ich weiß, daß die verrückten, verzweifelten Worte Batailles dort in mir »arbeiten«, ohne daß ich es weiß... Alles, was er sagte, war mir so nahe, doch gleichzeitig mußte man es vergessen, wenn man leben wollte...

Ich ging von ihm fort, wie man von einem lieben Menschen fortgeht, den man nicht wiederzusehen glaubt: Ich zwang mich, nicht zurückzublicken.

Das Interview war das einzige, das jemals in der Presse erschien. Niemand besuchte ihn vor seinem Tod. Der wenig Aufsehen erregte.

SIE beenden, glaube ich, ein Werk über die Erotik, das *Die Tränen des Eros* heißt?

Georges Bataille. Richtig. Ein Werk, das mir viel Mühe macht, weil ich schon ziemlich lange daran arbeite und ich unglücklicherweise nur sehr wenig arbeiten kann, mein Gesundheitszustand ist nicht sehr gut. Ich muß mich mit Umständen herumschlagen, die ich mir nicht ausgesucht habe... Aber mit viel Geduld gelingt es mir schließlich doch.

SEIT wann schreiben Sie an diesem Buch?

G. B. Oh! seit mehr als einem Jahr. Aber es ist ein ganz schmales Buch! Und über einen Gegenstand, der nicht so viel neue Erkenntnisse erforderte. Obgleich ich mich offenbar bemüht habe, bei der vorgeschichtlichen Erotik zu beginnen, die reichlich wenig erforscht ist.

ANHAND welcher Zeugnisse arbeiten Sie?

G. B. Der der Höhlen. Ich habe ehedem ein Buch über die Höhle von Lascaux geschrieben. Und in der Höhle gibt es – im sogenannten »Brunnen«, in den Sie wahrscheinlich nicht hinabgestiegen sind, weil man gewöhnlich nicht in ihn hinabsteigt, man muß darum ersuchen und die Dinge mit dem Wärter arrangieren –, dort gibt es etwas recht Schönes, sogar sehr Schönes. Womöglich nicht das Schönste. Die Malereien von Lascaux sind insgesamt bemerkenswert, aber diese ist die eigenartigste: jedenfalls die einzige, in der ein Mann dargestellt wird, und dieser Mann befindet sich weiß Gott in einem Zustand, der nichts ... von der Erregung verbirgt, die er verspürt. Was ich sage, ist vielleicht insofern trügerisch, als die Tiere auf völlig realistische Weise dargestellt sind, während der einzige Mensch, der in der Höhle dargestellt wird, sehr schematisch, völlig schematisch ist, aber, wenn Sie so wollen, der einzige genau dargestellte Körperteil betrifft die Männlichkeit.

ICH wußte nicht, daß man unter den vorgeschichtlichen Malereien auf erotische stieß.

G. B. Man findet deren viele. Aber meistens sind sie, wie im Falle des Mannes von Lascaux (der wird oft so genannt), vereinfacht. Man könnte eher von Karikaturen sprechen als von Malereien.

IN welchem Geist sind Ihrer Meinung nach diese Malereien angefertigt worden?

G. B. Das ist schwer zu sagen... Da ist ein Mann mit einem Tier ... im Prinzip hat man den Eindruck, daß der Stier, nein: es ist ein Bison, daß das Tier im Begriff ist, den Mann zu töten. Aber so klar ist das nicht. Ein Stier, um so mehr ein Bison, ist ein ziemlich erschreckendes Tier. Was sie dort tun, entzieht sich unserer Kenntnis. Ich habe es interpretiert, so gut ich konnte. Was diesen Punkt angeht, so habe ich, glaube ich, die Erklärungen ziemlich weit getrieben, bin jedoch vorsichtiger geblieben als die meisten derjenigen, die darüber geredet und komplizierte Hypothesen vorgebracht haben, die dies oder jenes darin entdecken zu können glaubten... Beispielsweise hat man in jener halb eingeschlafenen liegenden Person eine Person gesehen, die sich in Ekstase befindet. Aber das ist, glaube ich, keineswegs seriös. Dennoch sind diese Leute seriöser als ich, weil ich, wie Sie wissen, nicht als Gelehrter gelte...

WAS stellt die Erotik für Sie dar?

G. B. Sie ist eine innere Erfahrung. Ich versuche keineswegs, die Welt auf dem Umweg über die Erotik zu erklären, nein; aber dennoch glaube ich, daß die Erotik der Königsweg ist, in den Augenblick einzutreten, dem Augenblick zu leben. Mit anderen Worten: ich glaube, daß der größte Teil der menschlichen Tätigkeit darin besteht, Dinge zu tun, die später nützlich sein werden, während die Erotik (ich spreche nicht vom Kinderzeugen, das, trotz allem, nicht wesentlich ist) zu nichts führt. Sie ist reine Verschwendung, Verausgabung von Energie um ihrer selbst willen, ein Fieber, bei dem es nur um das unmittelbare und nicht um das spätere Ergebnis geht, wie in dem Falle, wo ein Arbeiter arbeitet.

DIE Erotik wäre also das absolute Gegenteil der Arbeit, beinahe ihre Kehrseite?

G. B. Ja, wenn zum Beispiel ein Arbeiter arbeitet, kümmert er sich nur um die Zukunft, während die Erotik nur an der Gegenwart interessiert ist. Deshalb kann man von einer ganz besonderen Erfahrung sprechen.

EINE glückliche oder unglückliche Erfahrung?

G. B. Offensichtlich ist die Lust die Anführerin, aber schließlich endet das nicht immer in reiner Freude, oft ist es sehr bedrückend... In den *Tränen des Eros* berücksichtige ich alles, was die Erotik an außerordentlich Traurigem, außerordentlich Schmerzlichem mit sich bringen kann.

WIE haben Sie mit dem Schreiben begonnen?

G. B. Ihnen das zu sagen, macht mir etwas zu schaffen... Sei es darum, mein erstes Buch ist ein erotisches gewesen...

WIE dachten Sie sich damals Ihre schriftstellerische Laufbahn?

G. B. Ich hatte keine besondere Vorstellung ... ich betrachtete mich eher als einen Philosophen. In erster Linie habe ich mich immer der Philosophie zugewendet. Aber ich habe sie so in Betracht gezogen, daß ich nicht behaupten kann, wirklich ein Philosoph zu sein; ich wäre beinahe einer geworden, einige meiner Bücher nähern sich der Philosophie, dringen in sie ein, aber ich bin mir bewußt geworden, daß es zwischen dem, was ich schreibe und der wirklichen Philosophie einen Abstand gab.

WESHALB?

G. B. Weil ein Philosoph, der dieser Bezeichnung würdig ist, sein Denken unbegrenzt verbinden können muß, ich aber bin unfähig, das meine lange Zeit hindurch zu verfolgen.

WEIL Sie eine andere Methode haben, die nicht notwendigerweise schlechter ist... Sie suchten etwas...

G. B. Ich suchte die Angst, aber eher, um mich von ihr zu befreien; ich sah im Übermaß der Angst den einzigen Ausweg aus der Angst. Ja, seinerzeit habe ich es vielleicht nicht ausgesprochen, aber obwohl ich in ihr etwas schwelgte, floh ich vor dieser Angst.

HABEN Sie nicht eine Psychoanalyse versucht?

G. B. Ja, ich habe eine Psychoanalyse gemacht, die vielleicht nicht sehr orthodox gewesen ist, denn sie dauerte nur ein Jahr. Das ist etwas kurz, aber schließlich hat das den völlig krankhaften Menschen, der ich war, in jemand relativ Lebensfähigen verwandelt.

DAS hat Sie interessiert?

G. B. Das hat mich begeistert und dennoch befreit.

BEFREIUNG, die Sie nicht durch das Schreiben Ihres Werkes erzielt hätten?

G. B. Ich glaube nicht. Aus einem leicht ausdrückbaren Grund: weil ich nämlich das erste Buch, das ich geschrieben habe, dasjenige, über das ich mit Ihnen sprach, nur nach psychoanalytischer Behandlung schreiben konnte, ja, indem ich mit ihr fertig wurde. Und ich glaube behaupten zu können, daß ich es nur auf diese Weise befreit schreiben konnte.

MAN fragt sich oft, was ein Schriftsteller ist. Wie kann er zu seinen eigenen Quellen gelangen. Sie, der es Ihnen schwerfiel, sie zu erreichen, können Sie es nicht erklären?

G. B. Ich weiß nicht, ich hatte die allergrößte Mühe, zu schreiben. Mir scheint, das Ideale wäre, zu gestalten, ohne deswegen die Bewegung seines Denkens »schwerfällig zu machen«, und ich glaube, daß die meisten Leute, die gestalten, diese Bewegung schwerfällig machen. Das Ideale wäre, wie Platon zu schreiben. Es scheint mir so, daß er mit all seinen Kräften ein rationales Gebäude zu errichten versucht, und dennoch gibt es etwas, das darüber hinausgeht...

SIE wissen nicht, was Sie schreiben werden, wenn Sie sich an die Arbeit machen?

G. B. Das kommt darauf an. Es gibt Bücher, die ich nicht schreiben kann, ohne in etwa zu wissen, was ich schreiben werde. Also, sehr oft, sogar wenn ich zu wissen glaube, wohin ich gehe, beginne ich und schreibe etwas anderes; es nimmt eine Gestalt an, die von dem, was ich vorgesehen hatte, sehr verschieden ist... In gewisser Hinsicht gibt es etwas in mir, das krank geblieben ist, aber das auszunutzen ich manchmal geschickt genug bin. Dennoch stehe ich nicht auf Boileaus Seite; aber, wenn Sie so wollen, das »Oft ist eine schöne Unordnung ein Ergebnis der Kunst« läßt mich an meine Art des Gestaltens denken! Ich würde es tatsächlich nicht schaffen, die Ordnung aufrechtzuerhalten, und im Sinne Boileaus ist es ganz klar, daß die Ordnung über der Unordnung steht ... manchmal jedoch vermag man die Reichtümer wiederzuentdecken, die die Unordnung birgt. Das ist nicht leicht, aber in diesen kleinen Problemen bin ich sehr bewandert geworden: die Unordnung, die grundlegende, anfängliche Unordnung in etwas verkehren, das die Merkmale der Kunst trägt, scheint mir ein sehr gutes Prinzip zu sein.

HABEN Sie nicht sehr enge Beziehungen mit dem Surrealismus gehabt?

G. B. Mein Verhältnis zum Surrealismus war gewissermaßen absurd, aber wahrscheinlich nicht absurder als mein ganzes Leben... Wenn es André Breton und mir so ging, füreinander eine gewisse

Feindseligkeit zu empfinden, so kann davon jedenfalls keine Rede mehr sein... Mein Verhältnis zum Surrealismus könnte ich nicht besser zum Ausdruck bringen, als von einer Idee zu sprechen, die mir, gestern oder vorgestern, glaube ich, gekommen ist: ein Buch zu schreiben, auf dessen Umschlagseite *Der Surrealismus ist tot* stünde, und auf der Rückseite dieses Umschlags *Es lebe der Surrealismus...*

INWIEFERN scheint Ihnen der Surrealismus zur Zeit lebendig zu sein?

G. B. Nun, der Surrealismus scheint mir das Wesentliche zu berühren. Und ich kann es nicht besser ausdrücken, als indem ich versuche, die Idee darzustellen, die ich mir vom Surrealismus mache; sie ist nicht gerade klassisch, deckt sich aber, glaube ich, mit derjenigen, die André Breton zum Ausdruck gebracht hat: im Surrealismus gibt es etwas zutiefst Religiöses, so daß der Name des Heiligen Johannes vom Kreuz ihn meines Erachtens nicht entstellt. Eine meiner anfänglichen Schwierigkeiten mit dem Surrealismus bestand darin, daß ich dadaistischer war als die Surrealisten, oder wenigstens war ich es noch, während sie es nicht mehr waren. Meiner Ansicht nach steht es fest, daß man bis zum Äußersten gehen muß, auf das zugehen muß, was man vielleicht Mystik nennen könnte, und was ich mit dem Namen des Heiligen Johannes vom Kreuz zu umreißen versucht habe. Wenn ich sage: bis zum Äußersten, so meine ich damit: bis zu zwei Extremen: kann man sich etwas Gegensätzlicheres vorstellen als einen Herrn, der behauptet, Dadaist zu sein und zugleich von der Biographie des Heiligen Johannes vom Kreuz bewegt zu werden?

INWIEFERN bewegt er Sie?

G. B. Das ist ein Rasender. Das ist der Aspekt, den er mit den Surrealisten teilt und der meines Erachtens das Wesentliche am Surrealismus ist: eine Art Wut. Als André Breton schrieb: »Laßt eure Frauen fahren, laßt Dada fahren«, meine ich, daß er von dieser Wut erfüllt war.

WUT auf was?

G. B. Wut auf die bestehende Lage der Dinge. Eine Wut auf das Leben, so wie es ist...

WIE es uns von einer Gesellschaft auferlegt wird, oder auf das Leben schlechthin?

G. B. Es ist klar, daß man – gleich wie und in welcher Art von Gesellschaft auch immer – an der Grenze dieser Wut stets wiederbegegnen wird, denn ich glaube nicht, daß man eine solche Lage der Dinge erreichen kann, die es erlauben würde, mit dieser Wut fertig zu werden.

SICH in einem Körper zu befinden ist eine seinem Wesen nach unerträgliche Situation?

G. B. Sich in einem Körper zu befinden, der von der Vernunft beherrscht wird, während die Vernunft nicht mit allen Trieben fertig werden kann, die im menschlichen Wesen vorhanden sind, löst eine Wut aus, die man als unauslöschlich betrachten kann. Etwas, das alle Möglichkeiten überleben wird. Im übrigen habe ich mich vielleicht in diesem Punkt stets mehr oder weniger als Feind der Surrealisten empfunden, die eine Verbesserungsmöglichkeit mehr in Betracht zogen als ich.

HABEN Sie deshalb vom Lachen gesprochen? Was verstehen Sie darunter?

G. B. Ja, meiner Ansicht nach ist das Lachen der Grund von allem. Unter einer Bedingung: daß es darum geht, über sich selbst zu lachen und in keinem Falle zu glauben, daß man sich des Unerträglichen entledigt hat, indem man über einen anderen lacht. Über einen anderen lachen, weil man naiverweise etwas in ihm verurteilt, heißt nicht, das Problem erledigen. Man entledigt sich niemals einer Sache, und indem man über einen anderen lacht, hebt man in Wirklichkeit nicht die tiefe Komplizenschaft auf, die zwischen dem Lachenden und dem Gegenstand des Lachens besteht.

ABER welchen Zweck hat es, zu lachen?

G. B. Beim Lachen über sich selbst findet eine Entfaltung statt, deren Grundlage eigentlich der Zusammenbruch ist. Das ist etwas, das sich schwer ausdrücken läßt; verzeihen Sie bitte, daß ich einstweilen nicht versuche, die Schwierigkeiten zu meistern, und gewisse Dinge offen lasse...

WENN man Sie fragte, was Ihrer Meinung nach das Wichtigste ist, das Sie als Denker hervorgebracht haben, was würden Sie sagen?

G. B. Ich würde gerne sagen, daß ich darauf am stolzesten bin, Verwirrung gestiftet zu haben ... das heißt, die ausgelassenste und schockierendste, die skandalöseste Art zu lachen mit dem tiefsten religiösen Geist verbunden zu haben. Wohlgemerkt, man darf sich nicht einbilden, daß man in dieser Hinsicht zu etwas Neuem gelangen kann; es steht fest, daß die Menschen die äußersten Punkte erreicht haben, ich denke an gewisse Yogis, an Ramakrischna.

In Wirklichkeit bin ich überzeugt, daß der Mensch in einer Art völligen Kluft lebt zwischen den Ideen, zu denen er sich bekennt und dem, was tatsächlich in ihm steckt.

IN ihm steckt?

G. B. Ja, man müßte es schaffen, so wütend wie möglich zu werden und gleichzeitig eine Art Luzidität zu bewahren. Alles, was der Mensch behaupten kann, ist, sich zu sagen, zumindest in einem bestimmten Augenblick: na gut, ich habe nicht weiter gehen können, und ich bin nicht sicher, daß ein anderer weiter gehen wird. Habe ich mich klar ausgedrückt?

ZIEMLICH. Aber Sie reden von Dingen, die im allgemeinen nicht als menschliche Bedürfnisse betrachtet werden; in unseren Gesellschaften läßt man den Exzeß, die Mystik beiseite, überläßt man das einigen Einzelnen... Was zählt, ist der soziale und ökonomische Fortschritt.

G. B. Die Ekstase eines Menschen hat immer nur ihm selbst genützt, es sei denn, man beginnt, denselben Abhang hinunterzurutschen. Das Gähnen ist ansteckend, die Ekstase ist es ebenfalls, auf die gleiche Art und Weise.

IST das Buch, das man von Ihnen nachdruckt, *Le Coupable* (Der Schuldige), nicht auf seine Weise ein Buch über die Ekstase?

G. B. Es ist vielleicht das Buch, das mir am ähnlichsten ist, das mir eine Art ängstlicher Befriedigung verschafft hat. Vielleicht, weil ich es in einer ziemlich raschen und ziemlich stetigen Explosion, während der ersten Kriegsmonate im Jahre 1940, geschrieben habe.

UND das Buch im gleichen Band, das ihm folgt: *L'Alleluia*? Es ist an eine Frau gerichtet?

G. B. Es ist eine Art Brief, der an eine Person gerichtet ist, die ich kannte. Im Grunde ist es ein ganz klein wenig ein Plädoyer für das Leben. Ich habe es vor langer Zeit, im Jahre 1945 geschrieben, seitdem bin ich viel älter geworden, obwohl ich es nie widerrufen habe.

WARUM hätten Sie es widerrufen?

G. B. Das Schonungslose darin hätte mich peinlich berühren können. Es ist ein Buch, das anders ist als die anderen, obwohl ich es diesem Komplex einverleibt habe, dem ich den Titel *Somme athéologique* (Atheologische Summe) gab.

WARUM »atheologisch«?

G. B. Jedermann weiß, was Gott für die Gesamtheit der Menschen, die an ihn glauben, darstellt und welchen Platz er in ihrem Denken *einnimmt*; und ich glaube, wenn man die Person Gottes an diesem Platz beseitigt, dann bleibt trotzdem etwas, ein leerer Platz. Von diesem leeren Platz wollte ich sprechen.

SIE meinen, daß Gott fehlt?

G. B. Wenn Sie so wollen; die religiöse Erregung aller Zeiten führte immer zur Erschaffung beständiger, oder mehr oder weniger beständiger Wesen, während ich anstelle dieser beständigen Wesen die Vorstellung einer Unordnung einführen wollte, die Vorstellung von etwas, das fehlt, und nicht von etwas, das verehrt werden muß. Es scheint mir so, daß es wichtig ist wahrzunehmen, was in der Welt fehlt; ich weiß, daß man ganz einfach sagen kann, daß das nicht fehlt, da man ja darauf verzichten kann, aber das gilt nicht für alle: es gibt einige Menschen, für die die Erinnerung an das, was Gott dargestellt hat... Ich muß achtgeben, ich glaube, daß ich jetzt Dummheiten sagen kann, das heißt sehr bedrückende Dinge, aber letztlich habe ich den Eindruck, daß man erkennen kann, was Nietzsche mit der Formel vom Tode Gottes zum Ausdruck gebracht hat. Was er den Tod Gottes genannt hat, hinterließ für Nietzsche eine furchtbare Leere, beinahe etwas Schwindelerregendes und schwer zu Ertragendes. Im Grunde ist das ungeführ das, was zum ersten Mal geschieht, wenn man sich bewußt wird, was der Tod bedeutet, was er umfaßt; alles, was man ist, enthüllt sich als zerbrechlich und vergänglich, und worauf wir sämtliche Berechnungen unserer Existenz stützen, ist dazu bestimmt, sich in einer Art unbeständigen Dunst aufzulösen... Ist mein Satz abgeschlossen?

ICH denke.

G. B. Wenn er nicht abgeschlossen ist, würde das nicht schlecht zum Ausdruck bringen, was ich sagen wollte...

SIE haben viel vom Tod gesprochen, Ihr ganzes Leben lang. Was genau bedeutet er für Sie?

G. B. Ich glaube, daß ... ich prahle vielleicht, aber der Tod scheint mir das Lächerlichste auf der Welt zu sein... Nicht daß ich mich nicht vor ihm fürchte! Aber wovor man sich fürchtet, darüber kann man lachen. Ich neige sogar zu dem Gedanken, daß Lachen, auf philosophischer oder paraphilosophischer Ebene, das Lachen über den Tod ist. Die menschliche Zweideutigkeit besteht darin, daß man über den Tod weint, daß man aber, wenn man lacht, nicht weiß, daß man über den Tod lacht. Denn im Grunde sollte man, da wir ja nun einmal sterben, über die Dinge, über die man lacht, eher weinen und umgekehrt...

ICH verstehe, daß man über den Tod, das Nichts lachen kann, bevor man jedoch dahin kommt, gilt es zu sterben, und das kann schwierig sein...

G. B. Ah! Es gibt das Leiden, und das ist eine andere Angelegenheit; ich stelle mir sehr gut vor, daß das Leiden mich heimsuchen kann, so wie jeden beliebigen anderen, aber letztlich scheint es mir so, daß sich die Menschen ziemlich leicht eine Vorstellung vom Tod machen könnten, die an das Groteske grenzt.

WIE im Altertum, zur Zeit der Totentänze?

G. B. In der Tat, indem sie den Tod komisch darstellten, versuchten die Menschen manchmal, seinen furchtbaren Seiten zu entrinnen. Aber es scheint mir so, daß es für mich zuerst darum ging, den Tod unter seinem furchtbarsten Aspekt zu verschlingen, ohne mich genug beeindrucken zu lassen, um nicht über ihn zu lachen. Es geht da wohl um etwas eindeutig Atheistisches, denn in Gegenwart eines Gottes, der ein Richter ist, kann man über den Tod nicht lachen. Während man von dem Augenblick an, da man sich vergewisserte, daß es keinen Gott gab...

VERGEWISSERTE?

G. B. Ja, schon, wenn ich mich irre, so bin ich selbst daran schuld! In einem bestimmten Augenblick muß man, glaube ich, es schaffen, die tragischsten Fragen mit Hilfe der Leichtigkeit zu lösen; wenn etwas Respekt verdient, so ist es wohl die Leichtigkeit...

WENN Sie im Grunde eine Moral haben, so ist es doch die, welche voraussetzt, daß man in der beschränkten Lage, in der man sich befindet, bis zum Rand seiner Möglichkeiten geht?

G. B. Ja, ich glaube schon... Es ist insofern nicht ganz eine Moral, als niemand hierzu verpflichtet ist. Aber ich habe den Eindruck, wenn diese Möglichkeit des Exzesses verschwände, wäre der menschliche Bereich nicht mehr das, was er ist, etwas Wertvolles würde ausgelöscht...

UND das Glück, wo ordnen Sie das Glück ein? Ziehen Sie es in Betracht?

G. B. Mir scheint, das Glück ist jene Art von Geheimnis, das möchte, daß man dem Unglück gegenüber gleichgültig ist, das heißt, daß man darüber lachen kann. Im Grunde liegt mir viel daran, als Materialist zu sprechen, ich fühle mich mit allem, was materialistisch ist, einverstanden – unter einer Bedingung: daß man sich, um Materialist zu sein, nicht verpflichtet glaubt, das abzuschaffen, was dennoch ein Reichtum ist: diese ekstatischen oder religiösen Empfindungen, die nicht völlig vom Wahnsinn verschieden sind, die jedenfalls niemals völlig von dem verschieden sind, was die Liebe ist...

JEAN PAULHAN

Jean Paulhan versetzte die Schriftsteller in Angst und Schrecken; dann nahm er sie zum Boule-Spielen mit ... wo er sie besiegte!

Jean Paulhan wurde am 2. Dezember 1884 in Nîmes als Sohn des Philosophen Frédéric Paulhan geboren.

Er besucht das Lycée Louis-le-Grand und studiert anschließend an der philosophischen Fakultät der Sorbonne. Er wird Lehrer am Gymnasium von Tananarivo (Madagaskar), ist Pflanzer und Goldsucher. Im Ersten Weltkrieg ist er Zuave, 1920 wird er Redakteur bei der *Nouvelle Revue Française*.

Während des Zweiten Weltkriegs kämpft er in der Résistance. Er ist Mitarbeiter der Zeitschrift *Résistance* und gründet zusammen mit Jacques Decour die Wochenzeitschrift *Les Lettres françaises*. Von 1943 bis 1945 arbeitet er im Verlag Éditions de Minuit. 1952 veröffentlicht er *Lettre aux directeurs de la Résistance*. Er übernimmt die Leitung der *Nouvelle Revue Française* und ist Lektor bei Gallimard.

1945 erhält er den Grand Prix de la Litterature française, 1951 den Grand Prix de la Ville de Paris. 1963 wird Jean Paulhan zum Mitglied der Académie Française ernannt.

Zu seinen bekanntesten Werken zählen: *Le Guerrier appliqué*, 1917; *Aytré qui perd l'habitude*, 1921; *Les Fleurs de Tarbes*, 1941; *Clef de la poésie*[1], 1944; *Fautrier l'enragé*, 1962. Sein Gesamtwerk umfaßt fünf Bände.

Jean Paulhan starb am 9. Oktober 1968 in Neuilly-sur-Seine.

Das Gespräch fand im Februar 1963 in seinem Haus in der Rue des Arènes in Paris statt.

1. Schlüssel der Poesie. München 1969. Berühmte Fälle. Gütersloh 1966. Unterhaltungen über vermischte Nachrichten. Gütersloh 1962.

Sobald ein Schriftsteller in meiner Umgebung von Jean Paulhan sprach, nahm er die verschreckte und unterwürfige Haltung eines Schülers ein, der den Namen des Direktors erwähnt.

Ich begann, mich über dieses Phänomen zu wundern. Wer war denn dieser Jean Paulhan, der sämtliche Schriftsteller in Angst und Schrecken versetzte? Manche Schriftsteller haben Humor. Einer von ihnen gab mir zur Antwort: »Er spielt Boule[1].« Erneut Verwunderung...

Das Rätsel klärte sich schließlich auf. Ohne daß das breite Publikum ihn kannte, regierte Jean Paulhan, 75, seit dreißig Jahren die Republik der Literatur. Und zwar mit eiserner Hand...

In der großen Zeit der Literatur, zur Zeit von Gide, Valéry und Martin du Gard, war er Redakteur der *Nouvelle Revue Française*, dann engagierter Widerstandskämpfer während der Okkupation. Schließlich war er zu Gallimard zurückgekehrt, wo er als Mitglied des Lektorats darüber entschied, was publiziert wurde und was nicht.

In Wirklichkeit war er nicht der einzige, der darüber entschied, aber seine Vorrangstellung hatte sich im Lauf der Zeit durchgesetzt. Neben seiner perfekten Kenntnis der französischen Sprache hatte er Spürsinn, die richtige Nase, und eine Vorliebe für Widersprüchliches. Er liebte es, »Staatsstreiche« zu machen: einen bedeutenden Autor zu stürzen und einen Unbekannten auf den Thron zu heben. »Das ist doch nicht französisch!« – »Das macht nichts«, antwortete Paulhan, »es ist Literatur!...«

Es gab also irgendwo jemanden, der wußte, was Literatur war? Einen Richter? Ein Tribunal? Einen Fachmann? Einen Kenner? Ja doch! Jean Paulhan, saß in der Redaktion der NRF, und gab vor, all das zu sein. Doch nein, er war klüger: Er überließ es anderen, dafür zu sorgen, daß er seine Sonderstellung behielt.

Jeder harrte auf Paulhans »Urteil«. Schlimmer noch: wünschte es sehnlichst herbei ohne zu wagen, ihn darum zu ersuchen. Denn wenn Paulhan nun feststellte, daß es nichts taugte!...

In der kleinen, geschlossenen und mitleidslosen Welt, die das Reich der Literatur damals war, sorgte das für einige Unruhe. Man

1. Kugelspiel, ähnlich dem italienischen Boccia.

wagte gerade noch, seine Nasenspitze bei literarischen Cocktails zu zeigen, wo Paulhans Auserwählte zu dessen Rechten marschierten, wie die Auserwählten des Herrn...

Seine äußere Erscheinung war imponierend. Der Offizier des Ersten Weltkriegs war eine stattliche Erscheinung. Er hatte buschige Augenbrauen und darunter weit auseinanderliegende Augen, die ihr Gegenüber unbewegt fixierten, wie die Augen von Nachtvögeln. Wahrscheinlich war es die kleine Nase, die ihm seine Ähnlichkeit mit einem Großherzog verlieh. Ein Anflug von Aristokratie, der durch seine feingliedrigen Hände, seine melodiöse, sanft-flötende Stimme und die eleganten, präzisen Gesten noch verstärkt wurde.

Kugeln wurden bei ihm tatsächlich geworfen. Paulhan spielte Boule. Er wohnte in der Rue des Arènes, und das Spielfeld befand sich genau unterhalb seiner Wohnung, auf dem Sandplatz der antiken Arena von Lutetia. Im ganzen Viertel erinnert man sich noch daran: Sonntags lud Paulhan diejenigen, die er auszeichnen oder aber bestrafen wollte, zu denkwürdigen Boule-Partien ein. Fand er das Manuskript desjenigen Schriftstellers besser, dessen Kugel er von der Zielkugel »weggeschossen« und den er damit um den Siegesruhm gebracht hatte?

Doch eine Frage blieb offen: Schrieb dieser Meister des Schreibens andere Dinge als »Leseberichte«? Hatte er ein eigenes Werk vorzuweisen, das diesen Namen verdiente, und wenn ja, wo war es?

Es war in Notizen und Notizchen auf kleine Zeitschriften verstreut... Auf kurze Texte verteilt, die in kleinen Auflagen erschienen und alle vergriffen waren.

Ein Titel kehrte immer wieder, immer derselbe, *Les Fleurs de Tarbes*. Es war sein Lehrbuch, sein Leitfaden, seine Gebrauchsanweisung für die Literatur.

Darin prangerte er das Übel an, unter dem die Literatur leidet. Den Terror, der die Schriftsteller dazu zwingt, sich vor jedem ihrer Worte zu hüten, vor den Klischees, den Metaphern, kurz, vor den »Blumen« der Sprache. Für die Schriftsteller wurde dasselbe Verbot ausgesprochen wie für die Spaziergänger im Park von Tarbes: »Es ist verboten, den öffentlichen Park mit Blumen in der Hand zu betreten.« Paulhan träumte davon, den Schriftstellern ihre Freiheit und Unschuld wiederzugeben... Ironie des Schicksals, daß man ihn, vor allem ihn, für einen Meister des Terrors hielt...

Den »Boß« nannten ihn die einen. Die »graue Eminenz« der Literatur, sagten die anderen. Er hatte noch diesen Ruf eines Tyrannen, als ich ihn traf. Im vorgerückten Alter hatte er begonnen, sich um zwei Dinge zu bemühen: um die Publikation seines Gesamtwerkes und um die Mitgliedschaft in der Académie Française.

Vielleicht war es, weil er nun schlußendlich etwas für sich selbst wünschte und deshalb ein wenig Angst hatte, er, der niemals vor etwas oder vor jemandem Angst gehabt hatte, jedenfalls fand ich ihn milder gestimmt. Charmant.

Wir verabredeten uns in seiner Wohnung in der Rue des Arènes. Im Stiegenhaus spielten Kinder. Jean Paulhan liebte Kinder und einfache Leute, die fähig waren zuzuhören: Er mochte ihre ungekünstelte Sprache, die für ihn nach der Lektüre unzähliger Manuskripte eine Erholung war, denke ich.

Er empfing mich liebenswürdig. Und sogar bescheiden. Das heißt, er verstand es, mir sogleich meine Befangenheit zu nehmen. Er hatte mit den hervorragendsten Köpfen seiner Zeit verkehrt, zuletzt mit Camus, Sartre, Malraux, und er hatte es sich zur Gewohnheit gemacht, alle Leute ohne Unterschied aufmerksam und respektvoll zu behandeln. Ich war schnell besiegt.

Ich fühlte, daß ich mit ihm endlos über das sprechen konnte, was ich liebte, über Bücher, über das Lesen, über das Schreiben. Es wurde niemals langweilig oder pathetisch. Immer hatte er ein Beispiel, eine Anekdote parat. Und endete mit einer humorvollen Wendung: »Wir sind Austern«, sagte er zu mir, »die nicht allzuviel an ihre Perle denken sollten.«

Er hatte sich für ein Leben mit der Kunst entschieden, so wie andere sich für ein Leben im Kloster entscheiden. Und jetzt, im Alter, waren das Leben und die Kunst eins geworden... Nichts anderes war mehr wichtig.

Außer die Académie Française, die sein ganzes Denken beherrschte. Das merkte ich bald. Wir sprachen ausführlich darüber. Er fürchtete, daß sich seine ewigen Sticheleien gegen die ehrwürdigen Kollegen nun als Bumerang erweisen könnten.

Würde er die nötige Stimmenzahl erreichen? Und was würde er dieser Bande von ... diesen ... nun, diesen illustren Unsterblichen wohl in seiner Antrittsrede sagen?

Er wurde in die Académie Française aufgenommen. Es gelang ihm, zu danken, ohne wirklich zu danken. Ich beglückwünschte ihn dazu, und er fing an, mir kleine Billets zu schicken, wie nur er sie schickte: Auf einer Seite war ein Motto, ein Sprichwort, eine Zen-Weisheit gedruckt, auf die andere schrieb Paulhan in seiner wunderschönen Handschrift, die an ein Kalligramm erinnerte, so regelmäßig war sie, ein selbsterfundenes Paradoxon oder Rätsel.

Einer seiner »Briefe« enthielt die Einladung, ihn in seinem Landhaus in Boissie, südlich von Paris zu besuchen. Er hatte ein wenig zu kränkeln begonnen und kam in der letzten Zeit kaum mehr nach Paris.

Nach einigen Umwegen, die allerdings immer noch weniger kompliziert waren als die verschlungenen Wege von Paulhans Gedanken, gelangte ich in ein Dorf, wo ich hinter einem Tor ein richtiges Haus mit einem richtigen Obstgarten vorfand.

Paulhan empfing mich in dem großen, ebenerdig gelegenen Raum, in dem er sein Arbeitszimmer eingerichtet hatte. Ein hübsches Zimmer, aus dem man durch mehrere stark gegliederte Fenster in den Garten blickte. Hier lebte und arbeitete er, umgeben von einigen bizarren Gegenständen, Automaten, Puzzles, die für die verbalen und linguistischen Rätsel, mit denen er seine Besucher mit Vergnügen in die Falle lockte, bezeichnend waren.

In Boissie empfing er weiterhin Leute und »beriet« auf seine Art – manchmal, indem er sie entmutigte – Autoren jeden Alters, die kamen, um seine Meinung einzuholen.

Ich denke über die verliebte Frau nach, die es in Jean Paulhans Leben gab. Wunderschön, blond, zart, bemerkenswert intelligent, belesen, und – wie alle verliebten Frauen – ein wenig eifersüchtig. Obwohl sie das, speziell mir gegenüber, in einem Interview geleugnet hat: »Eifersucht kenne ich nicht, ich weiß gar nicht, was das ist.« »Sagst du«, dachte ich mir.

Es war in einem Sommer. Aus Gründen, die nur Paulhan und seine Freundin betreffen, waren die beiden nicht beisammen. Aus Gründen, die wieder nur sie betreffen, war die schöne junge Frau wütend. Was tat sie? Sie nahm die Feder zur Hand und schickte dem Mann, den sie liebte, eine Reihe von Briefen, täglich. Wütende, erotische Briefe.

Paulhan erhielt Tag für Tag die flüchtig beschriebenen Blätter, auf denen die Briefschreiberin ihre Leidenschaft und noch einiges mehr ausdrückte... Zweifellos ein Appell. Was, glauben Sie, tat Paulhan? Zu ihr eilen?

Ganz und gar nicht. Er sammelte sorgfältig Seite um Seite des zersplitterten Textes, ließ ihn tippen und lief damit am Ende des Sommers zu einem Verleger. »Hier haben Sie ein Meisterwerk«, sagte er zu ihm, »ich überlasse es Ihnen zur Veröffentlichung, wenn Sie schwören, die Anonymität der Autorin zu wahren, solange sie es wünscht; es handelt sich nämlich um eine Frau.«

Der Verleger schwor und hielt Wort. Der Rest ist bekannt. Das Buch erschien und wurde einer der größten Weltbestseller, unter dem Titel *Die Geschichte der O* und dem Pseudonym Pauline Réage, worin sich »Paulhan« und »Rage« wiederfindet.

An jenem Tag in Boissie nahm mich Paulhan zum Krocket mit. Das Boulespiel war ihm zu anstrengend geworden.

Der Rasen war grün, die Krocketschläger leuchtend bunt. Ich gab mir Mühe. Vergeblich. Wie beim Boulespiel war Paulhan auch hier ein starker Gegner. Er amüsierte sich. Er versicherte mir, daß ich mit ein wenig Training gewiß Fortschritte machen würde. Dieses Wort ließ mich an eines seiner schönsten Werke denken, *Progrès en amour assez lents*[2], das neu gedruckt worden war. Im Rahmen der Gesamtausgabe seiner Werke, die schließlich doch noch erschienen war.

Bei der letzten Partie Krocket schleuderte er meine Kugel so weit weg, daß sie wahrscheinlich immer noch rollt...

Er starb 1968. Die Zeit der »Bosse« war zu Ende.

WELCHE Art Schriftsteller sind Sie gewesen? Kritiker, Essayist, Philosoph, Romancier, Linguist?

Jean Paulhan. Ich weiß es nicht. Ich werde es erst wissen, wenn alles zu Ende ist...

SIE haben einen starken Einfluß auf alle Schriftsteller ausgeübt, die Sie gekannt haben. »Jean Paulhan, der Boß«, hat Yves Berger als Motto zu seinem Buch *Der Süden* geschrieben. Sie haben Jouhandeau, Lacretelle, Giono, Michaux, Malraux entdeckt...

J. P. Ich habe niemanden entdeckt. Ein guter Schriftsteller entdeckt sich selbst, man muß ihm nur Platz machen, ihn vorbeilassen...

MANCHE haben sich beklagt, daß Sie sie einschüchtern...

J. P. Das ist der Fehler aller Schüchternen.

SIE sind sogar so weit gegangen zu behaupten, Sie hätten sie geistig unfruchtbar gemacht, so stark hätten Sie Ihre Forderungen nach Perfektion empfunden. Wen haben Sie noch entdeckt? André Pieyre de Mandiargues, Sartre...

J. P. Na! Der, Sie werden nicht behaupten, daß ich ihn geistig unfruchtbar gemacht habe, denke ich!

CAMUS...

J. P. Er hatte einen extremen Hang zur moralischen Perfektion, mehr als zur literarischen Vollkommenheit. Im übrigen habe ich niemandem zur Perfektion geraten. Ich bin eher dagegen. Ich mag es gerne, wenn man offen für alles ist, was man ist. Wir sind Austern, die nicht allzusehr an ihre Perle denken sollten.

WIE kommt es, daß sich die meisten Ihrer Überlegungen, Ihrer Beobachtungen auf die Literaturkritik beziehen oder davon ausgehen? Ist sie so wichtig, die Literaturkritik?

J. P. Disraeli (glaube ich) machte dazu eine sehr richtige Bemerkung: »Daß das Talent zur Literaturkritik das beste Geschenk des Himmels ist, unter all seinen Schätzen, das kann ich nicht beschwören. Doch der Himmel scheint es zu glauben; denn mit diesem Talent geht er am sparsamsten um.« Montaigne war auch dieser Ansicht.

2. etwa: Ziemlich langsame Fortschritte in der Liebe.

Man muß ihnen sicher recht geben. Wenn schon ein Gedicht sehr schön, sehr packend ist, dann um so mehr die Kritik, die dieses Gedicht begreift, in sich einschließt, und mehr als das. Um so mehr aber noch die Kritik dieser Kritik.

LESEN Sie alles, was geschrieben wird?

J. P. Ich lese so viel ich kann, das ist mein Beruf. Ich mag gerade Manuskripte, die nicht zu glattgebügelt sind, die etwas enthalten, das Kombinationen vorwegnimmt. Das ist es übrigens, was Rhetorik sein soll. Wie ich sie zu erklären versuche: Ihre Rolle besteht darin, vergessen zu lassen, daß man sich der Sprache bedient. Doch oft schreiben Schriftsteller spontan ein erstes Buch, und dann werden sie verwirrt, sie überlegen allzu bewußt, wie sie vorgehen. Irgend jemand, ich weiß nicht wer, hat gesagt: »Ein Schriftsteller schreibt zunächst ein erstaunliches Buch und verbringt den Rest seines Lebens damit, sich selbst zu imitieren.« Nun, das stimmt. Es ist ziemlich traurig, aber wahr. Deshalb ist die Rhetorik erfunden worden.

ALLE wiederholen sich?

J. P. Nein, nicht alle natürlich.

WARUM haben Sie die Malerei so gemocht, im Zusammenhang mit der Literatur so viel über Malerei gesprochen?

J. P. Bilder sind wichtig. Ich glaube, daß jemand, der sich nicht für die Malerei interessierte, nicht den Kern der Probleme treffen würde, die uns heute beschäftigen. In der Malerei hat auch die erste Revolution stattgefunden, um 1910 herum: an dem Tag, als einem Maler der Gedanke gekommen ist, daß ein Stück Papier, auf eine Leinwand geklebt, ein schwarzer Punkt auf weißem Grund genügte, um ein Raumgefühl zu erzeugen. Man brauchte keine Perspektive mehr...

WAS bedeutet Kunst für Sie?

J. P. Ich weiß nicht, ich habe mich dafür entschieden. Und dann kommt der Moment, wo das Leben und die Kunst eins sind.

UND die Literatur?

J. P. Mir scheint, man ist verloren, sobald man eine fixe Vorstellung davon hat. Wissen Sie, was Braque über Bonnard gesagt hat: »Diese Bilder, verstehen Sie, sie sind sehr schön. Sie sind sogar großartig, aber das zu erkennen, welch langwierige Sache! Der Weg dorthin führt nur über die Malerei.«

GLAUBEN Sie, daß die Lösung des Sprachproblems auch die Lösung des Literaturproblems ist?

J. P. Ja natürlich. Beides gehört zusammen, bildet eine Einheit. Es gibt Redensarten, die Mallarmé in einem Anfall verbaler Raffiniertheit erfunden haben könnte: »was gut riecht, stinkt«, »das Herz auf dem rechten Fleck haben«, »auf jemanden scharf sein«. Es gibt Romane, die man gut in einem Wort zusammenfassen kann.

SEIT 1919, seit der Zeit, als Sie, mit Jacques Rivière, als Redakteur bei der *Nouvelle Revue Française* anfingen, haben Sie viel miterlebt, viele literarische Strömungen. Glauben Sie, wie man oft gesagt hat, daß die Zeit um 1930 unserer weit überlegen war?

J. P. Wissen Sie, 1930 war es wie heute: Man dachte ebenfalls, daß es eine Periode geistiger Unbeweglichkeit sei, weniger wertvoll als die vorangegangenen. Täglich sagte man uns: »Ja, die *Nouvelle Revue Française* von 1920!« Das war ärgerlich. Nein, ich bin mit der heutigen Zeit nicht unzufrieden, im Gegenteil. Obwohl ich das Gefühl habe, daß die besten Sachen noch nicht dagewesen sind, daß sie jeden Augenblick auftauchen werden... Und doch sind in diesem Jahr zwei große Romane aufgetaucht, die entgegengesetzte Richtungen vertreten: *Le Sud* von Yves Berger und *L'Inquisitoire* von Robert Pinget. Zwei ungewöhnliche Romane in einem Jahr, was will man mehr?

UND im nächsten Jahr?

J. P. Nun, ich sehe bereits zwei oder drei Werke unbekannter Autoren, die mir sehr gut zu sein scheinen: Eine Erzählung von Frantz-André Burgute, *La Narratrice*, das ist die Geschichte zweier Liebender, die, um ihre Liebe sicherzustellen, eine dritte Person erfinden, eine Frau aus Fleisch und Blut – die sie sich in jedem Augenblick so intensiv vorstellen, daß sie schließlich wirklicher wird, als sie selbst sind. Wie das weitergeht, werden Sie sehen. Ach, ich sehe auch noch *Cette vie m'aime* von Steve Jourdain. Es ist, basierend auf einer Reihe von erstaunlichen, amüsanten Erlebnissen, eine neue *Abhandlung über die Methode*, was Jourdan uns da anbietet; oder vielmehr eine Methode ohne Abhandlung. Sie müssen es lesen. Sie werden es nicht vergessen.

SIND Sie immer noch so aufgeschlossen gegenüber allem Neuen, gegenüber allem, was unsere Gewohnheiten stört, was auf uns einstürmt?

J. P. Ich würde es gern wollen.

WIE erklären Sie sich das?

J. P. Ich glaube, daß das Wesentliche sich nicht sagen läßt; Sie müssen es einkreisen, von allen denkbaren Blickwinkeln aus betrachten und schließlich warten, daß sich alles in Ihnen neu zusammenfügt. Kunst ist etwas, was man leichter *sein* als definieren kann.

WAS erwarten Sie von der Literatur?

J. P. Ich erwarte alles von ihr. Wenn es in der Welt etwas Göttliches und Heiliges gibt, dann kann man sich ihm durch die Literatur nähern...

WELCHE Vorstellung hatten Sie, als Sie zu schreiben begannen, von dem Werk, das Sie schaffen würden?

J. P. Vor allem ärgerte ich mich über viele Dinge, die mein Denken störten. Es schien mir, daß alle sich in der Sprache irrten…

UND jetzt?

J. P. Jetzt stört mich das etwas weniger. Oder besser gesagt, ich glaube zu wissen, unter welchen Bedingungen mich das überhaupt nicht mehr stören würde.

UND was denken Sie über die Académie?

J. P. Ich denke nichts darüber, ich gehöre dazu. Ich fange an dazuzugehören.

TRETEN Sie ihr mit einer aggressiven Haltung bei?

J. P. Nicht im geringsten. Das Gegenteil ist der Fall: Ich möchte, daß die Académie noch akademischer wird als sie schon ist; immer noch akademischer. Ich möchte, daß sie sich jeden Tag daran erinnert, daß sie uns vor dreihundert Jahren eine Grammatik, eine Poetik, eine Rhetorik versprochen hat. Nun, soviel ich auch suche, ich sehe heute keinen einzigen Grammatiker unter den Vierzig. Es wäre nicht viel: Frankreich hat – nach Meinung von Philologen auf der ganzen Welt – seit achtzig Jahren die großartigsten Linguisten, die es je gegeben hat: Darmesteter, Bréal, Victor Henry, den wunderbaren Meillet, Mario Roques. Nun, nicht ein einziger von ihnen ist an die Académie berufen worden. Das hat soweit geführt, daß sich an dem Tag, an dem Brunot die Grammatik der Académie beschimpft hat, kein Mitglied der Académie gefunden hat, um ihm zu erwidern. Nun, drei Viertel der Beschimpfungen entbehrten jeder Grundlage, denn Brunot hatte ganz einfach Linguistik mit Grammatik verwechselt.

SIE sind also selbst Grammatiker?

J. P. Nein, nicht ganz. Ich würde gerne mit einigen Freunden eine *Grammatik der Ideen* erarbeiten, die der Logik ziemlich nahesteht, und von der man zumindest die Grundzüge bei Raimundus Lullus, bei Locke, bei René Martin-Guellicot oder Vailati finden könnte.

WORIN besteht diese Grammatik der Ideen?

J. P. Also, sie würde darin bestehen, die Gedanken und die Argumente herauszuarbeiten, die man eher beim einfachen Volk und in Wahlreden findet als im logischen Diskurs: »Sie sind ein anderer… Da könnten Sie genauso gut behaupten… Sie sollten lieber auf sich selbst schauen… Ein Sou bleibt ein Sou…« und so weiter, das sind Sätze mit einer eigenartigen Bedeutung, die weit über den scheinbaren Sinn hinausgeht. Hier gäbe es noch viel zu erforschen.

Meinetwegen sollen sich die Mitglieder der Académie auch mit Politik, Moral, Varieté und so weiter beschäftigen, das ist alles recht schön, man braucht Unterhaltung im Leben. Aber Unterhaltung allein genügt nicht.

GLAUBEN Sie, daß Sie am Wörterbuch mitarbeiten werden?

J. P. Bedenken Sie, die Académie, ich gehöre noch nicht ganz dazu. Ich habe bis jetzt nur die erste Prüfung bestanden. Zwei habe ich noch vor mir.

WELCHE?

J. P. Nun, da ist zunächst die Aufnahme: die Rede. Das ist sehr schwer, wenn man nicht von Natur aus redegewandt ist. Montherlant bereitet sich schon drei Jahre darauf vor. Porto-Riche hat es nie geschafft. Clémenceau ebensowenig.

UND was ist die dritte Prüfung?

J. P. Tja, das ist schwer zu sagen. Es muß in einem geheimen Saal des Palais vor sich gehen. Kein Außenstehender ist jemals dabei zugelassen worden.

UND weiter?

J. P. Aufs Geratewohl nehme ich an, daß es eine Sitzung mit dem Ziel der Einigung, der Versöhnung ist. Sie wissen, sobald jemand zum Mitglied gewählt ist, muß er die diversen Vorkommnisse im Zusammenhang mit seiner Wahl vergessen. Er muß sich einreden, daß er von *sämtlichen* Kollegen mit Begeisterung ausgewählt worden ist (auch von denen, die ihn tagtäglich wie einen Idioten behandelt haben, oder wie einen hinterlistigen oder unmoralischen Menschen). Das ist übrigens ein hochherziges und nobles Unterfangen.

UND?

J. P. Es ist aber auch ein schwieriges Unterfangen. Ich nehme an, daß dem Kandidaten im Laufe dieser Sitzung Fallen gestellt werden, daß man ihn Tests unterzieht. Man überwacht seinen Ausdruck, sein Lächeln, sein Mienenspiel. Das heißt, man vergewissert sich mit allen Mitteln, daß er alles vergessen hat, was man vergessen muß.

MEINEN Sie das im Ernst?

J. P. Nein, ich glaube nicht.

HENRY DE MONTHERLANT

Montherlant hielt sich für eine seiner Romanfiguren. Im Grunde war er ein guter Junge. Ein wenig einsam.

Henry de Montherlant wurde am 21. April 1896 in Paris geboren; sein Vater stammte aus Katalonien, die Vorfahren der Mutter kamen aus der Bretagne und aus der Champagne.

Seinen ersten Roman schreibt er mit neun Jahren. Mit fünfzehn wird er vom Collège Sainte-Croix-de-Neuilly verwiesen, aufgrund einer mißverstandenen Freundschaft mit einem Mann. Mit sechzehn läßt er sich in Spanien in die Geheimnisse des Stierkampfes einweihen. Sein Vater stirbt 1914, seine Mutter 1915. Auf eigenes Ersuchen wird er einem Infanterieregiment des 20. Korps zugeteilt. 1918 wird er von sieben Granatsplittern in die Nieren getroffen und wegen Dienstunfähigkeit entlassen.

1920 veröffentlicht er sein erstes Werk, *La Relève du matin*. Es folgen: *Le Songe*, 1922; *Les Bestiaires*, 1926; *Aux Fontaines du désir*, 1927; *Les Célibataires*, 1934 (Grand Prix de l'Académie Française); *Service inutile*, 1935; *Les Jeunes Filles*[1], vier Bände, 1936 bis 1939; *Le Solstice de Juin*, 1941; *Carnets I* und *Carnets II*, 1957 bis 1966; *Le Chaos de la Nuit*[2], 1963; *Va jouer avec cette poussière*, 1966; *La Rose de sable*[3], 1969; *Un assassin et son maître*[4], 1971.

Einige Theaterstücke: *La Reine morte*[5], 1942; *Fils de personne*, 1944; *Le Maître de Santiago*[6], 1947; *Celles qu'on prend dans ses bras*, 1950; *Malatesta*, 1950; *La Ville dont le prince est un enfant*[7], 1951; *Port-Royal*[8], 1954; *Le Cardinal d'Espagne*[9], 1960.

Henry de Montherlant wurde 1960 zum Mitglied der Académie Française gewählt.

Er starb durch Selbstmord am 21. September 1972 in Paris; er war sechsundsiebzig Jahre alt.

Posthum erschienen Werke: *Mais aimons-nous ce que nous aimons?*, 1973; *Tous Feux éteints*, 1975; *Coups de soleil*, 1976.

1. Erbarmen mit den Frauen. Köln, Berlin 1957.
2. Das Chaos und die Nacht. Köln, Berlin 1964.
3. Die Wüstenrose. Köln 1977.
4. Ein Mörder ist mein Herr und Meister. Berlin 1970.
5. Die tote Königin, in: Theaterstücke. Köln, Berlin 1962.
6. Der Ordensmeister, in: Theaterstücke. Köln, Berlin 1962.
7. Die Stadt, deren König ein Kind ist, in: Theaterstücke. Köln, Berlin 1962.
8. Port-Royal, in: Theaterstücke. Köln, Berlin 1962.
9. Der Kardinal von Spanien, in: Theaterstücke. Köln, Berlin 1962.

Das Interview fand im Oktober 1963 in seiner Wohnung am Quai Voltaire statt.

Henry de Montherlant hatte viel Schlechtes über die Frauen gesagt. Verdankte er dieser Flegelhaftigkeit, die von Simone de Beauvoir als »Hundsgemeinheit« bezeichnet wurde, seinen Erfolg bei den Frauen? Sie waren von seinen Werken – Romane, Theaterstücke, die sich gut verkauft hatten –, hingerissen, und er konnte sich ein angenehmes Leben leisten.

Er wohnte in einem Appartement am Quai Voltaire mit Blick auf die Seine, ungefähr gleich weit von Gallimard in der Rue Sébastien-Bottin und von der Académie Française entfernt. Der sportliche Montherlant ging immer noch gern zu Fuß.

Ich wurde in ein ziemlich kaltes Zimmer geführt, von wo aus man einen großartigen Blick auf die Seine hatte. Ich blickte gerade voll Entzücken durch die kleinen Scheiben der hohen Fenster hinunter, als er eintrat.

Ich erkannte seine hohe, leicht fliehende Stirn und seinen Bürstenhaarschnitt. Der Rest war nichtssagend. Maskenhaft. In dem ziemlich kahlen Raum, in dem wir uns aufhielten, standen mehrere antike Skulpturen auf säulenförmigen Sockeln. Montherlant liebte Büsten und ließ sich häufig neben ihnen photographieren. War es sein Hang zur erstarrten Bewegung? Montherlant präsentierte mir ein unbewegtes Gesicht und ein ebensolches Profil. Auch seine Stimme war kalt, ein wenig heiser.

Er hatte soeben einen neuen Roman herausgebracht, *Das Chaos und die Nacht*; ich sprach mit ihm gleich zu Beginn über eine Figur aus diesem Roman: Celestino, ein alternder Mann, der die Stiere sehr geliebt hat und der ganz allein in seinem Hotelzimmer sterben wird, durch den Stoß eines imaginären Horns... Als Montherlant über Celestino sprach, wurde er lebhaft.

»Er war ein Charakter«, sagte er zu mir, »ein Typ Mensch, der mit allem bricht!... Er ist plötzlich alt geworden, er spürt seinen nahen Tod...«

Offensichtlich sprach er von sich selbst. Ich zog meinen Stuhl näher an ihn heran. Er rückte ab. »Sie werden feststellen, daß er Spanier ist. Und Atheist.«

Dann fuhr er in vertraulicherem Ton fort: »Er ist Egoist, Individualist, er ist wenig geneigt zu hoffen... Er akzeptiert selbstgefällig ein kleinbürgerliches Leben...«

»Aber warum haben Sie in ihn das hineingelegt, was Sie »ein Quentchen Faschismus« nennen?«

»Aus zweierlei Gründen: zunächst weil er Spanier ist. Bei den Spaniern findet sich immer Widersprüchliches und Verschrobenes. Weiterhin aufgrund der Tragik. Ich habe für meinen Helden den tragischsten Tod gewollt. Und der tragischste Tod ist der Tod eines engagierten Mannes, der im Lichte des Todes mit allem bricht.«

»Theatralische Antwort«, sagte ich mir.

Ich hatte unrecht. Oder vielmehr nein: Ich hatte recht. Natürlich waren es theatralische Antworten, doch Montherlant lebte sein eigenes Leben im Tonfall seiner Theaterstücke: heroisch deklamierend.

Dauernd? Während ich zuhörte, wie er mit der größten Selbstverständlichkeit Ausdrücke aus dem griechischen Theater gebrauchte, stellte ich mir die ganze Zeit über seine Hauspantoffeln vor. Ich hätte mir gewünscht, daß Montherlant die sorgfältig geschlossenen Türen für mich öffnete und mir den Rest seiner Wohnung zeigte.

Ich stellte mir dort ein Chaos vor – als Kontrast zu dem strengen, nüchternen Raum, in dem er mich empfing und dessen Künstlichkeit ganz nach Tarnung aussah – und unter dem Tisch oder am Fußende seines Bettes die berühmten Pantoffeln.

Nun sprach er über sich, ungeschminkt. »Ich habe eine zerstörerische Seite, von der die Leute nichts merken... Die Angst vor dem Tod, das Älterwerden, ja, das habe ich empfunden.«

Er blickte in die Ferne, in irgendeine Arena, ein Stier hatte sich in seine heraushängenden Eingeweide gebohrt. »Ich schreibe immer aus dem Bauch«, flüsterte er.

Stille. Ich hätte ihm gern etwas Tröstliches gesagt, aber wie sollte man Montherlant trösten? Und weswegen? Er hatte seinen Vater 1914 verloren. Und seine Mutter, die er über alles liebte, ein Jahr später.

Er selbst war durch sieben Granatsplitter verwundet worden. Das Leben war nicht zimperlich mit Montherlant umgegangen. Man hatte mir zugeflüstert, daß er im Begriff war, sein Augenlicht zu verlieren. Sehstörungen.

Natürlich war da auch der Ruhm. Aber der Ruhm ist kein liebevoller Beschützer. Er ist vielmehr wie ein Schwert im Rücken: Geh' weiter oder stirb.

»Warum sagen Sie, daß Sie Frauen nicht mögen?«

Nur bei einer Frau, dachte ich für mich, kann ein großer Mann wieder klein werden...

»Ein Schlagwort!« antwortete er träumerisch.

Ich hatte den berühmten Junggesellen plötzlich in Verdacht, daß er seine kleinen Mahlzeiten in trauter Zweisamkeit mit einer autoritären und brummigen Köchin teilte... Oder aber er nahm seine einsame Mahlzeiten in der nächsten Kneipe ein, wo er seine Gewohnheiten hatte, seinen Serviettenring, seine Karaffe...

Dieses Bild von Montherlant, dem kleinem Pensionisten, wurde ich nicht mehr los. War ihm bewußt, daß ich ihn so akzeptierte, wie er war, und nicht so, wie er scheinen wollte? Je mehr Zeit verstrich, desto netter wurde er, und zum Schluß war er ganz sanft.

Zum Schluß sagte er – immer noch auf seinen Roman bezogen – etwas, das mir in jenem Moment wie das Wort eines Schriftstellers erschien: »Das Chaos ist das Leben, die Nacht ist das, was vor und nach dem Leben kommt.«

Als ich von seinem Tod erfuhr, von dem Revolverschuß in den Mund, den alle so mutig fanden, erinnerte ich mich an das, was er zu mir gesagt hatte: Das K.O. ist das Leben.

Wir trennten uns als Freunde, und er lud mich ein, ihn wieder zu besuchen. Doch ich spürte deutlich, daß ich ihn nur gestört hätte: Er tauchte vollständig in seine täglichen Rituale ein und verrichtete daneben sehr gewissenhaft alle möglichen Arbeiten, die darin bestanden, seine Werke durch Anmerkungen, Vorworte und Nachworte zu ergänzen. Und Varianten im Hinblick auf die Publikation seiner Schriften in der Reihe »La Pléiade« auszubrüten. Das war nämlich der Traum jedes Schriftstellers, der bei Gallimard verlegt wurde und etwas auf sich hielt. Und Montherlant hielt etwas auf sich. Im Grunde war er ein guter Junge. Ein wenig einsam.

WIE kommen Sie, der Autor von *Die Tiermenschen*, dazu, eine so grauenhafte und widerliche Schilderung eines Stierkämpfers zu geben?

Henry de Montherlant. Nicht ich nehme gegen den Stierkampf Stellung, nicht ich sehe die Dinge auf diese Art, sondern mein Held, Celestino Marcilla. Wissen Sie, wer er ist? Ein Kriegsveteran des spanischen Bürgerkriegs, ein Republikaner, der in Frankreich im Exil lebt und wegen einer Erbschaftsangelegenheit zum ersten Mal wieder nach Spanien kommt und zum ersten Mal wieder einen Stierkampf sieht. In diesem Augenblick, heruntergekommen, verbittert, seinem Ende nahe, betrachtet er alles, was er sieht, alles, was sein Leben war, nicht nur den Stierkampf, auch den Bürgerkrieg, Spanien mit einem verzerrten, irren Blick: Er wird sterben, das weiß er, und zuvor will er alles, was er geliebt hat, entweihen, erniedrigen. Wahrscheinlich, um den Verlust weniger zu bedauern, wenn er stirbt. Die

Art, wie er die Dinge sieht, ist falsch, übertrieben. Übrigens weiß er das, in manchen Momenten. Er bricht mit allem.

WEIL er alt ist?

H. DE M. Es ist ein Charaktertypus. Ein ziemlich häufiger Typ, bei den Spaniern: überspannt, kompromißlos. Ein Mann, der sehr beherzt war und den das Alter, das Exil, die Untätigkeit abstumpfen und niederdrücken. Eines Tages passiert die Geschichte mit der Erbschaft, Sie haben es doch gelesen? Seine Schwester ist soeben in Spanien gestorben. Es ist für ihn angesichts seiner Vergangenheit gefährlich, nach Madrid zurückzukehren. Im übrigen könnte er sich durch einen Bevollmächtigten vertreten lassen. Doch er fährt hin.

WARUM tut er das?

H. DE M. Um sich von dem Gefühl seines nahenden Todes zu erholen. Er hat soeben eine Art »Gnadenstoß« bekommen. Absurde Gründe, eine Haushälterin, die ihn verläßt, eine andere, die nicht kommt... Er fühlt seinen nahen Tod. Am Ende von zwanzig Jahren Ruhestand ist er am Ende, er hat nicht mehr das Gefühl, am Leben zu sein. Die Tatsache, daß er sich wieder in Gefahr begibt, daß er Angst hat, Angst vor der Polizei, wird sie ihm seine Jugend zurückgeben? Er möchte in die Arena zurückkehren, er tut es...

MAN hält ihn nicht zurück?

H. DE M. Er ist von Leuten umgeben, mit denen er nie über seine Vergangenheit gesprochen hat, niemand weiß, was er im spanischen Bürgerkrieg wirklich gemacht hat, seine Tochter, seine Freunde wissen über das Wesentliche nicht Bescheid und denken nicht daran, daß er in Gefahr sein könnte. Er selbst weiß, daß es eine gewichtige Akte gegen ihn gibt. Er ist beunruhigt, er fühlt sich bedroht...

UND ohne wirkliche Notwendigkeit kehrt er dorthin zurück?

H. DE M. Ja, um der Gefahr wieder ins Auge zu sehen.

WIE erscheint ihm Spanien?

H. DE M. Er trifft Spanien so an, wie er den Stierkampf antrifft: ich habe Ihnen bereits gesagt, er ist ungerecht, er möchte das, was er geliebt hat, entweihen. Nachdem er einen Augenblick in den Straßen von Madrid spazierengegangen ist, betritt er ein Café und schlägt ein altes Buch auf. Alles hat sich verhärtet.

UND er wird sterben?

H. DE M. Er stirbt durch vier Degenstiche...

WIE der Stier?

H. DE M. Sein Tod ist nur symbolisch. Es ist mir ein Anliegen, das zu präzisieren; manche Leser (die das Buch wohl diagonal gelesen haben) haben an einen politischen Mord geglaubt... Davon ist keine Rede. Celestino ist allein in seinem Hotelzimmer, es findet kein anderer Mord statt als der symbolische Mord durch die vier Degenstiche, die man – wie er einige Stunden zuvor gesehen hat – einem

Stier zugefügt hat. Und so wie der Stier wird er mit zunehmendem Alter, je mehr man ihn verfolgt, brutaler und bösartiger.

CELESTINO ist der Stier?

H. DE M. Für mich ist der Stierkampf die Darstellung der menschlichen Leidenschaft. Jeden Sonntag gibt sich das spanische Volk dieser Darstellung der menschlichen Leidenschaft hin.

WANN ist Ihnen dieser Gedanke gekommen?

H. DE M. Vor elf Jahren. Ich wollte eine Erzählung von vierzig Seiten schreiben. Und dann hat es sich weiterentwickelt. Doch diese Idee ist der Kern meines Buches. Der Gedanke, einen republikanischen Kriegsveteranen als Helden zu nehmen ist mir deshalb gekommen, weil ich ein Opfer brauchte, um den Stier darzustellen. Einen von Menschen, von der Gesellschaft verfolgten Menschen. Plötzlich dachte ich an einen spanischen Republikaner, der aus seinem Land vertrieben wird und von den anderen unverstanden ist. Ansonsten interessiere ich mich kaum für Politik, ich bin nicht besonders informiert über den spanischen Bürgerkrieg. *Hoffnung* ist ein gutes Buch.

HABEN Sie es mehrmals gelesen?

H. DE M. Ich kenne es, seit es geschrieben worden ist. Ich habe darüber in meinen *Carnets* von 1938 gesprochen. Ich verstand nicht, warum es sich nicht besser und rascher durchgesetzt hatte. Für mich ist es das beste Buch über den spanischen Bürgerkrieg und das beste Buch von André Malraux.

SIE sagen, daß Celestino ein verbitterter, kaputter, am Boden zerstörter Mensch ist... Trotzdem wirkt er sympathisch.

H DE M. Er ist sympathisch, weil er leidet und weil er stirbt.

DOCH warum haben Sie in ihn das hineingelegt, was Sie »ein Quentchen Faschismus« nennen?

H. DE M. Sein Egoismus, sein Individualismus, seine geringe Neigung zur Hoffnung, sein selbstgefälliges Akzeptieren des bürgerlichen Lebens (es war übrigens Marx, der gesagt hat, daß jeder Anarchist als Kleinbürger endet): Warum wollte ich, daß in Celestino dieses »Quentchen Faschismus« ist (dessen er sich in manchen Augenblicken bewußt ist und gegen das er ankämpft)? Aus zweierlei Gründen: Erstens weil er Spanier ist und weil man bei den Spaniern immer Widersprüchliches und Verschrobenes findet. Sie werden auch feststellen, daß er Atheist ist, trotzdem habe ich in ihn ein unorthodoxes Quentchen Katholizismus gelegt... Er ist Spanier, das ist alles.

DER zweite Grund?

H. DE M. Die Tragik. Ich wollte für meinen Helden den allertragischsten Tod, und der allertragischste Tod ist der Tod eines engagierten Mannes, der im Angesicht des Todes mit allem bricht. Celestino wiederholt sich immer wieder den Satz von Trotzki: »Wenn das menschliche Leben heilig ist, muß man auf die Revolution verzichten.« Im Augenblick des Sterbens findet er indessen, daß sein Leben, das er im Krieg so oft unbekümmert aufs Spiel gesetzt hat, heilig ist, und daß es nichts Heiligeres gibt als das Leben.

IN *Das Chaos und die Nacht* zitieren Sie häufig Marx und Trotzki. Interessieren Sie sich für den Kommunismus?

H. DE M. Ich finde mich in Marx' Werk nicht eben leicht zurecht. Aber es gibt bei ihm so verblüffende Sätze – bei Trotzki ebenso. Eigentlich ist es Celestino, der sich für Marx und Trotzki interessiert, aber wenn ich über ein Thema schreibe, studiere ich es so gut ich kann. Ich kannte den spanischen Bürgerkrieg ebensowenig wie ich den Jansenismus kannte, bevor ich *Port-Royal* geschrieben habe. Manche Katholiken glaubten damals, ich hätte mich dem Katholizismus angenähert. Als sie erkannten, daß ich derselbe geblieben war, ohne den Schatten eines Glaubens, wurden sie wütend: »Sie haben nicht das Recht, dieses Thema zu berühren!« Das stimmt nicht: Wenn ich genügend Einfühlungsvermögen und Vorstellungskraft besitze, um die Dinge stark und glaubwürdig darzustellen, habe ich das Recht, jedes Thema zu behandeln. Wie, glauben Sie, wird die Linke dieses Buch aufnehmen?

ICH habe keine Ahnung.

H. DE M. Mein Mann ist ein Original, ein außer Kontrolle Geratener, ein Verrückter... Es gibt zwei Millionen Anarchisten in Spanien. Warum hätte es unter ihnen nicht einen wie ihn geben sollen? Er ist im übrigen so unabhängig, daß er niemals Mitglied irgendeiner der anarchistischen Parteien war. Das ist glaubwürdig, ich weiß es. Aber es kommen Dinge vor, in diesem Buch, die nur die verstehen können, die Spanien gut kennen. Zum Beispiel die Stelle, wo Celestino, obwohl Atheist, Nonnen heil und ganz aus einem Kloster entkommen läßt... In *Hoffnung* gibt es eine ähnliche Stelle: In einer von Anarchisten niedergebrannten Kirche bleibt ganz in der Nähe des intakten Grabes von Cervantes eine Christusfigur zurück, aufrecht am Kreuz. Auf dem Grab sieht man – von der Hand eines Brandstifters gemalt – eine Aufschrift und einen Pfeil in Richtung der Christusfigur: »Cervantes. Er hat dich gerettet...«

SIE sagen, Sie interessieren sich nicht für Politik. Trotzdem ist *Das Chaos und die Nacht* das erste Ihrer Bücher, in dem die Politik eine so große Rolle spielt...

H. DE M. Ich habe in meinen *Carnets* aus dem Jahre 1932 eine kurze und gute Definition von Politik gegeben: »Politik ist die Kunst, sich der Menschen zu bedienen.« Nun, ich will nicht, daß man sich der Menschen bedient. Außerdem scheint mir die Politik fast unweigerlich zur Vulgarität zu führen. Die Vulgarität eines Julius Cäsar, zum Beispiel – trotz seiner Genialität – ist etwas, das man nie genug beachtet hat. Und wie könnte sich ein Romancier für etwas nicht interessieren, das soviel menschlichen Stoff enthält wie die Politik? Sagen Sie mir, was wird die Rechte denken? Celestino setzt Franco mit Stalin gleich!... Die Franco-Anhänger werden toben...

UND was werden die Veteranen des spanischen Bürgerkriegs denken?

H. DE M. Ich wiederhole, ich habe diese Figur gewählt, weil sie ein Opfer war, weil sie den Stier verkörpern konnte, der in der Arena verfolgt wird, sonst wäre ich nie auf die Idee gekommen, von diesem Krieg zu sprechen. Ein weiteres Thema ist der Tod. Schon in *Der Kardinal von Spanien* habe ich einen Mann gezeigt, der sich im Augenblick des Sterbens der Nichtigkeit aller Dinge bewußt wird. Celestino wirft alles hin, weil er im Begriff ist zu sterben... Das ist menschlich, allzu menschlich. Ich bin sehr empfänglich für das Menschliche und für das allzu Menschliche.

DIESE Figur, glauben Sie nicht, daß man sagen wird, Sie sind das?

H. DE M. Soll man doch sagen, was man will! Bei *Der Herr aus Santiago* hat man schon gesagt: »Das ist Montherlant!« Ein Autor verströmt sich unweigerlich in seine Hauptfiguren (ich spreche nicht von den Statisten). In Celestino ist alles, was ich in mir sammeln konnte: ein anarchistisches, zerstörerisches Potential, das die Leute nicht bemerken, das aber in mir ist. In anderen Punkten bin es nicht ich. Ich habe es übrigens im Vorwort gesagt: Eine Romanfigur, das bist du selbst und doch nicht du selbst, wie ein Bild, das sich im Wasser spiegelt und plötzlich verschwimmt. *Malatesta* und *Der Kardinal von Spanien* sind aus mir hervorgegangen. Wenn man ein relativ ergiebiges, facettenreiches, bewegliches Naturell hat... Aber welcher Teil von mir steckt in Celestino? Nicht die Politik. Celestino ist ein Stück Kriegsvieh, wie man von einem Schauspieler sagt, er sei ein Stück Theatervieh. Ich nicht. In mir ist kein politischer Haß. Außerdem hätte ich genausogut über das Leben eines spanischen Nationalisten schreiben können, oder über einen Franzosen mit unterschiedlichsten Meinungen... Doch die Angst vor dem Tod, das Älterwerden, alle möglichen ausgefallenen Reaktionen, ja, das alles habe ich selbst empfunden. Ich schreibe immer aus dem Bauch.

UND das »Brechen mit der Vergangenheit«?

H. DE M. Es gibt sicherlich Leute, die sterben, und sich wie Celestino sagen: »Weil ich sterbe, ist nichts mehr von Bedeutung.« Andere sagen sich wahrscheinlich im Gegenteil: »Mein Leben ist gerechtfertigt, ich war nützlich, meine Kinder machen weiter...« Das hängt vom Charakter ab. Als er stirbt, glaubt Don Quichotte nicht mehr an sein Rittertum. Tolstois Iwan Iljitsch erkennt, daß er nicht so gelebt hat, wie er es hätte tun sollen. Die Spanier sind in jedem Fall sehr vertraut mit der Idee des Nichts.

UND Sie?

H. DE M. Der Tod, das ist die große Geschichte, ohne Relation zum übrigen, oder zu irgend etwas anderem: Man wird aufhören zu existieren. Das ist etwas, was jungen Leuten nicht zu Bewußtsein kommt. Als ich zwanzig war, habe ich nie daran gedacht...

UND jetzt?

H. DE M. Jetzt... Man muß das auch bei Celestino sehen: Er ist jemand, der einmal ganz außergewöhnlich gewesen sein muß. Der Beweis: Man versucht, ihn einzusperren. Was kann ein Mann, der mit fünfundvierzig etwas Außergewöhnliches war, Hauptmann der Miliz, tun, wenn er alt geworden ist und nichts mehr ist? Auch davon handelt mein Buch. Ich habe Leute gekannt, die Oberst waren und über Leben und Tod von dreitausend Menschen entscheiden konnten... Sie verlieren ihr Gehör, und plötzlich sind sie arme Hunde, die im *Figaro* eine Anzeige aufgeben, um irgendwo eine Stelle zu finden, weil ihre Pension nicht ausreicht. Im Grunde ist das bei Celestino der Fall.

SIE sagen, daß er alt ist und geben ihm Ihr Alter?

H. DE M. Ich bin eine Mischung aus Alter und Jugend...

SIND Sie jemals nach Madrid zurückgekehrt?

H. DE M. Ich wollte es, doch dann, vor drei Jahren, ich weiß nicht, ob Sie es wissen, habe ich einen Sonnenstich gehabt. Seither habe ich Anfälle von Schwindel, Benommenheit, wenn ich mich in einer Menschenmenge aufhalte. Ich mußte auf diese Reise verzichten. Aber ich habe mich informiert, ich habe gelesen, mir von anderen davon erzählen lassen.

UND haben Sie nochmals Stierkämpfe gesehen?

H. DE M. Ich werde wieder welche sehen, wenn es gute Stierkömpfe gibt! Ich mag die Technik der Corrida. Den Flitterkram an den Kostümen mag ich weniger, ich würde die Toreros lieber unauffällig gekleidet sehen, nüchterner, wie Boxer oder Tennisspieler. Und überhaupt, der moderne Stierkampf ist nicht mehr das.

MAN sagt, daß die Corrida faschistisch ist?

H. DE M. Die Vorliebe für den Stierkampf ist auf eine Veranlagung zurückzuführen, die bewirkt, daß man das Risiko herausfordert. Diese Neigung ist praktisch unabhängig vom Stierkampf. Die Matadore leben in Angst, und trotzdem machen sie weiter, sie kehren immer wieder zurück. Ich verstehe das. In meinen *Carnets* habe ich – zwischen zwei leeren Seiten – geschrieben: »Ich liebe meine Angst.«

UND Celestino liebt die seine?

H. DE M. Celestino hat die Möglichkeit, geruhsam. in Paris zu leben, doch er begibt sich in die Höhle des Löwen. Absichtlich. Er ist nicht der einzige. Viele fordern gern die Gefahr heraus. Sie steigen auf die Barrikaden, um die Draufgänger zu spielen. Ich habe solche Leute gesehen, bei der Befreiung von Paris, junge Burschen, Arbeiter, die auf die Barrikaden stiegen, sobald sie einen Deutschen sahen, um zu zeigen, daß man sie nicht in der Tasche hatte. Die sind es, die getötet werden!

WARUM sagt man, daß Sie Frauen nicht mögen?

H. DE M. Eine Phrase...

WARUM ist Ihre weibliche Hauptfigur, Pasqualita, Celestinos Tochter, so unsympathisch, ja sogar faschistisch?

H. DE M. Ich habe ein wenig an Don Quichotte gedacht, an die Gouvernante und an die Nichte von Don Quichotte, die beide an seinen Abenteuern überhaupt nicht Anteil nehmen. Ich habe das erlebt, es hat in meinem Leben Leute gegeben, mir nahestehende, die sich überhaupt nicht für das interessieren, was ich liebte. Deshalb wollte ich neben Celestino diese Person stellen, die er liebt, doch die sich überhaupt nicht für das interessiert, was er tut, für das, was das Wesen seines Lebens ausmacht, auch wenn das nicht besonders interessant ist.

SIE ist gemein zu ihm...

H. DE M. Ich wollte, daß sie ihm ihr Desinteresse zeigt: Sie tippt seine Artikel, Artikel, die er explosiv findet, und sie spricht mit ihm nicht darüber, sie sagt nichts. Für einen einsamen Mann, der sonst keine Gesprächspartner hat, ist das schrecklich. Im Grunde ist sie eine Tochter, die die Ideen ihres Vaters nicht teilt; in Madrid ist sie plötzlich in ihrem Element. Sie ist die geborene Franco-Anhängerin. Ist es aus einem Widerspruch heraus, weil ihr Vater sie anödet? Man muß dazu sagen, daß er ein Egoist ist, ganz in seine Leidenschaft des Zeitunglesens versunken, ist er manchmal schwer zu ertragen...

UND es normal findet, daß sie ihm ihr Leben opfert...

H. DE M. Sie möchte sich gern verheiraten, und er versucht in der Tat nicht im geringsten, ihr zu helfen. Vielleicht hätte ich sein Gefühlsleben ausführlich beschreiben sollen, ich habe es nur flüchtig skizziert... Doch ich habe mir gesagt: »Verflixt, noch einmal *Erbarmen mit den Frauen*...« Und dann kenne ich das spanische Bürgertum nicht gut genug.

ARBEITEN Sie an etwas Neuem?

H. DE M. Ich habe ein Stück fertiggestellt. Auch über den Bürgerkrieg, aber nicht über den spanischen Bürgerkrieg. Es heißt *Der Bürgerkrieg*. Außerdem werde ich zwei Werke über die alten Römer herausbringen. Und dann wird es eine Neuinszenierung von *Fils de personne* geben: Ich schreibe eine Art Prolog.

GLAUBEN Sie, daß Literatur ein Risiko ist?

H. DE M. Ich habe die Literatur niemals als großes Risiko betrachtet. Abgesehen von dem Risiko, in der Gerüchteküche zerkocht zu werden… Natürlich, wenn die politische Lage härter wird, ist es etwas anderes. Doch dann ist alles ein Risiko.

DAS *Chaos und die Nacht* ist ein schöner Titel. War er vor dem Buch da?

H. DE M. Nein, ich wollte mein Buch zunächst *Stigmata* nennen; das hätte eine falsche Wortwahl bedeutet: Stigmata sind vernarbte Wunden, und Celestino stirbt durch vier symbolische Degenstiche. *Das Chaos und die Nacht* ist mir danach eingefallen. Ich habe ein wenig gezögert, weil es vielleicht an *Das Sein und das Nichts* erinnern könnte. Doch was soll's, der Titel gefällt mir, und er ist durch das Buch gerechtfertigt: Das Chaos ist das Leben; die Nacht ist das, was vor und nach dem Leben kommt.

JACQUES PRÉVERT

Prévert schlief wenig, er sah immer aus, als hätte er dringend ein Kopfpolster nötig . . .

Jacques Prévert wurde am 4. Februar 1900 in Neuilly-sur-Seine geboren; sein Vater war Bretone, seine Mutter stammte aus der Auvergne.

Er verläßt mit fünfzehn Jahren die Schule und übt dann verschiedene Berufe aus; unter anderem ist er Verkäufer im Warenhaus Bon Marché. 1918 wird er zum Militär eingezogen, nach Kriegsende beendet er seinen Militärdienst im Nahen Osten. 1930 gehört er bereits zum vertrauten Kreis der Surrealisten. Seine ersten Gedichte erscheinen in *Bifur* und *Commerce*.

Er macht sich als Autor von Drehbüchern und Dialogen einen Namen: *L'affaire est dans le sac*, 1932; *Le crime de Monsieur Lange*, 1935; *Drôle de drame*, 1937; *Quai des brumes*, 1938; *Le jour se lève*, 1939; *Les Visiteurs du soir*, 1942; *Les Enfants du paradis*, 1943.

Sein erster Gedichtband, *Paroles*[1], erscheint 1945. Es folgen: *Histoires*, 1946; *La Pluie et le beau temps*, 1955; *L'Opéra et la lune*, 1953; *Choses et autres*, 1972.

Jacques Prévert starb am 12. April 1977 in Ormonville-la Petite (Manche). Er war siebenundsiebzig Jahre alt.

Das Interview fand im März 1963 in seiner Wohnung am Montmartre statt.

1. Gedichte und Chansons. Hamburg 1957.
Rebellen. Prosa, Szenen, Verse. Nürnberg 1981.

Mit Jacques Prévert in Antibes *(Foto aus einer Privatsammlung)*

Noch bevor ich überhaupt seinen Namen kannte, hatte mich Jacques Prévert schon ganz und gar verzaubert. *Rappelle-toi Barbara*... Seine Chansons mehrten sich, liefen von Mund zu Mund, von Juliette Gréco zu Yves Montand und vielen anderen... Man begann, viel über ihren Autor zu sprechen.

Aus den Zeitungen lernte ich sein Gesicht kennen: ein faltiger Hund mit feuchten Kulleraugen. Ich hörte seine Stimme, die Filme kommentierte. Er sprach manchmal im Radio, spöttisch und unwirsch... Da er wenig schlief, sah er immer aus, als hätte er dringend ein Kopfpolster nötig... Prévert hatte einen Namen, dem ein ländlicher Duft anhaftete[1], und lange vor dem Mai '68 behauptete er, der Städter, der auf dem Montmartre wohnte, daß unter den Pflastersteinen wildes Gras wachse.

Der Poet Prévert, dessen Worte die Szenen meines Privatlebens begleiteten, war mir vertraut geworden. Gleichzeitig blieb der Mensch Prévert für mich ein Fremder. Ich war ihm niemals begegnet und empfand ihm gegenüber eine gewisse Furcht.

Ich war nicht vertraut mit den Bistros, mit den Theken der Bars, mit den neuesten In-Lokalen, mit dem Nachtleben von Paris... Er rührte mein Jungmädchen-Herz, aber dieses Herz trug ich nicht offen zur Schau. Ich war sogar ein wenig mißtrauisch dagegen. Ich hatte wohl Protestgefühle, aber keine anarchistischen! Die Anarchisten, diese Herumlungerer, schienen mir Schwachköpfe zu sein. Ich fand es viel schicker, Saint-John Perse und seine großartigen Verse in den Himmel zu heben als das Klagelied getrennter Liebender.

Was würden wir uns wohl zu sagen haben, Prévert und ich? Er bewohnte am Montmartre eine seltsame Wohnung, die sich in einer Betonterrasse fortsetzte, hinter dem ehemaligen Tanzlokal Moulin Rouge.

Er erwartete mich, eine Zigarette im Mundwinkel, und begrüßte mich mit einem Blinzeln, das den Rauch seines Glimmstengels vertreiben sollte. Er verzog das Gesicht. Ich glaube, es fiel ihm schwer, mich ernst zu nehmen. Für ihn war ich nur eine Göre, und mich zu

1. Pré = Wiese, Vert = grün.

siezen kostete ihn einige Überwindung... (»Ich sage zu allen du, die ich mag«...)

Um mich durchzusetzen, attackierte ich sogleich. Unwillkürlich kam mein ursprünglicher Akzent wieder zu Tage. Das passiert mir jedesmal, wenn ich eingeschüchtert bin. Es ist der Akzent des 16. Arrondissements, und das macht die Sache selten besser, Richtung menschliche Wärme...

Prévert ließ sich nicht beirren und antwortete mir schlagfertig.

»Sie geben ein Buch neu heraus. Alte Texte?«

»Ja, alles alter Plunder...«

»Wann haben Sie zu schreiben begonnen?«

»Um jemand anderem einen Gefallen zu tun. Mir, mir war das schnurzegal, das können Sie mir glauben!«

»Und doch sind Sie ein Schriftsteller, ein Poet!«

»Nennen Sie es wie Sie wollen. Aber ich, ich stecke mir die Welt der Literatur...«

Er gefiel mir langsam, dieser Mann! Er wurde lebhaft.

Interviews ohne Bewegung, das war nicht seine Stärke. Er holte ein Stück Papier, auf dem geschrieben stand *Jacquet Pervers. La Prose.* »Ist das nicht witzig, nein? Das ist ein Anagramm aus meinem Namen und *Paroles*!«

Merkte er, daß ich langsam auftaute? Er entschied, daß das reguläre Interview beendet war. Schluß, aus. Er hatte zehn Minuten durchgehalten, das mußte genügen. Nun gingen wir zu ernsthaften Dingen über. Zunächst die Bilder.

Préverts große Augen waren ebenso wichtige Sinnesorgane wie seine Ohren. Daher seine Vorliebe für Maler, Photographen, für den Bereich der bildenden Kunst, Kino eingeschlossen. Das war seine wahre Umgebung, die andere, die literarische, war ihm schnurzegal.

Er zeigte mir zunächst, was an seinen Wänden hing. Ich vergaß zu sagen, daß seine Wohnung etwas von einem Trödelladen an sich hatte. Überall Zeichnungen, Lustiges, riesige Photos von Paris, von seinen Freunden, von ihm selbst, mit allerlei komischen Frisuren... Und dann Bilder, manchmal ganz winzige, die aussahen wie Bilder für Kinder.

Bei näherem Betrachten waren ihre Elemente in genialer Weise ihrer eigentlichen Bedeutung beraubt und zu tollkühnen, perversen und grotesken Szenen zusammengefügt worden.

Das waren seine Collagen. Sie waren ihm wertvoll wie sein Augapfel. Er hatte Unmengen davon, in Laden, Schachteln. Er hatte noch keine Ausstellung gemacht und dieses »Hobby« Préverts war nur seinen engsten Freunden bekannt... Ich war sogleich verzaubert. Ich wähnte mich bei einem Großvater, der etwas verrückt, kindlich-senil und sexbesessen war. Es gab da Rotkäppchen, den

Menschenfresser, Dornröschen, die Tiere aus La Fontaines Fabeln, sämtliche Figuren des Volks-Bilderbogens, die sich beunruhigenden Späßen hingaben. Es war das Werk eines Facteur Cheval, der sich mit Karton und Erotik beschäftigt hätte.

Als er mein Interesse sah, zeigte er mir seine ganze Ausrüstung. Bildtafeln verschiedenster Provenienz und verschiedenster Größe, die er bei Altwarenhändlern kaufte, aus alten Büchern, medizinischen Nachschlagewerken, Enzyklopädien ausschnitt, Werke von Gustave Doré, Plakate, Bilderbücher, Ansichtskarten... Ich betrachtete den Klebstoff, verschiedene Scheren, darunter auch ganz feine, wie Stickerinnen sie haben. Er erklärte mir, daß das anstrengende, schwierige und langwierige dabei das Ausschneiden ist. Es gibt winzige Details, Finger, Haare, die man nicht verpatzen darf.

Am liebsten wäre es mir gewesen, wenn wir uns gleich hier niedergelassen hätten, wir beide, hier, vor dem Schneidetisch, und uns an die Arbeit gemacht hätten... Aber Prévert war wie alle Künstler: Er zeigt jedem bereitwillig sein Atelier, aber er warf jeden hinaus, sobald er zu arbeiten begann.

Er zeigte mir auch sein »größtes Werk«, das er nach seiner Methode fabriziert hatte. Einen Paravent, wie man ihn auf dem Flohmarkt kauft, aus dem er ein märchenhaftes Objekt gemacht hatte, indem er ihn mit Bildern vollklebte. Die Themen, die Bewegung, die Farben verliehen dem Ganzen die Lebendigkeit eines Zeichentrickbildes.

In Wirklichkeit ging das Interview weiter. Aber anstatt mir die Kunst seiner Poesie in Worten zu erklären, *zeigte* Prévert sie mir. Denn er fügte seine Gedichte zusammen, wie er seine Collagen zusammenfügte. Er sammelte überall, auf der Straße, ein wenig von den alltäglichen Gesprächen, alte Auszählreime, Volkslieder, Brokken aus der Umgangssprache. Dann »schnitt er aus«, klebte wieder zusammen, fügte aneinander, mit einem unfehlbaren Riecher für »Hits«.

Kaum hatte er seine Lieder zum ersten Mal gesummt, sang man sie schon in allen Gassen. Man sagte sich: »Keine Kunst, sie kehren dorthin zurück, von wo sie hergekommen sind!«

Aber es genügt nicht, zusammenhanglos ein Wort an das andere zu reihen, um *Raton laveur* (der Waschbär) zu schreiben...

Und *Les Feuilles mortes*? Immer wenn man eine Hitparade der französischen Chansons macht, liegt *Les Feuilles mortes* an erster Stelle. Nichts ist einfacher, scheinbar, als diese alltäglichen Worte... *Die welken Blätter sammeln sich zuhauf, du siehst, ich weiß das Lied noch immer, das du für mich gesungen hast...*

Es ist so banal, dieses Lied, daß Prévert an dem Tag, an dem er es schrieb, nicht merkte, daß er soeben sein Meisterwerk geschaffen hatte. Er selbst hat es mir gesagt: Es handelte sich um einen Auftrag für einen Film, der gerade gedreht wurde, und an dem er als Drehbuchautor beteiligt war. Er hatte das Chanson in wenigen Minuten geschrieben, und weil es ihn so wenig Mühe gekostet hatte, schenkte er es der Produktion, oder zumindest fast... Er behielt die Rechte dafür nicht.

»Können Sie sich das vorstellen«, hat er zu mir gesagt. »Wenn ich die Rechte für *Les Feuilles mortes* hätte, wäre ich steinreich!«

Das hätte ihn vielleicht dabei gestört, so zu leben, wie er gerne leben wollte. Als Spaziergänger, der auf der Straße, in den Geschäften, auf öffentlichen Plätzen die Worte aller Menschen aufliest und ihnen Reime gibt, damit man ihre kleine Melodie besser hören kann...

Prévert war fröhlich, und er war traurig. Er sah schwerfällig aus, doch er kletterte wie eine Katze die Stiegen hinauf zur Butte. Er duldete bei anderen alles außer Engstirnigkeit. Seine Stimme dröhnte, wenn er denen über den Mund fuhr, die ihm mißfallen hatten! Er sagte, er liebe vor allem die Liebe. Ich für meinen Teil glaube, daß er vor allem die Freundschaft und seine Freunde liebte.

Er lud mich nach Antibes ein, wo er eine Wohnung besaß, die – wie könnte es anders sein – an der Festungsmauer lag. Ein altes Haus, wie es in der Gegend üblich war, mit einer Terrasse, die nach außen die Wohnküche fortsetzt. Ich fuhr hin. Ich lernte seine Frau und seine Tochter Minette kennen, die ihm manchmal beim Ausschneiden half. Wir sprachen nicht über Literatur. Wir setzten uns auf die Terrasse. Das Blau des Himmels diente als Hintergrund für seinen wässrigen Blick. Er musterte mich, während er plauderte und nach Worten suchte, die mich am meisten berühren könnten. Er fand sie ohne Schwierigkeiten, denn dieser Augenmensch hatte ein gutes Gehör.

Wir machten die Runde in den Bistros von Antibes, wo Prévert den Einheimischen spielte. Was stellte er wohl für die Leute aus der Gegend dar? Er hatte stets die Hände in den Hosentaschen und eine Zigarette im Mund. Es muß immer die selbe gewesen sein, denn ich habe ihn nie eine anzünden sehen!

Er sprach mit allen im gleichen Tonfall, halb spöttisch, halb müde.

In Wirklichkeit war er ein Bremser. Mit ihm verging die Zeit viel langsamer. Ich bin mir nicht sicher, ob Prévert nicht mit der Zeit ein wenig Langeweile verbreitete, wenn er ewig dieselben Geschichten erzählte...

Das ist kein Vorwurf, denn, an der Theke eines Bistros lehnend, lernte man von Prévert die Leute zu beobachten, die vorübergingen: die schönen Leute, die kleinen Leute, die seltsamen Leute, alle Leute... Er machte daraus Chansons. »Wo sind sie geblieben, die kleinen, verrückten Leute von Sonntagmorgen?...«

Er liebte Antibes. Die Sommerhitze. Seine Terrasse. Paris mochte er noch lieber. In Paris hat die Nacht kein Ende. Die Morgendämmerung ist voller Menschen. Man ist nie allein.

Ich kann mir Prévert nicht allein vorstellen. Er war ein Mann, der viel mit anderen zusammen war. Er erwies mir die Gunst, mir einige seiner Collagen als Postkarten zu schicken. Die schönste zeigt einen Sonnenuntergang – oder Sonnenaufgang – über dem Meer. Er hat die Sonne durch ein fröhliches, gutmütiges Gesicht ersetzt, das, umgeben von Sonnenstrahlen, halb aus dem Horizont herausragt.

»Guten Tag!« hat er in seiner großen, lebhaften Schrift daraufgeschrieben. Das war der Beginn eines Chansons. Eines Chansons à la Prévert, das so einfach ist, wie Guten Tag sagen...

SIE geben also *Histoires* neu heraus?

Jacques Prévert. Ja, mit einigen unveröffentlichten Texten, Märchen für Kinder, Erzählungen, den ganzen alten Kram...

WANN haben Sie zu schreiben begonnen?

J. P. Ich? Sehr spät. Ich habe wegen Michaux damit angefangen. Ich kam aus Amerika zurück. Er sagt zu mir: »Haben Sie schon einmal geschrieben?« Ich sagte zu ihm: »Ja.« Sagt er zu mir: »Warum schreiben Sie nicht mehr?« Sage ich zu ihm: »Ich weiß nicht.« Er sagt zu mir: »Sie machen einen Fehler.« Ich sage zu ihm: »Ach!« Er sagt zu mir: »Ja, Sie müssen schreiben, Sie werden es tun und mir sagen, was Sie machen...« Und ich habe es getan. Komisch, nicht? Er hat darauf bestanden, zu seinem eigenen Vergnügen, weil es ihm gefiel, daß ich schrieb...

UND das hat funktioniert?

J. P. Sehr gut. *Paroles* hat sich sofort sehr gut verkauft.

MAN sieht Sie nicht oft bei den Schriftstellern...

J. P. Man muß dazusagen, daß ich einen Verleger habe, René Bertelé, der weiß, was das heißt, ein Buch zu machen. Das ist selten. Er war es, der meine Bücher verlegen wollte. Ich aber dachte gar nicht daran. Ich weiß immer noch nicht, warum ich zugestimmt habe... Es ist mir schnurzegal, was sich in der Literatur tut. Außer Michaux weiß ich nicht, ob ich einen Schriftsteller kenne... Ihre allgemeinen Ansichten, ihre Klassifikationen, ihre Streitereien... Wenn man mir sagt: »Was Sie da machen, ist keine Poesie...«, antworte ich: »O.K., Sie haben recht, ich habe lange gebraucht um draufzukommen, jetzt ist es soweit, ich werde mich danach richten.« Sehen Sie...

(Er ging ein Stück Papier holen, das er mir mit einem verschmitzten Lächeln hinhielt. Es stand zu lesen: *Jacquet pervers. La Prose.*)

WAS ist denn das?

J. P. Der neue Titel von *Paroles*. Es ist das Anagramm aus meinem Namen und *Paroles*. Witzig, nicht wahr?

WIE sind Sie auf diese Idee gekommen?

J. P. Einfach so... Eines Tages ist es mir ins Auge gesprungen...

HABEN Sie jemals ein Prosawerk geschrieben?

J. P. Ich habe ein großartiges Buch geschrieben, es heißt *Über die Animosität der menschlichen Tiere*, zweiundfünfzig Bände zu je fünftausend Seiten... Es gibt noch eines, *Kämpfende Hunde im Vorzimmer eines Zahnarztes*, hübsch, nicht? Es ist ein alltägliches Ereignis, das erste Kapitel heißt *Wüstes Durcheinander*... Posthum ist das alles, posthum!...

UND was machen Sie im Moment?

J. P. Ich mache ein Buch mit Miró, zur Gänze Handarbeit, sehen Sie: Er, er macht die Zeichnungen, und ich schreibe darauf.

UND das Theater, mögen Sie das?

J. P. Eines Tages habe ich zu Adamov gesagt: Ich liebe das Theater sehr, deshalb gehe ich nie hin...« Es stimmt, gutes Theater ist selten. Was gibt es da schon? Roger Blin, Jean Vilar... Ich hatte *Godot* von Beckett sehr gern, es tat mir leid, daß es nicht noch einen Akt hat. Ich mochte auch *Die Erbauer des Imperiums* von Vian... Aber was ich am allerliebsten mochte, früher, das waren die Melodramen im Théâtre Montparnasse, vor Baty ... es war ungeheuerlich, die Leute warteten beim Ausgang auf den Bösewicht, um ihm eine herunterzuhauen!

UND Filme?

J. P. Ich liebe Filme, natürlich, Western. Früher hieß das Cowboy-Filme. Im Panthéon-Kino, zur Stummfilmzeit, da gab es einen Typen im Cowboykostüm, der den ganzen Film erzählte. Ist ihnen aufgefallen, was mit dem Western heute passiert? Es ist eine Tragödie: Die Kulisse ist immer dieselbe, der Wilde Westen – Saloon, Pferde – die Figuren auch – der Held, der Bösewicht – und es ist immer dieselbe Geschichte ... wie in der Tragödie!

WAS halten Sie vom Fernsehen?

J. P. Es ist großartig, wenn es gut ist, das heißt, wenn es frei ist!

Doch je stärker die Ausdrucksmittel sind, desto leichter werden sie zu Mitteln der Unterdrückung und der Verblödung. Die Mittel selbst können nichts dafür...

UND die Poesie, wie geht es ihr?

J. P. Wissen Sie, Poesie, das ist ein Wort geworden, was jeder zu verstehen glaubt, wie »Erotik«, »Komplex«, »Gag«, »Literatur«... Jeder sagt, er weiß Bescheid... In Wirklichkeit ist es mit der Poesie, mit der Metaphysik so, wie mit der Mode... Manche Ideen halten sich lange, manche halten sich kurz... Sehen Sie, es gibt immer

Poeten. Es gibt welche, die sind »PR-Männer«, nennen wir keine Namen; sie glauben, sie bestimmen das Auf und Ab der Poesie wie es ihnen paßt... Glücklicherweise gibt es auch andere, wie Yves Bonnefoy, die Poeten sind.

WAS denken Sie über die Liebe?

J. P. Ach! das... Darauf kann man nicht antworten... Vielleicht können andere es, aber ich nicht, nicht einfach so. Sie würden mich das übrigens nicht fragen, wenn Sie nicht gekommen wären, um mir Fragen zu stellen! Auf alle Fälle nicht so, aus heiterem Himmel... Was ich über die Liebe denke...

(In diesem Augenblick läutet das Telephon.)

Hallo... Oh! Madame, wenn ich es wäre, wenn es in meiner Macht stünde, ich würde sie auf der Stelle senken, Ihre Steuern, ich würde Sie sogar davon befreien, total... Nur, sehen Sie, Sie müssen sich in der Nummer geirrt haben, ich bin nicht Ihr Finanzbeamter... Nein, nein, ich versichere es Ihnen... Er wird nicht so nett sein wie ich, Sie werden sehen. He, Madame, eine Minute noch, warten Sie. Sagen Sie mir, was denken Sie über die Liebe? ... Sie hat aufgelegt! Komisch, nicht, sie hatte mich für einen Finanzbeamten gehalten!

HATTE sie keine Vorstellungen über die Liebe?

J. P. Nein, wenn man übrigens über die Liebe spricht, heutzutage, dann denken die Leute immer dasselbe: das ewige Dreieck, der Betrug. Die Leute haben einander betrogen? Na gut, jeder Mensch hat das Recht, sich zu irren... Aber daß man daraus Stücke macht, Romane, Filme... Mich, mich interessieren die Geschichten vom betrogenen Ehemann nicht. Für mich ist das nicht die Liebe! Die Liebe... Wenn man von etwas entzückt ist, dann ist es schwer, im Gespräch oder schriftlich, ein Bild, auch nur ein ungefähres, seines Entzückens zu geben. Was ich Ihnen sagen kann, ist, daß ich nie im Leben etwas besseres gesehen habe, etwas Schöneres gesehen habe, als eine nackte Frau... Aber wenn man das gesteht, fragen die Leute einen sofort: »Sieh mal einer an! Wer? Welche? Wann?« Es ist deprimierend...

JEDEM seine Liebe...

J. P. Ja, die Liebe ist frei. Sie ist frei, die Liebe. Die wahnsinnige Liebe? Die leidenschaftliche Liebe? Die große Liebe? Klassifizieren wir nicht... Die Liebe... Je öfter man das Wort wiederholt, desto weniger sagt es, es ist ein Wort, das schweigt, ein geheimes Wort, davon hat es seinen Charme, all seinen Charme. Finden Sie nicht?

ICH liebe Ihre Gedichte...

J. P. Es gibt jemanden, der von Liebe spricht, ohne daß man es merkt, das ist Michaux. Die Leute denken, er spricht von etwas anderem, von Drogen, von sich; in Wirklichkeit spricht er von der Liebe, in wunderbarer Weise. Eluard natürlich auch, er liebte eine

Frau, doch er liebte die Frauen an sich: Wenn man eine Frau liebt, liebt man die Frauen an sich.

Wissen Sie, warum ich die englische Literatur liebe? Weil von der Liebe gesprochen wird. Shakespeare, zum Beispiel, das ist wunderbar, es ist das Gegenteil der Tragödie. Ich habe einen Horror vor dem 17. Jahrhundert in Frankreich, ich persönlich. Aber wenn man sagt, daß es ein Jahrhundert der Langeweiler war, daß Louis XIV ein Zwerg ist, daß es nichts Langweiligeres gibt als Versailles, dann wird mit dem Finger auf einen gezeigt: Das 17. Jahrhundert, das ist die Tragödie! Eben! Shakespeare (man sagt, daß er seine Stücke nicht selbst gemacht hat, daß er Neger hatte, vielleicht Othello?), Shakespeare, der macht nie Tragödien: Er spricht von der Liebe.

Es gibt noch andere, die von der Liebe gesprochen haben, sehr wenige, nicht die, von denen man es glaubt, sondern Zola, Proust. Zola! Einfach wunderbar, wie er es verstanden hat, über die Liebe unter Kindern zu sprechen (auch in der englischen Literatur versteht man es, darüber zu sprechen, aber nicht bei uns). Welch eine Persönlichkeit, dieser Zola, ein ganz und gar nicht frauenfeindlicher Schriftsteller; erst heute erkennt man seine Größe (seit er in der Pléiade ist, wahrscheinlich ...). Ich, der nie etwas auswendig kann, hören Sie zu: »Nun, da sie die Erde nicht mehr als ängstliche, schicksalergebene Kreatur befragte, vernahm sie die leise Stimme, die dicht über dem Boden dahinlief, die Stimme des Abschieds der Pflanzen, die einander einen glücklichen Tod wünschten ...« Erstaunlich, nicht wahr?

WARUM hat man heutzutage das Gefühl, daß es unter den Schriftstellern keine Persönlichkeiten dieses Formats mehr gibt, so wie Zola, so wie Proust?

J. P. Früher begnügten sich die Leute nicht mit dem Schreiben, sie hatten ein Leben. Sie waren selbst Romanfiguren: Dostojewskij ist eine Romanfigur, Victor Hugo ist eine Romanfigur, Balzac, den ich weniger gern mag, ist eine Romanfigur, selbst Eugène Sue ... Heutzutage sind Schriftsteller Beamte des Intellekts, es passiert ihnen nichts, und sie schreiben über das, was ihnen passiert! Nach einem Ausspruch von Isidore Ducasse: »Eine beträchtliche Menge von keinerlei Bedeutung.«

WAS soll man nun tun, um die Dinge zu bewahren? Damit sie weiter so sind, wie man sie gerne hat, wie man sie liebt?

J. P. Man muß nur lieben ... Ist Ihnen das aufgefallen? Etwas, was Sie getroffen hat, ist für Sie näher als die Gegenwart, lebendiger als die Gegenwart ... Doch es gibt Leute, die nur ihre schlechten Erinnerungen lieben. Andere wiederum – sie sind vielleicht am seltensten – neigen stark dazu, sich nur an die guten Dinge zu erinnern; das sind die, die man als glückliche Leute bezeichnen kann.

Und doch ist ihnen, ebenso wie den anderen, manchmal ein Unglück geschehen, sie haben Unglück gesehen... Aber was sie ans Leben bindet, immerzu, sind die unmittelbar gegenwärtigen glücklichen Dinge, sowohl die, die in Zukunft noch geschehen werden, als auch die, die bereits geschehen sind. Und das ist Liebe!

WARUM haben Sie erst so spät publiziert?

J. P. Es ist nicht so, daß ich spät publiziert habe, ich habe spät geschrieben.

WAS haben Sie vorher gemacht?

J. P. Ich habe es immer gesagt, wenn man mich danach gefragt hat: nichts.

REIN gar nichts?

J. P. Einmal hat man mich aufgefordert, meine Memoiren zu schreiben, und ich bin draufgekommen, daß ich, sobald ich von mir sprechen wollte, von anderen sprechen mußte... Das war indiskret. Bis sieben Jahre ging es noch, aber danach, da konnte es andere Leute kompromittieren. Ich habe das *Erzähl' dein Leben nicht* genannt. Als Motto hatte es einen Satz von Mac Orlan, der ungefähr folgendes sagte: Unser Leben ist so sehr mit dem der anderen verknüpft, daß es uns nicht zusteht, darüber zu sprechen...

HABEN Sie die Surrealisten gut gekannt?

J. P. Ja, aber zu der Zeit habe ich nicht geschrieben. Ich liebte das Herumflanieren, ich liebte die Frauen, ich liebte die Nacht. Wissen Sie, was ich gemacht habe? Ich nahm mir ein Hotelzimmer, so gegen neun Uhr. Um dort zu schlafen. Aber hätte ich das so gesagt, geradeheraus, hätte man es mir verweigert, das Zimmer, man hätte gedacht, ich würde Drogen nehmen, oder ich weiß nicht was... Ein Zimmer zum Schlafen? Und was denn noch... Also sagte ich, daß ich auf meine Kleine wartete und daß man mich wecken möge, wenn sie bis Mitternacht nicht da wäre. Um Mitternacht weckte mich ein Zimmerkellner und sagte: »Sie ist nicht gekommen, machen Sie sich nichts draus, eine verloren heißt zehn gefunden!« Ich zog mich an, ich war ausgeruht, frisch und munter, früh auf den Beinen, und ich konnte ganz Paris durchstreifen, sehen, erleben, Paris bei Nacht, Paris...

TRISTAN TZARA

Mit achtundsechzig Jahren ritt Tzara immer noch sein Steckenpferd Dada!

Tristan Tzara wurde am 16. April 1896 in Moinesti (Rumänien) geboren.

In Zürich kreiert er 1916 den Begriff »Dada«, indem er aufs Geratewohl ein Wörterbuch aufschlägt.

Er nimmt Verbindung mit den Surrealisten auf, mit Breton und Aragon, und mit Malern wie Picasso, Arp, Modigliani.

1918 entsteht das *Manifeste dada*.

Zu seinen bekanntesten Werken zählen: *Première Aventure céleste de Monsieur Antipyrine*, 1916; *Vint-cinq Poèmes*, 1918; *Les sept Manifestes dada*[1], 1924; *Lampisteries*, 1917–1922; *Indicateur des chemins de cœur*, 1928; *L'Arbre des voyageurs*, 1930; *L'Homme approximatif*, 1931; *Le Puisatier des regards*, 1932; *L'Antitête*, 1934; *Midis gagnés*, 1935–1938; *Parler seul*, 1945; *De mémoire d'homme*, 1950; *La Face intérieure*, 1953.

Seine gesammelten Werke, die ab 1975 erschienen sind, umfassen zur Zeit fünf Bände.

Tristan Tzara starb am 23. Dezember 1963 in Paris.

Das Interview fand am 12. November 1963 einen Monat vor seinem Tod, in seiner Wohnung in der Rue de Lille statt.

1. 7 Dada-Manifeste. Hamburg 1976.

Von Tristan Tzara wußte ich nur eines: Er hat eine Silbe verdoppelt und ist damit berühmt geworden. Mehr als berühmt, er ist heute Teil unserer bedingten Reflexe. Wenn jemand »Dada« sagt, denken wir sofort »Tzara«. Was sich hinter dem Wort »Dada« wirklich verbarg, wußte ich nur ungefähr. Ich wußte nichts über Tzara, über seine Herkunft, über sein Leben, ob er überhaupt noch lebte...

Ich erkundigte mich: Wo finde ich Tzara? Zu meiner Überraschung erhielt ich zur Antwort: ganz in der Nähe.

Tatsächlich wohnte er in der Rue de Lille, in einem Gebäude neben dem, in welchem Jacques Lacan wohnte.

Einige Tage später war ich bei ihm. Tzara empfing mich in seinem Schlafzimmer, gleich neben seinem Bett. Um seine Augen lagen dunkle Ringe, seine Stimme war schwach, und im ersten Moment war es mir unangenehm, einen Menschen zu stören, der so offenkundig krank war. Todkrank.

Doch Tzara ermutigte mich mit einem Lächeln und bat mich ganz sanft, Platz zu nehmen. Sehr bald hatte ich das Gefühl, daß ihn sein Tod überhaupt nicht kümmerte. Oder glaubte er etwa nicht daran, wie viele Schwerkranke?

Ich begann mit ihm über das zu sprechen, was von ihm bleiben würde, über sein Werk, die Neuauflage der Dadaistischen Manifeste. Ich merkte sogleich, wie lebendig und beweglich sein Geist immer noch war.

So sehr Breton auf mich den Eindruck eines Menschen gemacht hatte, der sich in seine Persönlichkeit verschlossen hatte, so sehr schien mir die Persönlichkeit dieses Mannes, der kurz vor seinem Ende stand, im Werden, immer auf der Suche, vorwärtsschreitend zu sein. Mit einem Wort: Er war mir sehr ähnlich...

Nach kurzer Zeit plauderten wir wie zwei Freunde: über die Kunst, seinen gegenwärtigen Platz in der Gesellschaft, seine Literatur... Wir lebten beide mit denselben Unsicherheiten, mit denselben Sehnsüchten.

»Was lieben Sie?«

»Ich liebe alles!« antwortete er mir.

Er erklärte mir, daß er sehr »optimistisch« sei, daß man mit den alten Bindungen brechen müsse, daß eine »Humanisierung« im Gange sei, daß sie sich »rasend schnell« rasch entwickeln werde.

Er sprach langsam und beherrscht, wahrscheinlich um seine Kräfte zu schonen. Ich sah ihn voll staunender Bewunderung an. Er hatte zwei furchtbare Kriege erlebt, und trotzdem glaubte er noch an eine »Humanisierung«? Er hatte nie aufgehört, für ihren Triumph zu kämpfen, das stimmt. Denn er glaubte an sich selbst, an seine eigene schöpferische Kraft.

1916, am Tag der Schlacht bei Verdun (mein Vater war dabei), hatte Tzara, außer sich über den mörderischen Wahnsinn, dem sich der ganze Kontinent hingab, in Zürich die Idee, Dada zu gründen. Eine Bewegung der Revolte. Der Provokation. Doch ohne Gewalt. »Wie hätte man der Gewalttätigkeit der Menschen damals noch etwas hinzufügen können?« sagte er zu mir. (»Mit welchem Glücksgefühl, mit welcher Freude wir in den Krieg gezogen sind!« erzählt mir mein Vater.) Es war im Gegenteil eine Rückkehr zu dem, was jeder in sich an schöpferischer Kraft besitzt. Lebenstrieb, nicht Todestrieb.

Der Mann, den ich vor mir hatte, war sanft. Und doch hatte er Texte geschrieben, die den Zorn seiner Zeitgenossen entfesselt hatten. Und eine Welle des Aufbruchs in der Kunst initiiert. Duchamp, Picasso, die gesamte moderne Malerei und auch die moderne Musik, Varèse, Satie; später der Nouveau Roman, Beckett, Ionesco; und die Nouvelle Vague im Kinofilm, Godard, Truffaut, Resnais... Alle, die ohne Regeln, ohne Hindernisse schöpferisch tätig sein konnten, verdanken es Dada...

Wie alle anderen war auch ich durch den Dadaismus, den Surrealismus ermutigt worden, den Weg zu gehen, der meiner innersten Überzeugung entsprach. Ohne mich um die Meinung anderer zu kümmern.

Tzara sagte mir, daß er immer noch schrieb. Und was? Nun, Gedichte! Und er hatte diesen einen Satz um auszudrücken, was ihn am stärksten berührte: »Liebe und Poesie... Es gibt nur das. Und noch die Revolution!«

Hatte Breton mir nicht genau dasselbe gesagt? Zu Beginn waren Tzara und Breton einander sehr nahegestanden, fast miteinander verschmolzen; dann hatten sie sich voneinander entfernt.

Da ich erst den einen, und nun den anderen sah, hatte ich die unerhörte Chance, für mich selbst festzustellen, worin sie sich ähnlich waren und worin sie sich unterschieden.

Ihre Leitgedanken waren im Grunde identisch. Aber ihre Art, sie zu leben, war konträr.

Breton glaubte, es sei wichtig, ein großer Mann zu sein. Er hatte sich eine Legende geschmiedet, die er Buchstabe für Buchstabe verteidigte. Das war seine »Kriegsmaschine«, mit der er seine Zeitgenossen beeindrucken und ihnen seine Ideen aufzwingen wollte,

Tzara wich allem aus, was an Versteinerung erinnerte. Er war krank, sicher, aber ich spürte, daß er den festen Willen hatte, nicht viel Aufhebens davon zu machen. Nicht aus Bescheidenheit, sondern um alles besser genießen zu können: den Augenblick, ein Gefühl, einen Gedanken, eine Begegnung, ein Wort, ein Spiel, eine Neuheit... Im Grunde war Tzara frei, viel freier als Breton.

Seine bloße Gegenwart stimulierte mich. Ich fühlte mich energiegeladen und wollte ihm gerade vorschlagen, mit ihm gemeinsam Filme, Bildergalerien, Photoausstellungen zu besuchen; er sollte mir dabei helfen, die großen Linien der Zukunft besser zu entschlüsseln. Ich war betroffen, als er mir mit seiner schlichten Stimme sagte: »Wissen Sie, ich fühle mich ein wenig müde. Ich glaube, es ist besser, wenn Sie jetzt gehen. Sie können ja ein anderes Mal wiederkommen...« Ich hatte kaum begonnen, ihn zu entdecken, und schon mußte ich ihn wieder verlassen. Ich hatte so sehr das Gefühl, daß ich ihn brauchte... Im Grunde hat er mir das Wesentliche gesagt. Von allen Schriftstellern, denen ich nähergekommen war, ist Tristan Tzara der, der mir am schnellsten und mit den wenigsten Worten das gesagt hat, was ich hören wollte... Die kleine Melodie, die einen einlädt, die eigenen Träume in die Tat umzusetzen, ohne jemandem darüber Rechenschaft abzulegen...

Bald darauf starb Tristan Tzara. Dada lebt weiter. Tag für Tag.

WENN Sie der Meinung sind, daß Dada ausgedient hat, welche Bedeutung hat dann für Sie die Neuauflage der »Manifeste«?

Tristan Tzara. Keine.

SIE haben die Texte immerhin durchgesehen, was haben Sie dabei gedacht?

T. T. Heute hätte ich sie nicht so geschrieben, Ideen sind mit Poesie vermischt, man findet Phantastisches darin, Naives, es ist rührend... Aber es ist seltsam, wenn man sieht, wieviele in der damaligen Zeit »revolutionäre« Ideen heute Allgemeingut geworden sind...

WELCHE?

T. T. Eine neue Art Humor, zum Beispiel. Sie sehen, was unter anderem mit Alain Renais' Film *Letztes Jahr in Marienbad* passiert ist. Ein Haufen Leute, die nichts davon verstanden, haben ihn akzeptiert und viel Gutes darüber gesagt. Niemals hätte etwas ähnliches vor Dada und den Surrealisten stattfinden können. Selbst in so seriösen Zeitungen wie *Le Monde* hat es Diskussionen über *Marienbad* gegeben... Es gab solche, die dafür waren, solche, die dagegen waren... Das ist Dada...

FINDEN Sie, daß seit Dada Fortschritte gemacht worden sind?

T. T. Fortschritte? Über das Wort »Fortschritt« sollte man diskutieren... Jedenfalls, was zum Beispiel den kulturellen Bereich betrifft, finde ich, daß wir uns augenblicklich in einer furchtbaren Krise befinden.

INWIEFERN?

T. T. Das Objekt. Wir erleben heutzutage ein seltsames und beunruhigendes Phänomen: die Vorrangstellung des Objekts, der Dekoration, der am Fließband erzeugten Artikel, gegenüber dem, was menschlich ist. Sehen Sie sich die verheerenden Auswirkungen der Werbung an: Sie zwingt den Leuten Bedürfnisse auf, die sie nicht haben, sie bereitet ihnen eine vorgefertigte Zukunft.

Der Mensch braucht all diese Dinge nicht, die man für ihn zu einer Verpflichtung macht. Dada stellte den Menschen und das Menschliche in den Mittelpunkt seiner Bemühungen, ohne der Faszination der Instrumente, des »Spielzeugs« zu erliegen, dessen sich der Mensch bedient... Es gibt noch Schlimmeres als die Faszination des Objekts

WAS denn?

T. T. Die Vorausplanung. Ich glaube, das ist die große Gefahr, die große Bedrohung unserer Zeit. Sie geht weit über die Planung der Fließbandproduktion hinaus. Um zu wissen, was geschehen wird, braucht man sich nur die amerikanische Gesellschaft anzusehen. Der Mensch kommt schließlich in ein Ungleichgewicht, nicht nur im Bereich des täglichen Lebens, sondern auch in der Kunst. Diese Vorausplanung, diese Vorrangstellung des Objekts gegenüber dem Menschen, diese Automatisierung. Ich sehe mit einer gewissen Furcht, daß eine ganze literarische Bewegung sich bemüht, das alles zu beschreiben, ohne es anzuprangern, was in der Folge so viel bedeutet, wie es zu akzeptieren. Wenn Dada sich absurd, unverschämt, skandalös, unlogisch gab, so hatte das den Wert einer Antiphrase; was die Dadaisten attackierten, prangerten sie an...

WORAUF gingen Sie los?

T. T. Auf alles. Der Krieg, das Vaterland, die Familie, die Religion, die Logik, die Ordnung – viele Dinge wurden damals groß geschrieben. Wir wollten von diesen vorgefertigten Institutionen nichts wissen, die uns im übrigen in den Krieg geführt hatten.

Ich hatte einen Satz von Descartes wieder aufgegriffen, nicht weil er von Descartes war, sondern weil er genau dem entsprach, was wir dachten: »Ich will nicht einmal wissen, ob es vor mir Menschen gegeben hat«...

WAS hat Ihren Bruch mit André Breton und den Surrealisten verursacht?

T. T. Nun, gerade der Begriff »modern«. Wir spürten hinter diesem Begriff eine Verhärtung, eine Objektivierung, die Gefahr lief, entmenschlichend zu werden. Zum Beispiel gab es eine Zeitschrift mit dem Namen *L'Esprit nouveau*, eine Architektur-Zeitschrift, die den Schwerpunkt auf alles legte, was »modern« war: das Hygienische, Funktionelle, Inhumane – alles, was in weiterer Folge tragischerweise eine Hochblüte erleben sollte.

Wir Dadaisten wollten davon nichts wissen... Breton war dafür: Er war für die Objektivierung, während wir dagegen waren, gegen alle Systeme, und für das Individuum. Wir waren sogar gegen das Fehlen eines Systems, wenn es zum Prinzip erhoben würde, Dada war für die Spontaneität, für das individuelle Handeln. Wir waren nur durch die Bande der Freundschaft verbunden.

WÄREN Sie gegen den Fortschritt?

T. T. Ich glaube an einen Fortschritt, und ich möchte nicht ungerecht gegenüber der jetzigen Zeit sein. Aber manchmal frage ich mich...

WAS denn?

T. T. Diese Multiplikation, führt sie immer zu guten Ergebnissen?

Heute multipliziert sich alles: Bücher, Leser, Ausstellungen, Bilder...

Man steht Schlange in den Museen. Ich beklage mich nicht darüber, dank all dem habe ich wunderbare Dinge gesehen, die ich sonst ohne lange und kostspielige Reisen nicht gesehen hätte, die Ausstellungen der letzten Jahre, zum Beispiel, über die Kunst in Mexiko, in Spanien, in Italien... Nur stelle ich mir trotzdem eine Frage...

WELCHE?

T. T. Diese Popularisierung, wozu dient sie, ist man sicher, daß sie sich positiv auswirkt? Erreicht man damit wirklich das Ziel der Kunst, nämlich die Vermehrung des Menschlichen? Ich frage mich manchmal, ob nicht der Snobismus der Masse schlimmer ist als der Snobismus der Reichen: dieser konnte eine Funktion haben, das Mäzenatentum, es bot wertvollen Künstlern die Möglichkeit, das Auskommen zu finden, entdeckt zu werden... Doch der Snobismus des Volkes?

Ein leerer Snobismus, aufrechterhalten durch Werbesprüche: Man muß das und das gesehen haben, diese Ausstellung, jenes Festival besuchen... Die Künstler werden zu Stars... Hat die Kunst einen Vorteil daraus? Und das Menschliche? Wo findet man darin eine Zunahme der menschlichen Werte?

VIELLEICHT gibt es trotz allem ein paar kleine, reale Fortschritte im Bereich der Freiheit?

T. T. Ich weiß es nicht. Wir leben in einer Übergangszeit, der

Krieg ist wahrscheinlich noch nicht zu Ende. Die Leute sehen ihr Leben von der Atombombe, von der totalen Zerstörung bedroht. Sie werden von einer Lebensgier gepackt, alles ist erlaubt, oder zumindest fast alles...

DIESE Überlegung von Ihrer Seite erstaunt mich... Und für Dada, war also nicht alles erlaubt, oder zumindest fast alles?

T. T. Oh Pardon! Dada hatte ein menschliches Ziel, ein extrem stark ausgeprägtes ethisches Ziel! Der Schriftsteller machte keinerlei Konzessionen an Situation, öffentliche Meinung, Geld... Man ließ sich von der Presse, von der Gesellschaft heruntermachen, das bewies, daß wir keine Kompromisse mit ihr eingingen. Im Grunde waren wir sehr revolutionär und sehr kompromißlos: Dada war nicht bloß absurd, nicht nur ein Gag, Dada war der Ausdruck eines heftigen Schmerzes der Jugend, der während des ersten Weltkriegs und in Zeiten der Not entstanden war. Was wir wollten, war, die gängigen Werte radikal auszumerzen, aber gerade zu Gunsten der höchsten menschlichen Werte...

UND die Generation von 1920, glauben Sie, daß auch sie ein ethisches Ziel verfolgte?

T. T. Vielleicht hat es nach dem Ersten Weltkrieg, nach dem Krieg, der der »allerletzte« sein sollte, eine gewisse Überreaktion gegeben... Aber in einem Elan, in einem Auflodern, einer echten Renaissance! Ich glaube, daß unsere Zivilisation in jener Zeit einen Schritt vorwärts getan hat: Alles ist gleichzeitig aufgetaucht, denken Sie nur daran, der Jazz, die Chaplin-Filme. Der erste Chaplin-Film in Zürich! Es war phantastisch.

Die Anerkennung von Guillaume Apollinaire, die Zeitschrift *Littérature*, die Zeitschrift *Nord-Sud* von Reverdy, die kubistischen Schiffe von Leonce Rosenberg. Und Josephine Baker! Und das Théâtre des Champs-Elysées, das Russische Ballett! Was gibt es jetzt, das vergleichbar wäre? Ich habe mir oft gesagt, daß Frankreich zwischen 1840 und dem Zweiten Weltkrieg eine außergewöhnliche Periode erlebt hat, die später als eine echte »Renaissance« erscheinen wird. Und zwar nicht nur hinsichtlich der Qualität, auch hinsichtlich der Quantität...

UND jetzt, befinden wir uns jetzt in einer Periode der Regression?

T. T. Mir scheint so... Sehen Sie zum Beispiel, ich bin vor nicht allzu langer Zeit in Afrika gewesen, in Rhodesien, ich war zu einem Kolloquium über die afrikanische Kultur eingeladen. Ich habe mich übrigens schon sehr früh für die afrikanische Kunst interessiert, seit 1916, ich habe mich immer zum Schwarzen Volk hingezogen gefühlt, das, noch zur Zeit des Dadaismus, eine Art Explosion der Freiheit verkörperte, auf einer sehr naturnahen Ebene. Ich habe sogar Übertragungen schwarzer Poesie gemacht.

Nun, ich war verblüfft über das, was dort unten vorgeht: Alles verändert sich, alles ist in Bewegung. Es ist eine neue Welt, beeinflußt von Europa und dem Westen, die aber die Werte unserer Zivilisation in sich aufnimmt, interpretiert und zu Neuem wandelt... Die alte afrikanische Kunst ist verschwunden, aber es entsteht eine neue Klasse von Schwarzen in Südafrika, die Klasse der Arbeiter in den Städten, und die erfinden Neues, auf allen Gebieten: Zum Beispiel bringt man Schallplatten für die Schwarzen heraus, eine neue Musik, die vom amerikanischen Jazz inspiriert ist, doch die, begleitet von Kinderinstrumenten, neue Instrumente aus wertlosem Zeug schafft, irgendwelche Dinge werden gegeneinander geschlagen, Objekte, Kochtöpfe...

Natürlich wird es lange dauern, eine neue Zivilisation kann nicht auf Befehl entstehen, die alten Bande müssen zerrissen werden, aber ich bin sehr optimistisch: Die Humanisierung wird möglicherweise von dort unten wieder zu uns zurückkommen, sie werden uns das wiedergeben, was uns fehlt. Mir hat sich jedenfalls eine vollkommen neue Welt offenbart, die sich rasend schnell entwickelt...

WOFÜR interessieren Sie sich noch?

T. T. Ich liebe alles, die Archäologie, die Urgeschichte, die antiken Künste, François Villon, Rabelais...

UND die Literatur?

T. T. Mich interessiert vor allem die Poesie. Ich finde, daß die jungen Poeten heute von vorneherein auf einem sehr hohen Niveau sind, sie wissen, was man nicht tun darf, nicht schreiben darf – dasselbe geschieht in der Malerei – aber es ist sehr selten, daß man ein Glanzlicht entdeckt, eine Persönlichkeit, die sich durchsetzt. In gewisser Weise siegt die Suche nach Originalität um jeden Preis – in der Malerei ebenso wie in der Literatur – über die Qualität.

SIE selbst, schreiben Sie?

T. T. Ja, ich schreibe immer noch, ich schreibe Gedichte. Ich halte Eluards Rezept »Liebe und Poesie« für richtig. Es gibt nur das. Und noch die Revolution... Ich habe mit Ihnen über viele Dinge gesprochen, aber eigentlich gibt es nur eines, was ich tief im Inneren aller Dinge wiederfinde: die Poesie. Sie ist das, was zurückbleibt, von jedem Ereignis, von jeder Handlung...

FÜR Sie?

T. T. Für jeden. Alle Menschen sind Poeten, auf verschiedenen Stufen, mehr oder weniger bewußt, mehr oder weniger vage. Selbst wenn ein Spaziergänger sagt, »daß ist schön«, oder wenn er Ansichtskarten verschickt, ist das eine poetische Aktivität. Sobald man träumt, sich seiner Phantasie hingibt, ist man in der Poesie...

ANDRÉ MALRAUX

Ich sah Malraux zum ersten Mal. »Nun, wo waren wir stehengeblieben?« sagte er zu mir. Und er fing an, über Marx und Konfuzius zu sprechen ...

André Malraux wurde am 3. November 1901 in Paris geboren. Nach Absolvierung des Gymnasiums Condorcet besucht er die Hochschule für Archäologie und orientalische Kunst. 1923 bricht er nach Asien auf. Nach seiner Rückkehr im Jahre 1927 tritt er bei Gallimard ein, wo er den Bereich Kunstbücher leitet. Sein erstes Buch, *La Tentation de l'Occident*[1], erscheint 1926. Es folgen: *Les Conquérants*[2], 1928; *La Voie royale*[3], 1929; *La Condition humaine*[4], 1933; *Le Temps du Mépris*, 1936. André Malraux nimmt als Kommandeur einer Fliegerstaffel am spanischen Bürgerkrieg gegen Franco teil und schreibt 1937 den Roman *L'Espoir*[5]; daraus entsteht ein Film.

1939 meldet er sich freiwillig zu einer Panzereinheit. Er gerät in deutsche Gefangenschaft und flüchtet. Unter dem Namen Oberst Berger wird er Mitglied der Résistance und ist Chef der Widerstandsgruppe von Corrèze.

Nach der Befreiung, bis zum 20. Januar 1946, ist er Informationsminister von General de Gaulle. Von 1959 bis 1969 ist er Kultusminister. General de Gaulle tritt zurück und André Malraux zieht sich nach Verrières-le-Buisson (Essonne) zurück.

Er schrieb unter anderem den Roman *Les Noyers de l'Altenburg*, 1943. Er veröffentlichte Essays zum Thema Kunst und seine politischen Memoiren: *La Psychologie de l'art*[6], 1947–1949, drei Bände; *Les Voix du silence*[7], 1951; *La Métamorphose des Dieux*[8], 1957; *Le Musée imaginaire*[9], 1952–1955, drei Bände; *Antimémoires*[10], 1967; *Bengali assérvi*, 1971; *Les Chênes qu'on abat*[11], 1971; *L'Irréel*[12], 1974; *Hôtes de passage*[13], 1975; *L'Intemporel*[14], 1976.

1. Lockung des Okzidents. Köln, Berlin 1966.
2. Die Eroberer. Stuttgart 1953.
3. Der Königsweg. Stuttgart 1986.
4. So lebt der Mensch. »Conditio Humana«. Frankfurt a. M. und Hamburg 1969.
5. Die Hoffnung. Stuttgart 1954.
6. Psychologie der Kunst. Hamburg 1957.
7. Stimmen der Stille. Baden-Baden 1957.
8. Metamorphose der Götter. Berlin, Frankfurt, Wien 1978.
9. Das imaginäre Museum. Hamburg 1966.
10. Antimemoiren. Frankfurt a. M. 1968.
11. Eichen, die man fällt... Frankfurt a. M. 1972.
12. Das Irreale. Berlin, Frankfurt, Wien 1978.
13. Gäste im Vorübergehen. Berlin, Frankfurt, Wien 1978.
14. Das Zeitlose. Berlin, Frankfurt, Wien 1978.

Malraux starb am 23. November 1976 in Verrières-le-Buisson. Er war fünfundsiebzig Jahre alt.

Posthum erschien 1977 *L'Homme précaire et la littérature*.

Das Interview fand am 7. Juni 1976, am Pfingstdienstag, in seinem Schloß in Verrières statt.

Mit André Malraux in Verrières, Pfingsten 1976 *(Foto: L'Express)*

Schon seit Jahren hörte ich von Papa erzählen: Papa hat gesagt, Papa hat gemacht, Papa ist außerordentlich intelligent, seine Gespräche sind unvergleichlich, es wäre der Mühe wert, wenn du ihn eines Tages sprechen hörtest, denn Papa – das kann man nicht erzählen!

Die Person, die mir mit soviel Bewunderung und manchmal sogar Staunen von ihrem Vater erzählte, war Florence Malraux. Und der Papa, von dem sie mir ein Porträt in Lebensgröße zeichnete, als wäre er ein Unbekannter, von dem ich außer durch sie noch nie gehört hatte, das war natürlich André Malraux.

Und es stimmt, daß es für mich gewissermaßen zwei André Malrauxs gab. Den Vater von Florence, den sie bewunderte, der zeitweise gut, zeitweise böse war, wie alle Väter, und den großen Schriftsteller, auf den Frankreich stolz war.

Ich hatte alles von André Malraux gelesen, und ich hörte nicht auf, alles zu lesen und mir alles anzuhören, Interviews, Reden, selbst wenn ich es gelegentlich pathetisch fand, oder verworren, oder überhaupt nicht zu dem passend, was mich gerade beschäftigte. André Malraux paßte ins Bild, und wenn seine Musik unvermutet erklang, fühlte ich mich in meiner Überzeugung bestätigt, daß Frankreich, meine Heimat, immer und ewig das Land der Intelligenz und Eloquenz bleiben würde. André Malraux war nicht mein eigener Papa, aber er flößte mir soviel Sicherheit ein, als wenn er es gewesen wäre. Sogar die Revolution nahm unter seiner Feder die Gestalt eines wohlgezähmten Romansujets für die Nouvelle Revue Française an!

Vielleicht war diese Mischung von Nähe und Distanz der Grund, warum ich nicht die Initiative ergriff, André Malraux aufzusuchen, der doch mit Interviews nicht eben geizte. Florence sagte mir immer wieder: Er arbeitet unaufhörlich, er hat niemals Zeit für sich selbst, und dann muß er noch all die Leute empfangen, die kommen, um ihn dies oder jenes zu fragen... Das ist kein Leben!

Ich respektierte also Malrauxs Arbeitszeit und begnügte mich damit, aufmerksam seinen Umzug von einem Stadthaus im Bois de Boulogne in »La Lanterne« zu verfolgen, die zauberhafte Staatsresidenz im Park von Versailles, die er sich zuweisen hatte lassen, als er

Kultusminister war, und, von einem Schwarm Bediensteter umgeben, dort leben konnte.

Die Zeit verging, und ich erfuhr schließlich mit Befriedigung, daß er sich, elegant und bürgerlich, in dem wunderschönen Haus der Vilmorins niedergelassen hatte, im Schloß von Verrières, das ich einmal betreten hatte, als ich die Besitzer besuchte, Louise und Roger Vilmorin. Chintz, englischer Komfort, herrlicher Park: André Malraux hatte endlich den Rahmen gefunden, den er verdiente, um in aller Ruhe sein Werk fortzusetzen.

Es lief also alles gut, und ich atmete für Malraux ein wenig auf, als Florence in ihrer maßvollen Art, mit der sie den Eindruck erweckt, sie sei in Madame de Maintenons Institut für Höhere Töchter erzogen worden, zu mir sagte: »Du solltest ihn in Verrières aufsuchen. Jetzt ist der richtige Moment. Ich kümmere mich darum.« Man sagte »Verrières« bei Malraux wie man bei Louis XIV »Versailles« zu sagen pflegte und wie man bei François Mitterand »das Schloß« sagt.

Florence übernahm die Aufgabe, mich vorzubereiten: »Achtung, zieh' einen Rock an, er findet Frauen in Hosen grauenhaft! Und sei vor allem püntklich, er ist sehr genau, er haßt es, warten zu müssen...«

Es nützte nichts, daß ich Sartre, Mauriac, Giono besucht hatte, ich begann, unruhig zu werden. Er war also derart furchterregend, dieser Schriftsteller, daß man spezielle Vorsichtsmaßnahmen treffen mußte, um an ihn heranzukommen. Fieberhaft erkundigte ich mich bei Florence: Gab es eine bestimmte Art, mit ihm zu sprechen? Welche Themen hatte er am liebsten? Welche fürchtete er?

Ich wurde mit einem leichten Heben der Augenbrauen bedacht: »Papa kann über alles sprechen, absolut alles!« Doch die Instruktionen wurden trotzdem fortgesetzt: Er mochte es nicht besonders, wenn man ihn unterbrach, doch das war gleichzeitig der Haken! Man mußte ihn unterbrechen, sonst blieb man ewig bei ein und derselben Frage... Schließlich durfte man die Katzen nicht vergessen, Essuie-Plume und Fourrure würden da sein. Malraux liebte Katzen, man mußte auf die Katzen achtgeben...

Ich hatte nicht die Absicht, Malrauxs Katzen auf den Schwanz zu treten, aber ich zitterte bei dem Gedanken, ich könnte es unabsichtlich tun! Ich hatte jegliches Vertrauen in meine berufliche Erfahrung verloren; es war, als ginge ich zu meinem allerersten Interview.

Am vereinbarten Tag parkte ich mein Auto vor der Mauer des Schlosses von Verrières und ging zu Fuß auf das Gebäude zu, das Tonbandgerät über die Schulter gehängt. Nachdem ich geläutet hatte, sah ich nochmals auf die Uhr, um sicher zu gehen, daß ich keine Minute zu früh und keine Minute zu spät war.

Ein Kammerdiener in weißem Jackett öffnete mir. Ich stammelte, daß ich annahm, man erwarte mich. Er führte mich liebenswürdig in ein Zimmer im Erdgeschoß, links vom Eingang, das Malrauxs Arbeitszimmer geworden war, und er bat mich, einen Augenblick zu warten.

Ein mit Papier überhäufter Tisch, Berge von Büchern in allen Größen im Bücherregal und auf den Möbeln. Ich fing an, mich in dieser Umgebung zurechtzufinden, in einer Umgebung, die mir vertraut war: die Umgebung eines Schriftstellers.

Ein Sofa neben der Fenstertür, bequeme Fauteuils um einen niedrigen Tisch, schlichte, hinreißende Blumen – all das deutete darauf hin, daß man hier plaudern konnte.

André Malraux erschien. Ich hatte im Fernsehen seinen ziemlich großen Kopf gesehen, und ich fand ihn kleiner, als ich gedacht hatte. Außer der berühmten Strähne hatte er noch alle Haare, was ihn relativ jung erscheinen ließ. Er trug ein helles Sakko, im selben undefinierbaren Farbton wie seine Augen.

Er bedachte mich gleich zu Beginn mit einem raschen, ermutigenden Lächeln. Ein Satz von Florence kam mir in den Sinn: »Du wirst sehen, er ist nett!« In jenem Moment hatte ich das kaum registriert, so banal wirkte es: Jeder ist nett, na und?

Doch bei Malraux war die Freundlichkeit wirklich überraschend. Ich hatte mir vorgestellt, er würde seine Worte hervorstoßen, gestikulieren, die toten Götter und die lebenden Hunde anrufen, ich hatte mich auf eine Flut heftiger Worte gefaßt gemacht, eine mimosenhafte Ungeduld, harte, trockene Worte als Antwort auf eine Bemerkung, die ihm mißfiel. Ich hatte schon im voraus einen imaginären Regenschirm aufgespannt, fest entschlossen, mich allem zum Trotz durch den Sturm zu kämpfen... Und nun war Malraux nett.

Er wirkte sorgenvoll, ein wenig müde, aber sehr präsent. Entschlossen, das merkte ich erst später, sich gut zu unterhalten... Denn so wie Schreiben Arbeit war, so war Plaudern für ihn eine Zerstreuung. Wie es ihm beliebte.

Er setzte sich rasch und sagte zu mir: »Nun gut, fangen wir an?«

Ich erklärte ihm, daß ich zuvor mein Tonbandgerät anstecken mußte und begann, nach einer Steckdose zu suchen. Doch das Haus war alt und die Steckdosen rar... Sehr bald fand ich mich auf allen vieren wieder, das heißt Aug' in Aug' mit den zwei Katzen, die mit Malraux ins Zimmer gekommen waren und die meine Untersuchungen mit vorwurfsvollen Blicken verfolgten: Was machte ich da? Unter dem Tisch war ihr Reich... Malraux, als ob er nichts bemerkt hätte, hatte zu sprechen begonnen, über die Zeit, über seine letzten Werke. Dieser Mann brauchte kein Aufwärmtraining. Vom ersten Moment an waren seine Worte es wert, aufgenommen zu werden.

Es gelingt mir schließlich, das Tonbandgerät anzustecken, ich richte mich wieder auf, lasse mich in dem Fauteuil gegenüber dem seinen nieder, drücke auf die Taste »Aufnahme« und ... nichts! Mit steigender, ungeheurer Nervosität versuche ich das ganze noch einmal. Malraux spricht immer noch, und das Gerät kommt nicht in Gang.

Ich mußte die Flut unvergeßlicher Worte dennoch stoppen, die der Nachwelt soeben verloren gingen, und ich unterrichtete Malraux von dem Vorfall. Er faltet die Hände, beugt sich fürsorglich über den Gegenstand meines Kummers: »Sind Sie ganz sicher, daß Sie auf die richtige Taste gedrückt haben? Diese Dinger da, wissen Sie...«

Nun ja, ich hatte auf die richtige Taste gedrückt, und auch auf die anderen, aber sie waren alle blockiert. Ob es vielleicht ein Kurzschluß war? fragte er mich. Nein, seine Lampe funktionierte...

Malraux nützte den Vorfall sofort für einen brillanten Exkurs über den technischen Fortschritt, der so wunderbar und doch so unbefriedigend sei. Und dann, da er nun einmal in Schwung war, versicherte er mir, daß man sehr gut auf Maschinen verzichten könne, daß man es Tausende Jahre hindurch gekonnt habe, was die Entwicklung der Kultur nicht verhindert habe... Im übrigen brauchte ich mir nur Notizen zu machen: Auf seinem Schreibtisch sei Papier und Kugelschreiber... Ich ergriff gierig seinen Schreibblock und seine Feder, nahm meine Stenographiekenntnisse zusammen, und schon waren wir an der Arbeit, ich raste, er galoppierte...

Doch er galoppierte so schnell, daß mir sehr bald klar wurde, daß ich es nicht schaffen würde. Ich würde Berge von Zetteln vollschreiben, die ich nie mehr würde lesen können. Malraux sprach zu schnell! Mich verließ der Mut: Was er sagte, war so phantastisch!

Also faßte ich einen Entschluß, der einen Wagemut erforderte, den man nur in seinen Sternstunden aufbringt: Ich stoppte Malraux mitten in seinem Gedankenflug. »Seien Sie still«, sagte ich zu ihm, »es ist nicht der Mühe wert!«

Angesichts seiner verblüfften Miene fügte ich hinzu: »Ohne mein Gerät schaffe ich es nicht festzuhalten, was Sie sagen. Ich lasse es lieber reparieren und komme an einem anderen Tag wieder!«

Seiner Handbewegung entnahm ich, daß es ihm im Augenblick ziemlich egal war, ob seine Worte festgehalten würden oder nicht! Was er wollte, war, ein paar angenehme Stunden verbringen, wie er es sich vorgenommen hatte.

Ja doch, ich hatte den Geschmack seiner Worte gekostet, und ich wollte mein Interview. Ich hatte die Härte hinzuzufügen: »Ich möchte nicht, daß Sie mit mir spechen, denn das, was Sie mir hier sagen, werden Sie nächstes Mal nicht wiederholen!«

»Doch, doch«, sagte er im Tonfall eines Kindes, dem man das Dessert gestrichen hat, »ich kann es Ihnen sehr gut heute sagen und es Ihnen ein anderes Mal wiederholen!«

Das stimmte zweifellos. Aber ich war so wütend über mein Tonbandgerät, daß ich selbst nicht mehr in der Lage war, ihm zuzuhören. Und ich ergriff die Flucht.

Ich hatte Glück. In der darauffolgenden Woche – dank der Vermittlung von Florence, denn er empfing niemanden mehr – war ich wiederum bei André Malraux.

Nach dem unverändert freundlichen Empfang durch den Kammerdiener betrat ich sein Arbeitszimmer. Der Schriftsteller erwartete mich hinter seinem Schreibtisch sitzend, in der Hand eine Feder und auf dem Gesicht ein leicht spöttisches Lächeln:

»Nun, Ihre Höllenmaschine, wird sie diesmal funktionieren?«

Es hat funktioniert. Wunderbar. Malraux war in Fahrt, ebenso wie bei meinem ersten Besuch. Die Katzen schienen mich wiederzuerkennen, und ich fühlte mich, mit ihnen wie mit ihm, auf sehr viel vertrauterem Boden.

Ich hatte bisweilen Mühe, alles zu erfassen, was er mir sagte, denn er hatte Sprechschwierigkeiten, die durch Zuckungen bedingt waren, die seine Kiefermuskeln anspannten. Bemerkte Malraux dieses Handikap? Er sah mir gerade in die Augen, und die Kommunikation klappte dennoch.

Er hatte eine ungeheuere Bildung und verstand es, sie leicht und lebendig zu machen. Er erwähnte Mao, die Hethiter, Madame La Fayette oder eine Fernsehpräsentatorin, als ob sie hinter der Tür stünden... Das Erstaunlichste bei ihm war, daß man in der Tat das Gefühl hatte, daß sie dort waren! Wir wissen viel mehr Dinge, die einen und die anderen, als wir es wagen einzugestehen. Malraux liebte es, seinen zufälligen Gesprächspartnern beizubringen, wie man mit den Gedanken, mit den Zeichen, mit den Bildern der Welt spielt. Wahrscheinlich weil er Partner brauchte, ermutigte er seine Gesprächspartner, die Karten besser in der Hand zu halten und besser damit umzugehen.

Da war noch seine überaus persönliche, überaus witzige gesprochene Sprache, in der sich Erhabenes und Familiäres, Pathetisches und Volkstümliches mischte. Und sein gutes Gedächtnis, das es ihm erlaubte, Zitate und Verweise in so atemberaubender Geschwindigkeit aneinander zu reihen, daß man sich fragte, ob man mit dem Tempo würde mithalten können.

Es wäre sogar meine Pflicht als Interviewerin, ihm voraus zu sein, die nächste Frage parat zu haben; und in dem Moment, wo ich glaubte, den Boden unter den Füßen zu verlieren, rettete er mich: „Hier werden Sie mich fragen... Sie werden mich fragen...

Sie wissen ja...« Es war unmöglich, mit ihm nicht auf gleicher Höhe zu sein: Er war es für zwei.

Einmal klopft es an der Tür. Malraux sieht mich traurig an: »Es ist Zeit für meine Spritze. Ich gehe. Warten Sie auf mich. Ich komme wieder.«

Ich nützte seine Abwesenheit, um meine Tonbänder zu überprüfen und um mir die Kunstgegenstände näher anzusehen, besonders den Dubuffet und den kleinen Braque, von dem Florence mir erzählt hatte. Masken aus Holz und Bronze, ein Tisch mit geschnitzten Beinen. Ein Schriftsteller schafft sich seinen eigenen Rahmen. Auch wenn er umzieht, es ist immer seine persönliche Ordnung und seine persönliche Unordnung... Ich bedauerte, Malraux nicht in seinen anderen Arbeitszimmern gekannt zu haben, um herauszufinden, was allen gemeinsam war. Es war vermutlich der Komfort, die Eleganz. Malraux hatte es gern warm und gemütlich, wie seine Katzen, die er liebte und die mich manchmal blinzelnd ansahen, was bei Katzen ein Zeichen der Freundschaft ist. Aus diesen Hausschuhen konnte er am besten zu neuen Höhenflügen starten.

Er kommt ins Zimmer zurück, setzt sich rasch nieder, auf denselben Platz, sieht mich kaum an und stößt hervor: »Nun, wo waren wir?«

Ohne meine Antwort abzuwarten, legte er wieder los und sprach über sein Lieblingsthema, die Kunst und die Künstler. Ich glaubte, das war es auch, was ihm das lebhafteste Vergnügen bereitete: über Künstler in ihren Beziehungen zu ihrer Kunst, zu ihren Entdeckungen, zu ihrer täglichen Arbeit sprechen.

Nur einen Künstler gab es, das wurde mir sofort klar, über den Malraux nicht gerne sprach: Das war er selbst. Ich kam darauf zu sprechen, er brummte etwas, brach ab, wich aus und sprach schnell von jemand anderem, von einem Maler, unter dem Vorwand, es sei leichter, über Maler zu sprechen, die konkrete, sichtbare Gegenstände herstellen, als über Schriftsteller, die überhaupt nichts herstellen. Die mit der Sprache spielen, mit dem Wind der Wörter.

Mochte er sich? Malraux, den viele für einen Ausbund an Stolz und Narzißmus hielten, gab mir persönlich das Gefühl, jemand zu sein, der vor seinem Innersten auf der Flucht war. Als ob es im Herzen seines Wesens einen unerträglichen Punkt gäbe. Enttäuschung? Ein stechender Schmerz, der mit seiner Kindheit zusammenhing? Dieser übermächtige Wunsch, sich möglichst rasch von dem zu entfernen, der ihn, wie er mir sagte »nicht interessierte«, nämlich von sich selbst: Ist dieser Punkt der Urquell der Energie, die ihn dazu trieb, die große, organische Gesamtheit aller Zivilisationen zu durchdringen? Malraux, der sich in sich selbst nicht wohlfühlte, war sonst überall zu Hause.

Er beherrschte die Kunst, die Werke und die Zeichen verständlich zu machen – manchmal mit Argot-Ausdrücken – die wir hervorbringen und die ihrerseits uns hervorbringen. Für ihn war nichts Geheimnisvolles in all dem: Die lange Geschichte der Menschheit war eine Familiengeschichte...

Er besaß die Gabe, die Größe der Niedrigsten erkennen zu können. Die vergessene Hand, die die Figuren in Lascaux gezeichnet hat, die unbekannten Arbeiter beim Bau der Kathedralen. Die namenlosen Kämpfer der chinesischen Revolution, des spanischen Bürgerkriegs... »Die Armee der Schatten«, wie er die anonymen Helden der Résistance genannt hat. Es hatte Malrauxs Anregung bedurft, damit ihre Größe schließlich anerkannt wurde.

Als ich von ihm wegging, war ich von ihm und von mir bezaubert und bereit, künftig zur Schar der Freunde des Hauses in Verrières-le-Buisson zu gehören. Doch es war zu spät.

Kurze Zeit danach teilte mir Florence mit, daß ihr Vater nicht mehr zu retten sei. Sie hatte es gewußt und eine Periode der Besserung genützt, um mir das letzte Interview zu ermöglichen, das Malraux der Presse gewährt hatte.

Einige Monate später starb er.

Ohne es zu wissen, hatte ich seine letzten, für die Öffentlichkeit bestimmten Worte festgehalten. Von allen Schriftstellern, die ich kennengelernt habe, war André Malraux zweifellos der erstaunlichste Unterhalter. Während ich ihm zuhörte, verstand ich, warum Leute wie de Gaulle, Mao, viele andere, Nixon, die Queen, der Meinung waren, daß es nichts Köstlicheres gäbe, als mit André Malraux bei einer Tasse Ewigkeit zu plaudern...

»DER Künstler ist nicht jemand, der die Welt transkribiert, er ist ihr Rivale«, schreiben Sie. Das ist doch sehr ehrgeizig!

André Malraux. Ich denke, daß die heutige Zivilisation wahrscheinlich damit beschäftigt ist, etwas ebenso Bedeutendes zu erfinden, wie das 19. Jahrhundert es erfunden hat. Aber man weiß nicht, was es ist.

UND was hat das 19. Jahrhundert erfunden?

A. M. Den Individualismus. Die gesellschaftliche Entwicklung brachte ihn mit sich, und der Prototyp des Individualisten war Napoleon. Man hatte eine literarische Figur wie Julien Sorel, und was las er? Die *Erinnerungen (Sankt Helena)*. Der Individualismus hatte einen Führer, es funktionierte sehr gut. Heute ist der Individualismus sehr stark angeschlagen.

ES gibt keine Individuen mehr?

A. M. Es gibt immer in irgendwelchen Winkeln Typen, die versuchen, sich ernst zu nehmen, aber das ist nicht sehr ernst. In Wirklichkeit ist nach diesem Krieg, wo beispielsweise die Wissenschaft einen ambivalenten Charakter angenommen hat – Anästhesie, doch gleichzeitig die Atombombe – der Wert, den man dem Individuum zugesteht, sehr gering geworden. Das Individuum geht unbeirrt seinen Weg weiter, aber der Individualismus als *-ismus* ist sehr schwer getroffen worden.

WAS spürte ein Individuum des 19. Jahrhunderts, das wir heute nicht mehr spüren?

A. M. Seine Bedeutung. Das ist eine Frage von Werten, nicht eine Frage von Begriffen. Nehmen Sie die ersten Bücher von Barrès: Die Tatsache, daß ich *ich* bin und für mich verantwortlich, ist der höchste Wert. Es gibt Barrès, aber auch Renan, Anatole France, Péguy, die ersten Werke Gides…

DAS sind vor allem Intellektuelle. Doch die anderen!

A. M. Der Individualismus ist eine Manie der Intellektuellen. Nur, heute sind die Intellektuellen fasziniert davon, das, was eine messianische Doktrin sein sollte, durch eine politische Doktrin zu ersetzen.

Was an die Stelle der Religion getreten ist, das ist keineswegs der Positivismus, das Kontrollierbare, der Materialismus, sondern das Imaginäre. Es ist sehr brutal, das zu sagen, aber ich glaube, daß der Marxismus in der einen Hälfte der Welt unendlich viel mehr Substitut für die Wahrheit ist als die Biologie.

DASS so viele Leute, im ganzen Universum, bereit sind, ein und dieselbe Ideologie zu glauben und zu akzeptieren, das erscheint Ihnen als etwas Imaginäres?

A. M. Das ist einmal der Fall gewesen, aber ich glaube, daß das zu Ende ist. Es ist schwer zu sagen, weil wir zu den kommunistischen Ländern nicht dieselben engen Beziehungen haben wie zu den westlichen Ländern. Ich kenne Rußland ganz gut, aber ich kann nicht behaupten, daß ich es so kenne wie ich Frankreich kenne, man muß da vorsichtig sein.

IN Afrika hat man das Gefühl, daß der Kommunismus erst am Anfang ist.

A. M. Was in Afrika passieren wird, wird für den Marxismus das sein, was der Maoismus für ihn ist. Sobald der Marxismus nicht mehr der Marxismus-Leninismus ist, wird das ganze sehr komplex. Es wird notwendig sein, daß der tapfere Sudanese so wie der tapfere Chinese mit der Tatsache zurechtkommt, daß er nach den Direktiven arbeiten muß, die von einem der größten Denker des 19. Jahrhunderts stammen, nämlich von Marx, fortgesetzt durch Lenin, bei gleichzeitiger Ablehnung der Ausgangsziele.

Lenin war der erste, der erstens geschrieben hat, daß die Internationale der höchste Wert sei, und zweitens, daß es wesentlich sei, die Zerstörung des Staates zu erreichen. Nun, Sie wissen, daß Lenin in einer der letzten Notizen, die er hinterlassen hat und die nach seinem Tod gefunden wurden, sagt: »Ich habe an keiner einzigen Revolution teilgenommen, die keine Stärkung des Staates gewesen wäre...«

SIE sagen, daß die Neuerung dieses Jahrhunderts das Ende des Individualismus ist. Aber ist es nicht dennoch eine Zeit, wo man verkündet: Ich bin eine Frau, das ist wichtig; ich bin ein Kind, ein Geisteskranker, ein Gastarbeiter, das ist wichtig...

A. M. Ich würde eher so sagen: Ich bin ein ausgebeuteter Schwarzer, ich möchte ein nicht ausgebeuteter Schwarzer sein. Ich bin eine Frau, eine – wie soll man da sagen? Die keine Rechte hat...

KOLONISIERTE?

A. M. Ja, lassen wir kolonisiert, das ist ein sehr gutes Wort. Denn was einer Frau und einem Bewohner der Kolonien gemeinsam ist, das ist die Tatsache, daß sie letzten Endes beide Zwängen ausgesetzt sind.

WER ist keinen Zwängen ausgesetzt?

A. M. Das ist eine Frage, die Sie metaphysisch stellen können, aber nicht praktisch. Denn während es vielleicht schwierig ist, festzustellen, was ein zwang-freier Zustand ist, ist es extrem leicht, festzustellen, daß man eingesperrt ist. Und es gibt einen Moment, wenn man konsequent denken will, wo man sich nicht mehr auf das Spiel der Negativaussagen einlassen darf. Das negative Denken ist sehr stark, aber man muß auch darauf achten, daß es folgerichtig ist...

Wir leben viel in Mythen. Nun muß man aber natürlich sehen, daß man, wenn wirklich eine Frau, die alles hat, plötzlich in der militanten Frauenbewegung kämpft, ihre Vorgangsweise hinterfragen kann. Aber wenn es eine Frau ist, die vier Bälger hat, die krank ist, die trotzdem arbeiten muß, und die von ihrem Mann verprügelt wird, ist es nicht das Vernünftigste, sich über die Probleme von Zwängen Gedanken zu machen, sondern das zu tun, was zu tun ist, und das ist auch schon alles.

Und was das Problem mit den Zwängen betrifft, stimme ich weitgehend mit Mao überein: In dem Moment, wo es Leute gibt, die Baumrinden essen, ist es notwendig, daß sie aufhören, Baumrinden zu essen und etwas haben, womit sie sich ernähren können. In dem Moment, wo es wirklich kolonisierte Frauen gibt, muß das aufhören, und das ist auch schon alles.

FINDEN Sie, daß sich das einfach realisieren läßt?

A. M. Es gibt ein sehr klares Terrain, das der ungleichen Rechte. Ich habe vor einiger Zeit im Fernsehen eine Sendung gesehen, die sich »Aujourd'hui Madame« nennt. Sie ist interessant, weil man dort unbekannte Frauen sieht, die von sich aus kommen, um zu fragen und zu sprechen. Es war alles vertreten, eine Professorin, eine Arbeiterin, eine Frau, die das war, was man als »Hausfrau« bezeichnet. Nun, als sie über ihre Probleme sprachen, hatten sie die Tendenz zu differenzieren! Man hätte ihnen sagen sollen: »Nicht doch, vor allen Dingen, differenzieren Sie nicht! In dem Moment, wo Sie sich in einer Situation befinden, in der man Ihnen ein bestimmtes Recht verweigert, müssen Sie kämpfen – und wir müssen mit Ihnen kämpfen.« Die Verweigerung eines Rechts ist eine ganz und gar konkrete Sache. Das Recht an sich, das abstrakte Recht, kann etwas sehr Kompliziertes sein, aber das konkrete Recht, das Recht jedes einzelnen, das ist kein abstrakter Begriff.

Wenn man in einer konkreten Situation ist, gibt es keinen Grund mehr, Metaphysik zu betreiben, und die Frauen müssen dieselben Rechte haben wie die Männer – sonst soll man uns zufrieden lassen mit der Demokratie! Und zugeben, daß man faschistisch ist!

NUN haben die Frauen zu schreiben begonnen. Was halten Sie davon?

A. M. Solange die Frauen nicht schrieben, sagte man: »Oh la la! Wenn es erst eine echte Frauenliteratur gibt, dann wird man schon sehen! Nun, jetzt ist es soweit: Sie bleiben nicht mehr brav und ordentlich auf dem ihnen zugedachten Platz; und ich finde, daß das, was die Frauen über die Weiblichkeit sagen, sehr dürftig ist...

WAS verstehen Sie unter »Weiblichkeit?«

A. M. Einen anderen Kontinent. Wenn ich mit einer Frau spreche, wenn sie über ihr Verhältnis zum Leben spricht, so ist es nicht so wie meines. Ihr Verhältnis zu den Kindern ist merkwürdigerweise nicht so wie meines, ihr Verhältnis zur Liebe noch weniger! Folglich gibt es da etwas – eine spezifische Erfahrung.

UND die können Sie in dem, was Frauen schreiben, nicht finden?

A. M. Ich finde, es hat kein Gewicht. Wenn man an Madame de La Fayette denkt, die alle gegen sich hatte, als sie *Die Prinzessin von Clèves* schrieb, sagen wir uns, daß die Frauen von heute mit all den Freiheiten, die sie haben, lauter kleine Stendhals sein müßten! Mir scheint, eine Frau, die etwas Grundlegendes über die Weiblichkeit sagen würde, das würde ein Teufelsbuch abgeben, das wäre ein Solschenizyn!

Man kann antworten: Es dauert noch nicht lange, wenn man von einer spezifisch weiblichen Erfahrung spricht, sind wir erst in der zweiten Generation. Doch schließlich und endlich, die christliche Literatur ist erst fünfzehnhundert Jahre alt...

WENN man eine Frau ist, hat man sich angewöhnt, zunächst einmal zu verleugnen, was man ist, was in einem ist, was man fühlt. Die Worte sind einfach nicht da. Es klingt banal, aber man muß erst eine Sprache erfinden.

A. M. Das müßte sich in der Poesie und in der Musik machen lassen. Sie müßten Wörter erfinden, weil es in der Natur des wahren Poeten liegt zu erfinden, was nicht existiert. Was er einbringt. Nun, nennen Sie mir den Namen einer Frau, die unumstritten ist! Lassen Sie sich Zeit. Wenn Sie einen finden, ist es die Mühe wert...

ICH werde Ihnen nicht eine Frau nennen, ich werde Ihnen die Frauenliteratur in ihrer Gesamtheit nennen.

A. M. Das ist kein schlechtes Argument! Zu sagen: »Ich sehe einen Schwarzen, er ist letztlich ein Individuum, er ist so, weil er eben er ist.« Und dann zu sagen: »Ich sehe zwanzig Neger, also kenne ich das Wesen der Schwarzen.« Warum nicht? Aber was mich interessiert, das ist der Moment, wo mir eine Frau etwas über sich sagt, von dem ich keine Ahnung hatte.

IN Ihrem Romanen gibt es Helden, aber keine Heldinnen. Warum?

A. M. In der Tat, in meinen Romanen gibt es keine Frauen. Das hat sich so ergeben, es gibt eben keine. Die weiblichen Figuren, die darin vorkommen – hauptsächlich in *So ist der Mensch* – sind jedenfalls sehr zeitgebunden. Die für jene Zeit typische Abenteuerin, auf der einen Seite die Kommunistin, auf der anderen die Leninistin, ist in beiden Fällen verschwunden.

Man hat in Rußland geglaubt, daß die sowjetische Frau eine Frau der Zukunft sein würde, dabei ist sie eine Frau des 19. Jahrhunderts. Viel emanzipierter zwar, aber trotzdem neunzehntes Jahrhundert.

WAS bezeichnen Sie als Frau des 19. Jahrhunderts?

A. M. Im 19. Jahrhundert gibt es auf der einen Seite die Frau – und dann gibt es Nenette... Und es war sehr gut möglich – im Namen des größten Respekts für die Frau – Nenette schlecht zu machen, wie es eigentlich nicht zulässig ist! Aber es gab trotzdem einen Mythos der Frau.

Es gibt etwas, was nie jemand gemacht hat und was ein verdammt gutes Buch abgeben würde: ein Buch über die alte Frau. Diese Erfahrung des Nachher, die sehr wichtig ist, für die es fast keine Worte mehr gibt. Ich will sagen: die sich kaum in Worten ausdrückt, die gewissermaßen jenseits der Worte liegt und die eine sehr tiefe, eine biologische Erfahrung ist. Eine Großmutter, die nicht eine lächerliche Figur in einem Lied ist, sondern jemand, der die Wahrheit verkündet. Das wäre eine außergewöhnliche schöpferische Leistung; der Großvater dagegen kümmert niemanden.

WARUM diese Präferenz für die Erfahrung der Frauen?

A. M. Man muß bis zum Ancien Régime zurückgehen. Damals gab es eine Diskrepanz zwischen der Funktion und der Rolle. Die Männer am königlichen Hof hatten eine Funktion, das war ihre Bestimmung, und die Frauen hatten Rollen. Es gab den Oberst, aber keinen weiblichen Oberst, es gab den Leutnant, aber keinen weiblichen Leutnant. Die Frauen ihrerseits existierten lediglich durch das, was man nur als Rolle bezeichnen kann. Wenn sie darin erfolgreich waren, war der Erfolg überwältigend. Was Europa entzückt hat, sind nicht die Funktionen, sondern die Rollen, überhaupt nicht die Franzosen, sondern die Französinnen...

IST es Theater?

A. M. Ja, nur ist es gelebtes Theater, und improvisiert, was sehr schwierig ist. Madame de Pompadour hat das 18. Jahrhundert in Erstaunen versetzt, und nicht Louis XV. In der Tat, es ist Theater. Madame de Pompadour, das ist Repräsentation, und das hat nichts mit Am-Feuer-Sitzen zu tun, nicht einmal mit einem Dasein als Hausherrin, für diese Funktion konnte man jemand anderen haben.

HEUTE haben die Frauen genug von Rollen, sie erheben Anspruch auf Funktionen, wie die Männer.

A. M. Um die gleichen Rechte zu haben, natürlich, das ist legitim. Das ist das erste. Doch man muß auch bedenken, daß eine Funktion leichter zu erfüllen ist als eine Rolle. Eine Funktion ist keine Hexerei, ärgerlich ist nur, wenn man General sein will und nur Hauptmann ist. Das ist schlecht, doch sonst...

EINE Rolle hingegen, das ist viel schwieriger. Man könnte es am ehesten mit der Schriftstellerei vergleichen. Man schreibt, und man weiß nie so recht, ob man ins Schwarze getroffen hat oder daneben. Gott weiß, der Erfolg beweist in diesem Bereich gar nichts – der Mißerfolg ebensowenig. Bei den Frauen ist es irgendwie ähnlich. Für Madame de Pompadour war zwischen den erfolgreichen Tagen und den mißglückten wahrscheinlich kein allzu großer Unterschied. Wahrscheinlich hat es einen Tag gegeben, an dem man alles hingeschmissen hat...

IST das nicht auch in der Liebe so?

A. M. Wahrscheinlich ist die Liebe deshalb ein so komplexes und so tiefes Gefühl, weil es ein Gefühl ist, das einen als Person vereinnahmt, und nicht in einer Funktion. Was bei der Liebe ungerecht ist, das ist, daß man das Bewußtsein und die Angst des Scheiterns hat, nicht unbedingt im ersten Augenblick, sondern nachher, während man das umgekehrte Gefühl absolut nicht hat.

DER Erfolg in der Liebe läßt sich nicht zu Kapital machen...

A. M. Sie kennen den Satz von Colette: »Die Liebe ist kein ehrbares Gefühl.« Ich stimme damit nicht so ganz überein, dafür aber damit: Die Liebe ist eine Leidenschaft, die nicht völlig irrational ist, wie man behauptet – doch die viel irrationaler ist, als man sagt.

Ich bin ganz und gar überzeugt, daß die Liebe ein überaus geheimnisvolles Gefühl ist. Die alte Trennung des 19. Jahrhunderts – Leidenschaft kontra Liebelei – ergibt heute keinen Sinn mehr, aber was verdammt viel davon hat, das sind die Diskrepanzen. Es gibt heutzutage extrem unterschiedliche Formen der Liebe. Ärgerlich ist, daß die Liebe so sehr parodiert worden ist – das macht immerhin die Hälfte der Literatur aus –, daß es sehr schwierig wird, darüber zu sprechen. Ich sehe zumindest zwei Elemente dabei: Eines davon ist, daß die Liebe eines der seltenen Gefühle ist, die sich mit dem Schicksal verbinden. Tristan, das ist auch der Zaubertrank. Das zweite ist, daß man hier ein Gebiet hat, wo die Frauen, unterschwellig, für sich selbst ebenso geheimnisvoll sind, wie sie es für die Männer sind. Zumindest für die christlichen Männer.

WARUM speziell für die christlichen Männer?

A. M. Wenn Sie eine Religion haben, in der es die Heilige Jungfrau gibt, können Sie zu einer Frau kein normales Verhältnis haben. Sie können die Heilige Jungfrau nirgends ausschließen, und Sie müssen sich wohl sagen, daß ein Mann, sobald er an eine Frau denkt, gleichzeitig zumindest teilweise an das ewig Weibliche denkt. Das ewig Männliche gibt es hingegen nicht.

WAS verstehen Sie darunter: ein normales Verhältnis zu einer Frau haben?

A. M. Das Verhältnis, das eine Frau zu einer anderen Frau haben kann. Wenn Sie ein Mann sind, stehen Sie auf der anderen Seite. Das ist unvermeidlich. Zusammenfassend sage ich zwei Dinge: Für sich selbst ist eine Frau nicht besonders geheimnisvoll – aber in der Liebe wird sie es. Eine Frau, die eine wahre Leidenschaft erlebt, fühlt sich mit sich selbst überhaupt nicht im Klaren, und plötzlich beginnt sie sich selbst so zu fühlen, wie die Männer sie fühlen. Nun, für einen Mann ist eine Frau geheimnisvoll. Nicht so sehr, weil sie ein Fabeltier ist, sondern weil sie jemand anderer ist!

WAS bedeutet das, jemand anderer sein?

A. M. Wenn man in anderen Kulturen gelebt hat, versteht man das besser: Zu versuchen, mit einem Chinesen übereinzustimmen ist nicht einfach! Zu versuchen, mit einer Frau übereinzustimmen, das ist wahrscheinlich noch um einiges schwieriger. Sie haben eine Möglichkeit, und das ist die Liebe. In dem Augenblick, in dem man die Liebe erlebt, versucht man nicht mehr, eine gemeinsame Sprache zu finden, einander zu verstehen, miteinander zu kommunizieren. Man liebt – das macht dem Problem der Übereinstimmung ein Ende...

Um mit den Menschen anderer Rassen zu einer Übereinstimmung zu gelangen, gibt es auch eine Lösung, und die ist politisch, es ist der gemeinsame Kampf. In Spanien gab es internationale Soldaten – à propos, ich war keineswegs Mitglied der Internationalen Truppen, das ist ein Witz, gut – doch meine Staffel setzte sich aus Männern verschiedener Nationen zusammen. Der Kampf löst das Problem der Übereinstimmung, das sich dann nicht mehr stellt. Der gemeinsame Feind schafft so etwas wie eine gemeinsame Sprache.

ÜBEREINSTIMMUNG, was heißt das?

A. M. Es ist natürlich eine Illusion, und es hat keinerlei Bedeutung. Aber das Gefühl von Übereinstimmung ist keineswegs eine Illusion. Und dieses Gefühl von Übereinstimmung läßt sich so zusammenfassen: »Ich brauche dich.« Das ist zumindest die eigentliche Grundlage. Andernfalls stellt man sich auf die Seite des 19. Jahrhunderts mit seinen Vergleichen: »Lamiel ist besser als die anderen...«

Nun bin ich aber absolut sicher, daß die Liebe kein Siegesgefühl sein darf. Wohingegen man hundert Jahre lang über sie gesprochen hat wie über einen Sieg: Sie ist hübscher, sie hat mehr Adel, sie hat mehr Sex, sie ist jünger...Was immer man sagen kann, immer ist sie mehr! Mehr als eine andere. Was die Wahl rechtfertigen würde. Nun, wie Sie wissen, läuft es aber keineswegs so. Die Liebe spielt eine wichtige Rolle, aber was ist die Liebe? Man kennt nur ihre Symptome. Was das übrige betrifft, ist es wie die Jagd nach einer Katze: Man hat den Eindruck, daß es einem gelingen könnte, ihrer habhaft zu werden – doch es gelingt einem nicht...

Wenn man denkt, daß heutzutage der beste Psychologe der Liebe immer noch Stendhal ist! Ein Mann, der von der weiblichen Psychologie – weil von der Psychologie im allgemeinen – eine äußerst beschränkte Sicht hatte. Er betrachtet zum Beispiel Juliens Liebe zu Madame de Rénal als den Gipfel des Irrationalen. Das war es für die damalige Zeit, in dem Sinn, daß man solche außergewöhnliche Dinge – ich spreche vom Mord – nicht kannte. Man mußte sich an die *Gazette des Tribunaux* halten, ansonsten kamen diese Sitten in der Konversation nicht vor. Wir hingegen leben heute mittendrin. Dessen ungeachtet denken wir über die Liebe immer noch mit der Sichtweise und den psychologischen Daten von Stendhal nach, während in zwanzig Jahren ein Mädchen, das dann dreißig sein wird, Ihnen sagen wird, daß es sich den Geisteszustand eines Mädchens, für das es die Pille nicht gegeben hat, nicht mehr vorstellen kann!

WIE denken Sie über das, was man die »Sexwelle« genannt hat? Über das heutige Bedürfnis, den Geschlechtsakt unverzüglich zu vollziehen, indem man sofort miteinander ins Bett geht?

A. M. Ich werde Ihnen sagen, daß ich nicht daran glaube. Ich sehe es häufig, genau wie Sie, aber ich habe den Eindruck, daß es nicht stimmt. Es ist, als ob sie spielten (das Spiel muß nicht lustig sein, das steht auf einem anderen Blatt). Nun kommt aber der Moment, wo das Leben »zubeißt«, ich nehme es nicht im Sinne von »Biß«, sondern von »Zupacken« – und der Moment, wo es nicht zubeißt. Und all diese Geschichten vom Vollziehen des Liebesaktes erscheinen mir wie Geschichten. Nicht Lügen, keineswegs, aber Äußerlichkeiten und vor allem Konventionen. Sie finden manchmal Gefallen daran.

Doch wenn die jungen Leute – nehmen wir die, die jünger sind als fünfundzwanzig – heute über die Liebe sprechen, glauben sie zu wissen, wie der Hase läuft, nur weil sie miteinander schlafen. Während sie so ahnungslos sind wie Sonnenblumen! Sie wissen rein gar nichts. Ein junges Mädchen, das völlig ahnungslos war, das aber Stendhal gelesen hatte, wußte mehr als sie. Der Grad der Unwissenheit im Verhältnis zur menschlichen Erfahrung dieser Generation ist schon eine Sache! Sie glauben, daß sie alles wissen, weil sie davon gehört haben – im Fernsehen unter anderem...

STELLEN Sie in puncto Liebe eine Veränderung fest?

A. M. Ich glaube, daß wir eine furiose Erneuerung erleben werden. Von Lüge zu Lüge, von Parodie zu Parodie – eines Tages wird einer anfangen, Tristan wiedererstehen zu lassen, und die Wirkung wird umwerfend sein. Man wird die wahre Liebe wiederentdecken, denn, vergessen Sie nicht, sie ist heute unter Schmutz und Schund begraben. Heutzutage kann man kaum noch von einer Liebe sprechen, die echt wäre... Die Liebe ist zur Zeit eine billige Imitation von der Straße, und im Film ist es das gleiche. Wenn sie etwas anderes werden würde, das, was sie wirklich ist, würde man spüren, daß es sich durchsetzt. Sehen Sie sich den Erfolg der *Love Story* an, die genaugenommen keine allzu große Sache war.

Es ist trotzdem ein seltsames Unternehmen, von all dem zu sprechen, ohne darauf hinzuweisen, daß diese Gespräche in Europa stattfinden, in einem Land, das ein erstaunliches Charakteristikum aufweist, nämlich das Christentum! Denn alles, was man will, selbst die Leute, die keine Christen sind, ob sie sich nun als Atheisten oder Agnostiker bezeichnen, sind absolut darin eingehüllt...

IST die Liebe nicht überall gleich?

A. M. Ich habe in ziemlich vielen Ländern gelebt, wo ich Frauen getroffen habe, die mir gesagt haben: »Die Liebe ist eine Idee von dort, wo Sie herkommen!« Als ob es sich dabei um eine Art sensationeller Erfindung handelte! Denn sie waren sich alle in der Auffassung einig, daß das, was wir daraus gemacht haben, erstaunlich ist. In China zum Beispiel rangierte die Liebe ganz tief unten, bis Mao kam. Nicht, weil er versucht hat, die Liebe aufzuwerten, sondern weil er versucht hat, die Ehe aufzuwerten.

SIE denken, daß der Westen zur Zeit Einfluß darauf hat, was in China vor sich geht?

A. M. Die Europäer sind augenblicklich von einer Art hellem Wahn befallen, der darin besteht, nicht zu verstehen, daß sie die Welt erobert haben. Da sie die Regierungen nicht mehr nach ihrer Pfeife tanzen lassen, leben sie in der Vorstellung, dort nicht mehr präsent zu sein. Doch die Präsenz des Westens in China ist tausendmal stärker als zur Zeit, als China eine Kolonie war. Es ist nicht deshalb, weil es diese Idioten mit ihren Kanonenbooten nicht mehr gib! Das chinesische Denken, soweit es marxistisch ist, ist bis tief ins Innerste durch die Europäer erschüttert worden, und das ist mit ein Grund, warum Mao von seinem antikonfuzianistischen Wahn befallen worden ist, keineswegs deshalb, weil er verrückt gewesen wäre. Marx und Konfuzius konnten nicht nebeneinander bestehen. Es gab keine andere Möglichkeit, als daß einer von beiden log. Mao hat sich für Marx ausgesprochen und gegen Konfuzius. Und Marx ist Europa.

IHR ganzes Leben hindurch sind Sie in der Welt herumgereist, haben sämtliche Kulturen und Zivilisationen studiert. Wann fühlen Sie sich zu Hause?

A. M. Ich habe äußerst wenig zu Hause gelebt. Wenn Sie den Spanischen Bürgerkrieg rechnen, den letzten Krieg, verschiedene Reisen und elf Jahre Ministerium, war ich nie zu Hause. Was bedeutet, daß ich ein wenig diese Trennung habe, wie sie Botschafter bezüglich ihrer eigenen Wohnung haben. Sie leben ständig auf ihren Posten. Wenn die Botschaft hinreißend schön ist, sind sie sehr glücklich, wenn sie mies ist, kann man auch nichts machen. Bei mir ist es irgendwie genauso. Alles, wozu ich eine echte Bindung habe, befindet sich in diesem Zimmer. Das da ist ein Chagall, den man mir geschenkt hat, das da ist ein Ding, das Braque für das Denkmal der naturwissenschaftlichen Fakultät gemacht hat, das da ist etwas, was Picasso mir geschenkt hat, das da habe ich aus Haiti mitgebracht, das da ist *Vögel im Laub* von Braque, das da ist ein Seurat. Alles ist hier.

WENN Sie sagen »zu Hause«, woran denken Sie dabei?

A. M. Eigentlich an nichts.

SIE haben doch wohl die Vorstellung eines bestimmten Raumes?

A. M. Es gibt etwas, für das ich sensibel bin, und zwar das Vorhandensein eines Gartens.

WAS ist ein Garten für Sie? Ein Ort der Besinnung?

A. M. Nein, es ist wie Tiere, wie Katzen, etwas, das sich verändert und an dem man die Zeit verstreichen sieht. Ich mag den Schnee sehr gern, doch in einer Stadt ist der Schnee nicht sehr echt. Und er hält sich nicht.

Ich antworte Ihnen jetzt, weil das Ihre Fragen sind, aber Sie müssen sich immer vorsagen, daß ich niemals an mich denke. Ich interessiere mich nicht.

WOHER wissen Sie das?

A. M. Weil ich die anderen ansehe. Alle meine Freunde haben die Bücher gelesen, in denen es um mich geht, doch ich habe sie nicht gelesen. Ich empfinde darüber weder Stolz noch Scham, es ist reiner Zufall. Ich könnte mir jetzt sagen, daß es von meinem Alter herrührt, doch früher war es ganz genauso. Ich interessiere mich sehr für das, was ich tue. Für mich selbst nicht.

SIE denken nicht über Ihre Art zu leben nach?

A. M. Auch nicht einmal an eine Person. Ich bin gerade dabei – arbeitsbedingt – einige Bände vom *Tagebuch* der Brüder Goncourt nochmals zu lesen. Das ist wirklich meilenweit von mir entfernt! Die beiden denken ständig: Man hat mir unrecht getan. Sie beziehen alles, was passiert, auf sich selbst. Das scheint mir ohne große Bedeutung zu sein. Die anderen interessieren mich viel mehr. Wir sprachen vorhin von Frauen. Eine Frau als Geheimnis nehmen und zu verstehen versuchen, wo der Unterschied liegt, das interessiert mich, weil ich nicht glaube, daß man etwas anderes verstehen kann.

Mit ihr übereinzustimmen kann man wohl versuchen, aber das ist illusorisch. Liebe, ja, Liebe kann man machen. Aber jemanden verstehen, der wirklich anders ist als Sie selbst, das kann man nicht. Nun, was mich also interessiert, ist der Unterschied. Mit einem anderen Schriftsteller zu sprechen interessiert mich nicht, doch mit einem Asketen in Indien, das schon.

WENN Sie aber die Frauen »anders« finden, bedeutet das, daß es zwei Begriffe gibt – von denen einer Sie sind?

A. M. Der Spiegel existiert, das stimmt, aber nicht für den Spiegel! Ich sehe die anderen in mir, aber ich sehe mich nicht. Es ist so, daß ich mich, wenn ich an eine Frau denke, frage: »Welche Besonderheiten hat sie im Vergleich zu einem Mann?« bevor ich denke: »Welche Besonderheiten hat sie im Vergleich zu mir?« Sie haben in *Antimemoiren* sicher gesehen, daß das »ich«, wie ich es verwende, eine ganz untergeordnete Rolle spielt. Ich benütze es nur als einen Bezugspunkt, so gesehen paßt es mir sehr gut. Wie Sie sagen: Es muß natürlich zwei Begriffe geben: mich und den anderen. Aber es gibt nicht die persönliche Entwicklung allein.

Es gibt Dinge, die eine persönliche Bedeutung haben, ja, besonders im Zusammenhang mit dem Krieg. Sie sind da, weil sie eine poetische Kraft haben und nicht weil sie persönlich sind. Doch wie Gide zu sagen, »das unersetzlichste aller Wesen«, sich auf diese Weise zu betrachten, interessiert mich nicht.

SIE interessieren sich für Tiere?

A. M. Ich kenne mich nur mit Katzen aus. Daneben gibt es noch ein paar andere Tiere, Eichhörnchen, Meerschweinchen, Bären. Sie lassen sich schwer streicheln, aber was soll's!

WAS bezeichnen Sie als »sich auskennen«?

A. M. Eine Beziehung zu ihnen haben.

HABEN Sie nicht das Gefühl, daß die Tiere ein »Schicksal« haben?

A. M. Katzen sind wie Romanfiguren, man wird sie niemals besitzen. Doch wenn man schreibt, besitzt man seine Figuren immerhin noch ein bißchen mehr – man läuft ständig hinterher, aber man läuft. Bei Katzen ist jeder Versuch nutzlos.

UND wilde Tiere?

A. M. Ich war zwei- oder dreimal jagen, doch dann habe ich eine Abneigung dagegen entwickelt; also ist das weit weg.

IN Ihren Büchern kommt dann und wann ein Insekt vor.

A. M. Das muß mit dem Gegenstand zusammenhängen. Immerhin sind Insekten bisweilen sehr hübsch, zum Beispiel der Skarabäus...

WENN Sie ein Insekt vorstellen, findet im selben Moment ein Bruch im Text statt. Man befindet sich in der Welt des menschlichen Gesprächs, und dann passiert etwas – auf einer anderen Ebene, auf Ihrem Fuß, auf Ihrem Arm...

A. M. Die Bewohner des Waldes interessieren mich – nur empfinde ich sie als flüchtig. Wenn ich mich an die Wälder in Asien zurückerinnere, sind es die Tiere, die man springen sieht, die Affen, die Papageien, die davonfliegen. Ich kann auch an ein Insekt denken, aber nur so nebenbei...

ES gibt also kein Tier in Ihnen?

A. M. Ich glaube, daß die Funktion, die bei den meisten Leuten von diesem Tier erfüllt wird, bei mir vom Kunstwerk erfüllt wird. Das Wort ist dumm, weil ich kein Sammler bin, ich habe nichts für Nippsachen übrig – doch es gibt eine ungeheure Ausnahme, deren Gegenstand die Kunst ist, denn das ist immerhin ein unendlich präziserer Gegenstand als alle anderen. Und viele Dinge, von denen Sie soeben gesagt haben, daß sie bei anderen über die Tierwelt laufen, laufen bei mir über Kunstwerke. À propos Tiere: Mich hat früher einmal eine Sache fasziniert, die es wahrscheinlich nicht mehr gibt, der Baby-Zoo im Zoologischen Garten in Paris. Es war ganz erstaunlich, und dort habe ich auch entdeckt, daß Schmetterlingskinder und Hasenkinder einander ähnlich sind.

WIE das?

A. M. Alle Kinder sind einander ähnlich.

IN ihrem Spiel?

A. M. Durch die geheimnisvolle Tatsache, *daß sie nicht erwachsen sind.* Was die Kinder sehr gut spüren. Lassen Sie einem Kind die Wahl zwischen einer Katze und einem Kätzchen, es wird nicht lange dauern, das Kind wird auf das Kätzchen zulaufen...

Und im Baby-Zoo ist mir das bei den kleinen Schmetterlingen bewußt geworden, deren Jugend man an ihrem besonders unbeholfenen Flug erkennen konnte. Ich habe mir gesagt: »Na so was!«

WAS Sie also berührt hat, war die mangelnde Perfektion?

A. M. Tatsächlich ist es das, was bei ihnen am offensichtlichsten ist: Wenn jemand hinfällt, fällt einem das eher auf, als wenn jemand geht. Doch die Gründe, warum man berührt ist, liegen viel tiefer. Wenn das Kind auf sein Kätzchen zugeht, so tut es das nicht aus

Gründen, die ohne weiteres analysierbar sind... Doch es zögert nicht, es geht hin.

DIE Schmetterlinge, die Katzen, die Frauen, die Kunst, versuchen Sie, die Welt als ganzes verstehbar zu machen?

A. M. Im 19. Jahrhundert hat man Schlüssel gesucht. Im 19. Jahrhundert hieß Philosoph sein das: einen Schlüssel suchen. Heutzutage würde einer, der Schlüssel sucht, ein wenig wie der weise Kosinus wirken!

Sehen Sie, in der Biologie begegnen Sie keinem einzigen seriösen Forscher, der zu Ihnen sagt oder der denkt: »Ich suche nach einem System, das ich an die Stelle des Darwinschen Systems vom Ursprung der Arten setzen kann...«

Letzlich wollte das 19. Jahrhundert die Welt durch kohärente Systeme verstehbar machen. Wir, wir versuchen die Welt verstehbar zu machen und fühlen gleichzeitig, daß sie für uns immer weniger verstehbar wird, in dem Maße, in dem sie inkohärenter wird.

WÄRE das die Erfindung der heutigen Zivilisation, von der Sie vorhin gesprochen haben?

A. M. Ich frage mich, ob es tragisch enden wird, böse ausgehen wird, oder ob es zu einem großen geistigen Phänomen werden wird, nicht unbedingt zu einem religiösen. Oder aber ob die Leute sich nicht daran gewöhnen werden können, in einer Art Niemandsland zu leben, wie es die Fachleute letztlich gerade machen. Alle drei Hypothesen sind möglich.

WIE soll man sich in diesem Niemandsland orientieren?

A. M. Ich habe nicht so sehr das Bedürfnis nach einer Orientierung. Große geistige Phänomene sind durch die Tatsache charakterisiert, daß sie unvorhersehbar und unbegreiflich sind. Ich will damit keineswegs sagen, daß die eventuelle Lösung, wie immer sie auch sein mag, religiöser Natur ist, sondern daß sie zur Zeit gedanklich nicht faßbar ist. Wir haben unsere Daten, und jenseits unserer Daten ist, vorläufig noch, ein Vakuum. Wir durchleben gerade eine Epoche, die in der Geschichte des Universums absolut ohne Beispiel ist. Eine Kultur, die von der Pferdekutsche zur Atombombe und zum Mond gelangt ist, das ist beispiellos. Und trotz dieser unglaublichen Machtvergrößerung besteht eine völlige Unfähigkeit dieser Kultur, sich selbst zu begreifen. Das eben ist ein ganz neues Phänomen.

SIE glauben, daß man auf ein System des ganzheitlichen Verstehens der Welt verzichten kann?

A. M. Als Einstein mir sagte: »Und doch gibt es eine Ordnung«, wollte er damit sagen: Erstens: Es gibt das, was ich weiß, und ich weiß es besser als die anderen. Zweitens: Das, was jenseits dessen vor sich geht, was ich weiß, kann nicht rein zufälliger Natur sein, und das, was nicht rein zufälliger Natur ist, ist zwangsläufig kosmischer Natur. Weiter ging seine Aussage nicht.

FÜR Sie mündet letztlich alles in einem Buch?

A. M. Ja, ich bin jemand, der Bücher schreibt, und der sonst nichts tut. Daran besteht kein Zweifel.

IST es eine Form des Agierens oder eine Form des Existierens?

A. M. Agieren ist doch etwas anderes, in der Weise, daß eine Aktion, die von Wichtigkeit ist, immerhin bedeutet, an Menschen zu handeln: und Schreiben, egal in welcher Form, bedeutet, an Phantomen zu handeln. Alles, was mit Handeln zu tun hatte, für mich, war mit General de Gaulle verbunden. Ich lebte mit einer beträchtlichen Aktivität, die nun aufgehört hat. Ich betrachte mich als Hinterbliebenen.

ICH komme nicht, um Sie als Hinterbliebenen zu sehen!

A. M. Das eine schließt das andere nicht aus. Und ich behaupte nicht, daß ich nur ein Hinterbliebener bin, das wäre idiotisch. Doch es kommt ein Moment – Proust muß ihn erlebt haben –, wo das, was am seriösesten ist, das Werk ist. Für Proust war es Charlus. Gegebenenfalls ging er noch ins Ritz, aber das war selten, und es war nicht wichtig.

Manche Dinge, die ich gemacht habe, waren immerhin einigermaßen reizvoll für mich, zum Beispiel die Farbe der Denkmäler in Paris zu ändern. Auch den Plafond der Oper neu zu machen. Doch jetzt hätte ich keine Lust mehr dazu.

Ich hatte mir ein Steckenpferd zugelegt: Unterricht via Fernsehen. Das hätte ebenso große Bedeutung gehabt wie seinerzeit die Einführung der Schulpflicht.

Mir ist klar geworden, daß man das zuerst den Abgeordneten erklären mußte, ich habe es ihnen mutig erklärt; doch der Gedanke, mein Leben damit zuzubringen, reizt mich nicht mehr so sehr. Trotzdem wäre es sehr wichtig, wenn man es wirklich machen würde: Ich habe gesehen, was man in Japan gemacht hat. Das war nicht auf nationaler Ebene, weil es private Stiftungen sind, die sich darum kümmern.

Wenn man es in einem ganzen Land machen würde, wie hier, würde Frankreich als erstes Land wieder eine ganz große Sache machen.

Doch diese Art von Projekt, von Aktion, ist auch an Menschen gebunden. Mich hätte wohl gereizt, es mit General de Gaulle zu machen. Weil eine Bindung da war. Doch ich habe keinerlei Interesse, es mit Giscard d'Estaing zu tun, nicht weil ich gegen Giscard bin, sondern weil er im Grunde ein Mann ist, den ich im Ministerrat kennengelernt habe. Es gibt keine persönliche Bindung. Die, wie Sie sehr gut wissen, jedem Unternehmen, welchem auch immer, eine ganz andere Färbung gibt.

ENDET nicht jede Aktion zwangsläufig mit Schreiben?

A. M. Sie sagen mir: Alles endet mit Schreiben? Ich bin nicht sicher, daß das stimmt. Es gibt die Musik, die Malerei. Wenn Mao letzten Endes schreibt, so deshalb, weil es sich um Worte handelt. Ja, alle Worte werden schließlich aufgeschrieben. Das heißt kontrollierte Worte, verantwortungsvolle Worte, führen mit ziemlicher Sicherheit zum Schreiben, und ich kann mir nicht vorstellen, wie es zu etwas anderem führen sollte. Alles in allem sind unsere Mittel nicht unbegrenzt. Wir werden vielleicht eine audiovisuelle Zivilisation haben, aber ich bin nicht so sicher, daß man deshalb Romane auf Tonbändern machen wird. Ich glaube eher, daß man überhaupt keine Romane mehr machen wird...

DIE Maler, wenn sie malen, haben sie Wörter zur Unterstützung dessen, was sie machen?

A. M. Nein, sie denken an etwas anderes.

WORAN?

A. M. Sie feilen an Formulierungen. Denken Sie nur an Maler, die Sie kennen, Sie werden feststellen, daß sie fast alle ausgezeichnet formulieren. Und Sie sagen sich: »Dieser gute Mann, hat ein bißchen etwas von einem Garagenbesitzer, wo der das alles wohl her hat? Fängt an zu reden wie Heraklit...« Der Grund ist, daß er an seiner Ausdrucksweilse gefeilt hat, stundenlang.

SAGT er sich nicht: »Na, dieses Grün ist nicht grün genug«?

A. M. Er denkt an nichts anderes, aber es wird nicht in Worte geformt. Ich glaube, daß sie eine ungeheuere Vorstellung von Farben haben. Ein Bild, das ist ein großes Loch, in das man etwas hineinfüllt, bis kein Loch mehr da ist. Das geht so vor sich: Es ist ein Loch da, er stellt sich ein Rosa vor, er macht es – und dann merkt er, daß das vorgestellte Rosa zwar gut paßte, das wirkliche Rosa aber nicht paßt. Er streicht es aus. Er macht es wie wir: Wir streichen durch. Er verpatzt sein Rosa, er streicht es aus, aber er, er tut es *auf* dem Rosa, das er gemacht hatte.

DAS ist praktisch!

A. M. Aber, was sagen Sie, Maler sind glückliche Leute, wenn sie nicht völlig verkannt werden! Ich habe noch nie einen Schriftsteller in der Jubelstimmung erlebt, in der ich Maler erlebt habe, die einen Namen hatten. Ich habe nacheinander, als sie schon über achtzig waren, Braque, Picasso, Rouault und Matisse erlebt, der sterbenskrank war – alle lebten sie in einer Art Freude!

WARUM halten Schriftsteller weniger gut Distanz?

A. M. Ein Maler macht Objekte, unterschätzen Sie das nie. Man muß ihren Jubel erleben, wenn sie ihr kleines Boot fertiggestellt haben... Selbst Leute wie Picasso, der sagte: »Ich korrigiere nicht, ich überarbeite nicht«, etc. Wenn es gut ging, kam er mit den Bildern daher und sagte: »Er steigt herab! Er steigt herab!«

Und Sie sehen doch niemals Saint-John Perse daherkommen und zu seiner Frau sagen: »Er steigt herab! Er steigt herab!«, weil er vier Seiten von *Anabasis* geschrieben hat!

Und nehmen Sie einen so unglücklichen Maler wie Gauguin, die Freude, in seinen Briefen, sobald er von seiner Malerei schreibt! Während er das übrige nicht gerade lustig findet.

SIE sind Schriftsteller, und Sie sprechen über die Malerei und die Plastik wie aus interner Sicht?

A. M. Es ist für mich die fundamentale Beziehung. Ich mag die bildende Kunst viel lieber als die Literatur. Ich kenne sie recht gut, weil man dazu gezwungen ist. Doch wenn ich mich in ein unbekanntes Land begebe, ist das erste, worauf ich mich stürzen werde, die Kunst. Auch deshalb, weil ich nur so begreifen werde. Wenn ich mich auf die Leute stürzen wollte, müßte ich zuvor ihre Sprache kennen.

WÄHREND Sie die Kunst verstehen?

A. M. Auf Anhieb.

ABER was verstehen Sie?

A. M. Wie bei den Frauen: den Unterschied. Wenn Paulhan als Herausgeber der Nouvelle Revue Française so großartig war, so deshalb, weil er wußte, daß man nur dann etwas vor sich hat, was Proust sein könnte, wenn es möglichst nichts anderem ähnlich ist. Und weil ich dieses Gefühl bei Dubuffet hatte, habe ich ihm das erste Bild abgekauft, das er verkauft hat. Es ist übrigens bedeutungslos, ob ich mich irre, was zählt ist, daß ich meine Beziehung zur bildenden Kunst als sicher empfinde, während ich sie zu fast allem anderen nicht als sicher empfinde.

NICHT einmal zur Literatur?

A. M. Vor allem nicht zur Literatur. Bei der Literatur weiß man nie...

UND bei einem Kunstwerk wissen Sie?

A. M. Wenn es einen Zusammenhang hat, ja. Das heißt, wenn es keinen Vater hat und gleichzeitig eine innere Ordnung in sich trägt. In jeder beliebigen Kunstgattung kann man sich dann mit Sicherheit sagen, daß es eine Neuschöpfung ist.

UND was denken Sie über den Tod?

A. M. Was ich darüber ernsthaft denke, das steht in *Lazarus*. Das Grauen, das man im Abendland vor dem Tod hat, kommt zum Teil daher, daß der, der gerade stirbt, unbewußt seine Reinkarnation als Leichnam erlebt. Unsere Seelenwanderung, unsere Reinkarnation findet in einem Leichnam statt. Das ist einer der Faktoren, die bei der so tief verwurzelten Angst der abendländischen Völker vor dem Tod eine ungeheuere Rolle spielen. Wenn Sie sich plötzlich, unbewußt, als Leichnam sehen, können Sie nur von Entsetzen erfüllt sein über dieses Zurückversetztwerden in die totale Passivität. Die Psychoanalytiker haben ein Wort dafür ... die Kastration. Die Summe aller Negative! Bei der anderen Reinkarnation, in der asiatischen, haben die Leute weniger Angst. Vielleicht mögen sie die Vorstellung nicht besonders, als Frosch wiederzukehren, aber sie können hoffen, als ... Kanarienvogel wiederzukehren!

UND Sie?

A. M. Für mich ist das Problem des Todes extrem wichtig, metaphysisch gesehen, nicht menschlich. Das Sterben interessiert mich nicht. Ich habe überhaupt keine Angst davor, getötet zu werden oder zu sterben, das ist mir egal. Was mich interessiert, ist das, was Kierkegaard das Ärgernis nennt, die irreduktible Tatsache. Das interessiert mich, nicht das Drumherum.

Im Grunde ist der Tod einer der stärksten Zugriffe, die man zum Sinn des Lebens hat. Über den Tod zu sprechen ist eine der vernünftigsten Arten, über den Sinn des Lebens zu sprechen.

Und wer weiß, ob man in hundert Jahren nicht denken wird, daß das Wesentliche für eine kohärente Kultur darin besteht, so weit zu kommen, daß die Frage nicht mehr möglich ist? Nicht so weit, daß es eine Antwort gibt – sondern so weit, daß es keine Frage gibt?